中国广播电视社会组织联合会学术研究系列丛书

广播创新发展
（2019）

中 央 广 播 电 视 总 台
中国广播电视社会组织联合会　编

新 华 出 版 社

图书在版编目（CIP）数据

广播创新发展.2019／中央广播电视总台，中国广
播电视社会组织联合会编. --北京：新华出版社，
2021.1

ISBN 978-7-5166-5578-8

Ⅰ.①广… Ⅱ.①中… ②中… Ⅲ.①广播事业—发
展—中国—2019—文集 Ⅳ.①G229.2－53

中国版本图书馆 CIP 数据核字（2020）第 255506 号

广播创新发展（2019）

编　　　者：中央广播电视总台　　中国广播电视社会组织联合会	
责任编辑：徐文贤	封面设计：贝壳学术
出版发行：新华出版社	
地　　　址：北京石景山区京原路 8 号	邮　　　编：100040
网　　　址：http：//www.xinhuapub.com	
经　　　销：新华书店、新华出版社天猫旗舰店、京东旗舰店及各大网店	
购书热线：010-63077122	中国新闻书店购书热线：010-63072012
照　　　排：北京贝壳互联科技文化有限公司	
印　　　刷：天津雅泽印刷有限公司	
成品尺寸：170mm×240mm　1/16	
印　　　张：24	字　　　数：484 千字
版　　　次：2021 年 3 月第一版	印　　　次：2021 年 3 月第一次印刷
书　　　号：ISBN 978-7-5166-5578-8	
定　　　价：118.00 元	

编选说明

由中央广播电视总台、中国广播电视社会组织联合会共同举办的第四届"广播创新发展"征文活动于 2019 年 11 月 30 日圆满结束,总计来稿 177 篇。《中国广播电视学刊》编辑部对应征作品进行了初评。定评会于 2020 年 1 月 11 日在北京举行,共评选出一等奖作品 10 篇、二等奖作品 20 篇、三等奖作品 30 篇、优秀奖作品 37 篇。现将获得一、二、三等奖的作品结集出版。

《中国广播电视学刊》编辑部
2020 年 7 月

目　录

三等奖

一 等 奖

广播政务节目的人格化传播

郭 静

一、政风行风热线节目成功的启示

全国第一个"行风热线"栏目出现在山东省临沂市。1999 年，山东省临沂市纠风办和临沂人民广播电台经过精心谋划，联合开办了"行风热线"栏目。

2002 年 6 月，河北省纠风办和河北人民广播电台联合开通了"阳光热线"，这是全国首家省级政风行风热线。

随后，政风行风热线迅速"热"遍全国。截至 2007 年 6 月底，全国 31 个省份、91% 的市（地）都开办了政风行风热线，部分省份还开设了县一级的政风行风热线①。这些节目，迅速成长为各省级和地市级电台的"金牌栏目"，在各地最受欢迎的栏目评选中，政风行风热线普遍名列前茅。许多地方的政风行风热线被群众称赞为是为百姓排忧解难的"民心线"，推动政府改进工作的"监督线"，密切党群干群关系的"连心线"。

开办 10 余年后，虽然各地的政风行风热线不同程度存在热度下降、创新乏力等问题，但近年来，随着政务公开的全面推进，尤其是"互联网 + 政务服务"的兴起，不少地方的政风行风热线节目推陈出新，注重媒体融合，呈现出及时性、权威性、互动性、实用性更强等特点。

总的来看，目前依然保持旺盛生命力的政风行风热线节目在传播上有一系列共性特征：

1. 党政部门加入传播主体

几乎所有发展较为顺利的政风行风热线节目开办之初，均由当地纪检监察与宣传部门专门授权联办，制定了相应的职责分工和考核制度，一些省市还由联办单位成立联席会议或者办公室负责日常节目的策划实施。如济南新闻广播《政务监督热线》，是济南市百余家部门、单位"一把手"现场施政、论证的首选窗

---

① 《为百姓解难　替政府分忧——全国政风行风热线工作综述》，2007 年 8 月 16 日《人民日报》。

口，也是济南市民主评议党风政风行风工作的考核依据之一，占有5%的评价分值。深圳新闻频率《民心桥》节目，以"依法行政，打造阳光政府"为主题，每周邀请一位职能部门领导与市民直接沟通，解决本地民生问题，实现听众反映问题100%有回复，90%以上得到解决和处理。

2. 受众一定程度影响传播内容

如果把政务节目看作是政府发布政务信息的一种政务行为的话，那么传统的政务发布，主要是行政"指令性内容"；但政风行风热线，作为政务公开的一部分，多为"解释性内容"；而受众的积极参与和互动，又让其内容往生活服务的"宣传性内容"转变。换句话说，行风政风热线节目发布的公共事务信息，不再是一种简单的行政告知行为，而是充分考虑受众的艺术性的信息表达。

3. "主持人 + 热线 + 新媒体"的出现，构成大众媒介中的人际交流，促成节目的人格化传播

几乎所有政风行风热线节目，都有一个或一组相对固定的主持人。这些有相当政治素养、媒介素养的主持人，在日积月累的主持中，将自己的思想、情感、个性、修养赋予节目，与之建立紧密的对应关系，从而将节目人格化。

除此之外，政务嘉宾虽千变万化，但在节目相对统一的规则和范式之下，他们与主持人的现场访谈和与受众的热线对话，构成大众传播中的人际交流，也赋予节目一定的人格形象。

当然，参与节目的受众也成为节目人格化的一部分。他们的喜怒哀乐、直觉反应、表达习惯，也融入节目中，成为节目不可或缺的看点之一。

与此同时，近几年，随着网络媒体尤其是移动终端的迅猛发展，一些最具成长性的政风行风热线节目调动各方资源，着手打造融媒体平台，在传播媒介、传播流程上重塑创新。如上海新闻广播《市民政务通——直通990》，通过嫁接上海市人大、政协、民政、司法等部门，联通各类政府资源，整合社会各方力量，面向全体市民，提供高效、便捷、跨界的公共服务。他们不仅每天3小时在广播中及时耐心答疑，还运营微博微信将政策及时传送，甚至独立研发运营手机移动终端"市民政务通"百万问答，打造了一个年中无休、全天3小时直播、24小时新媒体全天在线的为民服务平台。这种媒体融合，不仅突破了以往单一媒介的局限，形成听媒、视媒和触媒三者之间的融合，产生强大的信息传播能力；更为关键的是，它不仅拥有大众媒体"一对众"传播的高效，更有机融合了网络媒体"一对一"的"点对点即时人际交流"，传播的到达率更高，影响力更强。

以解决具体民生问题、促进党风政风行风转变、打造高效务实公正廉洁的政府形象、实现公共治理为己任的政风行风热线节目，已成为各地广播电台政务节目的主打，有相当的传播力、引导力、影响力、公信力。

但值得注意的是，相形之下，其他类型的政务节目就乏善可陈。除了政风行风热线节目之外，很多广播电台几乎找不到常设的其他政务类节目。日常的大量政务报道，存在程式化、概念化、公文化、说教化等通病。就拿文风来说，网友总结："会议没有不隆重的，闭幕没有不胜利的，讲话没有不重要的，鼓掌没有不热烈的……"中宣部领导同志也曾指出，"长期以来，一些新闻工作者习惯于泡会场、抄文件、拼材料，谁写谁看、写谁谁看，社会上诟病较多"[①]。

如何充分发挥广播政务节目应有的导向作用？除了政风行风热线这类节目之外，广播电台是否就真的难以在政务节目上有更多、更大作为？

二、政务节目人格化传播的应用

党的十九大报告指出，要"高度重视传播手段建设和创新，提高新闻舆论传播力、引导力、影响力、公信力"。要想充分发挥政务节目的传播力、引导力、影响力、公信力，还要深入研究其规律，这规律，既包括政府行为规律，也包括新闻传播规律。只有找到二者的异同，寻求到交叉点、结合点，才能真正发现政务节目的创新之源。

1. 政务信息发布与政务节目传播的异同

（1）作为政府行为，政务信息政策性强，因此重"发布"讲"权威"，注重政令的"上情下达"；作为传播行为，政务节目重"沟通"讲"贴近"，追求的是政声民意的双向互动。

（2）作为政府行为，政务信息口径严格，因此重"精准"忌"走样"，行文精炼、严谨、规范，少用甚至不用描述或修饰；但作为传播行为，政务节目重"生动"怕"单调"，表现手法可灵活多样，语言风格需鲜活传神。

（3）作为政府行为，政务信息牵涉面广，因此重"全面"怕"遗漏"，常常哪一方面都不可偏废；作为传播行为，政务节目重"亮点"怕"平庸"，它需要沙里淘金，精选那些受众对政务应知、欲知而未知的关注点、趣味点、兴奋点。

了解了政务节目的特性，再回头看政务节目的创新，则可有意规避一些误区：如，我们不能因强调"权威"而忽视"贴近"，讲求"精准"而远离"生动"，注重"全面"而缺乏"亮点"……

事实上，仔细对比政府行为和新闻传播的规律，尤其是深入分析政风行风热线节目的成功之道，还可以发现政务节目提升传播效果的一大"法宝"，就是人格化传播。

---

① 《改文风永远在路上》——刘奇葆同志 2017 年 2 月 17 日在新闻战线"新春走基层"活动座谈会上的讲话。

其他类型的政务节目包括政务报道之所以可听性差、影响力弱，根本原因，还是停留在政务信息发布的"就事论事"上。有的缺乏民生视角，是"灌输"不是"传输"；有的教化色彩过浓，重"理"不重"情"；有的习惯宏观叙事，常常见"事"不见"人"。

而政风行风热线节目之所以 10 多年久盛不衰，除了契合政务公开这一政策环境背景之外，在传播上，对政务节目的人格化传播进行了有效的突破，不能不说是其成功的关键。

那么，这种人格化传播是否可用于其他政务节目或政务报道的创新呢？

2. 政务节目人格化传播应用案例

广播地域性强，作为国家电台，中央人民广播电台在政风行风热线节目上的优势并不明显。但这并不意味着在政务节目上就难有作为。近些年，中央人民广播电台的政务节目包括政务报道佳作频出，原因不仅仅是国家电台先天的时政报道优势，很多节目脱颖而出，细细分析，可看出背后人格化传播的明显倾向。

（1）领袖作为国家形象的人格化传播

以采访、报道党和国家领导人的政务活动为主要内容的时政报道，是政务节目以及政务报道中的重中之重。中央人民广播电台的时政报道，一直重视用现场原音、广播特写等手段塑造人物形象。但以往多由题材及具体情况而定，没有成系统地推出。

近年来，中央人民广播电台精心策划一系列以习近平总书记为核心人物的政务报道，如每次出访时推出的《习主席外交时刻》，两会时推出的《习近平两会时刻》，以及 2019 年元旦起推出的《习近平最新用典》。这些细致描摹总书记政务活动形象、聚焦其举手投足的政务节目及报道，又以《原声》或《学习用典》等品牌在网络媒体推出，赢得听众及网友的广泛点赞。

通过这些节目，人们看到，习近平总书记讲话非常有特点，他善于讲故事、打比方，比如"撸起袖子加油干""喊破嗓子不如甩开膀子"，特别有温度、接地气，所以入耳入心。以他为代表，能更好地承载国家元素、观念和文化，实现国家形象的人格化表达。

事实上，以领袖为中心的人格化传播涉及中国对外传播的国家形象的塑造，它才刚刚破题。过去，谈及国家形象、政府立场时，我们很少注重人格传播，习惯说"中国人民认为""中国政府认为"，这种抽象化的表述，其实难以让受众深刻感知。但是，赋予国家形象以人格化传播，凭借领袖的人格魅力打动千千万万受众，这样的政务节目及报道才能进而实现价值观的传播，赢得世界的追随。

（2）央广主播推动两会节目人格化传播

全国两会报道是一年一度各家媒体政务节目的焦点之战。2017 年，中央人民广播电台在中国之声微信公号推出了一款"爆款"产品，《王小艺的朋友圈》：在一个虚拟的朋友圈里，活生生的央广主播王小艺就站在朋友圈的右下角，通过肢体动作和口播解读一条条朋友圈信息，以主播介绍好友生活为切入点，流畅过渡到关于央广两会节目的介绍与宣传，最终展现的是人们对两会民生话题的期待。

《王小艺的朋友圈》系列点击量合计近200万，成为现象级产品被业内外关注。尽管作为新媒体产品，它并未出现在传统广播当中，但它推动了央广两会节目的人格化传播：对受众而言，面对一家广播电台，和与一个人格化的实体交流、沟通，体验是完全不同的。因为营造了一个真实的交互氛围，因此从某种角度而言，《王小艺的朋友圈》中的"王小艺"，其实就是代用户实现交互意愿的代言人，观看这款H5的每一个人就是一个"王小艺"。

（3）"职场真人秀"助典型报道人格化传播

围绕某一阶段党和政府的中心工作宣传正面典型、先进经验，是政务节目的重要组成部分。这类节目，如何进行人格化传播呢？

2017年6月，作为全国唯一县域科学发展示范点，浙江嘉善科学发展的经验需向全国推广。中央人民广播电台策划了系列节目《牵手嘉善》。

一方面，请嘉善县委书记许晴带主播王小艺走进嘉善，进行多场短视频直播，名为《书记带您看嘉善》；另一方面，与嘉善电视台合作，打造了一档职场真人秀节目《牵手嘉善，非你莫属》。

这档"职场真人秀"节目，通过招聘5个岗位——"乡村规划师""黄金孵化位""河道守护神""宣传文化员""无人机大拿"，分别对应嘉善县"创新""协调""绿色""开放""共享"5大发展理念。在现场，应聘"乡村规划师"的3位大学生，面对同一考题（"村里要建一座桥，怎样能和周围更协调？"）当场画图；应聘"河道守护神"的3位应聘者，则现场辨别水质。观众现场投票，选出心目中的人选。而原本作为这一访谈节目主角的县委书记许晴，则始终坐在观众席里，现场点评应聘者的设计，把嘉善的发展思路讲活，政策谈透。

一个通常用录音通讯、最多加上人物访谈完成的典型报道，就这样以人格化的方式进行了传播。相比说思路、谈经验、诉成就的常规报道，这样以人物为依托，在设定情境中，按照预定的游戏规则，为了一个明确的目的，对现场所有人的言行、个性、应急反应呈现纪录式表达的传播形态，显然在传播效果上更胜一筹。

政务节目的人格化传播，其实不拘一格。各类政务节目，都可在人格化传播上做些文章。例如央广每年两会期间推出的人物访谈节目《做客中央台》，就一直在凸显政务嘉宾个性上下功夫；近两年推出的两会特别节目《我们的两会》

《代表》，都聚焦具有一定代表性、关注度的代表、委员，从独特的人物视角折射人民代表大会制度的有序运行。

新媒体时代，传播模式已发生了深刻改变，"自说自话"的阶段早已成为过去。为政务节目打造更具亲切感和人情味的形象，让党和政府的声音形神兼备，才能让政务节目"听得到"、更"听得进"，才能实现政声与民声的良性互动，释放社会焦虑，形成更大共识，促进政府决策的公开化、科学化和民主化，从而促进政府权力的有序运行。

（作者系中央广播电视总台新闻中心高级记者）

浅议移动互联时代少儿音频节目的融合创新之路

夏恩博

广播曾是少儿群体获取信息、知识的重要媒介。但是，在移动互联时代，由于传播的线性特征、收听规模萎缩等原因，传统广播已不是少儿群体收听音频节目的主要渠道，取而代之的是手机、iPad、智能音箱等新终端。在很多广播电台，少儿节目实际上处于被挤压状态，投入的人力、物力、财力都是有限的。

目前我国各级广播电视机构都在推动整合，试图以"全媒体"的形态适应移动互联网时代的媒介环境。所谓"全媒体"，并非追求传播形式的大而全，而是寻求多样态传播效果的最大化。多样态的背后，仍是各种形态传播的专业化。在此背景下，少儿广播节目面对一个竞争日趋激烈、内容日趋专业化的市场，不妨作为一块试验田，转变节目生产理念、流程，真正融入移动互联网。

一、少儿音频节目的用户背景和广播转型路径

根据第 43 次《中国互联网络发展状况统计报告》，中国 10 岁以下网民（我国 18 岁以下人群在法律上界定为"儿童"）占总体网民数量的 4.1%，10 岁 ~ 19 岁的网民数量占总体的 17.5%。按照网民总体人数 8.29 亿的统计，10 岁以下网民人数约 3398 万，10 ~ 19 岁的网民人数约 1.45 亿[①]。按照第六次全国人口普查结果，我国 15 岁以下人口约 2.2 亿。由此大略可知，儿童网民在 18 岁以下群体中所占比例相当之高。第 43 次《中国互联网络发展状况统计报告》还显示，15 ~ 19 岁网民人均使用手机 APP 数量，是所有网民中最多的，达到 59 个，10 ~ 14 岁网民人均使用手机 APP 数量达到 44 个，10 岁以下的网民人均使用手机 APP 数量也达到 30 个。

另据第三方数据公司艾媒咨询的数据显示，74.8% 的儿童在 2 岁之前开始阅

---

① 中国互联网络信息中心：第 43 次《中国互联网络发展状况统计报告》，2019 年 2 月 28 日，http://www.cnnic.net.cn/hlwfzyj/hlwxzbg/hlwtjbg/201902/t20190228_70645.htm；

读，其中65.7%的儿童喜欢数字阅读和有声读物①。当今时代背景下，一些适龄父母也愿意通过网络为孩子购买适合的音频教育内容。第43次《中国互联网络发展状况统计报告》表明，网络音频类应用在所有手机应用使用时长中占到第5位，为7.9%。再看这几年的儿童类音频节目市场，喜马拉雅FM、蜻蜓FM、凯叔讲故事、企鹅童话等各种类型的平台，发展迅猛，投资加大，竞争日趋激烈。

面对受众的新选择，广播必须尽快适应不断发展的移动互联网传播形态。移动互联网的发展趋势，是尽量缩短信息传输的时间，突破空间的束缚。无线广播所具有的移动、便捷接收特征，在具有多向链接、即时互动优势的移动互联网面前，显得相形见绌。因此，对于广播业界来说，将内容生产融入具有分享、社交功能的移动互联网链条中乃是必由路径。

二、少儿音频节目市场现状

少儿音频节目在移动终端的发展，跟其他互联网内容相似，也经历了"草根内容"野蛮生长到专业生产的过程。在日趋专业化的市场中，有《凯叔讲故事》这样专业且具有鲜明个人风格的产品，也有《小喇叭》这种从传统广播节目中同步分发到音频平台的内容，还有《熊熊乐园》之类从著名动画产品中衍生出来的音频产品。从蜻蜓FM、喜马拉雅FM等各大音频平台来看，少儿节目涵盖了故事、儿歌、教学、科普、健康、心理、胎教等方方面面，有大量免费内容，也有部分付费收听的精品内容。

少儿音频节目市场的竞争主体大致可分成3类：一类是以"凯叔讲故事"为代表的主打个人IP和优质内容的专业平台；一类是以喜马拉雅FM、蜻蜓FM为代表的综合音频内容平台，将少儿音频内容作为其重要产品；再一类是以企鹅童话为代表的具有打通版权、分发、全媒体开发并形成闭环产业链能力的平台。

这3类平台的共同之处在于：一是越来越重视原创节目的专业化生产；二是越来越强调对版权的保护和开发；三是越来越多地吸引资本注入，并试图打通少儿内容的产业链条。

面对激烈竞争，传统广播通常的做法是将自己的节目放在新媒体平台上传播。例如央广的《小喇叭》节目，从2016年1月11日至2019年6月4日，将373个音频节目上传到蜻蜓FM，播放量达到1431.1万次。相比之下，由"凯叔讲故事"出品的《凯叔西游记》于2017年6月7日至2017年8月14日之间在蜻蜓FM上上传了139个音频节目，从2019年6月7日至2019年6月4日，该

---

① 艾媒网：《艾媒报告 | 2019Q1中国在线音频市场研究报告》，https://www.iimedia.cn/c400/64278.html

系列音频节目播放量为 476 万次。尽管《小喇叭》节目播放量看起来不少，但是需要看到的是，《小喇叭》的播放周期较《凯叔西游记》要长，而且《凯叔西游记》是付费收听产品。对比可知，《小喇叭》并未因此而获得相应的经济收益，品牌价值也并未因此而有所提升。由此可窥豹一斑，传统广播尚未成为少儿音频内容在新媒体平台上的有力竞争者。

三、传统广播儿音频节目及面临的问题——以央广为例

央广的少儿节目既有开播 60 余年的品牌栏目，也有适应现代听众需求的创新节目，目前主要分散于各广播频率和移动平台，主要有《小喇叭》《睡前故事》《乡村少年》和少数民族语言广播的《五支箭》《少儿乐园》等。具体如下：

栏目	播出平台	播出时间	栏目简介	人员配置	新媒体运营
《小喇叭》	中国之声（FM106.1）	周一至周六，20：00—20：30	于 1956 年 9 月 4 日开播，至今已有 62 年历史。是全国知名广播少儿栏目。受众对象是 4—6 岁的学龄前儿童。四次获亚广联儿童节目大奖，多次获中国新闻奖等国家级大奖。	4 人。	设有"小喇叭微博""小喇叭微信公众号"和主持人个人微信公众号。
《睡前故事》	娱乐广播（AM747）	周一至周日20：30—21：00	2006 年开播，播出12 年。主要受众人群为 4—8 岁儿童。曾出版与内容相关的图书音像制品。曾开展"宝宝故事秀"和"小脚丫走北京"等公益活动。	1 人。	新媒体播出平台包括《央广睡前故事》微信公众号。
《乡村少年》	中国乡村之声（AM720）	每周六、日9：00—10：00	节目对象为小学四年级至初中阶段的青春期少年。主要子栏目有《成长不烦恼》《小小读书郎》等。	栏目组日常配置为 1 名主持人兼编辑，1 名节目监制。	乡村少年微信公众号、微博账号。用户数均未超过 1000 人。
《五支箭》	蒙古语广播	周日播出，时长 15 分钟。	主要针对蒙古族少年儿童。	1 人。	无。

栏目	播出平台	播出时间	栏目简介	人员配置	新媒体运营
《少儿天地》	藏语广播	周二、周六播出，时长15分钟。	以卫藏方言播出。	拉萨编辑部制作。	无。
《少儿乐园》		周二、四、六播出，时长30分钟。	以安多方言播出。	青海人民广播电台提供。	
《格桑美朵》		每天播出，30分钟。	以卫藏方言播出。	西藏台人民广播电台提供。	
《邦金梅朵》		周六播出，15分钟。	以康巴方言播出。	成都节目制作室制作。	
《儿童乐园》	哈萨克语广播	23：00—23：30，次日10：00—10：30	以哈萨克语播出。	外购节目。1名编辑。	无。
儿童频道	中国广播客户端	不定期。	集纳央广各频率少儿节目，将节目中的内容剪切成独立音频，在中国广播客户端和央广新闻微信公众号以适合少儿收听的形式传播。	不定。	中国广播客户端、央广新闻微信公众号。

（注：此表统计时间截至2019年6月24日）

可以看出，央广积累了较为丰富的青少年内容传播经验和行业资源，节目类型较为丰富，水准较高，具有很强的公益性，其传统栏目和新栏目都具有一定影响力。但是，我们也会有疑问：现在的受众是否会为了15~30分钟的广播节目去打开收音机？这些广播节目是否拥有产出能力？

通过与业内同类节目及移动客户端少儿音频产品多维度比较，我们发现，目前央广少儿节目存在问题大致如下：（一）老品牌栏目在新时期影响力减弱，而新栏目影响力不突出，且大量优质节目躺在媒资库里未被开发；（二）在新媒体平台传播不足，且与新兴的互联网少儿音频内容如《凯叔讲故事》等在节目创意、营销运营方面存在差距；（三）少儿栏目分散在各频率，人才配给不足，沿袭"小作坊"式生产模式，内部资源缺乏整合；（四）节目缺乏市场考量，有品牌无"价值"（此处专指商业价值），有口碑无市场。

问题产生的原因很多，总体说来有如下几个：（一）对少儿类广播节目重视不足，在此类节目中投入人、财、物的动力不足，尤其缺乏在这一领域通过新媒介手段和运营理念来深耕细作、挖掘市场潜力的决心；（二）广播本身影响力有限，在与新媒介技术融合过程中，总体来看较为被动，且未能实现完整的融合链条并产生较为成熟的内容增值模式；（三）广播固有的传播规律和制度设计，导致频道制、栏目制对人财物等资源的配置效率相对较低，无法适应新媒体传播形态。

四、建议和对策

（一）从产业的角度定位少儿音频节目的社会属性和市场属性

在很多国家和地区，少儿节目都被强调其教育功能和公益属性，我国也是如此。但实际上，少儿节目的公益性和产品的市场价值并非不可调和，与其它所有内容产业一样，少儿文化内容所具有的教育价值、市场价值是有机统一的。尤其是内容付费模式的实践使我们看到，优质内容本身不必通过广告主的赞助即可被直接购买，这为少儿节目的产业化提供了新出路。例如"凯叔讲故事"，在积累了千万用户之后，通过客户端、社交媒体平台不断推出付费优质产品，获得可观收入。如今，"凯叔讲故事"背后的公司已成为专业的少儿音频内容生产和聚合平台，融入少儿文化产业链条中，具备了整合原创资源、延伸产业链条的实力。

传统广播电视机构在资源整合期间，既要重视少儿音频节目的社会效益，也要重视其市场效益，不能单纯地埋头于节目制作，却轻视市场反响。将节目生产纳入市场竞争中，更多的是为了通过外部刺激推动机制的创新，从而形成更加良性的正向激励，改变传统体制内节目生产"不温不火"的状态。

（二）从媒体融合的角度规划少儿音频节目的路径和前景

在广播电视机构合并以及深度应用新媒介技术的大背景下，像中央广播电视总台这样的大型广电集团，具有资本、人才、渠道、技术、内容等优质资源。这些优质资源大多来自历史积累，但如果不能运用新媒介手段和现代传播运营理念将其盘活，则会迅速丧失优势地位。

少儿节目的生产运营，应该跳脱单纯的节目生产，置于文化产业的层面去对待，制定合理的战略，创新资源配置机制，将少儿节目的文本创作、音频生产、视频生产、IP开发等环节纳入一个成熟的链条中去布局。广播、电视合并之后，有利于该链条的各个环节有机统一，不再受以往机构分割的束缚，而是着眼于优质内容的传播链条、价值链条的最大延展，从而使优质内容的社会效益与经济效益实现最大化。在国外，大家都很熟悉的童话《白雪公主》，被画成漫画、拍成电影、录制成故事，反复演绎，并出现大量的衍生产品。在国内，《熊出没》这样一个动漫IP，同样也推出了《熊熊乐园》音频产品、系列电影以及各种衍生品。其获得一定成功的背后有规律可循，都是对文本内容的深度挖掘并产业化的结果。

（三）少儿音频节目该如何整合转型？

1. 加快机构整合，引入灵活机制

在"移动互联"时代，广播、电视机构整合，绝非简单地做加法，而是将

重点放在如何用好新媒介技术，通过机制创新，高效盘活既有资源，实现社会效益和市场效益的最大化。

单就少儿音频节目生产来说，过去，大多数广播电台囿于机构设置、机制不活等因素束缚，难以有大作为。例如《小喇叭》，在中国之声这样一个突出新闻特性的广播频率中，显得有些"边缘化"，整个频率对该节目在人力、财力等资源的支撑是有限的。而且，由于受众群体特定，该节目生产团队也不太容易与新闻团队形成密切协作关系。但是，如果将该节目置于新媒介平台，作为专题类节目，它恰恰符合受众非线性接收的要求，可以被便捷地搜索、点播、分享。以移动互联网时代的运作标准来看，《小喇叭》在少儿内容方面具有不可替代的品牌价值和专业价值，因此也具有在新媒体平台获得更大传播价值的空间。

如果整合之后的广播电视，根据少儿节目生产需要，成立专业的少儿内容生产事业部，统一调配广播、电视、新媒介资源，引入更多的新媒介运营人才和更加灵活的生产机制，则有希望让《小喇叭》在新的平台上焕发活力。

2. 加强内容整合力度，提升运营水平

央广现有的少儿节目，有两个优势：一是历史资料丰富，且有较大影响力，如曾经的《孙敬修爷爷讲故事》、曹灿讲的《三国演义》《红楼梦》等内容；二是节目制作精良，专业化程度较高，比如《小喇叭》《睡前故事》等。少儿类音频节目，虽然门槛看起来不太高，但要出精品，仍需专业积累和精雕细琢。央广在这方面有人才优势和技术优势。

然而，广播现有的少儿节目，很难在新媒介平台上成为"爆品"。其原因大略有二：一是目前少儿类音频节目同质化严重，大多为故事、教育等门类，广播节目亦是如此，所以突出自身特色的难度相对增加；二是广播少儿节目，限于播出压力和人力不足，与市面上流行的"爆品"相比，在选题、包装、运营等环节存在一些差距。尤其是对节目和品牌的包装、运营，向来不受传统广播重视，也缺乏专门的人才。

因此，少儿音频节目内容的整合可以从以下方面着手：①集中精力抓一批精品少儿音频产品，重点在新媒体上予以突破，发挥广播电视融合的优势，以节目品牌运营为先，以内容影响力撬动市场；②对历史优质节目资源（包括少儿节目和适合不同年龄段青少年的专题类节目）进行开发。按照内容特点、针对的人群、新媒体规律，对历史优质节目资源进行全新包装和开发；③加大对创新节目的研发力度。新的音频节目开发，需要针对细分受众，引入专业资源，开拓视野，研发包括故事、学习、育儿、游戏等各种类型的内容。

3. 构建专业少儿音频内容平台

构建专业少儿音频内容平台，如同构建专业少儿视频内容平台一样重要。无论该音频平台或视频平台以何种模式运营，做精、做专该细分领域的趋势都不会变，这与移动互联网时代信息传播更趋于个性化、专业化的特征是一致的。

目前，央广的音频应用客户端"中国广播"（App）和央视的"央视少儿"（App），都存在如下问题：①用户量较少，品牌影响力较弱，不能成为用户首选应用；②内容资源较少，与《凯叔讲故事》《口袋故事》、蜻蜓 FM、喜马拉雅 FM 等平台上成千上万的节目资源相比，"中国广播"（App）和"央视少儿"（App）体量极其微弱；③用户体验不够理想，技术支撑力量薄弱。相比市场化的音频平台，央广、央视在技术投入方面显然不足，在新媒介技术主导竞争力的互联网时代，这一点亟须改变。

而要构建专业的音频平台，则需要针对以上问题，在三方面加大投入：①加快对历史节目资源和现有节目的开发，在音频平台上建立能够满足受众需求的内容资源；②加大对技术研发、维护、运营方面的投入，为内容的创新提供坚实的技术支撑；③从少儿内容产业链的层面，加强对音频平台的品牌运营力度。

五、结语

移动互联时代，广播电视的深度整合必然要将新技术、新机制纳入整合的过程中。整合是一项复杂而庞大的工程，既需要高站位、深谋划开展顶层设计，也需要寻找到一个个突破口。少儿音频节目轻灵、活泼，适合广播电视传播，也具有较好的市场潜力，因此，不妨将其作为一块试验田、切入口，补足技术应用创新和运营手段创新的短板，摸索出一条广播电视在移动互联时代的融合发展之路。

（作者单位：中央广播电视总台总编室）

融媒时代音频受众收听测量的困境与思考

周宇博

近年来随着媒体融合的深化发展，音频产品的主要形式从无线广播日益发展成线性广播、碎片化广播、网络自制音频等多种形态；无线广播为主的单一传播体系日益发展成包括线性广播、移动社交平台、音视频客户端等在内的多渠道、多平台、多终端的多元综合传播体系。音频产品从形态到渠道再到受众都在快速、多元、交融中发生着变迁。但目前关于音频受众收听行为的测量（以下简称音频受众测量）并未跟上变迁的节奏，市场上通行的音频受众测量基本停留在对线性广播节目上，这些测量数据显然无法反应音频产品的全部价值。因此，尽快建立跨终端音频受众测量规则，实现跨终端音频受众测量不仅是当前广播融合发展的迫切需求，而且对推进整个音频行业的发展至关重要。

一、跨终端音频受众测量困境

（一）多元测量主体、用户下的数据获取困境

1. 数据壁垒森严

从音频受众测量数据的发布主体来看，目前主要有两类机构：一是中国广视索福瑞（CSM）这类传统广播收听数据服务公司，通过抽样样本来反应整体情况；二是蜻蜓 FM 这类网络音频播出平台，拥有自己平台上的移动端和电脑端用户数据，来描述平台内部的数据生态。

前者面临测量平台障碍，相对先进的索福瑞"测量仪"收听数据，采用声音匹配识别技术，通过在测量样本手机中植入 App 的方式获取手机周围所有的声音，继而和后台数据库中的广播音频进行声音匹配来计算样本的收听行为数据。这种方法虽然能够涵盖所有收听终端，但无法识别样本使用的是哪种终端。

后者存在数据价值悖论，蜻蜓 FM 等的大样本量用户数据，与其说是用户数据不如说是终端数据，无法知道数据背后的用户情况，无法开展数据清洗工作，容易存在各种无效数据或者污染数据。维克托·迈尔·舍恩伯格在其著作《大数据的时代》中也指出这一点，"数据量的大幅增加会造成结果的不准确，一些

错误的数据会混进数据库"。①

除此之外，这两类机构还面对一个共同难题，就是跨终端数据的获取。

一方面，对于传统收听数据服务公司而言，他们深谙抽样调查的全部流程，但这一套广播受众测量规则基本不适用于网络收听的测量。因为互联网领域对用户信息的判断依据来源于用户对产品的使用行为，传统的抽样调查方法从总体调查对象的基础研究、到抽样方法的设计、再到联系抽样对象，整个过程在网络收听领域都面临重重困难。如何突破传统收听数据和网络收听数据之间的壁垒是传统广播数据服务公司进行跨终端音频受众测量的关键步骤。

另一方面，目前市场上的网络音频播出平台多为商业机构，他们拥有其播出平台的所有用户数据，但这些用户数据于他们而言无疑是重要资产，完全共享，毫无可能。因此，尽管从理论上来说，如果音频节目提供者在其音频中加入数字水印，该音频无论在哪个播出平台播出，都能通过音频加码跟踪技术测量该节目在所有终端的受众收听行为，但这种方法在实际操作中无法实现。电视领域较早进行过跨终端测量的尝试，早在 2014 年中央电视台试图对马年春节联欢晚会节目加码，从而获取该节目在所有播出平台的受众数据，计算马年春晚的"全媒体收视率"。然而，各视频播出网站并未接受这种方式，原因很简单，"当电视节目在网络上的传播所带来的商业价值被精确测量出来时，内容方和渠道方的利益博弈如何实现双赢，既考验双方远见，也挑战各自实力。"② 网络音频平台与此类似，由于商业利益原因，他们既不愿自己平台上播出的内容被加测量码，又不愿真实地公开所有的用户数据，使得数据壁垒森严。

2. 数据伦理问题

如果说打破数据壁垒需要通过行业内的共同协作来完成，那么，数据伦理问题则需要在整个融媒体生态的大环境下进行考量。

近几年"被遗忘权"作为大数据时代实现个人信息保护的重要权利在欧洲屡被关注。"被遗忘权"是"针对互联网提出的新概念，赋予数据主体享有在互联网环境下回收处理数据意愿的权利，即如果数据主体不希望数据再被使用而这些数据没有法律的理由予以保存，可以要求数据控制者将其网上的个人数据删除干净，使其在网络世界中被遗忘"。③

虽然"被遗忘权"在不同国家还存在极大争论，但提示出互联网环境下保

---

① 【英】维克托·迈尔·舍恩伯格、肯尼思·库克耶：《大数据时代》，盛杨燕、周涛译，第 46 页，浙江人民出版社 2013 年版。

② 徐立军：《电视台也能成为大数据公司？》，《视听界》2013 年第 5 期。

③ 夏燕：《"被遗忘权"之争——基于欧盟个人数据保护立法改革的考察》，《北京理工大学学报（社会科学版）》2015 年第 2 期。

护用户数据的必要性和重要性。不同于过去传统受众测量样本是自愿的行为，网络音频用户数据多在不知情的情况下被记录下来，数据安全、数据权属、数据道德、数据隐私等一系列相关问题还需讨论。一旦用户有权利选择删除其网上行为数据，那么跨终端音频受众测量的数据获取问题将变得更加严峻。

（二）多元测量指标、算法下的数据融合困境

"跨终端"受众测量和"多终端"受众测量是两个不同的概念，跨终端测量要求在多终端测量的基础上实现各个终端的数据融合，产生既能拆分又能综合的收听数据，成为音频受众测量领域新的"通用货币"。因此，打破壁垒解决数据的获取只是第一步，跨终端音频受众测量要解决的第二个问题是建立统一的测量标准和调查规范，将纷杂的数据筛选、清洗、融合，最终让"数字"变成"数据"，产生价值。

1. 测量指标难统一

过去，广播收听率测量直接引进国外关于广播受众测量的整套方法，这套方法在国外已运用几十年，引进国内后容易被行业接受。如今，跨终端音频受众测量是一个世界性的行业难题，国外也无成例可引。跨终端音频受众测量还处于"自说自话"的粗放发展时期，缺乏被行业认可的数据规则。这套规则包括测量机构、测量指标、测量技术、测量规范等多个方面。这其中，实现不同终端测量指标的一致性是进行数据融合的核心所在。

目前国际上通用的收听率、市场占有率、收听时长、听众规模这套成熟的广播受众测量指标并不适合网络音频收听终端。以"市场占有率"为例，市场占有率是该市场上特定时段内收听某一频率或某一节目的人数占同一时段所有收听人数的百分比。但现在音频节目的网络收听既模糊了地域界限，点播、回听的方式又打破了时间轴线，碎片化音频的存在等都让收听总量难以统计。

反观相近的网络视频受众测量领域，国双科技和酷云互动等新兴受众测量公司直接摒弃了过去电视测量的系列指标，各自构建了一套新指标，包括关注度、播放次数、平均播放时间等不同的指标维度，不过都尚未形成统一的测量标准。

由此可见，无论是历史的沿袭还是相近行业的借鉴，跨终端音频受众测量均无成例可引，需要在实践中不断探索。

2. 缺乏科学算法

除了各终端缺乏统一的测量指标外，基于海量样本的网络数据和基于样本调查的抽样数据是否能直接计算也是数据融合的一大难题。这个难题的核心在于数据的样本是否同源。

目前音频受众测量领域的实践方向各有不同。索福瑞坚持样本同源，其测量仪技术是监测相同的样本在不同收听终端的收听行为。尼尔森网联和赛立信则是

采用异源样本，其广播节目收听数据分为家中收听、车载收听、网络收听等不同样本。但正因为是异源样本数据，这两家数据公司都未将其不同类型的收听数据合并，而是分开使用。

"家中收听"和"车载收听"这两套异源收听率数据没有融合使用的主要原因在于其总体数据并不完全重合，基于总体数据而来的抽样数据，由于分母不同不能简单进行运算。而基于海量样本的网络收听大数据和基于抽样的传统收听小数据之间的融合显然更加复杂。

二、跨终端音频受众测量方向思考

要破解以上数据获取和数据融合的难题，只能根据国内音频受众测量的实际发展情况不断探索，逐步推进。

（一）以第三方数据服务公司为主体，多方合作

目前市场上提供音频受众测量的机构纷杂，但网络音频平台和各节目生产者之间存在着内容、主持人等多种利益关联，其发布的数据公正性势必存在很大争议。因此，跨终端音频受众测量的主体应该以客观、公正的第三方数据服务公司为主体。当前国外发布跨终端受众测量机构也都是以第三方市场调查公司为主，例如尼尔森（Nielsen）、坎特（Kantar Media）、康姆斯科（ComScore）等，其中前两家是传统视听率调查起家，康姆斯科则是依赖互联网测量技术发展起来的新兴测量公司。

从长远来看，任何一家数据服务公司想要发布在横向上囊括所有音频播出终端、在纵向上贯穿整个受众测量全流程的数据，基本都不具备可能性。各个数据服务公司秉持"共享"精神、积极谋求合作是当前互联网时代解决问题的基本思路。其中，数据服务公司与内容提供商、内容播出平台之间，传统数据服务公司与新兴互联网大数据服务公司之间的互相合作是实现跨终端受众测量的现实选择。

实践方面，传统广播受众测量公司从未停止过对网络音频终端用户测量的尝试，索福瑞、尼尔森网联等都试图通过和各大网络音频播出平台合作，采用网站加码和App加码的方式来获取这些播出平台上的用户数据。可惜的是，在商业利益的纠葛下，内容加码的合作方式并未能付诸实践。但网络音频播出平台想要自己用户数据实现变现的重要途径之一是让市场认可其用户数据，因此他们也需要第三方调查公司的公信力来对数据进行背书。于是，两者之间的合作总在不停试水，试图寻求一种双方都能接受的合作模式。蜻蜓FM曾根据尼尔森网联对用户地域等方面的要求进行数据配额，共享30万左右的用户数据给尼尔森网联进行数据分析。

当然，以上第三方数据服务公司和网络音频播出平台之间的合作还未完全深

入，要真正让大数据发挥其"新石油"的价值，前提需要完全的数据开放。未来，在健全的网络数据采集、网络数据保密、网络数据处理等一系列相关的行业法律法规保障下，各方或可秉持开放、协同的互联网精神，打破数据壁垒，实现数据共享，发挥数据市场价值，推进整个行业的良好发展。

（二）有效融合抽样数据和大数据，创新算法

要有效融合抽样数据和大数据，需要解决以下三个问题：第一，数据来源同源还是异源的问题；第二，测量指标的通用性问题；第三，数据算法的规范性问题。

1. 优先考虑异源数据

就音频受众测量而言，大数据和抽样数据各有优劣。大数据的背后是冷冰冰的 IP、手机型号、手机号码等信息，用户画像的准确性不足。而抽样数据背后是具体、确切的包括年龄、职业、学历、月收入等精准信息的受众个体，可弥补大数据"是趋势不是精确"的缺陷。未来很长一段时间内，大数据和样本数据共存的情况都会存在，因此，融合这两类数据是跨终端音频受众测量必须解决的问题。

尼尔森、坎特等国际调查公司一度尝试过采用同源测量方式，即以电视/广播样本为基础，将收视/收听测量扩展到电脑端和移动端，由于有共同变量，两类数据融合起来的壁垒相对较小。但这种测量方式投入很大，以至于并未在国际上通行。[①] 加之，传统广播受众和网络音频受众的重合度并不高，他们的收听时间、收听方式、收听内容等各个方面都存在较大差异，使用同源测量数据来测量两类受众收听行为的可能性不大。使用多源数据，运用科学算法将其进行融合是当下较为现实的解决方案。

2. 测量指标的通用性

抽样调查中的两个核心指标为受众规模和收听时长，分别考量受众的规模和忠实度。网络端的受众数据纷繁不一，但主要集中在播放量、评论量、点赞量这几个指标。其中，播放量反映的也是受众规模问题，只不过是人次的概念。由此可见，受众规模这个指标维度可以在不同测量领域通用。收听时长同样可以通用，各网络音频播出平台后台拥有这个数据，具备现实可能性。

除了受众规模和收听时长两个传统测量指标外，评论量、点赞量等指标是从互动的角度反映受众态度，能够弥补过去受众测量中缺乏对受众态度的评估。

网络平台中直观的点赞量数据和通过语义分析受众评论，可以实现对受众满意度的测量。在样本数据调查中，同样需加入相关的满意度调查。美国传播研究

---

① 刘燕南、张雪静：《跨屏受众收视行为测量：现状、问题及探讨》，《现代传播》2016 年第 8 期。

处为研究节目品质研究曾做过相关实践，即在样本户电视机上安装电子装置 VOXBOX，VOXBOX 上设有 9 个对节目满意度的按键，包括"非常好的""提供有用信息的""可信的""有趣的""无聊的""不可信的""愚笨的""看不下去要转台""演员角色表现"，观众可以按下相应按键来表达对该节目的满意程度。[①] 最终可以产生"满意度"这一适合融媒体生态下的音频受众测量通用指标。

3. 数据算法的规范性

有了通用指标，如何将代表人数和代表人次的受众规模进行融合，如何将包含主观评价的满意度和仅是客观数据的满意度进行融合等问题则依赖于数据算法的规范性。尼尔森和凯度都尝试过使用以个人为中心的样本调查（小数据）与以服务器为中心的普查（大数据）相结合的融合方法。具体操作为：利用样本小数据建模，为大数据提供智能匹配基础，然后基于两类数据的共同特征将大数据融合进样本数据中，并用一个跨屏同源样本对融合结果进行验证。共同特征数据可以是人口统计基本特征，也可以是设备型号、IP 地址等，通常被称为"连接变量"（Linking Variables）或者"融合钩"（Fusion Hooks）。一般而言，"连接变量"或"融合钩"对数据源的代表性越强、数量越多，两个数据的融合信度就会越高。[②]

目前，面对既有结构化又有非结构化的混合型数据，以及分布在不同平台上的离散型数据，国内业界在数据融合的算法上更多使用多源异构数据，采用多种可量化的指标，赋予不同权重，将各类数据通过加权赋分的方法糅合在一起。

随着当前大数据和人工智能技术的发展，多维度关联性数据分析技术也不断有所突破，科学融合大小数据的算法将更容易实现。

三、结语

要建立一套能够经得起理论推敲、实践验证的音频跨终端受众测量指标体系显然需要依赖大量数据的推演和行业内的实践检验。目前国内跨终端音频受众测量尚处于探索期，还没有任何成熟的相关产品出现，但伴随着跨终端收听的音频复合受众规模日益扩大，提供科学、客观、实用的跨终端音频受众测量数据是适应媒体融合生态的必然要求。于市场而言，需要对这类新的受众规模价值进行精准的商业评估；于媒体而言，是适应当前媒体融合生态的必然要求。无论是广播

---

① 周勇、赵璇：《融媒体环境下视听传播效果评估的指标体系建构——基于 VAR 模型的大数据计算及分析》，《国际新闻界》2017 年第 10 期。

② 刘燕南、刘双、刘恬：《国外跨屏受众测量的发展特征与思考》，《中国地质大学学报》（社会科学版）2016 年第 16 卷第 6 期。

电台，还是其他音频生产机构、音频播出平台、广告主、广告公司、第三方数据服务商，都应该协同合作，努力改变现在数据资源分散、数据标准不一、数据测量技术滞后的现状，共同建设新的数据秩序和市场规则，早日建立真正适应融媒体生态环境、符合行业规范、通行市场的跨终端音频受众测量规则，以推进整个音频领域的健康发展。

（作者系中央广播电视总台总编室主任编辑、中国人民大学新闻学院2016级博士研究生）

2018 年广播媒体发展述评

孟 伟 王浩洁 张 睿

与往年相比，2018 年中国广播发展是一个转折与过度的年份。广播在国家政策、行业改革等层面的新视野、新方略和新布局，为 2019 年以及 5G 时代的到来打下基础。广播在这一年，媒体自信加强，不再仅拘囿于"广播音频媒体是否应存在及其生命力"等问题的讨论，而是埋头实干，积极融合，凸显广播在新闻舆论传播中的主流媒体引导、引领作用，旨在于切实提升广播主流媒体的传播力、引导力、影响力和公信力。

一、全国广播重磅布局：从传统覆盖到全国电台融合发展大格局调整

2018 年纵览一年中国广播的发展，随着"融合发展"的深入，媒体覆盖、到达能力越来越成为媒体传播能力基础层面的重要表达。2018 年 12 月 28 日，中央广播电视总台、中国电信、中国移动、中国联通、华为公司 5 家共同签署《合作建设 5G 新媒体平台框架协议》，广电国家级媒体获得未来渠道和覆盖的先机。

（一）国家级媒体布局完成：以壮大主流声音为第一要务

2018 年 3 月，中共中央《深化党和国家机构改革方案》实施，组建国家广播电视总局、组建中央广播电视总台。央视、央广、国际台 3 家建制废止。新组建的中央广播电视总台成为中宣部直管的体量最大的国家级媒体，也成为全球最大的融合媒体机构之一。原央广作为合并的 3 家央媒的一员，在 4 月 8 日召开的博鳌亚洲论坛，参与完成全平台统一发声。此后，央广播音员为《新闻联播》配音、3 台文艺部门联手打造品牌节目……形成重大活动中统一品牌、一体策划、融合报道的工作方式，借助 3 台原有的传播优势和覆盖形成了强大的传播效应，合并壮大了主流声音，在传播力提高上达到了初步目的。

中央人民广播电台和中国国际广播电台是广播业内的央级媒体。合并后，央广与国际台成为国家台传播版图上的重要组成部分。首先，从单纯的渠道覆盖来讲，央广与国际台在传播覆盖上，弥补电视媒体对庞大的城市移动出行人群的时

段补缺和功能覆盖。其次，央广和国际台自身媒体融合进程并不慢，蜻蜓fm的影响力排行榜电台分榜方面，CNR中国之声、CNR经济之声和CRI环球资讯3大频率常年占据榜单前3名，中国之声月播放次数稳定在7000万至8000万次。合并后，强强联合使得国家台在视频、音频的全领域都有了较强的渠道分发权。再次，从资源上讲，央广和国际台均为央级媒体，在新闻采编资源方面，有成熟、完善的全国性乃至海外站点的支持。采编人员业务水平较高，相较于电视而言队伍人员身份更加统一而稳定。牌照资源方面，央广和国际台分别拥有互联网电视（OTT专网）集成业务牌照和手机电视全国集成播控平台牌照，前者全国共计7张牌照，后者全国共有6张牌照。如果再加上央视原本已经拥有的IPTV集成播控牌照和间接拥有的全国性广播电视有线数字付费频道资质，合并后的国家台多张牌照在手，形成了主渠道全覆盖，腾挪空间极大。

（二）省级电台合并在2018年全面完成：各省差异化显著，深度融合有待时日

截至2018年年底，全国所有省级广电均已完成合并，但省级广电媒体的改革推进程度差距仍然很大。较为成功的模式大致可以分为两类：

第一类，集团整体改革进程推进较快，广播与集团保持发展同步，得到集团在各方面的资源支持。

这一类广电集团以上海文广、湖南广电、浙江广电为代表。其共同的特点是，集团整体改革进程推进较早且较快，广播与电视的融合方式已在不断的改革磨合中厘清了定位。2018年马克思诞辰200周年之际，由东方广播中心和阿基米德FM联手打造的音频党课《给90后讲讲马克思》，总收听量累计逾2.7亿人次，成为名副其实的"网红"党课。湖南广电的广播部分虽然在集团内部并不是最重要的部分，但横向比较其他省级广播，有其独到之处。2018年，从集团层面来看，产业整合的力度加大，力求通过产业和市场整合打造全产业链、融媒全业态。2018年湖南广播传媒中心着手建设新媒体音频平台，实行完全的公司化、资本化运作。浙江广电特色是将扁平化做到广播频率层面。没有广播中心这样的中间层建制，频率彻底独立经营，发展出若干小而全的广播频率。以FM93浙江交通之声为例，除节目部之外，频率还下设多媒体新闻中心、用户运营中心、营销中心、广告部、品牌部、综合部、总编室、人事科等科室。可以说完全是一套缩小版的大电台架构。集团通过选题竞标、策划评估、去重协调等方法解决频率间的矛盾。在媒体融合方面，2017年底试点性地推出了"喜欢听"APP，2018年全年运行，聚合浙江广电旗下八大广播频率的新媒体旗舰产品。

第二类，广播和电视在职能机构层面上已经完成深度合并，广播作为一种独立的业务形态存在，一方面仍然在与集团内的其他业务磨合，另一方面则不断探索在广播领域的业务创新。这种探索更多的是在新媒体平台尝试、内部小范围机

制创新等方面推进。

以新媒体平台尝试为例，目前大多数省级广播都拥有自己的自建新媒体平台，这些平台与集团内其他平台是相互独立的。例如，广东电台 2017 年下半年上线了自主运营的 APP"粤听"，2018 年发展势头强劲。目前广东广播电视台拥有"正直播""触电新闻""粤听"3 款自建应用。"粤听"最大的特色是粤语原创音频内容，自制内容占比较大，填补了粤语音频聚合平台的空白，海内外受众广泛。同样正在积极推进自建 APP 平台的还有：2018 年北京电台重启听听 FM 项目；深圳广播入驻"壹深圳"平台，实行平台化发展；安徽台推进原属广播的"达尔文"和广电融合的"海豚视界"两个 APP 的同步发展，等等。在集团的支持下，通过自建音频聚合平台或垂直服务平台类的 APP，是广播发挥"声音"特色和努力保留及变现广播独立渠道品牌价值的基本途径。关于内部小范围的机制创新，多在工作室基础上的进一步延伸。广东台建立的主持人工作室年底将超出任务部分百分之五十的收入用于分红。北京台内部成立的节目团队在 2018 年继续发挥积极效能，内部人员工作安排、分配等完全由节目团队负责人决定，一定限度内将受益返还至工作室。目前此类内部机制的创新尚不能从根本上改变机制与内容生产动力之间的矛盾。

（三）2018 年县级广电融合首次纳入国家体制改革大局：县级融媒体中心建设成为基层广电改革的新起点

以往关于媒体改革中，县级媒体较少出现在业界和学界的聚光灯下。但2018 年十分不同。2018 年 8 月 21 日，习近平总书记在全国宣传思想工作会议上发表重要讲话，指出要做好县级融媒体中心建设工作。9 月 20 日至 21 日，中宣部在浙江省湖州市长兴县召开现场会，切实落实县级融媒体中心建设的实际工作。2018 年先行启动 600 个县级融媒体中心建设。

从政策逻辑来讲，守住意识形态阵地、提高新闻舆论引导能力、构建现代传播体系都需要打通信息传播的"最后一公里"，县级媒体是这"一公里"的具体承接主体。县级广播作为县级融媒体中心的一部分，目前来看尚未有发展格外突出的案例。由于中国各市县经济与社会发展差异巨大，虽有经济发达的浙江涌现出了县级融媒体发展的"长兴模式"，但大量县级媒体即便不融合尚且面临着无人、无钱、无思路的"三无"状态，在传播体系中较难承担起"最后一公里"的有效传递，亟待通过融合实现补位。

2018 年县级融媒体中心建设多借助省级融媒体平台资源，或者借助高校及其他商业媒体平台资源，或者自建融媒体平台等几种模式。已经开始着手推进媒体融合的县级媒体，基本做法是在"两微""抖音"等大众化的商业平台上，通过开通官方账号拓展传播范围，提升传播效度。开通平台账号，不代表运用自如。这些公众账号普遍存在的问题是，定位模糊，内容形式陈旧、缺乏互动，创新不足。在媒体融合发展中，急需补课。

二、广播内容战略"绝地反击"：数据画像、智慧广播与主流媒体的阵地意识

"广播电视是重要的宣传思想和意识形态阵地，广播电视战线要强化阵地意识，敢于担当，主动作为，进一步把我们的阵地建设好、发展好、管理好。"[①]对于广电媒体而言，"阵地意识"和"担当"的关键点是以"内容"为核心的生产和传播体系，这一体系包括内容形态和表现方式、内容分发渠道、受众触达和反馈通道等一系列影响着媒体信息有效传播的综合能力体系。

（一）内容数据测量建立全网化关联

2018年12月26日，国家广播电视总局发布的"广播电视节目收视综合评价大数据系统"基本建成并试运行，意味着包括广播在内的广电系统，下决心革新记录仪、抽样调查为主要手段的传统收听、收视率测量方法，尊重当前全网测量媒体产品的可行性和需求。以数据测量层面为切口，对广电媒体的内容改造、新质量标准建设、媒资管理等广电核心资源进行开发，与新时代大众对于媒体的实际使用建立数据关联。

（二）广播用户数据画像探索展开

2018年电台已经普遍重视数据与用户人群精准定位之间的关联。例如：江苏台的互联网用户数据中心，打通了电台各个新媒体平台的终端数据通路，为广播及其新媒体用户建立档案，直接应用于内容生产的指导和广告营销。南京台主导运营的"在南京"APP，对于用户数据的采集和应用，已经基本建立一个较为成熟的变现模式。用户精准营销成为可能。

（三）广播内容生产的智慧化导向

2018年智慧广电是行业发展的一个热点。"智慧广电"不仅仅是一种服务模式，还包括智能化生产运营、分发传播，是促使广电从"功能"向"智能"转型的引擎。目前人工智能对广播发展的直接意义是：其一提高广播的生产效率；其二降低生产成本；其三高度保证安全播出的准确性；其四促进个性化交互的大面积实现。

2018年湖南广播电台与科大讯飞合作研发成果在业界应用效果显著。运用AI语音自动翻译以及语义识别功能技术，研发广播适用的语音文本智能化编辑系统。这意味着编辑记者剪辑屏幕上的文字就可以实现同步语音的编辑，并可以

---

① 2018年10月24至25日，聂辰席同志到重庆调研指导广播电视工作时讲话。

实现智能化修饰剪辑衔接过渡，实现表达的顺畅自然，颠覆了广播传统的编辑校对模式。

（四）广播互动内容的智能化走向

"互动"是电台不同于其他传统主流媒体，并区别于互联网新媒体的重要优势和特征。随着个性化需求程度的加深，主持人与用户之间的互动供需之间出现矛盾。2018年7月微软第六代小冰发布，小冰的智能化互动功能进一步提升，改变了在对话语料库中检索互动答案的应用模式。理论上讲，电台主持人今后可以借助小冰在任何时间和地点与用户实现完全意义上的个性化互动，彰显广播的互动特性。

（五）内容终端的广播技术研发给力

近两年音频与智能音箱之间联系紧密。但广播终端研发，最突出的案例应属福建的"广电车盒子"[①]，其外部表现为一款智能云后视镜，但与汽车智能云后视镜的核心区别是：提供广播内容服务和内容变现。未来可以作为广播的另一个出口，或者是广播的另一种形态。

过去电台多将广播节目直接搬迁到网上或者略作剪辑处理，实际传播效果不佳。广电车盒子作为一个新技术终端，专属于电台阵地。"广电车盒子"在原来的频率渠道、两微一端渠道基础上，增加了车载终端。这一车载终端，凸显广播地域特色，又可以整合不同地区间的资源，2018年部分项目开始盈利。

（六）广播优质内容品牌化运作深入发展

目前电台重要的资本是已经具有的品牌化节目、栏目和主持人，这是电台核心竞争力。新技术的探索与发展需立足于此。2018年广播人在努力与新技术融合发展的同时，高度重视已有品牌内容的研发和推广。

2018年6月央广集结优质内容生产力量，发起全媒体矩阵，为庆祝建党97周年，出品12集大型广播纪实文学作品《梁家河》，精品内容迅速形成传播热点，海内外反响热烈，产生巨大影响力。上海广播中心将品牌作为集团的生命线，集全台之力重点打造上海广播节、东方风云榜、辰山草地音乐节等重点大型活动，活动冠名、赞助与各环节广告受到客户喜爱。湖南电台坚持以活动开发广播内容市场按照"单个活动品牌化、品牌活动系列化、系列活动规模化"的思路，不断创新。

2018年中央台文艺之声的《大铭脱口秀》《海阳现场秀》、北京交通广播的《一路畅通》、上海台动感101的《音乐早餐》仍然都是广告客户非常青睐的栏

---

① 2016年12月，福建广播与福建省福信富通网络科技股份有限公司联合创建的福州车媒通网络科技有限公司，自主研发的智能车联网产品，广电车联网平台和车盒子产品（broadcast car box）问世。

目。北京文艺广播《吃喝玩乐大搜索》节目深受听众喜爱，银行、旅行社等消费类客户和节目常年合作，2018 年各时段特约广告满档。北京交通广播的《1039 交通服务热线》节目深耕汽车保养维修服务领域，成为北京听众选车养车的随身伙伴，栏目线下活动"林贺砍砍砍"在京城汽车行业非常有名，节目内年创收超过千万。

借助电台的内容品牌，与其他行业融合发展案例颇多。例如 2018 年 4 月 25 日，北京人民艺术剧院与北京人民广播电台在首都剧场举行了战略合作签约仪式。双方拟开展系列合作等。

（七）版权意识增强，保护并变现广播电台内容核心资产起步

2018 年 2 月 27 日，国家新闻出版广电总局改革办公室发布关于印发《新闻出版广播影视企业版权资产管理工作指引（试行）》的通知。北京电台的悦库时光公司将业务范围定位于全球华语音频市场，专注于音频版权投资与运营，并可以为其他机构提供版权服务。在互联网经济蓬勃发展之际，投身版权领域开发与经营可谓是目光长远，走在了全国电台前列。2018 年电台的版权意识普遍增强，1 月 29 日中国国际广播电台起诉了北京新浪互联信息服务有限公司侵权，法院审理后判决电台胜诉。

三、广播媒体经营增长亮点：发力政府宣传与服务，初现新媒体渠道盈利

据尼尔森网联全媒体监测数据显示，广播媒体仍以广告作为主要营收来源。2018 年前三季度广告花费额度同比增长 11%，超过了互联网视频（增长率 8.4%）和手机 App（增长率 3%），显现出平稳的增长势能。这个平稳大势的背后，是广播人在压力与危机下的执着坚持与艰辛探索。比较往年，2018 年中国广播在运营层面主要有以下特点：

（一）政府服务成为电台创收的主要增量之一

广播媒体善于将时代主旋律与国家战略巧妙融合进广播节目和广播活动，与政府具有良好的合作基础，在政务宣传方面有优势。近年来，尤其 2018 年，随着政务宣传需求的扩大与提升，政府服务已成为电台创收的主要增量之一。中央人民广播电台 2018 年 11 月与贵州省委宣传部达成战略合作，通过"公益助农"项目推动贵州优质农特产品"黔货出山"，贵州农特产品宣传广告在央广高频播出；通过改革开放四十年《奋斗的中国人》贵州群英谱纪实访谈，展现贵州发展成就。这种宣传与推广正符合地方政府形象宣传及特色经济推广的需求。湖南电台将精准扶贫融入地面活动"爱心年货会"，一举多得。湖北广电将自有的"长江云"打造成移动政务新媒体平台，建立了主流媒体、党政部门和当地受众

之间的联系。江苏邳州市融媒体中心，形成了"融媒+政务+服务+产业"的运作模式，共服务50多家政企单位，年直接创收500多万元，近3年创收额以每年超过20%的幅度持续增长。

（二）电台自有新媒体渠道已经重度参与到客户服务中

在媒体空前竞争激烈的当下，广播电台一直在努力克服传统"路径依赖"心理，尝试开拓更多产业领域。2018年电台自有新媒体渠道的探索突出。

无锡广电经多年摸索走出一条"广告+会展+商贸"的模式，创立了无锡广电婚博会、无锡广电家博会、无锡广电直购大会、无锡广电音乐购车节等展会品牌，不仅提高了对客户的广播广告议价权，在会展经济方面也收入颇丰。电台结合广播平台和新媒体平台，策划出了很多具有创新意义、客户满意的营销案例：扬州广播电台为房地产客户策划的"十双球鞋一套房"活动，以主持人IP为核心形成病毒式的传播裂变。江苏电台"大蓝鲸"APP，开发自有网红资源为客户策划执行落地活动；推出了新媒体商业定制产品《荔枝逛逛》，准确定位小微客户广告市场。湖北交通广播的"陆客"APP着重打造"陆客二手车"板块，用户可以通过这个板块跟主持人和车商完成良性沟通，目前线上线下创收收益不错。

（三）电台客户端展示成为线上广播、线下活动的有效补充，但单平台的盈利之路漫长

一些电台在客户端经营方面摸索出了独具特色的运营模式，经营创收取得了喜人的成绩。上海广播阿基米德的M店于2017年7月上线，通过"广播+互联网"的新广播营销模式，为品牌打造爆款，2018年促使收听率直接转化为购买力，实现了增量收入。2018年贵州交广继续强劲发展，5年间单频率的年经营收入从300万跃至亿元级别。贵州交通广播基于互联网金融支付系统打造的媒体融合平台"找到啦"客户端已逐渐成熟，并于2018年暑期正式上线。"找到啦"客户端基于频率通盘运营的新媒体策略，以挖掘城市人群的刚性需求为特征，搭建社会沟通的桥梁，是基于互联网的"社会性"特征创造的广播运营上的新高点。

（四）知识付费、粉丝打赏等新媒体创收方式还在单点尝试，未形成趋势

2018年电台自身的内容付费探索尚处于开端阶段。成都广播电视台于2018年7月组建了内容产业的孵化项目团队，以融媒体为特征，8月20日推出原创本土音频内容品牌"听堂FM"，在多个音频平台发布，正式进军音频内容产业。浙江广电的"喜欢听"APP，将电台主持人引入APP做签约主播，吸引粉丝打赏。央广客户端"中国广播"是首批阿里人工智能音箱的合作伙伴，2018年9月正式上线天猫精灵的"早上好"服务，同时中国广播已为多款主流人工智能产品提供了电台直播、精品点播等音频收听服务。北京文艺广播少儿节目《听

听糖耳朵》和天猫精灵达成合作，为其儿童电台做内容提供。新渠道的开拓不仅拓宽了电台的影响力，且为智能产品内搭载广告的分成创造了可能。

（五）跨界思维，以合作共赢实现资源互补产业增效

广播业界的沟通交流空前热闹。2018年上海广播节、湖南广播超级碗活动、黑龙江广播电视发展高峰论坛三个全国广播人的盛会，集中在金秋九月举行，各地广播人就广播发展的各个话题交流、学习、探讨。在新技术快速迭代的环境下，广播人进行了很多跨界合作。浙江广电与新浪，安徽广电与腾讯，黑龙江广电与科大讯飞都进行了技术、渠道等多方位合作，广播人开始在广播领域外寻找更多发展空间。

四、未来趋势与发展建议

（一）广播服务将拓展到全网、全行业竞争模式：音频内容议价市场待建立

过去电台是基于地域基点的有限发展，处于"条块分割"的状态，鲜有跨区域的竞争压力，这与音频属性和国家广播发展政策均密切相关。随着互联网深入发展，新一轮的跨区域发展态势到来。多家电台开发的 APP 应用，2018 年均在全国推广层面做出较大范围的努力，但未能产生实质性的爆点。尚缺少两个核心点——全国范围的音频议价市场的建立和普适性商业模式出现。目前新媒体领域视听许可证合一，广播音频媒体的特征未能被充分重视，音频媒体作为独立的市场主体无法公平参与竞争，掩盖在视频媒体特性之下。互联网音频节目许可证或可在未来独立设置，以激发音频内容市场的成长。

（二）发挥广播个性化和心灵媒介的优势：外宣发声可增强

多年来，电台在外宣中的实力、能力不容小觑。比较纸媒与电视媒体，广播音频媒体的渗透力很强，既可以做音频内容，也可以以电台为切入口，开展与对象国间的多媒体交流与合作。在议题设置、舆论引导、影视文化产品走出去、合作传播等方面电台已经取得实质性的成绩。当然电台做外宣不足和短板之处在于广播影响力的范围问题。借助互联网优势，今后电台的外宣工作可以突破央广、国广、广西、内蒙古、云南等电台的范围。

（三）提升广播人群的真正触达范围：广播爆款节目与个性化节目研发需并行发展，高度渗透到社会生活各个领域

"2018 年岁末，资本、产业处处都透露着不安的预兆，以听觉享受为核心的音乐、电台、广播剧等音频产业却充满勃勃生机。"[①] 以喜马拉雅音频自媒体影响力排行榜数据来看，常年占据排名前 10 自媒体以有声书为主，但传统广播媒

---

① "传媒内参"公号文章《产业寒冬之下，最温暖的热土竟是广播剧和电台》，2018 年 12 月 28 日。

体在此类领域表现乏力。更多其他媒体已经开始反过来制作音频、视频产品，加入到了竞争序列。广播需要切实占领新的音频内容需求领域。

（四）广播产业动力不足：电台的商业转化效率有待提升

中国广播同时承担宣传任务和广告运营压力，比较互联网原生媒体，产业上明显不成熟，而产业化是互联网媒体商业模式的核心。传统广播的商业模式，目前来看并未有根本性的改变。而不同的商业模式之间因为利益分配的方式不同。在经济有所下行的市场环境中，媒体融合过程对于商业模式如何融合仍在探索中，如何在内部平衡不同商业模式对于客户的争夺，是急需解决的矛盾点，如湖南广电设立创新引导资金，扶植当年创新节目，上海台设立阿尔法基金鼓励新媒体内容创新等。在电台广告经营中应鼓励经营职能和节目制作职能奖惩方向一致，形成合力而不是相互掣肘。纵观 2018 年各地电台产业化道路，普遍采取的是维护事业单位稳定性前提下，成立独立的商业公司运营，此类方式的普及性如何尚待验证。

（五）广播节目应借鉴新媒体内容生产的本质：媒体社会化与个体细分市场占有是未来发展方向

目前广播面临的是多细分市场用户争夺上的矛盾。以前只有传统媒体时，电台无须考虑不同用户需求之间的冲突。电台通过寻求最大众化的需求点去满足，足以支撑其广告市场和社会主流舆论地位。但新的传播环境下用户细分越细，需求出现冲突的可能性就越大。过去广播媒体探讨的是"场景化传播"，2018—2019 年广播媒体应更多从"社会性""社会化"等层面，借鉴互联网细分用户市场的经典案例，建立广播内容生产的新理念新原则。

（六）广电立法在 2018 年启动：规范管理是规模化发展的前提

回溯广播电视的立法进程：从《卫星电视广播地面接收设施管理条例》《广播电视管理条例》到《广播电视设施保护条例（修订）》等行政法规，国家层面一直予以重视。2018 年广电总局把"启动《广播电视法》制定工作"写进 2018 年工作计划中，意味着这项工作可能会在 2018 年、2019 年有实质性进展。

2018 年电台通过媒体融合提升实力，引领着音频媒体的发展趋势，引导音频媒体的市场走向和价值观走向，守护好主流媒体的阵地。新广播历经凤凰涅槃，立足历史的潮头，必将提升广播的传播力、引导力、影响力和公信力。

（作者分别为：中国传媒大学传播研究院教授；北京人民广播电台人力资源部副主任；北京人民广播电台广告经营中心副主任。本文系 2018 年国家广电总局课题"广播新闻宣传融合传播策略研究"的阶段性成果，项目编号：GD1804）

中国广播产业运营逻辑与路径突破

王春美

以 1979 年上海人民广播电台恢复播出第一条广播广告为标志，我国各级广播电台相继走上了开展广告和商业活动，进行经营创收的道路。各地电台的经营探索是广播媒体不断"产业化"的进程，是我国广播顺应市场需求、政策动向和自身发展需要，由单一政治属性转向兼有经济属性开发的过程。经过 40 年的积累，我国广播广告实现从千万到百亿的跨越式发展，多元化经营从传统业务向新兴业态演变，广播经营的市场化程度不断提高，广播产业链初见雏形。但是，在相对闭合的广播市场中，由于条块分割的行政结构，来自市场的需求不足，产业体系不完整，某些链条不成熟，使得广播经营始终停留在割裂、零散的状态，限制了整体运作的水平和规模。站在中国广播产业发展的新时期，本文沿着"立足过去，面向未来"的分析逻辑，梳理中国广播产业经营的轨迹，探析业态构成和市场结构，并尝试发掘其中的矛盾和问题，提出未来中国广播产业可能的发展方向和趋势。

一、中国广播产业化经营的探索进程

改革开放以来，中国社会从经济基础到上层建筑都发生了重大变化，广播媒体置身社会发展的浪潮，逐步走出单纯依靠财政拨款的生存状态，进入产业化发展的轨道。供需双方信息需求的释放为媒介经营活动的开展奠定了坚实基础，而国家政策层面的认可对媒介开展经营活动的开展提供了保障。从 1979 年中国广播恢复广告经营算起，广播媒体的产业经营探索大致经历了生存、发展、成熟、转型 4 个发展阶段。

1979 年至 1991 为第一个时期，其特点为启动、新始。这一时期，广播的主要技术传输手段是中波，频率主要是综合台，内容上以新闻改革最为突出，节目的结构是"小块拼合式"，基本仿照报纸"拼版"的方式来安排节目，以录播为主，大部分没有互动，是典型的"大众传播"。十一届三中全会确立的"以经济建设为中心"的国策为广播经营提供了制度和需求的可能性。随着商品经济的发展，中国广播在自身发展和市场需求的激发下走上了经营之路，各地电台相继

建立广告部，开展广告业务，市场因素逐步呈现在节目的编排和内容上，以合办栏目为代表的信息经营初露端倪。电台的体制和结构发生变化，从纯事业单位向有限的商业经营过渡，由单纯依靠国家财政拨款向财政拨款和自我积累相结合的方向转变。这一时期，中国广播经营的基础虽然脆弱，但却具有非同寻常的意义，特别是广播市场的初步开拓，经营意识的萌发，一批广告经营人才和信息经营人才的培养，思想观念的解放，为下一步的改革发展创造了条件。

1992年至1998年为第二个时期，其特点是虽然弱小却生机盎然，各种要素开始彼此适应协同发展。这一时期，距离美国广播走上"分众传播"道路30年，我国广播也走到了类似的阶段，由"综合台"向"系列台"的体制转变。这种转变的背后一方面是危机使然，另一方面是条件允许。20世纪90年代，电视的崛起给广播带来极大的冲击，陷入低谷的广播同时面临财政资金不足的问题，发展困难。另一方面，到这一时期，在"四级办台"政策促动下，我国广播初步实现规模和数量上的增长，立体声调频开始发展起来，广播的频率资源、时段资源和技术资源都得到了丰富。在珠江经济电台的带动和启发下，全国广播掀起了创办系列台的热潮，立足于不同领域和定位的经济台、音乐台、教育台等一批崭新的广播频率陆续在全国各地诞生，广播的内容形态发生了极大变化。与此同时，广播媒体延续几十年的播出形式得到改变，节目开始以大板块为主，直播、热线、主持人等形式被广泛引入。广播内容和播出形式的变化引发了强烈的社会反响，产生了良好的社会效应，从而拉动了广播收听率的提升，反馈到广播经营上，广播的传播价值开始受到越来越多的关注，广告投放不断增多。社会主义市场经济体系的建立和逐步完善，为中国广播的经营提供了环境和制度的前提。20世纪90年代，广播媒体跟随市场经济的第二次浪潮掀起了兴办第三产业的热潮。合办栏目大量涌现，信息经营从线上时段延伸到线下实体，全国多地电台陆续兴办了培训学校、广告公司、技术公司、书店、出版社等各种各样的"三产"公司。绝大多数电台走上了"事业单位、企业化管理"的道路，广播媒体的财政状况出现了具有战略意义的转折，在多家电台内部，经营创收超过财政拨款成为电台收入的重要来源。

1999年至2008年为第三个时期，其特点是各要素高度协同、稳健快速地发展。经过20年的积累和探索，中国广播在改革开放后的第三个10年迎来了自己的辉煌期。广播专业化改革从地方电台传导到国家电台，节目对象化步伐加快，广播的贴近性增强。如同20世纪70年的美国一样，"车轮子"为世纪之交的中国广播带来"第二次生命"。2000年以后，中国道路交通经济的发展和汽车的普及，使广播媒体实现了由固定媒体向移动媒体的转型，各地交通频率的迅速崛起就是例证。这一时期，广播媒体的广告经营模式呈现多元化特征，从机制来看，最早推行专业化的电台开始从"分"走向"合",探索资源协同效力,而起步较晚的电台则效仿早期专业化的做法,从"合"到"分",激发基层活力,还有的电台几经尝试在分合之间经历了一个轮回。从模式来看,广告代理制得到发展,也有的电台在试行代理制后重回自营。广播的广告客户来源变得丰富,广告产品不断推陈出新。与广告经营相呼应,这一时期,广播的多元化业态在节目资源开发、频率资源开发方面取得突破,广播媒体的跨媒体、跨行业、跨地域"三跨"经营从理论层面进入实践环节,与此同时,专业的广播公司开始出现,可经营性资源开始了与事业资源的剥离,社会资本被引入到广播的多元化业态中。与鲜活的经营实践相对应,这一时期,不仅单一电台的经营创收出现突破性增长,广播行业也因其广告创收的连年高速增长引起各方关注,国家有关部门确立 2003 年为"广播发展年",学界对广播经营的关注也达到有史以来的高潮。这一时期是中国广播历经多年积累后的能量爆发期。

2009 年至 2019 年为第四个时期,这一时期的特点为调整和适应。广播与网络的融合取得阶段性成果,表现在桌面互联网时代广播网站的建立、网络电台的创建以及移动互联网时代对于社交媒体的利用、自有客户端的创建。融合过程中,广播媒体的传输渠道由单一的电波渠道向网络传播拓展,内容生产流程得以改造,传受互动不断增强,更为重要的是广播媒体进行了融合过程中盈利模式的探索和尝试,比如基于多平台互动的定向服务开发、音频版权运营。在广告经营层面,受到多种因素的影响,集中经营和整频代理的现象有所增多,广播的客户结构出现变化,传统支柱行业投放有所下滑,新的行业客户开始出现。在多元化经营层面,各地电台的业态布局纷纷变化,由传统业务向新型业务转型,新媒体、投融资、广播购物等新的业态不断出现,而创建统一的产业运营平台成为趋势。这一时期,广播体制和结构的变革表现在由传统电台向数字化转型,传统经营模式和业态受到挑战,开始进行新的尝试。

二、广播经营业态的分类与产业链结构分析

(一) 广播经营业态的分类及广播市场构成

研究广播经营的演进历程,了解其发展进程中各要素之间的关系,有助于我们对广播产业的认识由现象的描述进入到结构的探寻。"传媒产业化至少具有两种基本方式:一种是在确立版权的基础上,实现信息产品商业化,从而实现媒介的产业化运作;另一种则是在传播媒介主要的特殊信息产品——新闻——的版权得不到法律保障的条件下,通过广告经营来实现媒介的产业化运作"。① 梳理广

---

① 宋建武:《媒介经济学——原理及其在中国的实践》,中国人民大学出版社 2006 年版。

播媒体的产业化经营活动，可以看出广播经营业态大致可以分出以下几个层面：

第一，围绕节目本身进行的资源开发。一是通过环节设置获得盈收，譬如互动环节设计产生通讯收入、资讯栏目设置获得信息收入；二是前期策划将盈收考虑在内，结合企业、社会组织的相关需求一起联办、合办节目，获得合办收入等；三是在节目策划完毕，积极争取商业赞助，典型的如冠名、特约的邀请；四是节目本身的销售带来内容二次传播增值。五是利用节目的品牌影响力开展线下活动营销等。

第二，时段资源的售卖。在节目播出过程中设计广告播口获得企业宣传费用。

第三，频率资源的发掘。通常是借助在某一行业或领域的资源积累进行垂直延伸，进行相关行业或产业的经营探索，譬如成立广告代理公司、演艺公司、汽车俱乐部等实体机构开展业务。

第四，利用电台品牌资源进行的产业开发。这是产业运营的高级阶段，通常借助电台整体资源和品牌进行相关行业或产业的开发运营，比如跨地域运营、产业平台建立、多业务结构设计等。

第五，跳出广播，利用资本的力量进行跨行业、跨媒体的多元开发和投资。

总的来看，可以将广播市场划分为节目市场、广告市场、产业市场3类。节目市场主要是指节目制作公司与电台之间的市场，也包括电台与电台之间的市场，主要针对广播的传播价值和市场价值开发，是在节目制作、发行、交易方面形成的市场。在广播媒体发展的不同阶段出现过各种类型的广播节目制作公司，其中既有民营的社会制作公司，也有电台自己成立的从事节目制作业务的公司。广告市场主要是指广告主、电台、广告代理公司三者形成的市场，通过广告公司这一中间渠道，广告主实现营销传播诉求，电台实现广告产品和服务的销售。产业市场主要是指广播媒体对于节目市场和广告市场之外的市场空间的介入，多由电台成立的各种产业公司构成，多指跨媒体、跨行业经营业务。节目市场、广告市场和产业市场三者高度关联，特别是广告市场依附于节目市场，产业市场的很大一部分也是对节目市场形成的受众资源的运营，只有在广播关联度不高的行业领域中才是对新空间、新资源的开拓。

（二）广播产业链的内在结构

产业链是一种或几种资源通过若干个产业层次、由上游不断向下游转移，并最终达到消费者，从而实现资源价值的路径。与一般的产业链不同，广播产业链不止有一种核心资源，在不同的市场上，产业链的核心资源是不同的（见图1）。在节目市场上，核心资源是节目；在广告市场上，核心资源在于"受众注意力"，是对受众注意力的"二次售卖"；在产业市场上，核心资源则是广播的品牌影响力、资金实力等多元因素。

广播产业内容产品的基本单位主要体现为"节目"。从产品流通来看，主要存在节目制作、节目交易、节目传输、节目播出4个环节。与电视产业不同，广播节目的制作、传输和播出相对封闭，大多数都可以在电台内部实现循环，因此节目交易环节不是普遍存在的环节，只是少部分存在。目前流通于广播市场的节目大多数属于非直播类节目，以小说、故事、相声、访谈、综艺娱乐类节目、音乐节目等为常见类型。相对于电视的"台网分离"而言，广播媒体的节目传输也主要是由电台自己完成的。

广告经营主要以电台广播时间为产品，通过电台广播经营的独立循环，完成资源的投入和产出。广告产品在形态上不独立，依附于节目存在，是服务型产品。广播广告发端于广告主的营销需求，经过广告代理公司或者直接与电台达成广告产品购买协议。经过广告制作、广告传输、广告播出3个环节到达用户。在这个过程中，电台通过时段和服务的售卖获取收入，主要的广告产品类型包括常规广告、软性植入、特约冠名等。广告产品的价格直接取决于节目产品的市场受欢迎程度。

"媒介赖以生存和发展的各种资源，主要并不是通过与信息产品使用者的等价交换关系获得的，大众传媒业在经济上，实质上是一个提供广告信息传播服务的服务业"。① 广播经营主体从广播广告经营中获得了资金，其中一部分资金用于反哺广播事业，另一部分则需要寻找其他的投资方向，因此出现了多元化经营的方式。广播产业主体的多元化经营范围很广，一般情况下，为了降低进入门槛，广播产业主体往往会选择自己较为熟悉的业务作为多元化经营的方向，例如汽车后市场、旅游业、文化传播行业等等。多元化经营的业务扩展构成了"产业市场"。

在产业市场上，目前主要存在传统媒体业务、新媒体业务、媒体零售、跨行业经营、投资业务五个类别，一部分是基于广播核心资源的再延伸，另一部分是异业开发。传统媒体业务主要包括广播节目制作、广播广告代理、广播品牌营销、广播技术开发、广播版权开发以及广播业务的跨地域运营，还包括报刊、电视等传统业务。广播媒体的新媒体业务已经拓展到含PC端和手机端的大多数业务，包括网站运营、互联网广播、互联网电视、手机广播、手机电视、车载收听、有线数字付费数字广告等领域。近年兴起的广播零售业务涵括广播购物、电视购物、电子商务、实体零售多个类别。跨行业经营是广播业涉猎范围最广、类型最为多元的一个领域，概括起来含汽车后市场、娱乐演艺、旅游、会展、地产

① 宋建武：《媒介经济学——原理及其在中国的实践》，中国人民大学出版社2006年版。

经营、影视动漫、文化传播、管理咨询、多媒体技术开发、多媒体内容制作与运营、广告策划、物业管理等数十个方面。广播媒体开展的投资业务含投资、融资、基金管理、上市等多种类型。投资业务与以上4种其他业务类型互有关联，主要的投资方向包括传统媒体和新兴媒体领域以及与传媒行业相关的其他业务领域。

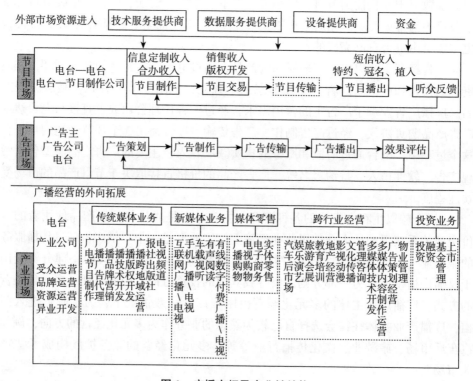

图1　广播市场及产业链结构

三、广播产业的现实问题与发展矛盾

虽然中国广播产业在过去40年里取得了长足的进步，成为广播影视产业中不容忽视的一个分支，但这些成绩背后也隐藏着很多问题，突出表现在市场空间收窄，多元化经营利润低，尚未形成稳固的产业链条和经营体系等。中国广播产业仍然不够大，也不够强，一些问题如不能得到很好的解决，中国广播的发展将会持续乏力，进而影响其在广播影视产业中的地位。

（一）空间局限：市场总量狭小，广告收入触顶"天花板"

1979年以来，中国广播广告在较低的基点上平稳起步，经历了探索、积累、高速发展的过程。1983年我国广播广告营业额为1807万元，1993年达到3.5

亿，2003 年达到 25.6 亿，2013 年达到 141 亿，30 年净增 140 多亿，年均增长 26%。当前，在全球经济增速放缓的背景下，中国经济正处在结构调整、转型升级的关键阶段，经济下行压力较大，实体经济运行比较困难，市场风险点增多，各行各业的投资趋于谨慎。受市场环境影响，在传统产业增长乏力而新的产业开发困难的情况下，传统广播广告高速增长的势头已不可持续，触顶"天花板"的时刻正在到来。以 2017 年为例，中国广告业总经营额为 6896.41 亿元，广播为 136.68 亿，仅占整体市场的 1.98%。多年来，广播广告占我国广告营业额的比例一直维持在 2%—4% 之间。与发达国家相比，我国广播广告占总体广告市场的比例偏低。

（二）结构缺陷：收入模式单一，不均衡现象突出

40 年来，尽管广播媒体一直在探索多元化经营，进行过产业运营的种种尝试，但更大程度上只是广播发展业态的探索，收入结构没有出现根本性变化。在绝大多数电台内部，90% 以上的收入来源仍然是广告，多元化业态虽已布局，但并没有形成强有力的创收支撑。中国广播媒介只是开发了广告经营这一部分，其他经营方式比如节目交易、节目素材交易和延伸市场的开发力度还远远不够。

二八法则大量存在，广播发展的不均衡现象突出，表现在地域之间、台与台之间、电台内部各频率之间、同一频率内不同时段之间的创收不均衡，主要广告类型过于集中，创收结构不合理，风险系数高等各个方面。从地域分布来看，北京、上海、广东、天津等地区广播广告的创收额度较大，全国广告创收排名前十的电台创收占到全国广播广告创收的 1/3 以上，行业内集中显现明显，80% 的收入集中在 20% 的大台，呈现二八效应。从频率创收分布来看，往往一台独大，占据广告收入的半壁江山以至更多，弱小频率和中波频率更多依赖搭售或专题广告。根据对全国 61 家省级电台和省会城市电台的调查，2014 年 11 家广告创收过亿的广播频率总共创收 24.573 亿元，占到整体约 400 个频率创收的五分之一还多。① 而在单一频率的广告创收时段分布来看，早晚高峰仍旧是广播广告含金量最高的时点，午间、夜间仍旧是广播的创收低谷。从广告类型来看，硬广依然是主要的收入来源，专题广告在某些电台的创收占比过高等。广播广告的创收不均衡还表现同城电台的份额分布，往往一家独大，创收从万到亿不等。

（三）体制冲突：维持尚可，发展艰难

产业化、市场化是推动中国广播 40 年快速发展的直接动因，与此同时，我们应该正视一个问题：40 年来"形成的经营体制出现了严重的老化疲劳，对外

① 数据来自 2015 年 3 月对全国 61 家电台的调研。

缺少经营规模和经营合力，对内缺少弹性和激励机制"，① 这种状况使得产业化进程中的广播面临多重矛盾，使得下一步发展异常艰难。

第一，无法完全参与市场竞争。实现规模化发展，必然借助外在的资本，但是引入外来动力必然需要开放行业，这对于广播而言，是一个两难选择。我国广播媒体并不具备真正的"市场主体"身份，其经营活动不是以营利为根本目的，强调的是社会效益优先。在缺乏"企业"身份的前提下，自然也无法完全参与市场竞争，特别是融资方面，受到很多政策的限制，无法真正市场化。受规模和资金的制约，广播企业在平台拓展、内容整合、新技术升级、品牌推广、吸纳资金、市场合作和竞争方面均显薄弱。

第二，无法创建真正市场化的激励机制。产业实体虽然形式上建立了，但是离真正意义上的现代企业制度还有很长的距离。很多公司虽然设立了董事会、监事会，但是实际执行却离现代化的公司治理差距不小，在制度、运行层面，团队建设和人才激励的效度明显不足，无法真正将个人利益与集体利益捆绑，从而影响基层主动性的发挥。

（四）市场封闭：开放程度不够，经营策略还不灵活

第一，需求拉动不足，节目难以成为产生效益的子市场。作为信息产业的一部分，广播产业链上最为薄弱的一环就是节目市场。由于国内媒体编制和运营体制仍是"大而全"的低效运营状态，节目生产基本处于自给自足的阶段，市场的发展从根本上缺少"需求"的拉动，广播节目普遍"低质、低价、低利"，尚未形成健康的价格体系和竞争机制。广播节目市场迄今仍不成气候，目前市场上的广播节目制作商非常少，节目交易量也很小。这一方面导致了大多数节目由台内制作，成本高，另一方面，行业发展的动力仅仅来自电台这一层面，必然导致行业发展势头不猛。

第二，广告经营、跨地域运营、资本运筹的市场化仍处于低位水平。2000年以来，广告代理制的引入将广播广告经营逐步推向社会化，代理公司参与经营使得市场蛋糕越做越大，也越来越走向成熟。但是，推行代理制以后，一些问题逐渐浮出水面，其中最为显著的是一些全面实行代理制的电台，由于自身建立的营销队伍基本退出一线经营，大量工作以流水化后台作业为主，难以掌握市场一线信息。② "广播的事业单位身份和老牌媒体资历，多年来形成了许多广告经营的舒适区……经营部门往往背负着较大的增长压力，经营活动也变得相对短视和

---

① 黄升民：《"媒介产业化"十年考》，《现代传播》2007 年第 1 期。
② 王春美：《广播广告经营嬗变：动因、表现及趋向》，《新闻战线》2015 年第 1 期。

保守"。① 跨地域经营方面，受到社会化公司竞争、地方电台意愿变更等多种因素的影响，曾经一度进展良好的外地电台承包或代理业务遇到障碍，以北京电台旗下的跨地域运营公司为例，自 2005 年成立，经历过业务迅速拓展的辉煌时期，到 2015 年所有外地业务全面萎缩，不得不进行业务转型。资本运筹方面，社会资本的介入有限，市场化程度有限，难以做大做强，同时也放大了经营风险。仅仅依靠自有项目，从无到有地发展产业，距离建设产业平台目标较远，但通过股权投资参与市场项目的实践尚需经验积累。

四、音频产业链重构与传统广播发展路径的思考

互联网音频平台的出现改变了原有的传播生态。在全新的市场环境中，竞争主体和市场格局发生了显著变化，立足于"耳朵经济"的新兴音频产业链正在形成，传统广播产业的封闭式结构遭受冲击。

同其他传统媒体一样，广播媒体的主流商业模式是建立在"内容为王"的基础上。互联网时代到来之前，生存压力主要是做内容的压力，"如果哪家媒体的内容传播力强，基本上就可以判断其有良好的社会效益和经济效益"，② 依靠内容影响力完成广告吸纳、活动营销以及产业拓展。但是，在新媒体时代，"社会化信息传播的一元化格局被打破，传统媒体在传播渠道上的独占地位不复存在"，内容资产直接变现的通路和规模已经并将继续受到严重挤压，通常意义上传统媒体最为主流的盈利模式日渐式微。③ "互联网时代的生存压力，不只是做内容的压力，还要强调传播的速度、范围以及传播的平台、渠道，内容传播力与经济效益常常表现出不一致"，"传统媒体转型的最大困惑就是内容传播力与赢利模式被分离"。④ 因此转型要解决的关键问题就是商业模式、赢利模式的问题。面向未来，广播产业或可在以下四个方面寻求突破：

（一）基于广告的传统经营根基巩固

未来一段时间，广告仍将是广播创收的重要来源。欧美发达国家广播发展的数字表明，尽管数字广播广告和广播线下收入近年来在广播总收入中的占比不断增长，但传统的插播广告仍是广播收入的最大来源。以市场需求为导向，充分配置内外资源，巩固传统经营根基，是广播事业持续稳健发展的需要。

首先，内容传播力是广告经营的基础和前提，只有生产出高质量的内容获得

---

① 方乐：《业态剧变下广播广告经营问题及转型探讨》，《中国广播》2015 年第 9 期。
② 范以锦：《内容传播力如何转变成赢利模式》，《新闻与写作》2015 年第 10 期。
③ 喻国明：《中国报业已经到了生死存亡的最危急时刻》，http://toutiao.com/i6303860643690709506/，2016 年 7 月 5 日。
④ 范以锦：《内容传播力如何转变成赢利模式》，《新闻与写作》2015 年第 10 期。

市场认可，才具备了广告经营的可能。改进节目品质，提升收听体验是改善广告经营的根本。着眼于音频收听需求的变化，推动节目形态、传播形式、渠道分发的创新，提升节目的品质和收听体验，是当前一段时间的核心任务。

其次，深入挖掘频率和节目的传播价值，创新广告产品样态。随着市场发展，广播的客户结构发生变化，以新媒体企业为代表的新兴客户日渐增多，它们与传统企业的传播诉求有很大差别，而传统行业本身的投放需求也发生很大变化，各行业的广告投放更加理性和谨慎。为了满足市场需求，应不断开发新型广告产品，提高软性广告、植入广告及整合营销产品的开发力度。加强对目标客户营销传播需求的跟踪监测，针对不同的需求设计不同的产品。

第三，创新营销策略，通过多种方式与市场深度互动。深入目标行业和企业，了解音频媒体投放客户的生产动向，加强资源推介，深化沟通。扩大营销覆盖范围，提高在服务欠缺的垂直领域的市场渗透率。优化营销流程，构建营销体系。

（二）基于内容的音频服务提供商

发挥核心优势，使音频内容成为运营的基础。提升高品质音频内容的专业化生产能力以及为不同的新媒体平台生产内容的能力。制作节目时要把新媒体工作环节前置，用互联网思维生产音频产品，让产品符合新媒体的生态环境。一方面，利用传统广播丰富的音频资源和专业优势，制作适销对路的精品内容；另一方面，发挥专业优势，成立专门的制作团队，针对互联网特性，制作适合网民需求的网络音频内容。在整合自有资源的基础上，聚合其他音频资源和用户提供的优质内容，面向市场集成优质内容和产品，建立以"声音"为特色的内容生产基地、集成平台和分享平台。打造全新音频广播，创建以移动互联网为主兼顾PC 端的新兴音频服务平台。

探索音频内容产业化开发的多种路径。首先，可以利用传统广播丰富的音频资源和专业优势，制作适销对路的精品内容，开发优质音频衍生品，文学作品、广播剧、脱口秀节目、健康保健节目都可以被开发改造成各种音频、视频、文字图片等多媒体产品，通过节目市场交易、网络下载、移动收听、图书、音像制品发行等多种渠道获得增值收益。其次，探索音频内容分发交易机制，探索内容置换、购销的合理模式，创建节目分发渠道和集成交易机制，全方位整合增值业务运营渠道，打造全业务产品线，为音频产业链各环节提供合作及推广服务。加强与渠道提供商、终端运营商的合作，创建分发交易机制，向适应多媒体播出需求的内容提供商转型，真正变内容资源为可开发的资产资源。

（三）基于音频的产业链条布局延伸

围绕音频内容建立广泛的生态系统，打造高效的运营能力，搭建多元化业务组合。在音频产业上游，要控制的有两个：一是未来对声音或音频发展有革命性、决定性影响的新技术、新应用，包括一些新平台，比如音频二维码、语音识别、语音合成技术；二是音频版权，整合版权内容，构建发行渠道，开发、培育属于自己的版权内容。在音频产业的中游，大胆尝试平台战略，可以自建平台，也可借助微博、微信等社交平台和商业平台，或收购有规模用户、开发团队和运营团队的成熟平台，不能停留在"建设平台"的阶段，要尽快培养"运营平台"的能力。在音频产业的下游，加大音频衍生品的开发力度，积极进行市场开拓和多元经营。在市场条件成熟的前提下，可以借鉴国外模式，推出音频产品的"信息定制"服务，收取信息定制费。还可利用庞大的网络和充足的资源建立信息数据库，尝试出售盈利模式。将不同产品捆绑在一起，以强势品牌带动弱势品牌，形成统一的品牌链条。

提高对用户需求的洞察能力和触达能力，增强对用户行为数据的收集能力，基于用户需求进行生产和经营，加强用户管理，逐步打通现有听众和新媒体用户两个群体。聚焦核心群体，激发用户创造，倡导有价值的内容，使用户成为产品的一部分。营造圈子文化乃至话语体系，通过各种手段推动产品在社交媒体中的渗透，借鉴话题营销、事件营销，让用户参与传播。充分重视多平台传播效果评估问题，创建科学合理的涵盖各类通道、各类传播主体的营销评估体系。

（四）以服务为核心的垂直类业务拓展

从发展上看，广播的功能不再仅仅停留于为听众提供资讯和娱乐，而是为引导听众形成健康、科学、同社会发展相一致的生活方式提供服务。这种广泛意义上的服务，是将听众所需要的、广播电台所能够提供的服务进行整合、打包。这样，听众通过广播媒介可以获得更多的服务，对广播的忠诚度就会增加。广播媒体发展至今，积累了大量的服务类节目，比如教育教学节目、美食旅游节目、汽车服务节目等，这些节目常年在行业领域深耕，沉淀了丰富的社会资源。通过对此类节目的整合运营将起到纵向垂直延伸的作用，依托广播节目对行业资源的深度整合，聚焦于一个个垂直领域，开发"信息＋服务"的产业化运营模式。北京电台在2015年起推出节目团队化运作模式，甄选了几个优势节目，鼓励其在本行业领域进行纵深运作，开拓新的市场空间，取得了显著效果。以《1039汽车服务热线》节目为例，通过整合线上、线下多种资源，沟通汽车后市场领域的消费者与销售者沟通，综合运用节目、活动、新媒体等多种形式实现了节目价值的进一步挖掘。《吃喝玩乐大搜索节目》以节目为依托，充分调动整合节目线下资源，成功开辟出集美食与旅游融为一体的大型体验活动，借助线上节目、线下活动以及新媒体推广等多方面，全方位、立体式塑造品牌效应的同时，回归到行业市场，进行行业后市场深度开发，推动相关业务链的建立。借力电台优质资源，聚焦线下业务联动，在提升广播节目影响力的同时，积极拓展线下市场，逐渐形成自身发展特色，成为拉动电台创收新的增长点。

（作者系北京联合大学应用文理学院新闻与传播系副教授。本文系国家广播电视总局部级社科研究项目"移动互联网时代广播媒体经营策略创新研究"〈项目编号：GD1726〉、北京联合大学人才强校优选计划项目〈项目编号：BPHR2018DS01〉的研究成果）

互联网音频媒体的发展现状、优势与劣势

袁　伟　张艺婕

一、互联网音频媒体现状分析

（一）定义

互联网音频媒体是指在移动互联网时代下，将广播内容资源整合及再创造的一种以"内容为王""用户至上"为主的新型网络媒体。互联网音频媒体搭载大数据技术，不仅满足用户收听、点播、互动等服务，同时随时跟进用户需求，如平台场景智能化、内容制定碎片化等。现如今，喜马拉雅 FM、蜻蜓 FM、荔枝、懒人听书、网易云音乐等音频软件正如雨后春笋般蓬勃发展。本人所讨论的互联网音频媒体包括互联网服务商创办的网络电台，以智能手机电台 APP 为主要形态；自媒体创建的网络电台，以微信公众号为主要表现形式。

（二）分类

就目前来看，互联网音频媒体按内容生产主体可分为：UGC（用户生产内容）、PGC（专业团队生产内容）、PUGC（专业用户生产内容）、OGC（职业生产内容）。UGC 是指以用户自身作为内容生产者的一种生产模式，由用户主动生产内容上传至平台，这种生产模式既拓宽了平台资源渠道、为平台增强"粉丝效应"，同时更大力度调动用户参与积极性。PGC 是指专业生产内容，也就是说一些具有相关专业的人基于爱好而生成较高水准音频的一种生产模式，这种生产模式既改善平台资源同质化现象，提高平台水准，同时可满足用户对不同音频内容的需求。PUGC 是指为提高平台听众黏度而充分调动广大 UGC 和 PGC 用户积极投入高质量内容的生产工作中，形成专业用户生产内容（PUGC）的一种生产模式。如懒人听书、喜马拉雅 FM 便很好地结合了以上三种生产模式，既有效增强用户粘黏性，满足用户不同需求，同时为平台资源注入更多新鲜血液。[①] OGC即投入一定的资本来独立创作一些自制节目或者是租用、购买一些节目资源版

---

① 李又安：《音频 APP 内容版权运营模式创新策略》，《中国出版》2019 年第 3 期。

权，以合法的形式获取高质量的节目内容。如蜻蜓 FM 独家买断的音频节目——张明《今夜不寂寞》，截止目前来看，上线节目共计 3338 期，总播放量高达 6 亿。而喜马拉雅 FM 打造的《好好说话》，选择奇葩天团担任节目主创，用"辩才思维教你说话"使得该节目一度成为现象级产品。

（三）用户概况

据了解，截至 2018 年 12 月，我国网民规模达 8.29 亿，普及率达 59.6%，较 2017 年底提升 3.8 个百分点，全年新增网民 5653 万。我国手机网民规模达 8.17 亿，网民通过手机接入互联网的比例高达 98.6%，全年新增手机网民 6433 万。[①]据艾媒咨询数据显示，2018 年在线音频用户规模突破 4 亿，增速达 22.1%，相较于移动视频及移动阅读行业，呈现较快增速。我国网民规模及手机网民规模的不断扩大，不仅为音频领域的发展提供了广阔空间，同时也为音频产品的形成打下了良好基础。

（四）行业亮点

1. 平台化

据艾瑞咨询显示，在进入 2015 年后，互联网音频媒体在激烈的竞争环境和媒体转型的趋势下，步入泛媒体传播时代。音频媒介和文字、视频等视觉媒介融合传播，组成内容服务矩阵。进入 2016 年后，这一发展方向愈发明显，众多新进参与者加入音频服务领域。如 2017 年掌阅优化语音朗读功能，推出大咖开讲和听书两个音频专区；网易云音乐加入主播电台版块，内容垂直分众化，大大增强软件"粉丝效应"。

2. 付费化

现如今，用户付费收听、订阅内容等独享性音频服务以及用户打赏赞助主播服务，成为互联网音频媒体付费化的重要组成部分。如喜马拉雅 FM 利用奇葩天团的明星效应，打造付费节目《好好说话》；蜻蜓 FM 引进《叶文有话说：幸福婚姻必修课》，吸引用户进行音频节目付费；得到 APP 提供专业知识内容，用户通过付费获取所需知识；而荔枝另辟蹊径，在 2018 年 1 月 10 号，荔枝宣布从荔枝 FM 变更为荔枝，转型主打语音直播，而在直播过程中自然形成的用户赞助打赏，相比知识在线的付费音频，则更为直观的促进主播和听众的双向交流。

3. 互动社交化

这是一个成长的时代，也是一个无处躲闪的时代，白天人们拼命工作，强力抗压，夜幕降临之时总是需要一份陪伴，而音频互动化、陪伴化的特点恰好迎合这份成长孤独感。随着荔枝的转型，品牌口号由"人人都是主播"变更为

---

① 《第43次中国互联网络发展状况统计报告》。

"用声音,在一起"。据了解,① 荔枝主打互动与社交,开发出多种如屏幕聊天、连麦互动、K 歌对抗等娱乐模式增强用户的参与感、互动感。除了以互动化为主外,荔枝还创新性地推出以社交活动为主的一系列社交版块,如"和朋友一起玩""声音卡""声音恋人速配""交友娱乐厅""荔枝派""用心说""听声音找朋友""荔枝打卡"。这些声音活动的推出,聚合"言"友,搭建人人娱乐场所、打造人人声音家园。

二、发展优势

(一) 传播渠道多维化,传播主体多元化

大众传播时代下,传统广播所产内容基本为"一次性产品":一次性生产,一次性传播。产出成本高昂,听众难以与传统广播形成"聚合部落"且收听内容不可重复,不可选择,不能保存,故传统广播的影响力自然受限。而在移动互联网时代下,互联网音频媒体则踏上了"渠道为王"的转型之路。互联网音频媒体打破传统广播的线性传播模式,通过直播、点播、互动、分享甚至是 UGC(用户生产内容)等不同形式完成音频价值的衍生和产业链的拓展。②

在信息产出上,传统媒体不再成为唯一的信息传播主体,随之转向社会各大组织、相关机构、受众个体等。传统媒体不再"雅音独奏",而网络草根群体开始"众语声声"。如以个人情感节目和聚合传统电台为主的蜻蜓 FM;以自媒体分享为主的微信公众号,十点读书。

(二) 伴随场景化

从传播学角度来看互联网音频媒体的场景化,指生产者、传播者、接收者一起,结合大数据技术,以用户个人喜好为主,通过构建不同音频场景,来满足用户在不同环境下的不同收听需求。

相较于网络视频媒体,音频媒体因其伴随性、便捷性的优势,使得用户可在早起、出行、开车、工作、学习、休闲等不同场景中进行碎片化使用。同时用户在使用过程中,仅需调动听觉器官介入便可完成体验,很大程度上解放用户双眼、大脑等器官的深度参与,也为用户提供快捷服务。如荔枝 APP,为有效满足用户不同收听需求,推出场景节目版块:"适合工作听的轻音乐""赶作业必备歌单""自然助眠——连梦都是温柔美好的"等;网易云音乐 APP,同样也在歌单中推出场景歌单榜,如清晨、午休、学习、下午茶、地铁、散步等。综上所述,互联网音频媒体成为用户碎片化时间的重要传播媒介是无可厚非的。

---

① 艾美报告:《2019 中国在线音频市场研究报告》。
② 吴卫华:《移动互联网背景下传统广播的创新发展》,《中国广播电视学刊》2018 年第 8 期。

（三）垂直分众化

在移动互联网时代下，"用户至上"成为互联网音频媒体的主要发展导向，相较于大众传播时代的广播媒体，互联网音频媒体细分受众群体，由"广"及"窄"，在避免与大型综合平台竞争的前提下，更加精准地为用户推送相应音频内容，从而使音频产品为用户喜爱。如提供专业知识的"得到APP"，为满足广大用户不同的知识需求，每一个学习版块同样也被垂直细分化，包括历史、心理学、文学、商学、社会学、艺术审美、职业发展等专业内容。[1]

美国未来学家阿尔文·托夫勒1970年在《未来的冲击》一书中首次提出"分众"，当时他已注意到媒介领域市场分化这一现象。精细划分，走垂直分众化传播路线，自然使得互联网音频媒体影响力扩大，同时也使"私人订制"的生产传播模式也成为其发展亮点。

（四）草根化

相较于传统广播，互联网音频媒体最大的优点就在于它的平等性、草根化。以往的广播不论生产还是传播，多数广播频道是被严格把控的，个人想要加入，难上加难，而互联网音频媒体的出现衍生出UGC、PUGC等生产模式，很大程度上实现了用户传播接收一体化，让每个人都有机会在世界范围内传播信息、聚合信息，这也许就是支撑互联网音频媒体不断壮大的"草根生命力"。

三、现存问题

（一）内容方面

"渠道为王"是必要，"内容把关"才是关键。互联网音频媒体因其开放化、草根化、自由化等特征，绝大多数音频媒体采用UGC、PUGC等生产模式，虽在很大程度上提升其影响力，拓宽其平台资源渠道，却在内容质量和内容监管上表现得捉襟见肘。

一档正规音频节目的生产流程包括前期的内容筛选及编写、中期的选择主播及音频制作、再到后期传播及推广等环节，但凡中间任何一个环节出现纰漏都会影响该档节目的播出效果。在移动互联网时代下，凡是有音频媒体使用经验的用户都可轻易成为内容的生产者、传播者，甚至在节目生产上，仅需一个录音耳机、一部手机便可完成。可想而知，其生产水准、节目质量都存在很大的不确定性。除此之外，内容同质化现象"蔚然成风"，各大互联网音频媒体致力于内容生产，但优质资源总是少之又少。物以稀为贵，一旦有优质内容上线，各大平台便蜂拥而上，笔者发现《晓说》这档节目不仅在喜马拉雅FM上推出，同时蜻蜓

---

[1] 王宇、龚捷：《移动互联时代广播音频产业发展路径探析》，《中国广播电视学刊》2016年第12期。

FM 也在推广，荔枝也有节目片段。内容同质化现象的出现，大大降低了用户对音频软件的忠诚度。

在内容监管上，互联网音频媒体因缺乏相应管理程序，致使部分音频媒体在节目制作上打起了擦边球，不惜传播媚俗文化来吸引用户眼球，严重影响青少年用户的心理健康。此外，音频直播的兴起使得内容监管更难实现，主播在直播过程中内容不受把控，脱口而出的低俗言语，严重降低用户对其信用度。比如荔枝平台主播（AUV 老湿）在最新直播内容中，本以男女情感内容为主进行直播，随即在找不到话题的情况下，转移到两性生活内容上，其中提及不少敏感词汇。

（二）节目版权方面

《中华人民共和国著作权法》第四十条规定：1. 录音录像制作者使用他人作品制作录音录像制品，应当取得著作权人许可，并支付报酬；2. 录音录像制作者使用改编、翻译、注释、整理已有作品而产生的作品，应当取得改编、翻译、注释、整理作品的著作权人和原作品著作权人许可，并支付报酬；3. 录音制作者使用他人已经合法录制为录音制品的音乐作品制作录音制品，可以不经著作权人许可，但应当按照规定支付报酬且著作权人声明不许使用的不得使用。

"耳朵经济""眼球经济"时代的到来催生了版权频发问题。当前，UGC 音频媒体用户仍存在法律意识薄弱的情况，为吸引受众眼球，照搬收视率较高节目中的背景音乐和相关文字内容，更有甚者直接下载其他平台内容资源作为其节目内容。除此之外，部分音频 APP 平台秉持"拿来主义"的生产态度，直接在未支付任何版权费用的情况下将一些其他平台的音频节目占为己有。一旦经过付费订阅，版权方完全可以追究其侵权责任。如喜马拉雅电台曾因著作权侵犯央广的节目被告上法庭，考拉 FM 以侵权为由起诉蜻蜓 FM，懒人听书涉嫌未经授权向用户提供金庸小说集等。①

（三）技术方面

依托于互联网生存的网络音频媒体，为满足互联网用户多元化的收听需求，在节目生产和运营过程中，不仅要向用户输送正确的、优质的音频内容，同时还需充分结合音频媒体的特性，在满足用户互动、社交、伴随等功能外回到音频艺术的本质上，让用户的听觉器官真正得到应用，得到满足。然而，部分音频媒体过多关注页面直观性设计，着重强调其伴随场景化、社交性等功能，而忽略音频种类和内容，既未解放用户双眼，同时还加重用户视觉疲劳。使用体验时，大多数音频媒体在流量分布上不够优化造成用户在使用过程中出现"卡顿""错节"

---

① 莫佛基、李倩珺：《我国移动音频 APP 的现状及其发展策略探析》，《声屏世界》2017 年第 10 期。

"收听延迟"等问题。以上问题如短期内得不到解决，也会影响用户使用愉悦感。

四、解决措施

（一）注重内容建设

在媒介融合的时代背景下，似乎人人都在大力推崇"新"：新媒体、新技术、新渠道等，却忽略了躲在"传统""新"这类词眼后面的"媒体"，一个新生媒体想要持久发展下去，内容势必成为关键。在艾媒网发布的 2019 在线音频市场报告中，用户在选择平台时仍以节目内容作为选择标准。

可见，"内容为王"才是平台取胜的法宝。故网络音频媒体首先应致力于打造用户喜闻乐见的音频节目，及时进行市场调研，充分了解用户需求，利用大数据技术实现精准定位，推陈出新，打造优质节目；其次，应注重差异化生产，广开思路，从不同角度切入节目，打造个性产品，打破内容同质化局面；最后，音频媒体自身也应担负"把关人"的职责，尤其要对"无病呻吟"式、"制作粗陋"式等音频节目严格进行审核。

（二）增强版权法律意识建设

无规矩不成方圆，自由化在一定程度上并非无边界的自由，有些互联网音频媒体对法律法规秉持"睁一只眼闭一只眼"的态度，长此以往，对构建健康网络生态格局产生不利影响。因此，平台首先要强化自身版权意识，尊重他人知识成果，坚决抵制"照搬音频式"节目上线，对已上线的侵权、盗版音频节目及时作出下线处理；其次，互联网音频媒体要提高用户准入门槛，建立相应制度来使得用户生产内容合法化、真实化、规范化。

（三）优化用户体验

互联网音频媒体的在线用户可分为两类：一类为节目主播，一类为节目听众。对于节目主播而言，在音频制作上，应简化录制流程、提高录制水准；在音频编辑上，应丰富编辑页面，增加声效选项；在音频传输上，提升音频输入、输出流畅性。对于节目听众而言，简洁、友好的界面，可供选择的多场景转化，真正解放听众眼球，使碎片化时间得到充分利用，满足其对于情感、知识、社交的需求。[①]

（四）注重人才培养

平等化、草根化作为互联网音频媒体的一大亮点，吸引着无数草根爱好者加入创作团队，因此，各大音频媒体除了吸引明星入驻平台外，也应注重对草根主

---

① 李霞飞：《广播移动音频 APP 的发展趋势》，《新闻世界》2017 年第 3 期。

播的培养。民间处处是高手，他们不仅对平台有更多情感，同时因为喜爱而更容易为平台创作出新的节目内容，更容易与广大听众产生情感共鸣。此外，平台还应制定相应的褒奖制度来调动音频主播的工作积极性。

（作者单位分别为：教育部语言文字应用所；江苏师范大学语言科学与艺术学院）

广播与大数据创新应用

初 日

在方兴未艾的全媒体时代，媒体融合发展已成为不可逆的趋势。打造全媒体需要汇聚各种媒介资源，这其中最重要的资源莫过于大数据。可以毫不夸张地说，在未来激烈的媒体竞争中，得大数据者得天下。当下中国的经济正在进行供给侧改革，其实媒体行业也面临着同样的问题，在内容供给侧也要改革。广播媒体，经过几十年的培育和发展，在受众市场上具有强大的影响力，只是近年来受到新媒体的挑战，市场份额日渐缩小。要改变这种颓势，当务之急就是建立自己的大数据库。在5G时代，在万物互联的世界中，谁掌控的数据库越庞大，谁的数据处理能力越强，谁就占领了制高点。

一、广播需要的大数据是什么？

要应用大数据，首先要明确"大数据"的概念。从字面来看，大数据是指规模非常庞大的数据集。在《大数据分析及其应用研究》一书当中，大数据的特征是规模性、多样性、高速性和价值型，是对未来趋势与模式的预测分析，这些结论运用在广播领域，可以创造更大价值。大数据并不在"大"，而在于"有用"，价值含量、挖掘趋势比数量更为重要。

大数据的核心价值就是预测，它通常被视为人工智能的一部分，或者更确切地说，被视为一种机器学习。大数据不是要教机器像人一样思考，而是把数学算法运用到海量的数据上来预测事情发生的可能性。因此，大数据作为经济发展新动能的作用日渐显现，在打造新型媒体方面也不可或缺。传统领域是大数据的蓝海，传统广播使用数据，特别是利用先进机器学习的地方少之又少，有巨大的增值空间。从这个角度上讲，把大数据与传统行业结合，与广播结合，所带来的增值和飞跃会比在互联网和移动互联网等领域还要大。

二、从传统广播到智能广播的演进

传统广播采编形式单一、内容严肃、效果不生动。同时，传统广播面临用户画像模糊和无差异化的问题，长期以来广播大量的听众数据都白白流失了，如何把这些数据变成服务听众、提升产品价值的"加速器"是个重要课题。媒体融合的背景下,传统广播难以实现的精准定位用户、精确内容推荐、针对性的市场营销,都可以通过大数据手段来实现。传统广播有内容优势,再通过大数据实现用户需求为中心,布局音频市场,推出适合不同场景的节目内容,可以打造"智能广播",应对新媒体的冲击。因此大数据在推动广电新媒体融合上有不可替代的价值。

智能广播要充分占领的是碎片化时间,比如乘车时间、如厕时间、睡前时间等,这些是音频市场的必争时间。智能广播相比传统广播更重要的一个特点是交互性,没有交互性,App 就沦为播放器了;交互性是新媒体时代的必然趋势。

智能广播有一些可参照的案例,比如音频分享平台喜马拉雅 FM 推出基于智能语音交互的场景解决方案,名为 INSIDE 系统,类似于一个"管家",通过 AI、大数据,更为顺畅且智能地帮助用户与内容做衔接。这样的语音交互操作系统是个方向,值得广播借鉴,这比动手更方便,多屏互动,围绕生活场景,比如卫生间、厨房、健身、路上,让用户动口不动手。

三、融媒体时代广播的优势,打造"广播 +"的传播形态

传统广播的收听途径集中在收音机与车载收音机,收音机的影响力几乎已经稀释殆尽,车载途径也在被大量分流。而互联网与移动互联网加持之下,线上收听成为主流收听模式,一些没有广播收听习惯的人也开始听广播了,根据尼尔森网联 2018 年度全国基础研究,线上收听为传统广播节目收听带来 11.4% 的增量。

内容生产上广播媒体仍占据优势,在整个音频市场,广播电台所生产的内容仍然是收听主力,2016 年至 2018 年连续 3 年占比超过 70%,稳居音频市场霸主地位。另外,百度地图提供的拥堵指数对广播电台的收听数据显示,音乐、新闻、交通类频率依然占据头部。

在 5G 时代,广播在一专的基础上还要发挥多能的作用,既在互联网条件下充分挖掘广播听觉功能的同时,也要认识到融媒体的大趋势,打破单一的听觉形态,在原有基础上不断探索融文字、图片、视频、表情包等一体的多元传播形态。广播电台要放下主流媒体的身段,主动和各种社交媒体平台合作,发挥广播母体作为资源平台核心,即自身内容优势,以多方协作、整合一切的开放心态,与各种传媒深度融合,这样才能开创多元跨界联动的广播新局面,实现"广播 +"的传播形态。

在融媒体时代,广播既面临着巨大的挑战,又迎来千载难逢的发展机遇。广播和互联网具有先天的亲和性,二者都属于电子媒体,而在现有的各种电子媒体

中，广播所需要的资源最少，只要有口语的传播即可。在人类发展史上，没有文字之前，人类只需要口语交流即可传递信息、表达情感。与传统电视和新兴微信等媒介比较，广播又是受环境和条件限制最少的传播手段。报纸、书刊要先有纸张，电视和手机要先有屏幕，阅读或观看还要不时伴有手的操作，因此视觉传播对外界技术依赖远远大于广播。广播则没有那么多的技术依赖，可以做到随时随地接收。比如做饭、吃饭、做家务、开车、散步、锻炼等境况下都可以收听广播，即百姓常说的可以一心二用，学术上叫伴随式收听。智能音箱、有声读物、喜马拉雅 FM 等围绕音频的软件、硬件产品不断涌现，都可以看看互联网时代广播功能的延伸。这些现象提示我们，声音元素和声音价值的开发还有巨大空间，需要我们不断在实践中探索。

四、大数据在广播中的应用

1. 收听率统计

广播历来重视收听率，但是长期以来采用的是统计学中随机抽样的方式，因而得出的收听率不甚精确，对听众的对象、时间、地域、工具等场景更少分析，因而对广播内容传播的反馈指导作用大为降低。

大数据为精准的收听率调查提供数据支撑。与传统的随机抽样统计方式不同，在大数据基础上的收听率调查更加科学有效。因为大数据调查采用的是总体数据，一是数据海量；二是数据参数实时更新；三是可以对采集的数据进行综合分析，对数据所蕴含的信息深度挖掘。通过大数据获得的收听率调查结果更加贴近实际，具有丰富、多样、关联等特点，对广播节目的改版、内容创新具有更强的指导性。

在科学的数据分析和受众研究的基础上建立数据模型，为广播节目和互联网音频产品的生产、传播提供数据支撑，从前端明确"用户喜欢什么"，方便各生产机构提供更契合用户需求的内容产品。

2. 内容生产

多年以来，传统媒体都以大众传播为导向，忽视小众传播，广播也是如此。传统广播不注重建立数据库，将大量宝贵的数据流失了。今后如果能够将数据库做大，将上游海量内容与各类受众精准匹配，自然就会扩大广播的市场份额。

比如把不同人群的日常生活场景分类，针对不同受众在恰当的时段推送合适的内容，受众的收听率就会大大提高。仅以早上起床后到早餐这段时间为例，可以凭借大数据推算出不同人群的不同喜好，定制推送新闻、天气预报、音乐、广播体操音乐等内容。音频的伴随性特点这时就可以得到充分体现，因为洗脸、刷牙、淋浴等场景是不适合收看以及动手的。

内容细分还要注意地域性差别，同样是吃早点，中老年大多在家吃，青少年大多在街头吃；武汉人的"过早"和广州人的"早茶"场景也大不相同；城里人7点钟才起床，农民7点已经下地了；东部的黑龙江和西部的新疆，虽然都用北京时间，但实际生活节奏相差两个小时左右。所有这些因素都是精准推送内容之前要认真考虑的。只有将场景细分，在此基础上搭载人工智能的硬件，才能有针对性地采取不同传播渠道，比如传统收音机、手机客户端、车载音响、智能音箱、可穿戴设备等等。

3. 精准推送

前段时间有媒体报道，质疑手机"隔屏有耳"，比如点评软件推荐的餐厅正是用户想去的那家。后来被证实，是大数据的用户画像猜对了你的心思，根据用户所在位置、点外卖的口味习惯，精准推荐餐厅，往往比你自己更懂你。精准推送方面，通过大数据精准了解用户特征，分析用户内容消费偏好，再通过个性化、智能化的排序，主动推荐，帮助用户尽快找到合适他的产品，以这类产品来影响用户决策。这些细节体验的提升会增加用户黏性和对产品的依赖。通过用户画像做个性化的产品推荐，做到千人千面。大数据模型在这方面的效率非常高，头部的互联网公司，数据模型5分钟就更新一次，效率与精确度不是人力所能比拟的。

及时全面地收集受众反馈，形成一种正向激励和改进。例如通过广大用户日常对智能音箱的操作，收听时长、内容更换频率、评论等，再根据这些信息对自身推送的内容予以优化和创新，提升用户的体验。

4. 市场营销

目前广播电台都有广播购物，比如央广购物、北广购物，在大数据的支持下，可以打造利用碎片时间边听边买的购物平台。

三网融合时代，广播电视网、电信网、互联网这些原本相互独立的网络可以实现交融共享。可以看到，观众通过电视不再只是收看电视节目，而是有更加丰富的网络资源，回看、点播皆可，多屏互动，这个过程中可以进行数据采集，精准推广。

广告方面，由售卖单一的节目时段转向立体化的整体营销，可以是硬广 + 植入 + 线下活动等，软性营销成为趋势，在讲故事中销售。

5. 媒资挖潜

广播有超大海量的音频资源，电台媒体资源的真实性、公信力和权威性一直被社会所公认，通过大数据加以整理、归纳，可以实现数据共享，让媒资不再沉睡，实现再利用，更有价值和效率。

通过大数据对现有媒资进行管理也为版权开发提供了基础。目前绝大多数广播电台收入来源仍然很单一，几乎完全依靠广告，在发达国家，广播节目的版权开发早已经成为收入的主要来源之一。北京人民广播电台现在已经在进行这方面的尝试，北京电台官方客户端听听 FM 对每期节目进行标签化整理，通过标题可以提炼出关键词，易于整理和查找，盘活海量节目资源。

通过大数据可以实现广播媒体资产的保值增值。比如大数据可以对股评类和期货类节目进行分析、整理、归纳，从中得出规律性的认识，把这些成果通过网络平台出售给特定的客户和受众。对气象节目进行深度挖掘，就可能对某地的农业种植起到指导作用，对某一阶段的粮食蔬菜价格进行预测，这种社会效益也是主流媒体应尽的社会义务。

五、广播如何建立自己的数据库？

积累大数据，通常有收购音频客户端（App），与商业平台共享，自建数据库等几种方法。各种方法都有成功的案例，比如，新京报"我们视频"与腾讯新闻合作。但因前两种方法主要依靠资本运作，在这里着重探讨广播自建数据库的问题。

广播自建大数据库的做法很原始，也会很漫长，量变只有积累到一定程度才会质变。大数据，顾名思义，只有达到一定程度才有意义，有实用价值。但这个方法也是最保险的，不受任何外部因素制约。目前比较切实可行的方法是，纵横联合。横向联合，即中央级各电台各频道互通有无，数据共享；纵向是形成中央和省市县各级电台互通有无，数据共享。坚持数年，必见成效，并且成效会随着时间的推移越来越大，与时俱增。

从技术上讲，广播应用大数据急需相应的大数据平台作为依托，搭载数据挖掘、处理、存储和采集引擎，日处理能力应大于 10BT，可以进行超亿条数据的采集，PB 级的存储管理能力，深度发掘数据的内在价值。在目前的技术条件下，建立能实现上述功能的大数据平台，已不是难事，如《人民日报》、新华社等都已建成，一些不具备自建平台实力的广播电台也可以采取合作共享的方式获取数据。

六、结语

习近平总书记明确指出：推动媒体融合发展、建设全媒体成为我们面临的一项紧迫课题。要运用信息革命成果，推动媒体融合向纵深发展。在这种大背景下，广播从业者必须研究大数据技术与广播行业如何结合？这种结合将会带来哪些变革？

在 2010 年一些先行先试的广播媒体就已经开始大数据应用方面的尝试，取得了很好的社会效益，也有不错的经济效益，下一步，如果打破各个平台之间的壁垒，共享数据，甚至可以是付费共享，有助于广播更好更快地应用大数据成果。如此，广播媒体可以回归为听众提供有价值的内容这个根本，与听众建立更为紧密的联系，提高听众体验，实现传播效率提升和商业效率转换，从传统广播向智能广播迈进。

（作者系北京人民广播电台记者）

试论新时代广播的守正与创新

徐定华

一、新时代广播面临的挑战与机遇

以党的十九大为标志，我国正式进入了中国特色社会主义新时代，这是我国发展新的历史方位。"可以说，这一判断符合实际、顺应潮流，是发展进步、矛盾运动、历史变革的必然结果，也是谋划未来发展、开拓光明前景的战略起点。"① 从事广播工作"既要抬头望天、也要低头看路"，中国特色社会主义新时代就是现阶段广播的"天"。俗话说，任何工作都要靠天吃饭。因此，广播工作一定要积极主动去面对新时代、适应新形势，才能完成新使命、取得新成就。

从自身发展历程来说，广播也进入了一个新时代，即媒体融合的新时代。这个新时代，4G、5G 等移到互联网技术快速发展，大数据、云计算、人工智能、VR/AR、AI 合成主播等新传播技术大量涌现并逐渐被广泛运用，再次给广播带来了巨大的挑战。回顾广播发展历史可以知道，20 世纪 80 年代末、90 年代初，电视机的普及曾让广播一度陷入到了"寒冬"，在同电视的竞争中，广播人靠苦苦支撑和努力创新才得以保存，直到 21 世纪初，随着汽车保有量的不断增加和移动互联网的发展，车载广播和移动智能收听被越来越多的人所接受，广播才逐步迎来又一个发展的"春天"。与电视机普及造成的挑战相比，互联网技术革命给广播带来的挑战无疑要深刻得多，当然带来的机遇也很大，甚至要大于挑战。

这主要得益于广播所具有的天然特性，新媒体的特性归纳起来其实就两点：一是传播速度快，二是可互动、用户体验好。这两点特性，在报纸、广播、电视3 大传统媒体中，唯独广播才具有，所以笔者一直坚持这样一个观点，即"广播也是新媒体家族的一员"。"据赛立信 2017—2018 年基础调查数据显示，五大媒体中，除互联网以外，其他四大媒体的接触率均有不同程度的下滑，其中，广播

---

① https://www.xuexi.cn/ef104425994c98698bcb9cf4df34b201/e43e220633a65f9b6d8b53712cba9caa.html.

的下滑幅度最少，据估算，2018 年广播受众规模是 6.83 亿，基本与上年持平，说明广播在竞争异常激烈的媒体环境中，依然能够逆势而行。"① 在媒体融合时代，广播的受众群体主要分为 3 大类，分别是传统广播收听人群、车载收听人群和移动智能终端收听人群。更令人可喜的是，移动互联网的传播渠道让不少 90 后、80 后听众回流到广播市场，因此，广播只要正面挑战，抢抓机遇，守正创新，主动拥抱新时代，积极融入新媒体，其未来仍然值得期待。

二、广播的守正与创新

在 2018 年 8 月 21 日至 22 日召开的全国宣传思想工作座谈会上，习近平总书记发表重要讲话并提出宣传思想工作要守正创新，这为做好新时代宣传思想工作提供了基本遵循。守正就是要坚守正确的舆论导向、价值取向和奋斗方向；创新则是革故鼎新，通过创新理念、内容、体裁、形式、方法、手段等途径来创造新的工作局面，两者是辩证统一的关系，即守正是创新的基础，创新是守正的保障，只有守正，创新才能有明确的立场和指向；只有创新，守正才能获得活力源泉和动力根基。

(一) 守正的内涵

1. 守党媒姓党之正

党媒姓党，这是媒体的政治属性所决定的。作为党和政府的喉舌，新时代的广播必须更好地为党和政府发声，宣传好党的主张，传播好党的声音，不断唱响主旋律，努力弘扬正能量。"新闻舆论工作必须坚持党性原则，是马克思主义新闻观最基本、最重要的观点。'恩格斯认为，在大国里报纸都反映自己党派的观点，它永远也不会违反自己党派的利益'。"② 习近平总书记多次强调，党的新闻舆论工作坚持党性原则，最根本的是坚持党对新闻舆论工作的领导，党和政府主办的媒体是党和政府的宣传阵地，必须姓党。③ 坚守党媒姓党之正，广播工作者要自觉树牢"四个意识"、坚定"四个自信"、做到"两个维护"，自觉承担起举旗帜、聚民心、育新人、兴文化、展形象的使命任务，把思想和行动切实统一到党委、政府的工作部署上来，"自觉做党的政策的传播者，时代风云的记录者，社会进步的推动者和公平正义的守望者"。中央人民广播电台中国之声的名牌新闻栏目《新闻和报纸摘要》至今已有 50 多年的历史，是中央级媒体中开办时间最长的新闻节目，该节目以为党和人民发声为己任，及时传播国家大政方针，在守正中行稳致远。

---

① 梁毓琳、曾慧雯：《2018 年中国广播收听市场回顾》，《数据广播》2019 年 2 月 28 日。
② 《习近平新闻舆论思想要论》，第 51 页，第 4 页，新华通讯社课题组。
③ 《习近平新闻思想讲义》，第 2 页，人民出版社、学习出版社 2018 年版。

2. 守为民服务之正

人民立场是中国共产党的根本政治立场，全心全意为人民服务是中国共产党的宗旨，"不忘初心、牢记使命"，广播工作者的初心和使命就是全心全意办出人民满意的广播。金华人民广播电台新闻综合频率民情监督类栏目《行风热线》自创办以来，在金华市相关部门的支持下，15 年如一日坚守"领导坐镇直播间、百姓难题现场办"的为民服务宗旨，邀请市机关部门一把手走进直播间现场接听听众热线，现场解答听众反映的问题，每年为市民解决各种难题 1000 多件，深受群众喜欢，栏目被评为《2018 年度浙江省新闻名专栏》。金华交通广播汽车服务类栏目《范波说汽车》以服务广大车主为目的，为车主提供买车、卖车、用车以及汽车消费维权等服务，获得广大车主点赞。坚守为民服务之正，广播工作者要时刻把人民群众放在心上，在思想认识上解决好"为了谁、依靠谁、我是谁"这个根本问题，要多"贴近群众、贴近实际、贴近生活"，不断提升自身的"脚力、眼力、脑力、笔力"，通过走基层、转作风、改文风来增强为民情怀和为民服务本领。

3. 守理想信仰之正

国家需要理想，个人需要信仰。新时代，实现中华民族伟大复兴的中国梦需要大量有理想、有信仰的广播作品去成风化人、去凝心聚力。习近平总书记 2019 年 3 月 4 日在参加全国政协十三届二次会议文化艺术界、社会科学界委员联组会时说："文化文艺工作者、哲学社会科学工作者都肩负着启迪思想、陶冶情操、温润心灵的重要职责，承担着以文化人、以文育人、以文培元的使命……大家要有'望尽天涯路'的追求，耐得住'昨夜西风凋碧树'的清冷和'独上高楼'的寂寞，最后达到'蓦然回首，那人却在，灯火阑珊处'的领悟。"[1] 守理想信仰之正，广播工作者要加强道德品质修养，坚决抵制低俗庸俗媚俗，多采制出有理想温度、有信仰高度、有内涵深度的广播作品来陶冶听众情操，启迪公众心智，引领大众风尚。广播要加大对社会主义核心价值观、中华民族优秀传统文化、道德榜样、英雄事迹、先进典型的宣传力度。今年是新中国成立70 周年，在这个伟大的历史性时刻，中央级广播媒体推出《壮丽 70 年 奋斗新时代》《爱国情 奋斗者》《英雄烈士谱》等重大主题报道，给人以理想和信仰的力量。

4. 守舆论导向之正

舆论导向正确，是党和人民之福；舆论导向错误，是党和人民之祸。"习近平总书记强调，要坚持以正确的舆论引导人，做到所有工作都有利于坚持中国共

---

① https：//www. xuexi. cn/b709a90ff217d6832845ceb718c32898/e43e220633a65f9b6d8b53712cba9caa. html.

产党领导和我国社会主义制度，有利于推动改革发展，有利于增进全国各族人民团结，有利于维护社会和谐稳定。讲导向，这是最重要、最根本的导向。"[1] 作为人民群众行使监督权利的重要形式，舆论监督是党和人民赋予新闻媒体的一项重要职能，广播的记者、编辑一定要在坚持正面宣传为主的原则下，大胆开展舆论监督，把"三个有利于"贯穿到监督的全过程，以确保舆论导向之正。2018年4月中旬，金华广播电视总台曾专门组织召开"开展建设性舆论监督座谈会"，邀请业内专家和一线编辑、记者就如何做好新时期的舆论监督工作建言献策，会议提出了开展舆论监督要坚持"有力、有度、有效、有序"的"四有原则"，以发挥舆论监督科学、准确、建设性的正向作用，最后形成总台文件下发给全体采、编、播一线人员遵照执行。

5. 守发展理念之正

发展是第一要务，发展是广播赖以生存的基础和保障，但是广播的公益属性决定其一定要坚守正确的发展理念，要始终坚持把社会效益放在第一位，经济效益放在第二位，绝不能颠倒顺序一切向"钱"看。然而近年来，由于媒体竞争日益激烈，广告创收压力越来越大，为完成广告经营考核指标，个别广播电台利用媒体的公信力和主持人的影响力，在日常节目中播出大量的以食品、药品、保健品为主要内容的专题广告，造成了不良的社会影响，最终损害了自身的公信力。如中国政府网显示，2018年3月，某省级广播电视台通过电视频道和广播频率发布"帝皇强肾汤""毛主席金像章"等保健食品、收藏品、医疗器械以及医疗服务类广告，存在使用涉及疾病治疗功能的用语来推销保健食品、对未来收益作出保证性承诺等行为，违反了《广告法》有关规定，2018年6月，四川省工商局作出行政处罚，责令停止发布违法广告，并处罚款417.59万元。[2] 之所以发现这种事情，最主要原因就是其发展理念出现了偏差。

（二）创新的要求

1. 创内容之新

不管传播技术多先进，传播手段多发达，对广播来说，"内容为王"永远都不会过时，新鲜、好听、实用的内容永远都是听众需要和欢迎的。所以，广播的记者、编辑、主持人一定要加强学习，努力提升自身素养，不断学习新知识、跟上新时代、传播新内容。浙江广电集团浙江之声《星空朗读》节目，在原有阅读类节目《方雨夜读》的基础上进行创新，"以中外经典美文为题材，发挥广播声音优势，邀请普通听众与广播电视主播、社会知名人士同台朗读，累计参与听

① 《习近平新闻舆论思想要论》，第51页，第4页，新华通讯社课题组。

② http://www.gov.cn/fuwu/2018-11/14/content_ 5340189.htm.

众已近上万人次，视频直播观看人数超过 200 万人次。《星空朗读》一场又一场的声音盛宴，形成了独具广电特色的文化传播现象，获得 2016～2017 年度亚太地区创新力栏目。"① 实现了社会效益和经济效益双丰收，无疑是一次值得学习借鉴的创新之举。

2. 创形式之新

形式为内容服务，好的内容需要好的形式来呈现。移动互联网时代，碎片化的"微"传播正成为听众接受信息的主要方式，微视频、短音频、微广播剧正越来越受到听众的喜爱和青睐，广播应创新传播形式，实现传播效果最大化。金华交通广播自 2016 年开始，改变传统广播原有的大版块节目设置形式，把全天的直播时间划分为早高峰、上午时间、中午时间、下午时间、晚高峰和夜高峰等 6 大单元，再以 15 分报时为一啪进行轮盘式的"碎片化"播出，这种新颖的播出方式一经推出便受到听众的好评。贵州广播电视台交通广播在 2013 年创新制作了系列微广播剧《我是柳叶眉》，通过主人公"柳叶眉"以及她的小伙伴们的搞笑生活，来普及生活知识、公益行为等。不到半年时间，在当地获得了巨大反响，微剧的主角"柳叶眉""好怕哥""美男子"就成了当地的明星，人气远远超过其他广播主持人。这部微剧也成为贵州交广标杆式的品牌，一时间微剧的广告特约时段也成为炙手可热的资源。②

3. 创融合之新

媒体融合是大势所趋，在媒体融合不断走向深入的今天，广播只有主动、迅速加入融合队伍中去，才能在激烈的竞争中占得一席之地。蜻蜓 FM、喜马拉雅 FM、荔枝 FM、企鹅 FM 等互联网音频巨头早已在广播的媒体融合方面抢占了先机，那些有实力的省级电台在媒体融合上也走在了前列，如 2014 年 10 月和 11 月，上海广播电台的"阿基米德 FM"和北京人民广播电台的"听听 FM"客户端先后上线。2016 年和 2017 年更成为省级电台开发自有独立客户端最为集中的两年，分别有辽宁广播电视台"瓢虫 FM"、江苏广播电视总台"大蓝鲸"、湖北广播电视台"九头鸟 FM"、浙江广播电视集团"喜欢听"等 10 多家省级电台推出手机音频 APP。广大城市电台由于缺资金、缺技术、缺人才等因素，尽管在媒体融合方面显得有些力不从心，但可以采取"抱团取暖""借船出海"的方式来实现融合。2015 年 12 月，杭州交通经济广播开发了一款名为"开吧"的城市台广播融媒体客户端，经过推广与商谈，目前已吸引了全国近 100 家城市交通广播合作入驻，创新了城市电台的媒体融合之路。2018 年 10 月 15 日，金华人民广

① 沈健、崔琪：《文化自信＋文化创新，为广播增添新动能》，《中国广播》2018 年第 6 期。
② 刘述平、赵瑜：《从塑造人物形象谈微剧的发展》，《中国广播》2017 年第 7 期。

播电台新闻综合频率精心策划，联合电视新闻频道并在"无限金华 APP"上进行大型融合直播，收获满满，其作品《中国改革现场—浙中凭什么崛起》融媒体直播获 2018 年度浙江新闻奖重大主题报道一等奖。

4. 创品牌之新

个性鲜明、机智幽默、品牌影响力强的主持人对广播至关重要，电视往往讲究团队作战，广播单打独斗的成分则更多一些，一两个知名度高、影响力大的主持人往往就能支撑起一个广播频率。在广播大省浙江就云集了一大批名主播、名主持，如浙江之声的主播方雨、浙江音乐频率的主播鲁瑾、浙江交通之声的主播于虎，这些名主播在她们所在的频率中发挥着顶梁柱的作用。2016 年金华交通广播对频率所有的采、编、播人员统一以"马小"进行命名，倾力打造"马小"主播品牌，比如早高峰马小哼、马小哈的"哼哈组合"，晚高峰的马小疯、马小闹的"疯闹组合"，上午时间的马小叨，中午时间的马小花、下午时间的马小方，夜高峰的马小心，还有马路探长马小路、马小佳等，这些年轻靓丽、充分青春活力的"马小"主播以甜美的嗓音、敬业的精神和专业的主持迅速赢得了广大听友的喜爱。经过这几年的培育，如今人们一说到金华交通广播就势必会提高"马小"主播，在金华广播电视总台的所有主持人队伍中，"马小"主播的品牌影响力和商业吸金力均名列前茅。

5. 创经营之新

作为自收自支性质的事业单位，广告创收是广播赖以生存的坚强保障，广告经营如果出现下滑，将会严重影响到广播自身的发展。在传统广告市场日渐萎缩的今天，广播的经营创新就显得十分迫切和必要，各地广播同仁八仙过海、各显神通，纷纷采取"广播＋服务""广播＋活动"等模式进行努力探索和尝试，创新广告经营，取得了良好的效果。譬如，嘉兴人民广播电台与当地有关部门联合连续主办了 11 届"香樟树汽车文化节"，把活动做出品牌效应，每届活动创收都在 100 万元以上；金华交通广播的广告经营团队采取"私人订制"的方式为客户提供精准的广告创意服务以赢得客户信赖，他们在为当地磐安大磐山温泉山庄设计广告时，团队负责人带领相关主播数次前往温泉山庄进行实地体验并数易其稿，直到客户满意为止，最终获得客户的广告投放，这则广告获浙江省第十八届"金桂杯"广告创意大赛银奖。

三、结语

古语说："君子之学必日新，日新者日进也，不日新者必日退，未有不进而不退者。"创新激发新活力，创新释放新动能，但创新也需要良好的外部环境作保障，作为管理者和管理部门，应当创新体制机制，制订相关政策措施鼓励采、编、播等一线人员去创业创新，甚于要建立允许创新失败的容错纠错机制，让那些勇于创新、敢于创新、善于创新的人没有后顾之忧，在守正的前提下敢闯敢干，为新时代的广播再创一方新天地。

（作者系浙江金华广播电视总台常务副台长）

新时代广播剧"一体两翼"现象研究

——以湖南台广播剧为例

李立伟　张　芸

1950 年 2 月，中央人民广播电台播出新中国第一部广播剧《一万块夹板》，新中国广播剧事业从此发端。在很长一段时间里，广播剧一直是广大人民群众喜闻乐见的广播艺术形式。戏剧大师曹禺曾说："广播剧是魅力女神，像诗、像梦，在声音世界中，使人享受一切美妙"。然而进入 21 世纪，随着电视、网络的发展，广播剧的发展遭遇冲击。

党的十八大以来，广播剧的发展出现"复苏"趋势，根据广电总局发布的《2017 年全国广播电视行业统计公报》：2017 年我国广播剧类广播节目制作时间 23.11 万小时，较 2012 年增长 9.06 万小时，广播剧在所有广播节目制作时间中的比例较 2012 年也增长近 1%。《2018 年广播电视行业统计公报》显示，2018 年广播剧制作时间比 2017 年增加 2.34 万小时，同比增长 2.47%。全国广播剧生产呈现正成长的趋势，进入全面加速期。

表1　全国广播剧类节目制作、播出时间变化表

年份	2012	2013	2017	2018
制作时间（万小时）	14.05	17.82	23.11	21.80
占所有广播节目制作时间的比例	1.95%	2.41%	2.93%	2.72%
播出时间（万小时）	/	/	94.82	97.16

长期以来，广播剧一直是我国广播电台的重要节目形式，这些"电台广播剧"一般生产周期长、成本高、制作精良、原创为主，由广播电台的专业制作人员采录制作，以各级广播电台为播出平台。

随着移动互联网的迅猛发展，"网络广播剧"也开始蓬勃生长。这些广播剧的生产一般"短平快"、成本较低、制作水平高低不齐，以改编网络小说为主，由广播爱好者或其他社会创作力量为主，早期以论坛、贴吧为主要播出平台，目

前以喜马拉雅、蜻蜓、猫耳FM等音频平台为主要播出平台。

电台广播剧和网络广播剧构成了新时代广播剧的"两翼"。"电台广播剧"题材一般较为严肃，即使上传到网络平台，也反响不大；而"网络广播剧"由于其题材敏感、制作水准等原因，也较难在各级广播电台播放。长期以来，电台广播剧和网络广播剧属于"各自为营、各圈其地"的状态。

本文将从湖南广播电视台广播传媒中心（以下简称"湖南台"）近五年广播剧创作的分析入手，结合广播剧一线的思考，从电台广播剧创作和网络广播剧创作实际，探讨新时代广播剧的"一体两翼"现象。

一、电台广播剧市场化的"湖南探索"

随着大板块编排、碎片化收听、广播经营成本控制等影响，特别是随着传统专职广播剧创作人员的退休，湖南台的广播剧一度衰败，曾长期以"获奖"为指挥棒模式的广播剧创作，以2~3集为体量，随着评奖的"大小年"而产量发生增减。在2011年的湖南广播电视奖获奖名单中，广播剧一等奖甚至直接空缺，无项目可评。党的十八大以后，湖南的广播剧开始呈现出多元化的生产形态。

表2　2012~2017年湖南广播电视奖（省直）剧目汇总

年份	获奖等次	广播剧	类型	创作单位
2018	一等奖	《半床被子》	单本剧	潇湘之声
	三等奖	《爸爸的冲锋号》	连续剧	金鹰之声
2017	创新奖	《窗床闯创》	连续剧（22集）	金鹰之声
	一等奖	《十八峒》	单本剧	音乐之声
	二等奖	《军歌嘹亮》	微剧	交通频道
2016	一等奖	《湖南好人》	微剧	交通频道
2015	一等奖	《我爸我妈》	连续剧（周播剧）	金鹰之声
2014	一等奖	《长沙人家》	连续剧（12集）	金鹰之声
	三等奖	《玩具箱里的悄悄话》	儿童剧	音乐之声
2013	一等奖	《三十而立》	连续剧（22集）	金鹰之声
2012	一等奖	《长沙！长沙！》	连续剧（22集）	交通频道
	二等奖	《夫妻村官》	连续剧（3集）	宣管部
2011	空缺	空缺	/	/

每一年湖南广播电视奖获奖名单往往能体现出本省广播剧生产的状态，从2012年~2017年的湖南广播电视奖省直单位的获奖统计中，我们可以看出湖南广播人开始在广播剧上的探索和实践。

1. 创作总量明显增加、类型丰富

2012 年，湖南台最后一位专职广播剧创作人员退休。湖南台的广播剧从专职人员生产转向频道生产。湖南的广播人开始思考湖南广播剧的未来发展。在省文化事业基金、台节目创新基金的引导和扶持下，各个频道根据其定位、频道创作人员根据其专业背景和从业经历开始大规模创作广播剧的"实验"，湖南广播剧生产可谓是"野蛮生长"，成果"五花八门"。

从 2017 年的获奖剧目中不难发现，微剧、单本剧、连续剧门类齐全，创作总量增加，题材丰富，获奖等次相对较高，体现出较高的创作水平。

2. 微剧成为重大宣传题材的承载体

献礼新中国成立 70 周年湖南台推出一系列广播微剧，有讲述典型人物故事的微剧《我是中国人》、讲述湖南发展的微剧《爱上湖南的八个理由》和儿童励志广播剧《小小的我大大的梦》。此前，还有以宣传湖南人物典型的微剧《湖南好人》、献礼建军 90 年的微剧《军歌嘹亮》、表现"爱心送考"品牌故事的广播剧《爱心送考》等。

微剧凭借其短周期、低投资、故事化等优势，成为重大宣传题材的承载体。同时，微剧又因其符合当下车载、碎片化的收听习惯，获得较好的收听率和市场反馈，可谓是"一举多得"。

3. 项目化商业操作、精品长篇剧增多

随着频道的经营创收压力增加，广播剧创作者开始思考可供长周期播出的广播剧题材，长篇的连续剧因为承载较长的播出周期、较大的商业植入空间成为首选。其以金鹰之声在 2012 年至 2017 年创作的 4 部长篇广播剧最为典型。

过去，评奖广播剧常常耗费巨大成本和精力，为了评奖的需求，制作 2～3 集广播剧，在深夜"悄悄"播完，一度成为频道节目生产的"累赘"。

随着市场化思路的打开，广播剧的生产播出呈现出欣欣向荣的景象。如金鹰之声的广播剧《窗床闯创》，是 22 集的长篇剧，讲述一群年轻人的成长历程，该剧由某建筑设计公司冠名，剧中的主角的工作单位直接以该公司命名。首播当天晚间份额湖南省网份额超 26%，是频道日常收听份额的 2 倍，播出期间晚间重播的收听份额长期位居同时段第一。

金鹰之声的"大剧"不仅取得了较好的经济收益和市场份额，而且没有因为商业化运作在艺术品质上出现"垮塌"。这些剧同时获得了中国广播影视大奖提名奖、湖南省精神文明建设"五个一工程"奖、中国广播剧研究会专家评析奖等荣誉，可以说较好的兼顾了市场价值和艺术品质。

湖南台在电台广播剧上探索表明，广播剧面向评奖的精品化创作和市场化并不违背，精品优质的广播剧作品受到听众的喜爱，广告商往往是"鼻子最灵敏"

的听众。"文章合为时而著，歌诗合为事而作"的广播剧创作者应该用听众喜爱的形式讲述"中国故事"，而不应该功利的只为"评奖"而创作，面向听众、面向市场，方能迎来传统广播剧的春天。

二、网络广播剧的"重生"

技术的普及和发展，使得广播剧的创作不再是广播电台的专利。以移动互联网为平台，原本听众"流失严重"广播剧开始在网络平台"重生"。

1. 网络广播剧的"零门槛"生产

早在21世纪初，广播剧爱好者开始在论坛、贴吧为平台，开始招募网友，以爱好集群的方式，以网络协作为手段，进行最原始的广播剧创作。这个时期的网络广播剧是一场零门槛"圈子内部"的狂欢，是某种意义上的"自娱自乐"

随着互联网移动音频平台的发展，网络广播剧凭借其对网络受众的精准把握、题材的敏感和突破，迅速笼络了一大批移动互联网听众，魔音帝国、月玲珑、凌霄剧团、翼之声等一批广播剧工作室开始成长起来。后来随着电视剧配音团队加入网络广播剧的创作大军，网络广播剧从 UGC 转向 PUGC、甚至 PGCv，配音和制作水准大幅度提高，他们创作的广播剧作品以蜻蜓、喜马拉雅、猫耳为"播出平台"，并运用微博、微信等自媒体进行宣发，走出了一条完全不用依托广播电台的全新广播剧分发渠道。

2. 网络广播剧的付费和产业化探索

网络广播剧以市场为根基，必须自行"造血"、创造收入才能形成良性循环。目前网络广播剧已经进入了以盈利为目的的成熟商业化运作阶段，"收听付费、点击分成"成了广播剧的主要盈利模式。随着图文、短视频的轰炸使得人的用眼接近极限，网络广播剧开始觅得生存空间逆势而上，在移动端获得一席之地。

2019年6~8月，网络小说平台晋江文学城有50部作品达成广播剧开发签约合作。目前已上线的广播剧作品中，《魔道祖师》收益超过千万，《破云》《默读》等收益超过百万。

尽管网络广播剧发展"来势汹汹"，但是部分网络广播剧以玄幻、穿越、二次元、耽美等边缘题材，以情色、挑逗等突破尺度为卖点，这也为网络广播剧的发展埋下巨大的隐患。2019年7月，国家网信办会同有关部门针对网络音频乱象启动专项整治行动。对26款音频平台采取了约谈、下架、关停服务等处罚，就传达出明显的监管信号。

3. 广播电台的网络广播剧探索

面对网络广播剧巨大的蓝海，广播电台开始"跃跃欲试"。在电台广播剧创作者眼里，与动辄二三十人集体创作的电台广播剧相比，网络广播剧的制作难度是较低的，然而 IP 版权、宣发、运营、平台等则是相对陌生的。

湖南台于 2018 年发布自有音频平台"芒果动听 APP"，芒果动听 APP 开始需要大量的精品自制内容充实其内容结构，湖南台广播剧创作者开始试水网络广播剧。以同名电视剧在湖南卫视热播为契机，采购了《知否知否，应是绿肥红瘦》的网络小说版权，该剧采取一男一女两位配音员的演播阵容，两位配音员变化各种声音，演绎所有同性别角色。这种在"电台广播剧"中几乎不可被接受的演绎方式，在节目上线后获得网友好评。截至 2019 年 9 月，该剧仍是芒果动听 APP 的点击收听量的冠军。

根据艾媒咨询发布的《2018 中国有声书市场白皮书》显示，我国有声书市场的年复合增长率超过 30%，充分显示了"讲故事"内容音频的巨大潜力。广播剧产品的收听体验高于有声书数倍，一旦能够"触网"发展，一定能展现出蓬勃的生命力。

以喜马拉雅、蜻蜓为代表的音频平台，在知识付费的热潮之下，音频产品的使用体验仍旧匮乏。目前音频平台上的广播剧产品，并非专业团队制作，策划、编剧、录音、后期等水平往往比较低劣。很多专业电台广播剧创作人员对"网络广播剧"不屑一顾，与此相对的是各大音频平台广播剧频道的火热，这充分说明听众在移动音频平台对"广播剧"是有需求的。

追溯视频网站"网剧"的发展历程，从播出传统电视剧起家，再到自制低水平"网剧"，再到如今各大视频网站生产的"网剧"和电视台播出的电视剧相比不相上下，甚至已经出现了"网剧"反向输出给卫视平台播出的现象。网剧是视频网站的刚需，同样讲故事的音频剧类产品未来抑或将是音频平台的刚需。广播电台的广播剧创作者应该在创作中，全面拥抱移动音频平台进行转型，思考在网络时代下音频内容如何放下"包袱"，基于传统广播剧创作的经验，打造复合移动音频产品特性和用户需求的全新"广播剧"类型。为广播剧在移动互联网时代的重生探索经验。

"电台"广播剧和"网络"广播剧应该尽快结束"各自为营"的状态，广播剧创作者须各自发挥所长、深度融合创作，创作出思想精深、艺术精湛、制作精良，广大人民群众喜闻乐见的广播剧。

三、新时代广播剧的未来发展方向

根据艾媒咨询的预计，到 2020 年，我国的在线音频用户将达到 4.86 亿，成为世界上最大的互联网音频市场。随着移动互联网的蓬勃发展，通过移动音频平台收听广播剧类产品将成为方向。

特别是未来 5G 的发展和商用，越来越多的车载收听将网络化和物联网产品（如智能音箱）内置收听功能，为网络电台和广播剧的发展和转型再次提供机会。

1. 探索面向双平台的广播剧的创作方向

一方面，广播电台的广播剧创作者必坚守电台播出阵地，另一方面，应该积极探索面向移动互联网平台的广播剧。在坚持艺术水准的情况下，兼顾双平台听众的画像、收听习惯，努力创作出双平台都有一定反响的"爆款"广播剧。

湖南台金鹰之声创作的广播剧《窗床闯创》就探索了网台同播，创作者根据移动音频平台的收听习惯，在时长、包装、标题等方面重新编辑制作"网络版"，小试牛刀就获得超过近百万人次的收听。广播剧创作者仅需要简单的改编创作，使得广播剧在移动音频平台获得另一次生机，拓展了广播剧产品的生命力。

面对移动互联网广播剧这片蓝海，广播电台的广播剧创作者应该俯下身去感受、学习、体验，总结分析网络广播剧的优劣势，勇于"亮剑"，创作全新作品，创造全新的行业标准，树立全新的行业标杆。

2. 智能音箱普及下的家庭化收听的内容创作

随着物联网和 AI 技术的发展，家用智能音箱开始大规模普及。根据 NPR（美国国家公共电台）和 Edison Research（美国知名调研机构）最新发布的一项研究结果展示，预计有 16% 的人拥有智能音箱，并以将近 128% 的速度疯狂增长。按这个比例，即使不算增长量，中国未来的家用智能音箱数至少超过 2 亿个，目前百度的"小度音箱"、阿里的"天猫精灵"、腾讯的"腾讯听听"、京东的"叮咚"、小米的"小爱同学"等众多智能音箱纷纷以低价抢占市场。

智能音箱走入家庭，使得居家收听场景下的场景化收听内容未来也将成为刚需。这相当于是"收音机再次走进家庭"的重大变革，基于家庭化收听场景下的广播剧创作，成为广播剧创作者的新命题。

3. 收听体验的革新和广播剧题材的拓展

在移动音频平台上海量的收听选择使得某一品类获得用户关注时，必然带来全新的收听体验，这就要求创作者必须保持高度的创新，"革命性的收听体验"将会成为广播剧移动音频平台生存的"重中之重"，而 3D 人头录音、ASMR 等音频录制技术的面世和普及，再加上传统广播剧的制作品质，让"革命性的收听体验"成为可能。

传统广播剧题材的局限也将成为面向移动音频平台发展的束缚，以喜马拉雅广播剧平台的广播剧内容分类为例，不仅有古风、民国、现代和未来 4 个年代分类，更有都市、校园、科幻、玄幻、惊悚、悬疑、喜剧、江湖、穿越、福利、宫廷等众多门类。广播剧创作者面对移动音频平台，可以不落入当下移动音频平台内容分类的"巢穴"，但是"广播剧题材的创新和拓展"依旧是摆在面前一道逃不过的"必答题"。

四、结语

电台广播剧正在努力走出"只向评奖跑"的怪圈，面向市场自我更新。网络广播剧尽管"隐患重重"依旧野蛮生长。而5G、车联网、智能家居的迅猛发展，特别是未来收听场景的变化又给广播剧创作者全新的命题。

"听众在哪里，我们的创作就应该延展到哪里"。电台广播剧创作者和网络创作者要打破互相的"创作藩篱"，共享创作经验和运营宣发经验，为听众创造"革命性的收听体验"，探索深度融合的未来广播剧创作的途径与方式。

站在新时代的历史节点上，广播创作者必须运用全新的观念、运用全新的技术手段，面对移动互联网音频蓝海"一体两翼"方能振翅高飞，为广播剧交出一份面向新时代的全新答卷。

（作者单位：湖南广播电视台广播传媒中心）

合作传播让中国声音"更动听"

——广西电台探索合作传播新模式

陈　霓

志合者，不以山海为远。今天的媒体传播已进入到互联互通，合作发展的新时代。国内媒体通过合作传播，以丰富多样的方式与国际媒体进行交流合作，积极传递中国声音，也让中国声音在世界舞台上更响亮、更动听。

一、合作传播唱响时代主旋律，引领媒体发展新方向

（一）合作传播是时代的需要

当前，我们的时代为合作传播的繁荣创造了机遇。早在2014年，习近平总书记就在外事工作会议上指出，要讲好中国故事，这个故事不仅要中国人讲，也要让外国人讲，还可以中外合作来讲。一方面，通过合作传播的方式，借助海外受众熟悉的平台，易于接受的方式，对周边区域讲好中国故事，传播好中国声音，营造友善有利的国际舆论环境，是中国和平崛起的需要。另一方面，随着世界各国不同程度开放媒体市场，使中国媒体"走出去"，向海外要市场成为可能，这既为中国媒体事业的新一轮发展开辟了"蓝海"，也可以发挥媒体力量积极对外宣传"人类命运共同体"理念为核心的新时代中国外交，发挥媒体特有的影响力。近年来已有不少中国媒体"走出去"，合作传播更成为对外发声，讲好中国故事的新路径。通过合作传播，能够提高国际传播力，促进合作双方共同发展。在经济与文化日益交融的当下，各国媒体只有交流互鉴、互利合作才能迎来"百花齐放春满园"的美好格局。

（二）合作传播是中国文化"走出去"的有效途径

2013年"一带一路"倡议提出以来，中国与欧亚国家在人文领域展开了广泛合作，取得了丰硕成果。在"一带一路"建设中，民心相通是关键。促进民心相通，最大的障碍来自文化差异造成的陌生感和抵触感。"一带一路"沿线国家丰富多样的文化既可以丰富世界文化宝库，也可以成为影响"民心相通"的文化壁垒，使得中国文化难以真正走进当地民众心里。通过国际媒体合作，中国

媒体在当地找到了"领路人",当地媒体给予信息咨询、落地协助,帮助中国媒体更快适应当地环境,也帮助当地民众更好地接受我国媒体,文化差异造成的距离得以缩短,跨文化传播更有成效。

(三)合作传播引领媒体发展新方向

"合作共赢"是世界性热门词语。无论国家之间还是媒体之间,合作往往能产生"一加一大于二"的神奇效果。中国媒体与国外媒体加强合作,有利于资源共享、优势互补,有利于把中国社会民生的"好声音"在世界上广泛传播。同时,我们的媒体正悄然走向媒体融合时代,这又为合作传播打造了技术机遇,我们可以在媒体融合的技术建设、人才建设中加强交流与合作,实现共赢。强调国际媒体合作,既切合中国社会现状和发展战略,也是媒体发展的新方向。

二、创新合作传播模式的实践探索

近年来,中国媒体不断创新合作传播模式,通过各种形式的国际媒体合作,传播中国好声音。随着中国与东盟关系日益密切,广西人民广播电台也立足地缘优势,与东盟国家媒体通过节目交换、合办电视栏目、合作办刊等多种形式开展合作传播,更好地宣传了广西,讲好了中国—东盟故事。

(一)通过节目交换,扩大境外落地覆盖

广西人民广播电台北部湾之声是我国第一家区域性国际广播频率,面向东盟,采用普通话、广州话、越南语、英语、泰语等5种语言播出。开办了《华夏剧场》(越南语)、《美丽广西》(老挝语)、《每日柬语》(柬埔寨语)、《萨瓦迪卡》(泰语)、《一词一世界》(英语)等品牌外语节目,覆盖人口超过1亿。

2014年2月1日起,广西人民广播电台与越南广宁广播电视台合办其第二频率(QNR2),合作开办《伴你游四方》《我爱旅游》《美食天下》《流行前线》4档越南语节目,每天播出8小时(含4小时重播),自制节目直接进入当地主流媒体。截至目前,通过节目交换,北部湾之声节目已成功落地越南、泰国、老挝、柬埔寨、缅甸等东盟国家,与东盟国家媒体联合开办的《中国—东盟》联播节目,每期时长半小时,为当地民众所熟知和喜爱。

(二)合办电视栏目,推广中国文化

《中国剧场》是广西人民广播电台与东盟国家广播电视媒体开展跨界合作并在对象国开办的首个电视节目。2014年,广西人民广播电台先后与柬埔寨、老挝国家电视台签署合办《中国剧场》协议,每年固定在柬埔寨、老挝播出中国影视剧。《中国剧场》在柬埔寨、老挝获得空前成功。柬语版《三国演义》在柬埔寨国家电视台黄金时段播出后,一个月就收到近2万条收视问答参与短信,"三国"成为当地观众茶余饭后讨论热词。

从2014年起,广西人民广播电台与柬埔寨、老挝、缅甸国家电视媒体以固定时间、固定栏目合作方式开办了《中国剧场》《中国电视剧》《中国动漫》等6个电视栏目，目前每年在柬埔寨、老挝国家电视台联合译制推广中国影视剧及动漫600多集。这种借助对象国国家级电视主流媒体进行联合译制推广的本土化模式，是媒体领域交流与合作的创新性实践，开创了中国地方媒体与"一带一路"沿线国家媒体开展合作传播的全新模式，使中华文化不但能"走出去"，而且能"走进去"，润物无声地走进东盟民众心里。目前，广西人民广播电台正在与越南、泰国、马来西亚等东盟国家媒体商谈合作，力争把这种合作模式推广至更多东盟国家，全面开启中国东盟文化交流新常态。

（三）与越南合作办刊，发行覆盖越南全境

《荷花》杂志是我国唯一一本中越文双语期刊。由广西人民广播电台全面承担杂志的编辑出版、印刷发行和经营管理。2013年7月，正式在越南合刊发行，实现边境期刊在对象国注册、翻译、发行、广告、印刷、办刊的本土化，发行网络覆盖越南全境。2014年5月6日，《荷花》杂志微刊正式发布。2015年5月，《荷花》杂志电子版在越南广宁广播电视台网站推出。目前，双方正在深化合作，通过FACEBOOK、微信、移动客户端等多种手段，探索"杂志+"与"互联网+"的契合点，通过纸质媒体与电子新媒体联动，实现更好的传播效果。

（四）设立工作站、译制站，全方位深化合作

为全方位深化与东盟国家媒体的合作，从2015年起，广西人民广播电台开始选派采编播译及技术人员前往柬埔寨、老挝、泰国等东盟国家进行交流学习，并且建立工作站，常年派驻人员与当地媒体同行一起开展新闻采访、进行技术交流、共同做节目。同时，在老挝、缅甸建立译制站，将译制传播窗口前移至对象国，吸纳更多东盟演艺人才加入译制工作，全方位开展合作传播。

（五）组织策划系列大型活动，促进民心相通

广西人民广播电台联合境内外媒体，组织策划了一系列大型外宣活动，打造了"同唱友谊歌""中泰歌会""同一个月亮共一片爱心"等外宣品牌。由广西人民广播电台发起，联合中越两国媒体共同举办的"同唱友谊歌"——中越歌曲演唱大赛，自2005年以来成功举办9届，影响广泛，已成为中越两国人民的音乐盛宴、中越文化交流的重要品牌。"'同一个月亮共一片爱心'——中秋跨国友谊活动"自2011年以来连续举办7届，促进了民心相通，受到东盟各国民众和媒体的高度关注，已成为我们和东盟国家在中秋节前夕的重要民间友好交流活动。

三、合作传播中的几点思考

合作传播适时代之需，是未来之需。当下，如何加强国际合作传播，进一步提升国际合作传播能力，以下几点应引起重视和思考：

（一）重视人员合作，开展深度交流

人员合作是媒体合作的基础和起点，媒体间能否展开更深层次的合作并取得理想的效果，首先要依赖于与彼此间人员的合作。多年来，国际媒体间人员交流的主要形式多是以一次性参访为主，虽然人员交流频密，但缺乏后续深度交流以及开展实质性的合作探讨。作为媒体间深层次合作的基础，人员间的交流合作应当受到足够重视。开展深度交流，探讨实质性合作应当贯穿媒体合作的始终，这也能为其他更深层次的合作提供有效的人才保障。

（二）打造活动影响力，延长媒体品牌链

在国际合作传播中，媒体的业务范围已不仅仅局限于内容的制作和发布，通过联合举办研讨会、论坛、组织实施公益活动等形式主动发声、开展媒体外交，往往能吸引民众的高度关注，产生显著的社会影响力。此时，媒体的角色已经从新闻的记录者和传播者转变成了新闻的制造者，媒体本身作为社会实体所塑造的社会形象能够直接影响大众的评判标准。

在当前复杂的国际局势下，一些国家对中国仍存在不同程度的偏见，"一带一路"倡议甚至被一些外国媒体解读为中国扩张、中国"威胁"，通过活动合作的形式，我国媒体能够在合作国塑造良好的形象，产生正面的影响，得到当地民众的认可。像广西人民广播电台策划组织的"同唱友谊歌""中泰歌会""同一个月亮共一片爱心"等活动，都起到了很好的效果。需要注意的是，在活动中延长媒体品牌链的问题。比如，广西人民广播电台举办的"'同唱友谊歌'——中越歌曲演唱大赛"，虽然少部分通过比赛脱颖而出的歌手已经在越南打开了知名度，但由于缺乏统一的包装和推广，大多数优秀的歌手仍籍籍无名。只有花大力气进行宣传和推广，让越来越多从大赛中走出来的歌手提高知名度，被越南民众熟知和喜爱，"同唱友谊歌"才能越唱越响，真正打响媒体品牌。

（三）探索新媒体合作形式，实现多媒体传播

近年来，随着数字化和网络技术的不断发展，新媒体以其信息海量、互动性、移动性、即时性等优势异军突起，既引领着新闻信息的传播，也为媒体合作提供了新的交流路径。比如，广西人民广播电台通过"北部湾之声"微信公众号开办《微信课堂》，将东南亚小语种节目重新编排创作并从微信公众号推广，实现直播节目随时回听，形成良好循环。节目融合微信推广，既突破了传统手段在跨国传输、节目落地等方面的局限，又能将大众传播和人际传播相结合，实现与受众互动，形成对目标受众的有效影响，达到事半功倍的效果。当前，中国媒体与各国媒体都在积极探索新媒体合作形式。如何充分运用新技术新应用创新媒体传播方式，采用微博、微信、客户端等新手段不断拓展传播渠道，实现多媒体传播是时代发展的需求，也是国际媒体合作的重点方向。

（四）注重海外受众研究，完善海外受众服务体系

受众是一切传播的出发点和目的地，是产生传播效果的主体。没有受众，就没有传播活动，更谈不上传播效果。因此，在国际合作传播中，要注重海外受众研究，开展更多针对目标区域市场的受众调查，抓紧建立海外受众数据库，根据受众的反馈，不断调整传播内容，改进传播方式，提高吸引力和感染力；同时，对海外受众的收听服务要完善细化，要更有针对性地满足受众个性化、多样化的收听需求，增强合作传播效果。

（五）加强人才队伍建设，不断优化驻外团队结构

人才问题是做好国际传播的关键，开展国际合作传播，亟须一支政治过硬、业务精湛、视野宽广的人才队伍。比如，培养优秀的国际新闻评论员，打造专家型人才。在喧嚣的国际舆论环境中，优秀的新闻评论员就是一面旗帜，能够将社会公众往正确的方向引领，他们的真知灼见，能够给社会以启发，帮助人们看清事实真相，正确引导民意。当然，除了重视自身队伍建设，还要创新人才引进机制，优化驻外团队结构。吸纳与起用优秀本土人才，通过人才本土化，最大限度地消除文化上的隔阂，增强贴近性和亲和力，真正走进当地民众心里。

（作者单位：广西人民广播电台）

二 等 奖

长篇连播类广播文艺节目发展与创新

宋 青

长篇连播类广播节目指在无线电广播兴起之后通过电台播出的中长篇小说、传记文学、纪实文学、报告文学或中长篇评书等连续播讲作品。① 长篇连播广播是中国有声语言艺术中重要类型之一，几十年来以其独特的艺术魅力深受听众喜爱，是广播文苑的"长青树"。在我国有声文艺发展的长河中，《评书连播》《长篇小说连播》等长篇连播栏目已成为中国文艺品牌符号，钩织着几代人的成长记忆。

一、长篇连播类广播文艺节目发展

长篇连播节目主要包括长篇小说连播和评书连播。两者有着互渗溯源、异曲同工之妙。它们均以语言叙事作为情节展开的主要手段，在播讲呈现方式上具有连续性和对象感。广播评书和广播小说历史悠久，内容涵盖历史演义、文学小说、武侠公案、刑侦悬疑等。讲述人生百态，融汇时代风云，描摹社会生活，陶冶人文情操。

进入21世纪，随着社会生活发展、电视媒介的兴起和人们收听方式的变迁，长篇广播节目收听率在这一时期开始出现下滑。② 同时，在广播专业化、类型化发展背景下，一些文艺广播开始将更具有市场竞争力、受听众欢迎的节目内容提炼、剥离出来，以故事、小说、评书命名的专业频率相继开办。③

目前就全国范围来看，文艺广播在本地的市场竞争表现强劲。2018年，哈尔滨文艺广播、合肥故事广播、济南故事广播、江西故事广播、新疆维吾尔语交

---

① 王贤波、叶帆：《广播文艺节目编辑与制作》，第25页，中山大学出版社2015年版。
② 刘成勇：《20世纪90年代媒介变局中的〈小说连播〉》，《温州大学学报》2019年第5期。
③ 自2002年5月我国首家以评书连播为特色的广播专业频率——廊坊电台长书频率成立之后，上海故事广播、合肥故事广播、安徽小说广播、天津小说广播、内蒙古评书曲艺广播、辽宁故事广播、大庆长书广播、青岛长书广播、重庆故事广播、陕西故事广播等以故事、小说、评书命名的专业频率相继开办。

通文艺广播、新疆 1028 故事广播等频率的市场份额都进入当地频率排行榜前 5 位。①

在北京广播市场，中央人民广播电台文艺之声和北京人民广播电台文艺广播作为综合性文艺广播拥有若干档品牌长篇连播栏目。2019 年 7 月 29 日至 8 月 4 日，央广文艺之声评书类栏目《评书听天下》收听率达 0.149%，在文艺之声 19 档栏目中排名第 5；市场份额达 5.325%，位居第 2。另一档栏目《天天听书》收听率为 0.114%，排名第 7 位。② 以上两档栏目播出时间分别为凌晨 5 点至 6 点、中午 11 点至 12 点，虽不属于广播收听黄金时间，但都取得了不错的收听表现。北京台文艺广播的《评书连播》栏目多年来在同时段市场占有率中始终位居首位。③

此外，央广和北京人民广播电台都设置有专业化小说、评书广播频率。央广娱乐广播全天设置 8 档长篇连播文学栏目《纪实春秋》《网络书吧》《名著经典》《畅销书屋》《萨苏说事儿》《作家文库》《都市言情》《少年派》，内容涵盖经典文学、纪实文学、网络小说、畅销书和儿童文学等，和两档评书连播类栏目《名家书场》《评书开讲》；北京台长书广播主要涵盖经典文学、武林/言情/侦探小说、戏曲戏剧、广播剧等节目题材。其中，开创于 20 世纪 60 年代的《小说连播》为该频率老牌栏目，多年来深受听众喜爱。但由于以上两个频率受技术条件所限，分别为中波、有线调频传送，对节目覆盖产生了一定影响。

近年来，随着网络时代的发展，受众的媒介选择更为多元，节目内容与形式相对单一的传统长篇连播广播也面临着受众老龄化、广告吸附能力弱、收听市场萎缩等挑战。例如开播于 2006 年、资源较好的天津小说广播已于近日停播。一些地方台由于资金不足无法购买到优秀作品版权。很多电台只有一两个人承担多个评书栏目的编辑、演播、制作、播出任务，人员严重短缺，处于维持状态。

如何实现守正与创新，如何在新媒体时代打造精品力作、实现艺术水准和人民满意度"两个有所提高"，是广播长篇连播节目亟待思考的重要议题。

二、长篇连播类广播文艺节目创新

习近平总书记在 2014 年文艺工作座谈会上指出："'诗文随世运，无日不趋新。'创新是文艺的生命。"今天，广播长篇连播节目在节目题材选择、内

---

① 依据中国广视索福瑞媒介研究有限责任公司（CSM）2018 年全国 26 连续城市收听率调查数据。
② 根据中国广视索福瑞媒介研究有限责任公司（CSM）2019 年 7 月 29 日至 8 月 4 日数据。
③ 北京广播网《评书连播》介绍，http://www.rbc.cn/2018dtjs/2018-02/27/cms697130article.shtml 2018 年 2 月。

容编排、演播技术、节目运营等方面正在进行积极探索，力求在创新性、多样性和融合性方面有所突破，推出了一批"叫得响、传得开、留得住"的优秀节目。

1. 重点选题重点策划：记录时代声音，锻造文艺精品

广播小说和广播评书都是有声语言艺术对文学文本的二次创作，对于精品文本内容的选择是决定广播作品成功与否的首要环节。一部长书播出动辄需要个把月时间，其相应的收听率表现会稳定在很长一段时间。所以，在前期的选书过程中，长书编辑需要对作品的播出效果具有敏锐的洞察力和预判力。

长篇连播节目的创新首先从选书开始。选书的首要考虑因素为文本的题材和主题。多年来，习近平总书记一直强调文艺工作要守正创新。一方面要坚定文化自信，发扬中国优秀传统文化精神；一方面要把握时代脉搏、聆听时代声音，打造文艺精品。我国文艺广播人在作品内容选择上严格把关，传承经典，提升传播新时代中国特色社会主义文化能力，用一流的中国新文艺形式讲好一流的中国新时代故事。

近年来，各地文艺广播围绕"弘扬爱国主旋律，传播奉献正能量"主题，推出"红色经典"系列。如西安综艺广播的《许世友》《贺龙传》《一代儒将陈毅》《辛亥风云录》《林海雪原》等作品；廊坊电台长书频率的《野火春风斗古城》《红岩魂》《破晓记》《少年将军许世友》和《陈毅》《将军杨靖宇》等作品。

除了传统"红色经典"新解读，央广捕捉最有价值的选题和重要节点，紧扣时代主题推出系列主旋律作品。为庆祝建党97周年，央广以陕西人民出版社出版的《梁家河》为文本，制作出12集长篇广播纪实节目，讲述习近平总书记在梁家河的知青生活，记录梁家河几十年翻天覆地的巨大变化。节目播出后引起国内外社会广泛关注。为纪念中国工农红军长征胜利80周年，央广推出95集长篇广播纪实节目《长征》，以知名军旅作家王树增同名作品为文本，通过长征途中的实地采访，揭示长征之路的新时代意义。

2. "新编评书"：题材丰富，反映现实，原创新强

一直以来，像《白眉大侠》《隋唐演义》等以历史演义与英雄征战的侠义故事为题材的长篇评书广受听众喜爱。但传统评书也同时面临着受众年龄偏大，受众构成单一的困境。怎样在广播评书领域守正创新，如何拉近广播与年轻受众、内容与现实的距离，成为评书广播创作者们时常思考的问题。在此背景下，"新编评书"应运而生。

不同于题材来自以往前辈口传心授的书目，"新编评书"需要演播者和录播者以小说或其他作品为蓝本，按照评书艺术形式进行改编创作，录制难度较大。

一些新编评书还以现实真实生活为素材，拓展了传统评书反映现实生活的新思路。①

例如由评书表演艺术家刘兰芳录制的新编历史评书《红顶清风》虽然以清朝时期山东无棣吴氏家族的经历为背景，但融入现代语言、网络语言，以及日常社会现象。既富有浓厚的传奇色彩，又具有深刻的现实意义;② 央广录制《欢喜虫儿》《逗你没商量》《新春话民俗》等新编评书，题材广泛、形式活泼，被多家电台选用播出；西安综艺广播推出《中国母亲风采》《中华小名家》等新编评书以现代故事、普通人物故事为题材，贴近百姓生活，传播社会"正能量"。

3. 适应互联网传播特点，满足新兴受众需求

长篇小说节目按章回播出，环环相扣。评书广播中的悬念、"扣儿"、包袱、"且听下回分解"等故事情节设置引人入胜。加之长书广播的播出时间固定，容易形成长期听众期待，听众群体稳定、黏度高。

与此同时，一部长书文本动辄数百集，前后需几个月才能播完。而现在的年轻受众不再是传统的专注收听，而是伴随性收听，需要随时进入广播节目。很少有人能够一集不落地准点收听，漏听则会导致整个故事无法衔接，进而让听众对整个故事的持续收听失去耐心。

为了满足受众碎片化、快节奏收听需求，长书广播开始缩减节目板块时间，对节目时间严格控制。"长书短读""微小说""微评书""短篇合集"等节目形式开始出现。短小完整的多个故事组成的评书系列相继推出，故事与故事之间独立成章，彼此关联性不大，让听众在较短时间内收听到一个完整的故事。央广的《二战经典战役》《中国古代奇案》《聊斋志异》，西安综艺广播的《中国古代奇案》《中国古代帝王史话》《神探狄仁杰》《大侦探福尔摩斯》和廊坊长书广播的《三言二拍》《古今奇案大观》《中国母亲》《狄仁杰》评书作品等都是"微长书"类创新作品。

除了精炼节目，受众互动也必不可少。长篇广播的听众互动始于广播热线。1994 年，广播小说《尘缘》播送期间首次设置了广播热线，让听众在听节目时设想结局，并及时通话、参与创作。2006 年，天津人民广播电台推出《三六茶座》直播节目，期间采访了作者、编辑及演播者，主持人增加了朗读听众来信环节等，取得较好播出效果。③ 此后，北京文艺广播《评书演义》栏目播出音视频现场版广播评书节目《侠义英雄传》。在节目制作过程中，演员在录制小剧场

---

① 王求：《中央人民广播电台简史续编（2006—2010）》，中国广播电视出版社 2010 年 12 月版。

② 邹宇平：《广播评书在新兴传媒条件下发展探析》，《中国广播》2014 年第 6 期。

③ 刘成勇：《20 世纪 90 年代媒介变局中的〈小说连播〉》，《温州大学学报》2019 年第 5 期。

中现场表演，听众在现场听书与演员互动，极大增强了节目的互动趣味。贵州故事广播的"有声微小说"栏目推出《美德少年》节目，通过微博、微信和腾讯网多渠道传播，取得较好网络点击率和转发量。

4. 用新闻手法丰富长篇纪实作品真实性与感染力

近年来纪实性长篇连播节目广受青睐。纪实文学指借助个人亲历、采访报道等或使用历史文献、档案等反映现实生活或历史中的真实人物与真实事件的文学作品。长篇连播节目借鉴纪实性文学手法，同时注重选题时新性，在文学表达讲述中加入纪实性、新闻性等元素，增强广播纪实文学的真实性和感染力。

央广娱乐广播的《纪实春秋》栏目，选题涵盖报告文学、纪实文学、回忆录、传记、纪实散文等，着力体现新闻性"纪实"文学魅力。2015年，中央反腐败协调小组部署开展针对外逃腐败分子的"天网"行动，全国公安机关配合开展"猎狐2015"专项行动。《纪实春秋》借势推出长篇连播《天网猎狐》，真实记录行动中极具代表性的追逃案例，展现公安人员的生动形象与精神面貌。

在党中央全面从严治党、狠抓惩治腐败背景下，反腐这一主题成为民心所向。西安综艺广播播出的《清官册》《清官于成龙》《包公案》等评书，为听众讲述中国历史上的清官典范。① 廊坊长书广播推出《一生守候》讲述新时期人民警察保卫人民、主持正义的故事。另外一档改编自报告文学的评书《根本利益》则聚集"三农问题"，讲述干部解决农民实际问题，最终获百姓爱戴的故事。②

近年来，新闻纪实性长篇连播节目把握社会热点，展开扎实采访，坚守媒体社会责任与担当。20集纪实文学节目《大写西域》是央广"一带一路"的宣传重点项目。制作团队行程5000多公里，采访当地数十位专家、学者以及各族民众，积累60多个小时声音素材。讲述西域古城历史，再现丝绸之路上东西方文明的交汇。

为了庆祝八一建军节，央广推出《试飞英雄》长篇纪实作品。节目不仅加入多位原型试飞员采访录音，制作团队还将小型录音机捆绑在试飞员的身上，采集到某新型歼击机在天空中飞行的真实声音，创造了目前广播工作采访机的两万米高空最高纪录；另外一档节目《最漫长的十四天》在南京大屠杀80周年祭国家公祭日前后播出，通过采访幸存者，展示侵华日军南京大屠杀遇难同胞纪念馆馆藏的士兵回忆、留守南京的外国侨民的日记等，真实还原了1937年12月13日至12月26日最为惨烈的"十四天"历史。

---

① 陈赵杰：《浅谈新形势下西安综艺广播的发展》，《今传媒》2019年第8期。

② 徐丽、冯津苗、刘濒阳：《长书频率节目设置与发展趋势》，《采写编》2016年第2期。

5. 深入基层，扎根乡土，贴近生活，讴歌人民

习近平总书记在 2019 年文艺界、社科界联组座谈上强调："要深入基层、扎根乡土。作为民间文艺工作者，我们更应该多深入基层。很多东西要深入下去，才能知道问题的缘由。"长篇连播节目天生具有本地化、贴近性的文艺基因。地方文艺广播在节目创作中尤其关注本土历史文化与当地百姓的喜闻乐见。陕西故事广播小说连播节目所获得的小说录制版权中有 70% 以上为陕西本土作家作品。这些作品内容皆以陕西本地为创作背景，在陕西关中地区的节目收听率远高于其他非本地作品。

西安新闻广播改编的《道北名门》以西安城市平民阶层生活为背景，叙述"十三孩金家"从饥饿年代到改革开放的命运浮沉和坎坷经历；唐山广播电台改编小说《老呔商帮》，讲述近现代乐亭人"闯关东"赴东北经商和"呔帮"的历史故事，被誉为唐山版的《闯关东》；新疆故事广播编辑的本土作品《金隅》，讲述我国改革开放给西部边远乡村带来的生活变化和观念冲击，展现新疆维吾尔民族人民自力更生，改变家乡贫困面貌努力奋斗精神。[①]

三、长篇连播类广播文艺节目的新媒体探索

媒介融合时代，长篇连播节目进入一个新的阶段，从内容到形式均在发生深刻变化，呈现出新模式、新气质、新格局。其中，有声阅读正在重塑长篇连播文艺发展格局，与广播长篇连播节目全方位互动交融，形成我国当代网络文艺新生态。

网络技术的发展让听书（用耳朵"阅读"）更为丰富多彩。长篇连播节目的收听不再局限于收音机、网页、客户端，基于 PC、智能手机、平板电脑、车载、可穿戴设备等都成为听书的平台载体。有声阅读即通过以上阅读载体提供有声读物的阅读服务。有声阅读的阅读产品为有声读物，又称为"有声书"。今天，优秀的中国文学作品，精彩的中国故事，正通过有声阅读的方式浸润亿万国人的心田。

党的十八大之后，国家重视文化精品的生产与传播，中央财政每年拨付 500 万元设立"全民有声阅读工程"，为央广长篇连播生产注入动力。央广多年来加强文艺节目创新，提高内容制作能力，努力打造"现象级"原创精品。40 年前，央广只有一档长篇连播栏目，每年只能生产播出 10 部 300 多集，今天，央广有十几档有声书栏目，每年生产新书超过 100 部、近 5000 集。[②]

---

① 中国广播电影电视社会组织联合会广播文艺工作委员会：《中国广播文艺论文选 2015》，新华出版社 2015 年版。

② 央广网：《广播长篇 40 年：电波里不息的中国故事》，https://baijiahao.baidu.com/s? id = 1616650280903923150&wfr = spider&for = pc

央广有声阅读频率娱乐广播在"中国广播"APP 首页设置听书 VIP 专区，实现频率目前所有具有声音版权的有声书作品在该专区全部上线。截至 2019 年 7 月，中国广播听书专区共上线 394 部有声书，总计 18456 集，累计访问量 2925 万次，其中 2019 年上半年访问量 815 万次，新媒体传播势头良好。

目前，我国有声书市场基本形成竞争格局，喜马拉雅 FM、蜻蜓 FM、荔枝 FM 等综合平台与懒人听书、酷我听书等垂直平台纷纷发力。总体而言，综合平台月活跃用户量高于垂直平台。其中，喜马拉雅拥有市场 70% 畅销书有声版权，85% 网络文学有声改编权。

移动互联时代，以微博、微信为代表的社交媒体正迅速成为有声读物传播的另一个途径，如"罗辑思维""凯叔讲故事""工程师爸爸""十点读书"等自媒体做到了文艺阅读与声音阅读的高度融合。

2018 年，我国有声书市场规模达 46.3 亿元，有声书用户规模达 3.85 亿人。从内容上来看，历史类网络热度最高，其次为悬疑、言情和经典名著类；从受众面貌来看，有声书男性受众占比 52.9%，女性受众 37.1%。24 岁以下受众占比 34.4%，25 ~ 30 岁受众占比 29.1；从受众动机来看，45.4% 的用户为了轻松娱乐，42.6% 的用户为了学习获取知识。[①]

2018 年有声书市场热点频现。喜马拉雅联合多家出版社和平台作者打造国内首个"听书节"。11 月，北京台、十月文学与阿里文学合作，通过"匠心计划"推动"精品有声小说"制作传播。12 月，中国广播电影电视社会组织联合会有声阅读委员会成立，旨在推动制定行业规范，促进全民有声阅读的发展。

今天，我国有声阅读市场呈现内容细分、深度融合、收听适需、知识付费等发展特点。同时需要我们正视的是，有声书阅读领域也存在着猎新猎奇、品味不高、制作粗糙、娱乐化倾向等问题。对于新时代文艺工作者来说，在追求中华文艺创新的同时，更应该坚守优秀传统文化精髓，引领主流文化艺术品味。长篇连播人在适应新媒体发展的同时，更应该弘扬高尚、追求深度、打造精品、成风化人，承担起推动中华优秀传统文化创造性转化、创新性发展，记录时代、书写时代、讴歌时代的使命责任。

（作者单位：中央广播电视总台）

---

① 艾媒咨询：《2018—2019 中国有声书市场专题研究报告》，2019 年 1 月。

突破认知困境看播客

——从 Web2.0 时代到 5G 时代

李 立

诞生于 2004 年的播客到 2019 年已有 15 年历史。最开始，播客是作为传统广播颠覆者、数字化广播引领者的面目出现的，并被认为是继电子邮件（E-mail）、电子公告板（BBS）、即时通信（IM）和博客（Blog）之后网络交流方式的第 5 个里程碑。但随着时间的推移，播客似乎并没有取得早期被期待的成绩。

一、认知危机导致播客处于尴尬状态

之所以如此，是因为"播客"这一概念在内涵上的似是而非，导致其存在认知和使用上的偏差。比如，有不少研究者在其论文、报告中对播客的定义仍固着在对 Podcasting（以及由其衍生的 Podcast / Podcaster）概念的对译上，在网络音频传播、"有声博客"和"用 RSS 来订阅 MP3 文件"等意义上使用播客概念。还有，对播客的发展历程和相关节点的认知也不尽一致。比如，哪一年是中国的"播客元年"？坊间就有 2005 年、2006 年、2007 年 3 种说法。再如，Web2.0 时代大家对播客还能有比较一致的认知，到了移动互联网阶段，更多的媒介形式和应用出现以后，播客这一概念的语用就变得相对离散和含糊了，"网络直播""短视频""拍客""视频博客（Vlog）"等算不算播客？没有公论。还比如，在具体实践中，人们将进行网络直播的自媒体称作播主，很少有人将直播（媒介技术形式和相关媒体平台）称作播客，也鲜见有人将"快手""抖音"等短视频应用的发布者归为播客，把"喜马拉雅 FM""蜻蜓 FM"等上面的自媒体产品称作播客的也不多。除了播客刚出现的最初两年让学界和网络新媒体应用领域激动兴奋了一阵以外，在接下来的大多数时间，它都显得不温不火，"能见度"日渐模糊。

因此，在播客诞生 15 年后的今天，我们有必要通过细致的分析梳理，进一步明确其定义，厘清其身份，廓清其边界，确定其地位。具体来说需要追问以下一系列问题：人们现在应该从什么意义上使用播客这一概念？它与研究者对其最初定义时有哪些异同？在此基础上，有哪些新的媒介技术和传播方式可以被纳入播客的范畴？随着媒介技术的进一步发展，播客将会有哪些发展趋势和可能性？回答了这些问题，才能正确理解播客给广播业乃至传播业带来的影响，认识播客本身在发展过程中的增量价值和传播风险。

二、播客现在面临的困境源于其初始定义

我们需要追根溯源地回到播客获得初始定义时的场景。正确的认知路径是，剥去覆在播客概念上暂时的、必将改变和转换的因素，获得对其内在本质的认识，然后将其放置在迅速变动的技术和社会环境中去把握和研究。

1997 年网景（Netscape）公司开发了一种信息聚合的技术 RSS（Really Simple Syndication），它是一种描述和同步网站内容的格式框架，可以提供更为方便、高效的互联网信息发布和共享。由于 RSS 搭建的信息传播技术平台可以让人们用更少的时间分享更多的信息，每个人都成为潜在的信息提供者的时代到来。随后在 1999 年，基于 RSS 技术的网络志博客（Blog）诞生；2001 年，RSS 升级到 2.0 版本，可以在内容中增加声音元素。之后，这项功能又被内嵌到博客软件中，这一重要进展为播客的诞生提供了技术前提[1]。

2004 年 2 月 12 日，英国《卫报》在一篇题为《听觉革命：在线广播遍地开花》的文章中最早提出了 Podcasting 这个概念，意指一种新的数字广播技术的诞生。几个月后，Podcasting 变为现实。

2004 年 7 月，美国人亚当·库里（Adam Curry）将博客写作平台、RSS 订阅、MP3 压缩音频和 iPod 随身听的功能组合到一起，发明了名为 iPodder 的软件[2]，通过 iPodder，人们可以订阅任何人发布在互联网上的声音节目，并下载到自己的 iPod 上，在需要的时候收听。"自动下载，同步播放"，这就是播客（podcast）。当年 8 月 13 日，由亚当·库里制作的播客网站"每日源代码"（Dailysourcecode.com）正式推出，成为日后人们公认的世界上第一个播客。

Podcasting 作为一个合成词，其组成部分的"Pod"对应软件 iPodder，同时又指向苹果公司推出的便携式数字音频播放器 iPod；casting 对应广播（broadcasting），意指与无线电声音广播相似的媒介形态和传播趋势。从其诞生背景和构词特点可以看出，Podcasting 透露出以下核心信息：首先，Podcasting 是一种允许任何人借助软件 iPodder 生产、传播和分享音频节目的新的数字媒介形式；其次，虽然从技术上讲它也可以成为数字视频媒介，但在诞生之初，Podcasting 是一种数字音频新媒介；最后，借助便携式数字音频播放器 iPod，Podcast（利用这

---

① 陈翎：《"播客"媒介形态中的品牌传播研究》，华中科技大学 2010 年硕士研究生论文。
② 黄颖：《播客现象及其传播政治经济学解读》，复旦大学 2007 年硕士研究生论文。

种传播方式进行传播的音频或视频产品）可以实现移动的、极为便利的"自动下载，同步播放"。

由此，Podcasting 这一概念蕴含了 Web2.0 时代技术赋权的自媒体的意思，更主要的是其拥有一个视听数字新媒体的内涵。不过，Podcasting 的构词法以及北美对 iPod 的普遍使用给中文世界造成的影响和限制为后者带来了误解和困扰。这种限制首先是播客（Podcasting）更被看作是一种数字音频新媒体，在论述时有意无意将其作为数字视频新媒体的身份遮蔽或无视了；其次在不少人的意识中，播客（Podcasting）和 iPod 被捆绑在一起了，虽然随着 Podcasting 的发展，它在接收终端上早已经摆脱了 iPod 播放器的局限。

三、从 Podcasting 到播客：概念的转译和指称的调适

Podcasting 传入中国极为迅速。在刚被介绍到中国时，它曾有"爱波""爱播""广波""波刻""网播""聚播""随身播""自由播"等候选译法。但由于博客的流行，以及黑客、闪客这类互联网领域里早已深入人心的名词，使得"播客"最终成为约定俗成的译法。事实上，这个译法本身就和 Podcasting 有微妙的区别，这种区别和播客在中国的传播之间有着某种有趣的联系。

与 Podcasting 的诞生是主打数字音频节目不同，2005 年 4 月初正式上线的中国第一家播客网站土豆网（www.tudou.com）以视频播客为主，兼容音频文件，其创始人王微是中国最早的播客推动者之一，据说播客这一中文名称就来自他的提议。从 Podcasting 和播客在起点上的微妙差异以及其语义语用上的承袭和转换，我们可以发现二者的几个重要的区别。

第一，播客事实上将 Podcasting 最初存在的指代数字音频自媒体的认知限定打破，将外延做了重要的扩展；播客和 Podcasting 相结合定义了它们共同指代的核心内涵——数字视听自媒体（及其产品和生产传播者）。

第二，播客打破了 Podcasting 最开始隐含的对相关技术工具的限定，使得 Podcasting 从一个具有专有名词色彩的概念变成了具有更普适性指代的、具有一般名词特征的播客。Podcasting 诞生之际，苹果公司的 iPod 播放器在北美市场占据绝对的统治地位，几乎成为便携式数字音频播放器的代名词，又因为发明者利用了 iPod 播放器作为接收节目的工具，且顺理成章地给自己发明的这款核心软件取名为 ipodder[①]，导致 Podcasting 和 iPod 形成了使用习惯和认知惯性上的紧密联系。由于社会环境、技术条件和使用语境的不同，使用 iPod 的观念和习惯在中国还未普及，播客在移动互联网时代到来前在中国主要以网站的形态存在。

---

① 张强：《中国博客发展现状及前景探析》，大连理工大学 2007 年硕士学位论文。

第三，Podcasting 从诞生之初就有移动应用的特点，它带来了方便、自由以及高度情景化等特征。与之相比，播客在移动互联网时代到来前，主要是以 PSP（podcast service provider，即播客服务提供商）网站、综合性门户网站的播客频道、独立播客网站等形态存在。所以，播客宝典的傅俊希说："Podcasting 离开了'iPod'其实只是 Webcasting，这就是中国播客最大的尴尬。①"后来，随着2009 年 3G 技术在中国正式商用，2012 年上半年，通过手机接入互联网的网民数量达到 3.88 亿，手机超越台式电脑 3.80 亿的用户量，成为中国网民的第一大上网终端，播客才迎来了作为自由可移动的数字视听自媒体的新阶段。

四、播客的实质——数字视听自媒体

在重返 Podcasting 获得定义的初始场景，剥离出其时代、技术所带来的认知限制并提析出其核心要义后，我们分析了 Podcasting 和播客的异同。在此基础上，大致可以厘清播客概念，从本质上进行一个界定。根据以上分析，我们认为，播客的本质是数字视听自媒体。这个本质其实也反映在播客的构词法中。"播"是对播客——视听传播媒介属性的昭示；"客"是具有反映概念主体性特征的构词词缀。"播"作为播客概念的基本词素，同时又是和视听媒体联系最为紧密的词素，它可以构成视听传播领域一系列最基本的概念，如播出、播音、直播、录播等。

"播"是视听媒体存在和价值展开的基本形式。视听媒体是多维全息媒体，作用于人的视觉、听觉器官，同时具有运动、色彩和声音的呈现能力，能将直观、鲜明的图像与生动的语言、语音、语调有机结合，是人类传播能力最集中的体现。播客是视听新媒体。视听新媒体建立在数字技术和网络技术基础上，具有低门槛准入和交互的优势特征。

"客"在汉语中具有被动意味，自从当初将"hacker"创造性地译为"黑客"，"客"就被赋予了主动行为之"主体"的新意涵。从博客、闪客、威客、维客、拍客到搜客、秀客，"客"都指代借助网络新媒体的某种技术或应用来实现某些后果的行为主体。

"客"体现出一种充分实现自由自主、发挥传播本能和表达本能的主体精神。这种强大本能在网络时代到来前曾以"个人业余无线电台"的方式体现出来。"客"这一词素在 Web2.0 时代更是与 UGC（User Generated Content/ 用户原创内容）、自媒体等形成了直接联系。UGC 是一种用户使用互联网的新方式，即由原来的以下载为主变成下载和上传并重。用户不仅是网络内容的浏览者，更是

---

① 张强：《中国博客发展现状及前景探析》，大连理工大学 2007 年硕士学位论文。

网络内容的创造者，这样的用户就是自媒体人。根据美国新闻学会媒体中心于2003年7月发布的研究报告："自媒体（We Media）是普通大众经由数字科技强化、与全球知识体系相连之后，一种开始理解普通大众如何提供与分享他们自身的事实、新闻的途径。"简言之，自媒体即公民（用户）用以发布自己亲眼所见、亲耳所闻事件的载体，如博客、播客、微博、微信等。

由此可见，展示视听媒体属性的"播"和彰显内容生产传播者主体性的"客"所构成的播客概念，除了"有声博客""博客在广播界的延伸""通过网络数据传输和交换实现的自助广播"等的狭义定义外，其核心是可适应不同技术条件和社会环境、使用语境的数字视听自媒体。

五、播客流变的历程反映其发展变化的外延

播客的内涵稳定不变，但外延却变化不断。我们可以结合技术条件、社会环境、使用场景和认知状况来对其发展流变的历程做简单梳理。

播客诞生于Web2.0时代，和这个时代的基础概念"自媒体""UGC"紧密相关。移动互联网时代来临之前，中国的播客主要以网站的形态存在，其类型有三种：第一种是PSP（全称 podcast service provider，即播客服务提供商），较有影响的有土豆网、波普播客（原名播客天下）、中国播客网、优酷网、Mofile、UUme、华聚播客网、木狗播客；第二种是综合性门户网站的播客频道，如新浪网的播客频道、博客网的动听播客等；第三种是独立播客，如"反波"（www.antiwave.net）网站，由中国的著名独立播客制作人"飞猪"和"平客"建立并运营。

2009年移动通信3G（第三代移动通信业务）服务投入应用，技术升级促进移动播客开始出现。中国移动于2010年推出"G客G拍"，视频作者将自己创作的原创视频作品上传至中国移动手机视频平台，通过手机无线发行获得20%的手机票房分成。这一时段出现的最有影响的个人移动播客是被誉为中国手机电影第一人的郑云，他通过一系列手机短剧作品为广大网民所熟知和喜爱[①]。3G时代还出现了专业音频播客平台，组建于2012年8月的"喜马拉雅FM"定位为UGC（用户原创内容）模式，致力于在线音频分享平台的建设与运营，力图成为音频领域的YouTube。2013年10月，"荔枝FM"1.0上线，注册后可以录制、上传节目，它提出的口号是"人人都是播客"。

2014年4G的应用，代表着移动互联网时代的真正到来。在这个时段，网络视频直播和短视频先后成为最受关注的播客传播现象。使用网络直播的播客通过

---

① 于准：《3G时代"手机播客"的信息传播特征研究》，《今传媒》2013年第5期。

"斗鱼""战旗 TV""映客""花椒"等直播平台录制原创内容，吸引大量粉丝在线实时观看；主播通过获得粉丝的鲜花、礼物等虚拟道具来实现变现。短视频播客指通过"微视""美拍""秒拍""小咖秀""快手""抖音""西瓜视频"等短视频应用录制并分享原创内容的播客，这些原创视频通常离不开搞笑段子、音乐、模仿、表演、舞蹈这几类。总之，UGC + PGC（用户原创内容 + 专业生产内容）模式下出现的《晓说》《罗辑思维》《吴晓波频道》等都可以被认定为播客，它们跨越音视频平台，兼顾免费和知识付费领域，将播客的影响力提升到新的高度。

六、5G 时代的播客会怎样

5G 时代即将到来，它为人们带来了无穷的想象空间。5G 时代数字信息传播速率更高、容量更大、时延更低；5G 应用场景的技术会不断成熟，终端设备将突破智能手机、电脑，更加多样化。随着车联网、智能家居等产业快速布局，汽车、建筑、家居等传统设施的联网需求显著提升，更加智能化、场景化的万物互联时代将会到来。可以想见，技术飞跃给播客带来更大的丰富性、自由度和可能性。同时，随之而来播客自媒体造成的乱象给社会治理带来的困扰也会增加，视听新媒体正成为意识形态领域的主阵地、最前沿，如何让加强监管和提高自律双管齐下，从而形成良好的传播秩序，将是摆在我们面前的重要课题。

（作者系成都大学文学与新闻传播学院副教授）

传统与变革：人工智能语境下
新闻编辑室的变与不变

葛方度

近年来，随着人工智能及大数据技术的蓬勃发展，全球新闻业也出现了重大改变。其中，最直接的变化是，许多日常新闻报道任务，例如体育动态、天气预报、股市交易等，人类已经大部分交由人工智能技术来完成。这样，新闻工作者在新闻报道中的角色，已经由编写主导者逐渐转向布局引领者。那么，人工智能能否逐渐替代新闻工作者的优势地位，实现新闻编辑室完全由人工智能主导呢？答案无疑是否定的。本文将结合人工智能技术对全球新闻编辑室所产生的影响与变化，分析新闻编辑室所应做的调整，进而对其发展前景进行研判与分析。

一、人工智能语境下的新闻编辑室为什么要进行变革

人工智能技术的迅速发展，已经对传统新闻编辑室产生了较大的冲击。这些冲击主要表现为两个方面：新闻生产领域被外部不断侵蚀和新闻生产及播放内部流程的不断改变。尽管如此，全球新闻编辑室人工智能技术的总体应用率仍然偏低。

第一，新闻编辑室面临着互联网技术公司人工智能新闻生产的激烈竞争，促使其独有新闻生产及传播领域被逐渐侵蚀、模糊。

现代人工智能技术凭借其强大的数据整合与算法分析能力，正在对整个人类社会产生深刻影响。目前，许多全球知名的大型互联网企业，如谷歌（Google）、脸书（Facebook）、微软（Microsoft）和苹果（Apple）等，凭借自身在资本、技术、用户等方面的优势，纷纷展开布局并介入新闻领域，不断抢滩传统新闻编辑室的市场。例如，亚马逊公司于 2014 年推出了"回声"音箱（Amazon Echo），借助人工智能应用程序 Alexa 来获取和播放新闻。短短几年内，Alexa 的应用程序已经从最初的 13 个增至 20000 多个，其中用于新闻播报的更达到 2300 多个。紧随其后，谷歌与苹果公司在 2016 年和 2017 年分别推出了智能音箱 Google

Home 与 Home Pad。据美国商业网站 Business Insider 统计显示，有 66% 的用户利用智能语音设备来获取新闻。在这种情况下，许多传统新闻报业公司，如美国《华盛顿邮报》、《纽约时报》，英国《卫报》等，不得不积极与智能音箱的生产公司进行合作，将自身制作的新闻转变为语音节目，借助其音箱端口播出。

因此，面对大型互联网公司在人工智能技术方面的天然优势，传统新闻编辑室的独占领域正在被不断地侵蚀，新闻业的界限也日渐模糊。若传统新闻编辑室不积极转型，加大资金及技术投入发展智能新闻生产与播放，则必将失去既有新闻业的传统优势，甚至有可能破产、消亡。2017 年初，美国哥伦比亚大学新闻学院托尔数字新闻中心发布报告的《平台新闻：硅谷如何重塑新闻业》指出，社交媒体及科技公司已经对传统新闻业形成较大的冲击，甚至有可能超过纸质媒体向数字媒体转变的影响。而且，移动智能媒体还能更精准地捕捉用户所需新闻的形式与类型，并据此进行定靶式新闻投放。相比之下，传统新闻媒体不具备这样的优势。故而，互联网及人工智能技术所带来的挑战，使得传统专业媒体必须加快转型，将传统优势与新媒体技术深度融合，才能保持传统媒体的主导地位，不为新的自媒体所取代。

第二，传统"我写你看"式的单向新闻采编、生产、传播模式逐渐向交互体验式的双向模式演进，新闻编辑室面临着与新媒体不断融合与发展的新机遇。

目前，传统新闻采编、生产、分发的流程正在不断发生改变，这与人工智能及移动互联网技术的深入发展密切相关，具体来讲，主要受到游戏与虚拟技术、播客媒体模式的影响。从游戏与虚拟技术来讲，许多新闻编辑室为了吸引更多用户，极力加强与用户的互动性以保持对其吸引力，增加用户黏性。例如，英国广播公司和《华盛顿时报》等新闻编辑室都开发"新闻游戏"，将游戏的趣味互动与新闻报道结合起来。对此，领导研发小组设计工作的软件开发经理珍·卡斯特宁（Jen Kastning）表示，"我们认识到新闻编辑室里需要更多工具的加入，以便记者们讲述他们的故事，并让我们的终端用户更多地参与进来，这样读者就不仅是在阅读文章，而是可以做小测试、参与投票和多轮投票。"由此可见，游戏虚拟技术已深深地渗入到新闻采编及制作的过程之中，许多国际主流新闻编辑室，如美联社、美国广播公司、《纽约时报》都已经采用该技术，并加强与该类型技术公司的合作。英国天空广播公司已经在 2015 年就对硅谷的虚拟技术公司进行了投资，希望打造更加身临其境的专业新闻。

除了游戏及虚拟技术的影响之外，播客的全球性影响也使得用户新闻消费模式发生了改变。播客是一种全新的广播形式，可以选择收听的内容、时间及方式，而且也可以自己制作并上传给网友进行分享。目前，播客借助智能手机及移动设备的普及，已经成为全球音频消费市场的重要力量，用户规模及节目下载量不断攀升。美国《2019年美国网络数字报告》显示，在今年美国12岁以上的人口中，听播客的总人数首次超过50%，每月至少有9000万听众，从而带动了有声读物销量也大为增加。对此，该报告发布调研公司，即爱迪逊调研公司（Edison Research）高级副总裁汤姆·韦伯斯特（Tom Webster）说："超过一半的美国人说他们曾经听过播客，播客已经成为主流。"这种只有热门电视节目才可能达到的下载量，被称为播客的"连播效应"（Serial effect）。由此可见，新闻叙事创新并不仅仅是由人工智能技术本身所驱动，而且播客的新闻报道模式并不需要昂贵的接收设备，同时也方便大多数人群接收，这也就是所谓"收听"的魅力。

第三，虽然越来越多的新闻编辑室使用人工智能技术，但实际上该技术在全球新闻编辑室的应用仍然相对较为滞后，需加强对一线新闻工作者的技术培训。

当前，国际社会的主要新闻媒体已经广泛采用人工智能技术来采编、生产、传播新闻稿件，使得许多用户觉得似乎人工智能技术已经广泛应用于新闻媒体之中。事实上，全球多数新闻编辑室的人工智能技术应用仍然相对滞后。据美国国际记者中心（ICFJ）的调研发现，新闻编辑室中技术人员比例仍然偏低，只有5%的职员有技术背景，2%的新闻编辑室会雇用技术人员；管理层较前沿记者在智能媒体方面经验更加丰富，其比例达到64%，而记者的比例只有45%；多数新闻编辑室的角色转变较慢，82%人员比例仍然停留在传统新闻媒体的记者、编辑及专栏作家上，只有18%的社交媒体编辑、数字新闻制作人、智能新闻分析编辑为新媒体职务；记者在新闻编写中采用的数字技术也相当有限，大多数新闻编辑室采用了基础性的四种技术：在社交媒体上推送评论占72%，拍摄数字照片比例61%，与用户在社交媒体上互动占58%，多个平台播发信息比例为56%。

此外，美国国际记者中心也在调研中注意到，在新闻编辑室的决策层面上，对数据分析的智能应用也相当不足。调查报告中显示，只有45%的新闻编辑室会在日常进行数据分析，而且主要关注的是页面浏览量，大概占据75%的比例；对互动型数据也关注度较低，如转发量比例只有46%，转化率仅为18%，滚动浏览深度更低，只有16%；许多一线记者也认为，他们所需要的数字培训与新闻编辑室决策层所认为的并不一致：虽然有52%的记者希望有数据新闻的培训，但只有40%的新闻编辑室能够提供培训；即使是能够提供社交媒体搜索与数字核查培训，也只有22%的记者认为该培训有用，等等。由此可见，尽管人工智能技术发展迅速，全球主流新闻媒体也积极采用人工智能技术，但所占比重仍然较低，且如何使技术更新与培训、应用不脱节，也是传统新闻编辑室面临的一大挑战。

二、新闻编辑室的改变：借助人工智能技术改变传统思维、技术手段及组织结构

对于传统新闻编辑室而言，要想在同互联网企业制作新闻的竞争中保持优势，就必须进行大胆的人工智能技术改革。该改革的具体领域包括3个方面，即思维上向人工智能新闻编辑室转变、技术上使新闻制作人工智能化、组织及流程上人工智能应用普及化。

第一，在思维上，要打破传统新闻的编辑与运作思维，变"传统媒体"思维为人工智能的"算法思维"，推动传统新闻编辑室向全媒体人工智能新闻编辑室转变。

2017年，中国互联网络信息中心联合中科院科技战略咨询研究院共同发布《中国人工智能创新发展蓝皮书》，明确提出人工智能技术的飞速发展使全球社会面临从互联网思维向人工智能思维转变的变革。蓝皮书认为，人工智能思维主要体现为更有效率、更能够规模化地满足多样化需求，促使人与信息之间的关系由"人找信息"向"信息找人"转化：前者指用户运用搜索工具寻找自己需要的资源，后者则对用户找寻信息之时生成的数据进行算法分析，从而可以根据用户的偏好而向其推送相关的信息。这给新闻编辑室带来的直接转变就是，传统新闻素材采集、生产及投放过程的基本流程，必须依据人工智能思维去思考和架构。这对传统新闻编辑室来说，无疑是在人工智能及大数据技术下的颠覆性思维冲击与变革。

随着人工智能技术逐渐应用于新闻行业，以"信息找人"为导向的新闻采集将成为当前新闻编辑室的中心。这种"算法思维"的实质在于，必须运用计算机科学的智能技术去寻找新闻资料、设计框架并理解用户的行为，核心在于抽象与自动化。这实际上意味着人类新闻行业发展重心的改变，也意味着传统新闻编辑室工作思维必须及时转变，以人工智能技术驱动的新闻思维，核心在于能够持续、高效地管理、分类和生产新闻内容，从海量数据中挖掘新闻专业热点，并逐渐形成智能思维的洞察方式及思维能力。从这个角度来说，这不仅要求新闻编辑人自身及时转变专业思维，也需要整个新闻编辑室与时俱进，通过思维模式的变化来构建全媒体的智能新闻编辑室。这种思维的转变将使传统新闻编辑室改变滞后的根本局面，能够在激烈的新闻行业竞争中保持不败之地。

第二，在技术上，必须结合大数据及人工智能技术，提升新闻生产的技术水平与创新能力，推动人工智能技术在素材采集、内容制作及投放形式上人工智能化。

人工智能技术的不断进步，促使新闻编辑室不断提升新闻生产中的智能技术

含量。特别是机器学习、电脑摄像、音频及视频算法、智能语言等技术的应用，有助于新闻编辑室自身技术水平及新闻创新能力的提升。不过，智能新闻生产及有效传送需要两个基本条件：一是需要智能算法技术不断完善与提升，避免算法错误导致新闻采编及生产错误；二是需要构建及维护海量内容的数据库，保证智能新闻算法能够不断完善与改进。这两个条件都需要海量的新闻素材数据及用户分析数据，但缺陷在于需要大量的财力及物力去支撑。因此，新闻编辑室可以根据自身情况，或者自我开发智能新闻生产技术工具，或者与第三方智能技术公司合作开发。目前，欧美各国大型新闻媒体普遍采取自我技术研发与新闻外包采编合作相结合的办法，而多数中小型新闻编辑室则更倾向于选择与学术机构合作研发，从而尽可能节约成本。

以美联社的新闻生产及发送为例，该公司主要采取与人工智能技术公司合作的方式。一是制订合理的公司人工智能发展规划。如在 2015～2020 年规划中，美联社明确将智能技术的应用作为重要的战略发展方向。二是成立专门的委员会落实评估。为了促进美联社内部各部门人员的交叉培养，该委员会将根据定期调研情况，每周召开相应的会议，讨论人工智能技术投资的部门及项目支持。三是制定判断与衡量采用技术及项目的标准。对于美联社而言，新技术能否节省人工时间、提升效率等，都是采用该人工智能技术的重要衡量要素。国内采用人工智能技术走在前列的新华社已于 2017 年底推出智能化生产平台"媒体大脑"，主要是智能检测、分析、识别构成新闻的元素，依此获取数据并快速生成文字、图片、语音及视频格式的新闻，甚至可根据地理位置、天气情况等多维数据实时生产"数据新闻"。凭借该平台，新华社已经具备从数据采集到新闻生产的"一条龙"的能力。

第三，在组织上，设立人工智能技术引进、新闻采编、专业人才储备的专业部门，精简工作流程、提升工作效率，推动人工智能新闻编辑室更加专业化。

要使传统新闻编辑室转变为智能新闻编辑室，就必须优化既有的部门组织与工作流程。因此，新闻编辑室可设立人工智能专业部门，专责直接推进编辑室智能新闻生产与播发的改进。一是实现新闻采编、生产及播放的流程智能化。达成这一目标，一方面需要记者做到用智能算法来剪辑音频、识别声音与转换文字、人脸识别、与用户交谈及回应等；另一方面需要记者等采编人员不断借助数据发问，并需要加强智能培训与大数据学习，提升新闻报道的质量。二是建立传统媒体人与外部数据、新闻专家的合作机制，并打破传统的用人机制，灵活地采用项目组制。根据项目需要组合技术人员，并注重绩效激励，鼓励智能新闻模式的创新，同时加强与外部智能新闻专家的合作。三是积极储备人工智能人才，加强对传统新闻人的智能技术培训。智能新闻的生产过程要引进数据专家来维护、监测系统的运作，如果撰写出适合新闻范本的算法程序，确保工作流程高效、无误，这需要培养一批智能新闻人才来实际操作，在智能人力资源上加大投资与培训。

近年来，美联社、英国广播公司、新华社等全球知名新闻编辑室，均在积极推动组织流程人工智能化。例如，英国广播公司的新闻实验室早在 2013 年就推出"结构化新闻"（Structured Journalism）系列项目，其中的"榨汁机"（The Juicer）系统助推其新闻生产过程的智能化。通过运用智能技术，逐渐替代记者、编辑、摄影师等从事简单、枯燥甚至是危险的采编工作，通过数据分析、音视频文字转换、自动语音聊天等方式，使新闻生产过程大为简化。与之相类似的是，美联社在 2014 年开始使用 Wordsmith 机器人写作上市公司财务报告新闻。对此，美联社的全球新闻编辑丽莎·吉布斯（Lisa Gibbs）表示，通过自动化，美联社向消费者提供企业收益故事的能力是之前的 12 倍。因此，这些全球知名新闻编辑室均从智能化中受益不浅，所以在人力资源投资方面也舍得加大投入，引进智能新闻人才并加快对员工的数据技术培训，以保持新闻行业的可持续发展。

三、新闻编辑室的不变：人工智能不能改变传统的伦理规范及新闻准则

尽管人工智能技术给新闻编辑室带来了诸多技术进步，但并非意味着它能够完全颠覆新闻编辑室自身应遵守的伦理规范及新闻准则，而是应该在技术发展的基础上，更好地坚守新闻行业的规范及其准则底线。

一方面，新闻生产应用人工智能技术可能会出现道德及伦理问题，需要新闻编辑必须体现自身的价值，即要成为智能新闻的最后把关人。

人工智能技术属于算法程序，容易产生偏差及错误。例如，2016 年，微软公司在聊天平台推特上发布了最新聊天机器人 Tay，希望它通过与网友的对话交流，不断学习并自我完善智能技术。然而，没过多久，这个聊天机器人在学习过程中，就接连发布"我恨犹太人""女权者下地狱"等不良言论，迫使微软公司不得不停止其运作。这表明，尽管人工智能本身并没有价值观倾向，但在它在算法编程过程中，通过与社会的互动过程，其逻辑模式所形成的道德、价值观立场可能会出现错误。因此，当新闻编辑室将人把关新闻的责任嵌入生产价值链之时，必须有相关的道德或伦理委员组织来监督、审查人工智能新闻的运作，以防出现违反人类基本价值观的错误。

对于新闻编辑室而言，鉴于当前海量的数据及技术应用日益普遍，审查大量的数据是否符合道德标准也将花费较大的时间与精力。因此，新闻记者及编辑人员需要提升自身在数据伦理与数据道德方面的技术水平，能够较早发现问题，理解数据透明度与规则，对社交媒体平台提交的处理数据及时反馈，避免被人工智

能误导。对此,《卫报》编辑保罗·查德威克（Paul Chadwick）曾撰文讨论新闻报道和人工智能之间的关系,他在文中提醒,使用人工智能增强新闻报道的时候需要考虑技术是否有违新闻准则。记者要意识到智能算法可能"撒谎"或产生误导,需要用传统的验证技术例如交叉检查来源,比较不同文件等来检查结果。只有这样,才有可能使公众更能够接受人工智能新闻的生产及播送,进而对传统新闻编辑室也有更大的认同与接受度。

另一方面,人工智能的广泛应用必须有助于建立编辑室与用户之间的信任关系,即编辑室继续坚持新闻的"透明性原则"。

新闻业为公众所认可的根本原因在于,它在历史发展长河中形成了坚守公共价值、服务社会的透明原则。所谓"透明性原则"一般指涉新闻的采集、组织和传播对公众公开,让新闻编辑室的内部和外部都有机会进行监督、监察与批评,甚至直接介入到新闻生产过程之中。这一原则在 21 世纪初经两位美国资深记者比尔·科瓦奇与汤姆·罗森斯蒂尔在《新闻的十大原则》中正式提出后,旋即引起了西方乃至世界新闻学界和媒体机构的关注与普遍赞同,并已经成为国际新闻界的共识。透明性已被认为是"衡量媒体在提供信息时所具有的自信程度的最佳标准,是一家媒体组织建立公信力的途径"。从音频广播、视频电视,再到互联网时代,新闻编辑室通过开放透明的传播体系,形成了代表社会主流的透明公开价值理念,并与用户建立信任关系。然而,人工智能广泛应用只是新闻业形式上的变革,透明、公开的价值理念并没有贯穿智能新闻生产,毕竟智能新闻的采编过程是属于幕后的工作流程。因此,用户无法确定智能新闻生产过程是否带有偏见或被操纵,有可能将新闻生产过程带入"黑箱"操作,从而导致与既有透明性原则相违背,这将改变新闻业所坚守的文化理念。

不仅如此,当新闻媒体利用人工智能技术不断向用户推送其喜欢的内容之时,也会使用户失去获得多元信息的机会,从而使其陷入长期接收同质化信息的环境之中,这对用户自身的成长及新闻生产的"透明度"原则形成严峻挑战。特别是,当前许多新闻编辑室已经严重依赖新媒体平台对用户相关数据的采集,并借此不断向其推送其喜欢的内容,导致用户长期处于同质化的信息环境之下,不愿或难以获得多元化的信息,从而形成错误的价值观理念。这是对新闻行业长期坚持的"透明性"原则的严重挑战,也将使新闻编辑室的公平性地位受到用户的严重质疑。例如,脸书公司曾经长期依赖于智能算法,并不断向用户推送其喜欢的新闻内容,形成了所谓的"信息茧房",严重影响了信息环境的公平与有效性。脸书用户数据的泄露被认为曾因此而影响了美国总统大选的走向,从而使用户对算法的公正、透明性形成严重的质疑与不满。故此,必须使用户了解人工智能收集的个人数据,以及数据的敏感性及对自身隐私权影响的大小。综上,人工智能仍然是新闻编辑室的技术支持手段，其行业既有价值规范，仍需要记者、编辑来实际控制，不能完全依赖于智能技术而放手不管。

四、小结：对我国人工智能新闻编辑室未来发展的启示与借鉴

2019 年 1 月下旬，习近平总书记在主持全媒体时代和媒体融合发展集体学习时指出，要运用信息革命成果，推动媒体融合向纵深发展，做大做强主流舆论。习近平总书记强调，要探索将人工智能运用在新闻采集、生产、分发、接收、反馈中，全面提高舆论的引导能力。由此可见，人工智能技术广泛应用新闻媒体，也得到党和国家领导人的大力支持，并对我国新闻媒体的发展有 3 个方面的启示与借鉴。

第一，加快采用人工智能技术，提升新闻编辑室新技术的应用水平和自动化程度，与世界主流新闻行业的智能新闻传播保持接轨。

目前，国外科技巨头及主流新闻媒体均已经广泛采用智能技术，并不断加大投资以试图在全球新闻业竞争中保持优势地位。对此，我国新闻行业也应尽快加入人工智能技术的采用，避免西方媒体进一步控制信息流，进而有可能被全球主流新闻行业排除在外的危险。积极应用人工智能科技，接受机器学习及算法应用的现实，并将其逐渐由传统新闻采编及播发，向移动媒体及网络新闻播发，保持时效性及引导性，使民众及时获取有效信息，需要我国新闻媒体更加广泛采纳人工智能技术，不断引进人工智能新闻人才，增强新闻编辑室的智能实力，并积极拓展新闻采编的新颖性、编写过程的客观性、突出社会主义核心价值观的引导性，从而使其能够发出主流声音，保持我国新闻媒体行业能够与世界主流媒体的智能新闻比肩，扩大国际影响力。

第二，采用智能新闻技术的同时，要更加注重体现以人为本的关怀精神及新闻专业主义价值，为用户提供更有温度的新闻。

无论智能科技如何创新发展，服务于人永远是新闻行业的发展目标与核心。即使人工智能再接近人类思维，甚至代替人类做出基于所谓理性的决策，却也无法理解优秀记者或编辑所拥有的想象力、访谈力及胸怀天下的从业初心。这种独特情感及其社会价值观是智能新闻无论如何也取代不了的。我国新闻行业在广泛采用人工智能科技之时，必须保持新闻生产的温度——服务民众的人文关怀理念不能改变。既要避免对智能新闻科技批判、抵制的陈旧态度，又要避免完全依赖智能新闻的幻想。必须运用这种科技为我国新时代的社会主义事业服务，保持对民众公共性、普适性的价值关怀，正确引导民众的社会价值观，使其能够接受智能新闻的新生事物，又能保持理性的思维判断，避免不良新闻的误导及其消极影响。

第三，积极推进与国外主流人工智能新闻编辑室的合作，共同提升我国新闻

媒体的国际竞争力，在世界新闻业发出"中国声音"。

目前，人工智能技术仍以欧美国家为领先，其新闻行业在智能新闻领域应用走在全球前列。对于我国的新闻媒体而言，必须坚持开放的思维，积极与国外主流媒体就人工智能新闻生产进行密切的联系与交流，学习并借鉴国外媒体如何应用智能科技来提升新闻行业的竞争力及其国际影响，并将其转化为我国媒体在国际社会的影响力。这就涉及新闻行业多领域的交流，如智能算法采编、智能生产流程、监督并及时改正智能新闻导致的错误、培训并引进智能新闻人才、与其他互联网企业如何加强合作，等等。对欧美新闻行业既有的经验及教训，我国新闻媒体各界都应该努力思考和认真反思，更好地抵制其新闻不良价值观及其风气对我国社会的影响，促进我国新闻媒体行业的人工智能应用更加健康发展。

（作者单位：中央广播电视总台）

从国家电台驻地机构的职能变化看
我国国家新闻广播的改革轨迹

陈　俊

2018 年 4 月 19 日，新组建的中央广播电视总台正式揭牌亮相，开启了我国广播电视事业的新征程；同年 10 月 8 日，中央广播电视总台第一个区域总部和地方总站——长江三角洲总部和上海总站在上海正式成立，也开启了我国国家广播电视台驻地机构的新征程。从 1965 年开始，中央人民广播电台（以下简称中央电台）就开始在全国各地设立地方记者站。经过 54 年的发展壮大，驻地记者站已经遍布全国 31 个省（直辖市、自治区）、5 个计划单列市和香港、澳门。地方记者站作为国家电台一支重要的采访力量和信息来源，是为了加强广播电视宣传而设立的，在不同历史时期发挥了党和政府在地方的耳目喉舌作用。随着时代的变化、国家广播电视机构的变迁，国家电台的驻地机构也随之调整变化，但其采写新闻报道和反映情况的核心职能始终没有改变。本文从新中国成立后我国国家电台驻地机构的职能变化中梳理出我国广播新闻改革的轨迹与路径。

一、新中国成立之后：国家电台驻地记者站与"广播要自己走路"

新中国成立初期的 50 年代到 60 年代初期，中央电台主要是采用播出新华社、人民日报的稿件，只有为数很少的专业记者，地方新闻更是寥寥无几。1954 年 7 月，中共中央宣传部批准中央广播事业局《关于建设中央人民广播电台地方记者站的决定》，制定河北、山西、上海等 18 个地方台承担"地方记者站"任务。1955 年，经中宣部批准，中央广播事业局决定"地方记者的称谓今后一律改为集体记者"，并增加辽宁、吉林等 31 个地方台担任集体记者。后来，集体记者发展到 52 个。由于地方台自身任务繁重，力量有限，不能完全满足中央广播的需要。在这种情况下，中央广播事业局开始考虑建立自己的专业地方记者队伍。

1960 年，中央广播事业局党组在全国第七次广播工作会上提出"由中央台出编制，由地方党委配备干部，由地方台负责领导，增设中央台的地方记者"的设想。1965 年 2 月，中宣部批转了中央广播事业局《关于建立地方广播记者站和电视记者站的请示报告》。其中明确规定，地方广播记者站的任务是：根据中央台和北京台（后改为中国国际广播电台）的报道意见和当地情况，完成报道任务；经常汇报当地党政机关的意图和当地工作情况，干部群众思想动向和对广播的意见、要求；和当地广播电台密切合作，协助完成集体记者任务；文艺采录记者的任务是采录当地的各种文艺节目和搜集当地有价值的文艺录音资料。到1965年底，建起了辽宁、陕西、上海、广东、四川、黑龙江、河北、山东、福建、湖北、湖南、河南、广西、云南、新疆15个记者站，加上1964年底试点建立的吉林、山西记者站，一共17个记者站。

当时，国家新闻总署给广播电台规定了3项任务：一是发布新闻，传达政令；二是社会教育；三是文化娱乐。在发布新闻方面，大家认为广播电台不过是报纸、通讯社的"大喇叭"和"传声筒"。为了改变这一状况，胡乔木这一时期多次对梅益说：电台不能光当喇叭，要有自己的东西。胡乔木提出，广播要学会自己走路，要充分发挥广播的特点。在这种形势和要求下，广播开始"自己走路"，即不完全依靠报纸和通讯社，改变"念"报纸的传统，通过建立自己的新闻采编队伍，自己采编、发布新闻。从这时开始，中央电台的新闻除了按惯例播发新华社和报纸的消息、评论之外，开始有了少量自己采写的"本台消息"和"本台评论"，广播消息、新闻专题、广播评论开始初具形态。

国家电台地方记者站的创立是同"广播要自己走路"的提出密不可分的。国家电台地方记者站的组建，保证了国家电台新闻来源的可靠和广泛，也保证了专题节目内容的丰富多样，广播不再是"没有纸张"的有声报纸。更为重要的是，广播跟报社、通讯社一样，也有了自己的记者队伍，建立起一套相对独立运行的采编播体系，这为国家电台在日后的新闻竞争中不再受制于报纸、通讯社，赢得主动权和话语权打下了好的基础。此时，广播才真正作为一个独立的媒体，以独立的姿态出现在受众面前。

十年动乱中，广播再次变成通讯社、报纸的"录音版"，沦为了"文革"错误理论的传声筒。广播新闻从文风上看充斥着假话、大话、空话，违背了新闻规律与宣传规律。在当时凝重的政治空气下，广播的性质和任务被规定为"阶级斗争的工具""无产阶级全面专政的工具"。驻地记者不被允许采写新闻、内部参考材料和评论。就这样，建国之后积累的广播新闻改革成果几乎丧失殆尽。

二、改革开放时期：国家电台驻地记者与"扬独家之优势，汇天下之精华"

党的十一届三中全会以后，广播事业步入良性健康的发展轨道。1980年，中宣部再次就中央电台地方记者站建设问题向各地党委批转了中央广播事业局党组《关于建立和健全中央广播记者站的请示报告》。此报告经胡耀邦等中央领导同志批准，以中宣部的名义转发到各省、自治区、直辖市党委，国家电台地方记者站的建设有了权威的依据，记者建设步入正轨。到1984年底，中央电台又分别在江苏、大连等地建立了22个记者站。中央广播事业局党组的这个请示报告对地方记者站的基本任务又作了重新明确："根据中央人民广播电台和国际广播电台对国内、国外宣传报道意图，在各地采制有广播特点的新闻、专题节目；进行调查研究，反映情况；密切联系当地干部群众，搞好通讯联络工作"。在1983年第十一次全国广播电视工作会议期间，吴冷西接见中央电台记者站站长时提出：广播记者要做"能采、能写、能编、能摄像的全能记者"。这既是较早的全媒体记者的提法，也是对地方记者职责使命的具体要求。这一时期，中央电台对地方记者站提出了"搞好重点报道，提高报道质量"的主攻方向，一批针对性、思想性、指导性较强的报道陆续涌现。如驻陕西记者采写的《咸阳道哨卡无故扣押西北农大教授》广播之后，人民日报全文转载，并配发了评论。从1988年开始，驻地记者为中央电台提供的新闻稿件大量增加，占中央电台自采新闻稿件的50%以上。到了1999年，这个比例提高到80%，驻地记者采写的新闻成为中央电台消息的主要来源。相比国家电台驻地记者站创立之初的角色定位，改革开放之后对记者站的定位不再是"完成报道任务"那么简单，而是要突出广播特色，提高报道质量。

驻地记者职能变化的背后，是国家电台对新闻广播定位与方向的调整。1980年10月，第十届全国广播工作会议对新中国成立以来广播事业的经验教训进行了全面的总结，重新提出了"自己走路"的广播方针。一方面强调广播要有"自己的新闻"，另一方面则强调广播"自己的新闻"要有广播"自己的特点"。1983年，第十一次全国广播电视工作会议进一步提出"扬独家之优势，汇天下之精华"的指导方针，这是对"自己走路"方针的补充发展和调整。

改革开放后，受众群体发生了很大变化，被动接受的群体逐渐转变为富有个性的个体，对新闻资讯的渴望与需求也与日俱增。传统新闻发布的质量和数量已不能完全满足受众的需要。为此，中央电台一方面提高新闻时效，另一方面扩展新闻播发渠道和时段。1983年1月开始，新闻节目增加到24次，1988年又设置了整点新闻，及时播发最新消息。1994年，在进一步强化整点新闻的同时，实行了滚动播出机制。

在自采新闻比例提高的同时，国家电台的新闻节目开始通过建立和完善广播节目形态和样式来实践"自己走路"和"扬独家之优势"。广播新闻的节目样式、构架也是在这一时期开始初具雏形的。大家意识到，广播媒体有自己独特的话语方式，广播新闻的样式、生产采集的流程跟报纸、通讯社是不尽相同的。建国之后很长一段时间以来，广播媒体的个性被忽视，报纸、通讯社"传声筒"

的功能被放大。改革开放后，声音作为广播媒体的特有属性开始受到重视和尊重。广播从业者和听众都意识到，发挥广播的声音优势，能突出广播的特色，还能提升广播作品的吸引力和表现力。中央电台开始注重音响等多种声音元素在广播中的使用，广播新闻也不再以刻板的样式出现。录音新闻、现场报道等节目样式比过去有所增加；以录音通讯、录音特写、录音访谈等体裁形式采制的专题节目时常会出现在广播中。当然，这一时期的许多新闻专题存在篇幅较长，板滞等问题。但总的来说，广播在"自己走路"的基础上，已经发挥出迅速及时、传播广泛、声形并茂、感染力强的优势，开创出一条适合我国国情的广播的发展道路。

三、进入新世纪：国家电台驻地记者"与世界同步 与时代同行"

进入新世纪，以网络为代表的新兴"第四媒体"快速崛起，发展迅猛。加之此前受到电视的冲击，广播可谓被"双重夹击"。面对新形势、新挑战，国家电台 2009 年 4 月召开了驻地方记者站工作会议。这次会议印发的《关于加强和改进地方记者站管理的意见》明确提出：驻地记者站要以宣传工作为中心，充分发挥记者站主力军作用；按照标准化、规范化、制度化等职业化建设要求，打造适应多媒体发展的现代新型记者团队。

进入新世纪，作为国家电台最大的一只专业采访队伍，驻地记者站在国内重大报道、主题宣传、典型宣传及应急报道等方面都发挥着主力军作用。据统计，记者站这一时期每天的原创新闻稿件在 200 篇以上，采写的地方新闻成为"中央台消息"的主要来源。《新闻和报纸摘要》《全国新闻联播》等重点新闻节目头条稿件的三分之一是由驻地记者站完成的。在继续强化以"以我为主"原创新闻采集的同时，地方记者站时刻处于"临战状态"，"第一时间""第一现场"的职业理念被凸显和强化，新闻采集职能也随之进行调整——"随时赶赴现场"已经成为地方记者站的工作常态。广播新闻的报道形态随之发生了变化，新闻的采制流程也由过去"外采 + 沉淀 + 提炼主题 + 成稿"，逐步变为"采录与现场新闻播报同步进行 + 采后制作新闻专稿"的模式。这一时期，在几乎所有国内重大、突发事件中，地方记者站都能第一时间赶赴新闻现场做出第一报道，许多报道还是首发的独家新闻。"广播连线报道"成为驻地记者的工作常态，来自驻地记者的连线报道已经占到中央电台新闻频率全天连线报道的 80% 以上，使新闻节目更生动、更好听、更具感染力，让广播新闻离受众的距离再次变近。

驻地记者站的工作调整只是新闻改革的一个缩影。进入 2000 年后，危机意识并不强烈的国家电台也感受到"阵阵寒意"，这一方面来自地方经济广播、交通广播改版的成功；另一方面收听率、影响力和广告效益都难同当时国家电台的地位相匹配。为此，中央电台进行了一次较为彻底的"频率专业化、管理频率化"改革，建立起了一系列的专业频率，新闻综合频率就是这个时期正式出现的。新闻广播改革不仅仅是节目层面的改造，更是新闻理念、运行体制的一次全方位变革：一是中央电台最重要的第一套节目从综合频率转向新闻频率，全天24小时基本以新闻为主，全天以重点时段新闻节目和新闻轮盘滚动播出的形式呈现。新闻全天轮盘滚动播出不拘泥于固定时段，新闻的承载量和信息量较过去成倍增长；二是直播成为常态。以往广播只对重大活动、重要会议进行直播报道。这一时期，由于新闻理念的转变，新闻由"静态"为主转为以"动态"为主，从强调新闻的时效性转而要求"与新闻同步"，加上广播现场直播在报道新闻事件方面具有相当大的灵活性，能全景呈现进行中的新闻全貌，所以广播直播的范围不再局限于重大活动和重要会议，触角拓展到社会生活的方方面面，并从此成为常态。特别是在2008年雨雪冰冻灾害、汶川地震之后，中央电台的新闻广播淡化栏目、节目的概念，快字当头，秉承"与世界同步，与时代同行"的理念，形成全天开放的即时临战状态，在公众中树立起锐意进取、积极作为的主流媒体形象，使国家电台的公信力、影响力、传播力显著增强。

四、步入新时代：国家电台驻地记者站与"守正创新 打造新型主流媒体"

党的十八大以来，习近平总书记围绕做好宣传思想工作提出一系列新思想新观点新论断，形成了习近平总书记关于宣传思想工作的重要思想，开辟了宣传思想工作理论和实践新境界，体现了时代和形势发展对新闻舆论工作的新要求，指明了新时代新闻舆论工作的努力方向。中央广播电视总台组建之后，切实把习近平总书记重要讲话精神贯彻落实到总台机构改革和宣传报道各项任务中去，对国家电台地方记者站的工作也提出了明确要求：地方记者站不仅是新闻采集部门，也是组织地方重大宣传报道、开展融合传播的主阵地，是做好舆情监测处置、反映社情民意的排头兵和晴雨表。

与前几个阶段相比，进入新时代后，国家电台地方记者站的职能凸显为：开展重大宣传报道和开展融合传播报道。记者站持续"聚焦"新闻主业，发挥身处一线、离新闻最近的优势，奋力作为，用话筒和镜头聚焦习近平新时代中国特色社会主义思想宣传；聚焦各地在新时代、新征程中的新作为，让来自一线的新时代、新气象、新作为的宣传报道天天见、天天新、天天深。显著的变化是，驻地记者站不再单一地围着传统广播"转"，强化了移动优先、首发、独家意识，"先网后台"，利用"两微一端"等平台快速播发各类音视频新闻。在新闻采集方式上也出现很大变化，开始尝试以"一次策划、集体采访、多元传播、全媒体表达"的方式构建全新地方新闻的采编流程。

进入新时代，国家电台自觉承担起"举旗帜、聚民心、育新人、兴文化、展形象"的使命任务，进入到"以守正促创新 以创新强守正"的新阶段。"守正"统筹各类宣传平台壮大主流舆论声音，着力突出宣传习近平总书记作为党中央核心和全党核心的地位，适应受众多样化分众化特点，润物无声、久久为功地宣传习近平新时代中国特色社会主义思想和我国发展的新气象新面貌新作为，为服务党和国家事业全局作贡献。这一时期推出的时政融媒体专栏《习声回响》、音频纪实文学《梁家河》等都是运用创新手法来展示大国领袖的风范，提升了主旋律宣传的吸引力感染力亲和力，也做到了习近平总书记重要思想和风采"天天见、天天新、天天深"。此外，与央视联动，共同发力"打造头条工程"，精心培育领袖宣传品牌，创新阐释解读习近平新时代中国特色社会主义思想，在更接地气上下功夫、见功力、出实效。在"创新"上，按照"新型广播、融合发展"的要求，建设以声音为特色的"广播＋互联网"的新型广播，平台建设进入到"攻坚阶段"——以"中国广播云平台"为技术支撑建成云平台北京数据中心、云采编系统、云媒资系统、云发布系统，对"中国广播"客户端、"央广新闻"客户端进行迭代升级和宣传推广。还通过中国广播云平台项目支持，建设打造移动互联网（车载）集成播控平台，汇聚400余套直播频率节目及超过百万时长版权音频节目。不难看出，进入新时代后，国家电台的新闻改革不再是修修补补的改动，而是以中央广播电视总台的成立为契机，紧紧围绕建设国际一流的国家级现代传媒航母的战略目标，在价值引领、业务流程、平台渠道和管理机制上进行改革重塑，推动国家广播电视台进一步由大变强。

（作者单位：中央广播电视总台）

媒介视野中的大众流行音乐审美意识变迁

徐 曼

一、流行音乐在中国的兴起

中国近代新音乐诞生于 20 世纪初期，以"学堂乐歌"为代表，其题材多以歌颂自强不息的民族品格与赞颂坚定不移的爱国情感为主，家国情怀几乎涵盖了这一期大部分音乐创作。而后经过进一步的发展，最早的流行音乐在上海出现，流行音乐文化开始受到关注。由于受到"学堂乐歌"影响，市民阶层在很长一段时间内接触到的音乐作品题材比较单一，个人情感在音乐作品中的抒发没有途径，大众审美普遍受制于近代新音乐传递的主流价值观，与其基本同步，故个体情感在音乐作品中的呈现有所空白。流行音乐更加注重市民阶层的个人情感需要与表达的特性被受众接受，同时大大丰富了受众的聆听。一时之间，流行音乐使受众的个体情感被唤醒。其中，具有重要代表意义的作品是音乐家黎锦晖的《毛毛雨》，创作于 1927 年，以民族五声调式创作，是中国第一首流行音乐作品。该作品旋律线条简单易于传唱，歌词简单通俗："毛毛雨 下个不停 微微风吹个不停 微风细雨柳青青 哎哟哟 柳青青 小亲亲不要你的金 小亲亲不要你的银 奴奴呀只要你的心 哎哟哟 你的心……"演唱者黎明晖的唱法更倾向于自然的流露，未使用一般意义上"学院派"的有一定位置需求的演唱方式，体现其较为舒展的自由个性。词、曲、唱 3 个方面，展现出的综合样貌比较贴近普通市民的精神需求。"黎锦晖十分重视作品音乐的民族特色和通俗易唱，这也是他的作品在中国青少年中能被较快理解和掌握，能使中国听众感受到十分亲切的主要原因之一"。[1]

早期中国流行音乐的主要特征可以归纳为：音乐在此时卸下"教化"的功能，更为贴近生活的日常素材的整理和情感发掘，开始注重个人化的情感传递，摆脱传统技巧、门类、流派、学术背景的束缚，产生了一部分讲述人民生活及情

---

[1] 汪毓和：《中国近现代音乐史》，第 108 页，人民音乐出版社 2009 年版。

感体验的音乐内容，有更为强烈的大众性、娱乐性、快速更替性、快速传播性等。流行音乐的受众根基迅速建立。这一时期受众的审美倾向于：由较为被动地接受音乐作品的"宣传功能"转为主动关注其承载的一定情感宣泄的功能。

二、流行音乐通过广播、电视、网络媒体传播的进程与发展

（一）广播为主要传播途径传播时期

在流行音乐刚刚兴起的20世纪20年代，传播媒介主要以广播电台为主。广播技术线性的传播方式，给受众提供了快速而直接获取流行音乐信息的便利，电台几乎成为受众通过公共渠道获取流行音乐的唯一方式，因满足了当时流行音乐受众单纯的"听""接收"的需求，通过这一媒介，一批流行音乐作品被百姓耳熟能详。这一时期受众的审美倾向于：欣赏自然、淳朴、围绕社会生活和基本社会价值观体现的音乐作品。

（二）电视传播为主要传播途径时期

从1958年我国的第一台黑白电视机出现，到20世纪80年代，电视机逐渐进入中国家庭娱乐生活，流行音乐的传播方式发生了巨大的变化，具有可听可视功能的电视传播被大众逐渐接受，流行音乐的传播需求一大部分转移到电视领域。带有音乐性的电视节目被受众广泛接受认可：1. 榜单排行类节目完成对受众的审美引导。2. 音乐录影带即MTV集中播放为主的综合性节目反复强化音乐作品形成音乐记忆。3. 音乐人访谈、综艺等具有音乐延展性的节目突破以往表现形式，更丰富地探寻挖掘歌曲及创作者演唱者背后的故事，丰富受众流行音乐视角。这一时期，出现了受众流行音乐审美关注点第一次巨大转变：由更多关注作品到更多关注表演者。最初的"明星效应"已经产生，这成为后期受众审美"群体效应"的一个受众心理铺垫。活跃于电视传播的流行音乐作品如：《我的中国心》《爱拼才会赢》《难忘今宵》《往事只能回味》《一剪梅》《烛光里的妈妈》《军港之夜》《外婆的澎湖湾》《小草》《驼铃》《冬天里的一把火》等等，作品取材广泛，表达手法多样。这一时期受众的审美倾向于：欣赏结合社会热点，探讨深度民生的音乐作品，乐于追赶一些有审美情趣、深刻社会意义的音乐作品。

（三）互联网传播为主要传播途径时期

互联网从90年代开始进入国人生活领域，后以强大而辽阔的态势席卷国人生活的多领域多环节：娱乐、出行、社交、支付消费、日常生活等。这种更快速、更直接的传播方式颠覆了传统的广播电视的传播规律和传播节奏，"人人皆可快速获得，人人皆可快速传播，人人皆可快速生产"的新的传播时代的特性被彻底标记在新的传播情境中。从20世纪末到21世纪初，互联网迅速成为流行音乐传播的主阵地。

1. 互联网迅速培养巨大的用户基数

2019 年，腾讯音乐娱乐集团发布截至 2019 年 9 月 30 日第三季度的未经审计财务报告。报告显示：腾讯音乐娱乐集团在线音乐付费用户达到 3540 万，同比增长 42.2%。环比层面，公司付费用户净增长 440 万，均高于同年第二季度的 260 万和第一季度的 140 万，这是自 2016 年以来最大的净增长数据，延续加速增长趋势。在线音乐业务数据显示，其月活用户为 6.61 亿人次。

2019 年，网易官方公布的 2019 年第二季度财报显示，网易云音乐总用户数已突破 8 亿，同比增长 50%。

近年来不断上升的互联网音乐客户端用户数上涨情况充分说明，互联网迅速培养的巨大用户基数还在持续累积中。

2. 流量与数据极大程度主导市场需求

QQ 音乐、网易云音乐、抖音、快手等互联网传播，以不同的运营方式融入大众的音乐娱乐生活，改变了人们的娱乐习惯，这些互联网产品传播的过程普遍有以下特性：（1）短程传播的碎片化，（2）打破空间区隔的扁平化，（3）打破传统媒体时间框架的自由化，（4）贴近市民的生活化。

3. 算法优先导致部分粗糙作品占据互联网推广的高位并持续传播

互联网以流量为逐利点，在其媒介规则中，审美标准、文化内涵、社会效应等被淡化。当大众的群体审美发生迁徙，势必第一时间影响数据，而数据会反作用于作品的后续传播，于是，"算法"这一基准残酷冰冷的压制了一些需要时间沉淀、推敲琢磨、具有一定审美价值和社会意义的作品的传播。由于算法在市场行为中的主导力量，致使流量操控的音乐成绩单在网络中得以片面放大，受众接收信息的时候不做认真区分判断，单独从数据考量，加之从众心理，逐渐对榜单高位或者流量攀高的作品产生好感。"从众不同于你独自一人时的行动和思维。从众是指根据他人而做出的行为或信念的改变。"① 在流行音乐的受众范围，大部分人没有接受过专业的音乐训练或音乐审美训练，于是"现在什么歌最红什么歌最流行"成为大部分人选择收听的标准。互联网媒体在"受众听些什么"的问题上拥有了一种微妙的话语权。"媒体的威力可以通过一种被称之为情绪感染的现象来很好地加以说明。"② 这一时期，活跃于互联网传播的流行音乐作品有：《香水有毒》《东北人都是活雷锋》《两只蝴蝶》《老鼠爱大米》《小苹果》《最炫民族风》《野狼 DISCO》《沙漠骆驼》等审美意义上有待考量的作品，它们

---

① 【美】戴维·迈尔斯：《社会心理学》，侯玉波、乐国安、张智勇等译，人民邮电出版社 2016 年版。

② 【美】E. 阿伦森：《社会性动物》，邢占军译，华东师范大学出版社 2007 年版。

大量快速涌入人们娱乐生活。这一时期，受众的审美倾向于：猎奇，欣赏快速传播的快餐作品，关注其是否上口、易理解、有热度，是否可以快速获得话题及跟进社会热点。

三、流行音乐创作内容与形式的演进历程

流行音乐诞生早期，大量从业人员经过系统专业学习、有一定专业背景。在当今时代，这一行业现状被新的传播方式打破，大批音乐鉴赏能力参差不齐的创作者涌入创作领域，涌入流行音乐产业上游，这大大充实了流行音乐创作者基数。来自不同行业、社会阶层、年龄、教育程度的创作者，为流行音乐创作提供了更为广阔的视角，这可以视为对流行音乐产生的良性影响。但是，与此同时，这也打破了从前大部分创作者均受过专业音乐训练并能够保障作品的专业性，形成新格局后，新的创作群体不强调一定技术指标、一定审美情绪和音乐鉴赏能力，创作的作品有更适应互联网的强烈标志，水准参差不齐，单纯以迎合受众、攫取流量为目的。流行音乐创作主体发生变化的同时，产业中录音器材、技术、后期等也相应降低了标准，过去整张专辑才具备发行资格的市场模式也在同期彻底被"单曲"方式替代，做一首作品就可以立即发出，通过互联网即刻得到反馈。专辑概念淡化，更多沦为了一种音乐人和歌手情怀。从创作到技术生产、宣发，整个音乐生产链条与以往流行音乐主要依托唱片业完成的流程化规范化操作完全不同。此时的音乐作品有了新的互联网属性，音乐产业有了全新的"互联网模式"。

部分音乐作品的题材、内容及涉及的价值观，美感欠缺，口水有余，底蕴不足。当前的大众流行音乐审美受到极大挑战，其被传播流量所助推，大众意识中无法形成有效的审美区隔。与八九十年代流行音乐作品的技术规范、思想表达等进行比较，有审美倒退趋势，很多创作者甚至放弃了艺术性的追求，无视内敛、含蓄、控制的表达。

受众对歌曲的审美感受及整体审美意识快速变迁，这一时期生产的热门歌曲难以持续七八十年代经典歌曲长达数年的持续热度。受众对一首音乐作品的追捧快速被新的音乐作品取代。"明星效应""群体效应""偶像效应"等现象司空见惯。

四、流行音乐和审美客体之间逐渐形成的关系

(一) 创作者的创作行为被受众审美影响

近年来，由于版权意识的逐渐苏醒，消费者的网络音乐付费的习惯逐渐养成。直接的经济回馈给词曲创作者提供了继续创作的原动力，激发了他们的创作热情，创作者开始注重自身作品制作完成后在各平台的露出、带来的传播效应以

及随之产生的经济利益。付费用户的音乐审美与音乐喜好间接影响了词曲创作者的创作方向，创作者和受众之间的关系，因为去除了过去从中制约的唱片、发行等行业的阻隔和利益瓜分，显得更为紧密，两者之间的依存关系进一步加强。

（二）受众审美制约新的音乐作品创作

创作者创作的流行音乐作品到达受众后，流量的累积可以迅速带来产品变现，这在以往的传播媒介中都是无法实现的。创作者的主观创作行为被大众审美逐渐牵制，此时的音乐市场，形成了一种流量为标准的市场，创作者和受众，形成了一种特有的音乐市场供需关系，创作逻辑和创作思维不可避免的、不同程度地向市场即受众审美产生倾斜。

同时，各大互联网音乐平台相应推出音乐人扶持计划等音乐项目。面对流行音乐，受众从以往只能被动的获得和接受，到可以高主动权的选择，甚至去自造音乐，这种新型传播带来的用户群的区隔发生变化。一部分受众依赖于简单高效的音乐制作软件、高科技的技术手段和互联网的快速传播，彻底由从前的单纯接受者，变为传播者，甚至制造者。互联网造星由此开始，这群高活跃的用户就是早期的"草根明星"。

结语：

流行音乐长久以来和社会人文有着千丝万缕的关系。"社会制度、社会环境、社会开放程度对流行音乐的生存与发展有着很大的影响"[1]。中国传播媒介高度发展以来，从广播电视的传统媒体传播到互联网传播，更为快速的到达方式大大激发了创作者的创作热情，从版权分割到其外延可能产生的一系列经济效益保障了创作者的生存及继续投入创作的时间和能力，这些对于流行音乐的发展来说，是比较有利的。可是，更广泛更快速的传播环境，也间接导致创作者的艺术追求发生偏离，受众审美的快速变迁决定流行音乐作品需要快速面向市场，这样的客观需求也导致其一定程度上的质量粗糙，生产操作缺乏规范性，精神层次参差不齐。一些审美层次较低，试图试探市场的"挑战流量型"作品应运而生，只要流量有需要，创作者可以迎合低俗和浅薄，以求快速获取利益。相关的网络媒介榜单的投票机制，以数据叠加形式，粗暴的集合受众喜好指标，而不划分层次探究更科学的机制，忽略投票者文化背景、审美能力、知识结构等相关差异。这样的数字叠加势必是没有兼顾审美文化准则的单纯的市场行为。大众审美需要有责任感的传播媒介加以引导，这是时代的需要，也是大众流行音乐审美良性发展的需要。

---

[1] 王韡：《中国流行音乐演唱的社会学宏观考察——基于社会干预、社会效应与社会生产的视角》，《现代传播》（中国传媒大学学报）2016 年第 6 期。

由于网络数据的复杂性特殊性，本文仅对于一些流行音乐审美层面存在的问题加以分析阐释，流行音乐文化催生音乐审美的快速变迁是一个需要长期观察深入探究的领域，它受到经济、社会政治、民生等多方面条件的影响，值得更系统总结。本论文尚难处理的问题是：随着传播媒介的进一步变革，相关学术机构与强势传播媒介的媒体责任应当如何履行和介入，围绕新的社会现象、传播现象级个案，以及音乐制作技术未来产生的新拐点等，应如何进一步引导受众的审美意识，使其兼顾市场自然导向的同时向一个健康的方向发展，相关持续研究是很有必要的。

（作者系中央广播电视总台音乐之声主持人）

互联网听觉空间与传统广播体系差异分析：
复杂系统的视角

隋　欣

互联网听觉空间是指：依托互联网络，由丰富的数字声音产品所组成的听觉空间，激发并满足了广泛的网络用户的听觉需求。在互联网听觉空间中，互联网络是其生存载体，智能手机、平板电脑、车载、可穿戴设备等智能终端是用户使用介质，海量数字声音产品是主体，网络用户可在线或离线使用数字声音产品。互联网听觉空间的形成与发展，极大地激发与满足了网络用户的听觉需求，使"听"这种行为在网络世界获得了前所未有的存在感，使我们看到听觉文化在互联网空间中复兴的可能。

一、互联网听觉空间的形成

互联网听觉空间的形成经历了三个阶段：

1. 发端时期（1994—2003）

互联网听觉空间发端于音乐的互联网传播和传统广播上网。20 世纪 90 年代，自我国正式接入国际互联网，互联网就开始为音乐传播提供服务。1999 年，九天音乐网成立，我国第一批数字音乐网站诞生。随着 2002 年百度 MP3 搜索上线，音乐网站纷纷成立，为网民提供音乐视听与下载服务。同一阶段，Carl Malamud 在 1993 年利用 MBONE 技术架设了全美第一个网络电台，开启了网络收听广播的历史。在我国，1996 年 12 月 15 日，广东珠江经济广播率先开通网上实时广播，成为大陆第一家网上播出的广播电台。随后，北京人民广播电台、上海人民广播电台、中国国际广播电台、中央人民广播电台等主流媒体陆续加入其中，开办网站，实现网络同步播出，并逐步建立音频库供网友点播。

这一阶段互联网中的听觉内容，仅是音乐唱片和传统广播内容在互联网中的移植，是唱片业与广播业利用新技术手段在传播渠道上的延伸与拓展。

2. 发展时期（2004—2012）

进入互联网听觉空间发展阶段，除了网络广播、数字音乐持续发展外，最重要的标识是"播客"为代表的互联网原生声音内容的产生。2003 年，国家广播电影电视总局发布《互联网等信息网络传播视听节目管理办法》，规制逐步完善的情况下，互联网视听内容持续发展。这一阶段，国内实力较强的广播电台基本实现了广播节目的网络播出，形式上一般是传统广播电台开办网站，将广播频率在网上进行实时广播与点播，更进一步的做法是重新编排整合音频节目，供用户点播。在线音乐网站持续发展，数量众多的音乐网站成立，经过持久纷繁的版权纠纷，网络音乐进入正版唤醒时代。2004 年 2 月 12 日，英国《卫报》文章《听觉革命：在线广播遍地开花》中提到"播客"这一概念。2004 年 8 月 13 日，世界上第一个播客网站"每日源代码"（Dailysourcecode. com）在美国诞生。播客是一种通过 RSS 源传输音视频文件的方法，用户可以下载并在各种设备上收听、收看音视频文件。[①] 2004 年底，中国第一个播客网土豆网诞生。经过几年发展，国内播客网站逐渐分化，一类以视频内容为主，另一类是个人或团体创办的音频播客，内容兼容并包，形式以脱口秀为主，如个人播客"反波"、糖蒜广播。同时，商业网站开始向网络广播电台方向努力。21CN 网络电台、网易网络电台、猫扑电台、QQ 之声等商业网络，以及个人网络电台相继涌现，以音乐内容主打，内容和功能设置更为专业化和个性化。网络有声读物也在这一时期出现并开始发展。2003 年，北京新华金典音像有限责任公司创立"有声读物网"，提供在线听、下载等服务。2004 年，国内建站最早的听书网站"天方听书网"成立，有声读物网站逐渐形成规模。

这一阶段，网络广播、播客、音乐、听书等各种形式的听觉产品并行发展。播客的产生是这一阶段的标志性事件，以其异时性与便携性获得网络用户的欢迎。播客自创建以来具有两个发展方向，一是业余制作、非营利性方向，是一种个人表达的手段；另一种是商业制作、盈利性使用，但在这一阶段受各种因素所限，并没有得到规模发展，也没有形成稳定、独立的商业模式。从网络用户使用行为来看，除了数字音乐是用户经常使用的网络服务，网络广播、播客、听书等各类听觉服务仍然是网络服务的边缘部分用户并未形成规模，听觉产品市场尚未形成。

3. 形成时期（2013 至今）

2013 年之后，伴随着移动互联网、智能手机的迅速发展，以及自媒体、内容创业与知识付费成为浪潮，互联网听觉内容进入全新发展时期。蜻蜓 FM 在 2011 年 9 月份上线，最初的蜻蜓 FM 仍是传统广播电台聚合类应用，实质提供的是传统广播电台的网络收听服务。2013 年 3 月，喜马拉雅 FM 上线，建立之初的

---

① Tiziano Bonini, The 'Second Age' of Podcasting: reframing Podcasting as a New Digital Mass Media, Quaderns del CAC 41 18 (July): 21 – 30

定位就是在线音频的分享平台。同时，考拉 FM、荔枝 FM 等网络音频 APP① 相继上线，蜻蜓 FM 也调整方向，加入电台点播、主播电台、有声读物等音频内容。作为一种平台，新型音频应用涵盖了传统广播、音乐、有声书以及最广泛类型的听觉内容，内容来源多元，用户使用个性化与社交化。经过几年的积累与竞争，互联网音频领域形成几家优势音频平台，用户人数达到亿级规模，并逐渐探索出可行的商业模式。据易观数据，2016 年，喜马拉雅 FM 拥有超过 3.3 亿手机用户，2000 万车载、穿戴、音响智能设备用户；蜻蜓 FM 累计注册用户超 2 亿，月度活跃用户规模达千万量级。截至 2016 年底，我国在线音频用户规模已突破5 亿，移动音频行业渗透率超过 50%，各应用平台移动音频 App 累计下载量破10 亿次，设备月活跃度平均值大于 5000 万台，用户规模和活跃度市场潜力已然凸显。② 2016 年，互联网音频应用在商业模式上迈出一步，喜马拉雅 FM 6 月推出付费精品栏目，马东的《好好说话》上线 10 天内销售额即突破 1000 万；蜻蜓 FM 节目《矮大紧指北》上线一个月付费用户超 10 万人；豆瓣时间上线 5 天销售额破百万元；"得到" APP 上线一周年实现 2.4 亿的销售额。

Bonini T 在 2015 年提出，美国播客在 2012 年进入"第二时代"，以 Serial 为代表的公共电台知名播客独立出来，播客这种分发技术已经成为主流，并转化为一种专业化和商业化的大众媒介。我国的互联网听觉空间形成大致在同一时期，以移动互联网依托下互联网音频应用的产生与繁荣为标志，其生产日益专业化、规模化、商业化，并具有自己的实践路径、文化逻辑与独特风格，互联网的声音内容不再是传统广播和唱片业的补充，获得了广泛网络用户的关注、选择与消费。

二、传统广播体系的"互联网+"实践

如果说我国的媒介融合实践要推动传统媒体与新兴媒体在内容、渠道、平台、管理等方面的深度融合，那么广播的投入与实践大多集中在渠道，深度融合之路仍然任重道远。

1. 广播电台的媒体融合

传统广播电台的媒介融合实践主要是传播渠道的新媒体拓展，即开办网站以及"两微一端"布局。根据人民网、艾媒咨询的数据，2016 年，我国"100 强"广播媒体开办微信公众号的比例是 100%，入驻聚合 APP 的比例是 65%，转型

---

① APP 是英文单词 Application 的简写，指应用程序，一般是从应用商店中下载到智能手机上，以方便用户更容易地完成某项任务。据〔美〕Chuck Martin 著，唐兴通、张延臣等译《决战第三屏：移动互联网时代的商业与营销新规则》，电子工业出版社 2012 年版。
② 刘玉：《蜻蜓 FM 用户超 2 亿，知识音频为何这么火》，中国网，2017 年 8 月 11 日，http：//xiaofei. china. com. cn/news/info-5-76566. html

自建 APP 的比例是 25%。广播媒体的微博账号大多作为媒体品牌拓展以及与用户互动的手段，而微信公众号几乎是传统媒体的标配。微博和微信公众号主要承担的是非听觉传播功能，部分电台的微信公众号实现了节目在微信平台的收听，并进行信息发布和其他信息衍生服务，加强与用户的联系与黏性。

近年来，广播媒体兴起自建客户端的热潮。2014 年 10 月和 11 月，上海东方广播中心的"阿基米德 FM"和北京人民广播电台的"听听 FM"相继上市。2015 至 2016 年，移动电台建设出现井喷，如江苏广播电视总台的"大蓝鲸"、浙江广播电视集团的"蓝天云听"等数十家客户端相继加入移动音频市场。[①] 电台客户端的主要特色是依托电台独家资源，致力于成为集新闻资讯和网络广播功能于一身的聚合客户端。从传播效果来看，传统电台客户端在竞争力上与互联网原生音频类 APP 还有一定差距。根据易观千帆 2017 年 7 月发布的移动电台领域日均活跃用户规模前 10 名的应用排名，喜马拉雅 FM 和蜻蜓 FM 以千万级的活跃用户规模位列移动电台领域前两名，荔枝 FM、企鹅 FM 和凤凰 FM 紧随其后，上海东方广播中心的"阿基米德 FM"是唯一进入前 10 名的传统广播电台推出的应用，但从用户规模来看，与"头部"厂商仍然存在较大差距。

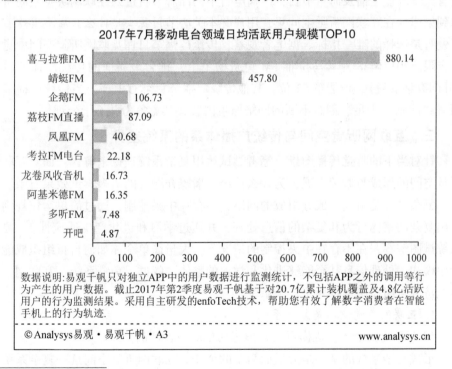

数据说明：易观千帆只对独立APP中的用户数据进行监测统计，不包括APP之外的调用等行为产生的用户数据。截止2017年第2季度易观千帆基于对20.7亿累计装机覆盖及4.8亿活跃用户的行为监测结果。采用自主研发的enfoTech技术，帮助您有效了解数字消费者在智能手机上的行为轨迹.

©Analysys易观·易观千帆·A3   www.analysys.cn

① 王宇：《深入挖掘内容 优化用户体验——对电台自建移动客户端发展的几点思考》，《中国广播》2018 年第 3 期。

2. 广播声音内容进入互联网空间的两种方式

不论是传统广播开办网站、应用、微博、公众号，还是各种形态的拥抱网络，作为声音形态的传统广播，进入互联网的方式包括两种：

第一，以频率方式进入互联网，即用户选择的对象是频率。从广播触网初期到现在，传统广播在互联网中的生存一直以频率形式为主。早期电台聚合类应用提供的是频率在线收听，当下互联网音频应用如目前喜马拉雅 FM、蜻蜓 FM 等应用中，都有"电台"一级类目，提供国家、省市各级电台的频率直播，以及一段时间内的节目回放。但数据显示，传统广播的直播流并不是激发网络用户使用声音产品的主要动力，也不是当前用户使用音频的主要选择。2017 年 8 月，喜马拉雅 FM 的"广播"类目中，中央人民广播电台中国之声以超过 6000 万的收听记录占据首位，音乐之声、经济之声的收听记录也超过千万，其他频率收听频率大多在百万、十万、几万级别。而喜马拉雅 FM 平台免费音频榜单前 100 名中的产品中，收听过亿的就有近 30 个。

第二，以节目的形式进入互联网。传统广播电台作为声音产品的来源之一，拥有大量专业主播及海量节目，广播电台中的品牌节目进入互联网听觉空间可谓水到渠成。在互联网听觉空间里，用户并不关心节目源头是什么，喜不喜欢、爱不爱听是选择的唯一指标。据笔者观察，传统广播节目在互联网听觉空间中竞争力有限。2017 年 8 月喜马拉雅 FM 免费榜单上，排名最靠前的传统广播节目是《叶问有话要说》，位居第 52 位，其他传统广播节目鲜有上榜。当传统广播节目面对"网感"十足、创意不断的网络原生内容，其竞争力并不十分理想。

三、互联网听觉空间与传统广播体系的系统差异

针对当下的听觉传播图景，笔者尝试运用复杂系统理论来解释：面对互联网听觉空间的形成与繁荣发展，为什么传统广播媒介融合的诸多尝试效果有限。

复杂系统是由大量成分组成的网络，不存在中央控制，通过简单运作规则产生出复杂的集体行为和复杂的信息处理，并通过学习和进化产生适应性。[①] 复杂系统试图解释，在不存在中央控制的情况下，大量简单个体如何自行组织成能够产生模式、处理信息甚至能够进化和学习的整体。蚁群、免疫系统、互联网、全球经济等自组织结构都属于复杂系统。

1. 互联网听觉空间是复杂系统

（1）系统内个体：规模巨大、形态简单的声音产品

形成复杂系统的基础是大量而简单的个体。互联网听觉空间这一复杂系统内

---

① 【美】梅拉妮·米歇尔：《复杂》，第 15 页，湖南科学技术出版社 2011 年版。

的个体是声音产品。一个声音产品的形态大致包括：产品名称，主播或主播团队，若干声音内容条目。例如《好好说话》是声音产品的名称，马东及其团队"奇葩天团"是主播，包括 260 余条内容条目，主题是讲授说话沟通技巧。"罗辑思维"微信公众号由罗振宇每天推送一条 60 秒的音频，也是一种类型的声音产品。声音产品制作方包括音频制作机构、传统广播、自媒体、高校电台以及难以计数的草根主播。构成互联网听觉空间的个体就是海量的声音产品，每个声音产品所呈现出来的形态并不复杂，但汇聚一起，形成了一个规模巨大、彼此联系又相互影响的复杂网络。

得益于移动互联网的迅速发展、智能终端的普及以及内容创业与知识付费的浪潮，音频传输技术走向成熟，音频内容的生产进入繁盛时期，声音产品的数量呈现海量级别。喜马拉雅 FM2017 年 5 月的数据显示，喜马拉雅 FM 已集聚 500 万位主播，其中包括 20 万认证主播，生产了覆盖财经、音乐、新闻、商业等 20 个大类 328 类的超过 6000 万条有声内容。[①] 喜马拉雅 FM "付费精品" 专区拥有商业、外语、音乐、亲子、情感、有声书等 20 多个类目，2000 位"知识网红"以及超过 10000 节付费音频内容，且数字还在不断增加。蜻蜓 FM 签约主播超过 10 万名，聚合超过 900 万小时的各类有声节目，节目分类包括小说、音乐、头条、相声小品、脱口秀等近 30 个类目。一些知名音频产品，如"罗辑思维""凯叔讲故事""十点读书"等，同时开办微信公众号、微博账号等，或以小程序的形式嵌入微信，一方面可以通过多种通道将声音产品传递至用户，同时，利用社交媒体加强与用户的黏性与互动是移动互联时代的一般规则。

当前，各类声音内容在互联网空间中生发、组合，呈现出数量的指数级爆发，类型的极大丰富，并以简单的个体聚合形成相对稳定的系统。

（2）组织形式："声音产品—应用—互联网听觉空间"音频应用，可以看作是互联网听觉空间中的子系统，如喜马拉雅 FM、蜻蜓 FM、荔枝 FM、考拉 FM、得到等移动应用程序，以及微信、微博等社交媒体平台。用户在寻找和使用声音产品时需要通道和平台，而应用就是这个平台。

互联网音频应用的产生，是移动互联网创业浪潮下资本驱动的商业行为，来自内容创业者对于音频在互联网中的价值认同。互联网音频应用遵循的是商业运行与互联网规则，能够相对自由地探索集结在一起做好事情的新方式——一切从用户需求出发，使用户用最简便的方式，获取最想要的声音内容。"现在，出现了可以与传统机构做事方式相竞争的机构，旧有的机构还会存在，但他们对现代

① 易观：《爆发黎明前的音频逐鹿战——中国移动音频行业年度综合分析 2017》，易观官方网站，https：//www.analysys.cn/analysis/8/detail/1000649/

生活的垄断地位会被动摇，因为群体行动的创新性替代方法已经开始崛起。"①
对互联网听觉空间中的声音产品来说，制作者只需要对声音产品本身的安全与质量负责，产品的创作自由度极大提升，产品与平台的关系基于自愿与商业合作，这种弱控制的新群体的形成，克服了限制其有效性的传统桎梏，是一种相对自由的、通过自组织形成复杂系统的组织形式。

（3）集体行为：激发并满足网络听觉需求，具有持续进化创新能力

在互联网中，"每个人看不到网络的全貌，只是简单地发布网页并将其链接到其他网页。然而，复杂系统专家发现这个网络在整体上具有一些出人意料的宏观特征，包括其结构、增长方式，信息如何通过链接传播，以及搜索引擎和万维网链接结构的协同演化，这一切都可以视为是系统作为一个整体的'适应'行为。"② 互联网听觉空间形成之前，音频内容整体不成规模，没有形成稳定、独立的市场，在网络服务中处于边缘状态。互联网听觉空间形成后体现出一种显著的宏观特征，声音内容形成了一个新的市场，声音产品被广泛使用和消费，网络用户"听"的欲望被激发并满足，互联网听觉空间呈现出独有的风格与文化，与制度式的传统广播模式完全不同。

同时，互联网听觉空间中的产品、应用与用户之间紧密耦合，互相链接与影响，相对自由的组织形式使其拥有持续而迅速的创新进化能力，呈现出一种动态复杂性。内容方面，互联网听觉空间变化更新速度很快，相比传统广播电台保持稳定的频率定位与节目形态，互联网音频应在几年的时间内，经历了娱乐内容主打、知识类内容崛起、人文内容生发、多种类型百花齐放的进化过程；使用方式方面，制作方可根据大数据精准分析用户需求与使用行为，根据市场情况进行战略调整，各音频应用不断创新、演进与分化，除喜马拉雅 FM、蜻蜓 FM 主打综合类音频应用，荔枝 FM 偏向个性化直播，考拉 FM 主打车载音频，"得到"集中于知识类付费音频，各类新型音频产品层出不穷。体现在整个互联网空间中，用户以灵便的方式找到想听内容的程度不断提高，听觉传播的人性化程度不断增强。

综上，互联网听觉空间拥有海量的简单个体——声音产品，具有弱控制的组织形式——"声音产品—应用—互联网听觉空间"，并产生了显著的系统行为，满足了广泛网络用户的听觉需求，并具有较强的系统适应性与创新性。因此，作为一个复杂系统的互联网听觉空间已经形成。

---

① 【美】克莱·舍基：《人人时代 无组织的组织力量》，第18页，中国人民大学出版社2012年版。
② 【美】梅拉妮·米歇尔：《复杂》，第13页，湖南科学技术出版社2011年版。

2. 传统广播体系是非复杂系统

与互联网听觉空间不同，传统广播体系并不具有复杂系统的特征。

首先，传统广播体系不具有数量巨大的个体。传统广播体系的个体是频率，频率的数量有限，且在我国广播专业化、类型化发展并不充分的背景下，频率资源并不丰富。其次，传统广播体系具有自上而下的控制型组织形式。广播电台频率的组织形式相对复杂，频率之间、广播电台之间各自独立。传统广播体系的事业属性意味着其受到意识形态与组织机构的强控制，新创或改版一个节目、一个频率与体系内诸多因素相关，需要较繁琐的审批程序与较长的时间周期，电台频率、节目的调整变化需要按照程序一步步进行。加之其他各种因素，传统广播体系呈现出的创新性与适应性相对较弱。

表：传统广播体系与互联网听觉空间的系统差异对比

	传统广播体系	互联网听觉空间
系统内个体	广播频率	音频产品
个体特征及运作规则	复杂	简单
系统组织形式	频率—广播电台—传统广播体系	音频产品—平台—互联网听觉空间
中心控制	强	弱
个体间关联	弱	强
整体适应性	弱	强

由此可见，传统广播体系与互联网听觉空间存在系统性差异，传统广播在进行媒介融合实践的过程中遇到不适。喻国明认为国内"几乎所有媒介融合都是站在生产者（传播者）角度在卡拉OK，把注意力集中在渠道上，真正的媒介融合必须从市场融合、需求融合这一环节洞察起步，有需求和消费来重构生产和分发"。[1] 传统广播将互联网看作自身传播的渠道拓展，对互联网的利用往往停留在技术实现的层面，是"广播＋互联网"的思维模式。因此，有学者做出判断，从目前的情况来看，"两微一端"对于传统媒体而言意义其实是有限的。"两微一端"固然可以在新媒体终端上发展数量可观的粉丝，延展媒介的内容，从而增加其文化资本，但仍然没有很好的途径将其真正转化为经济资本。[2] 而互联网听觉空间的形成，是"互联网＋声音"的结果。在互联网听觉空间中，不仅传统广播电台开办的客户端竞争力难以与喜马拉雅FM、蜻蜓FM等主流音频类应

---

[1] 喻国明：《边缘创新与价值准则：互联网"下半场"的发展关键》，《新闻界》2017年第10期。
[2] 胡翼青、沈伟民：《艰难的嵌入：反思"两微一端"的当代社会实践》，《编辑之友》2018年第6期。

用相匹敌，传统广播所拥有的海量内容也没能在互联网听觉空间中占据主流位置。

传统广播需要客观认识互联网听觉空间，寻求双方融合发展的可行路径。首先，承担主流价值观建构与公共传播服务功能；第二，尊重频率直播流的传播规律，将直播的即时传播价值最大化；第三，传统广播进入互联网的核心资源，是优质品牌节目。笔者在 2011 年提出"品牌化节目是广播多平台生存的核心资源"，至今仍坚持这一观点。我国互联网听觉空间形成的同一时期，美国播客进入"第二时代"，以《Serial》为代表的公共电台知名播客独立出来，播客这种分发技术已经成为主流，并转化为一种专业化和商业化的大众媒介。美国《大西洋月刊》推荐的 2017 年值得关注的高水准播客节目中，包括与《Serial》同属《This American Life》出品的《S-Town》，NPR（美国国家公共电台）旗下社会新闻故事《Embedded》、现代生活谈话节目《Fresh Air》，WNYC（纽约公共电台）广播电台的科普节目《Radiolab》等。2016 年，NPR 旗下的 33 档播客达到了6600 万次的下载量和播放量。[①] 从中可以看出，美国公共电台非常重视发展播客业，而优质播客中有相当比例的内容来自广播电台。不论是电波时代还是比特时代，高质量、高水平、高品位的内容始终是多平台竞争的核心。

（作者单位：中国传媒大学亚洲传媒研究中心）

---

① Ken Doctor, An island no more: Inside the business of the podcasting boom, Nieman Lab, 2016-9-12, http://www.niemanlab.org/2016/09/an-island-no-more-inside-the-business-of-the-podcasting-boom/

5G 时代广播业态的大蜕变

吴生华

3 年前，在北京 2016 亚洲广播大会期间，欧洲广播联盟广播委员会主席兼 BBC 广播代理台长格拉哈姆·埃利斯在接受记者采访时曾表示："在互联网时代，广播是伟大的幸存者。"然而，仅仅过了 3 年时间，互联网 5G 通信技术全面投入商用。一种比较普遍的说法，3 大传统媒体之中，受到 5G 通信技术影响最大的将会是大众广播。为什么是大众广播受 5G 通信技术影响最大？广播还能够继续成为"伟大的幸存者"吗？本文将试作讨论。

一、大众广播与互联网音频媒体收听市场区隔将被打破

20 世纪六七十年代，在广播的发源地美国，"车轮子和干电池拯救了广播。"中国于 2011 年进入到汽车社会，凭借着"移动车厢"的屏障，在一段时间内，大众广播与互联网音频媒体形成了相对稳定的收听市场区隔。然而号称"高速、移动、安全、泛在"的互联网 5G 通信技术来了，基于技术限制的"移动车厢"屏障终将被打破。

我国平台化的互联网音频媒体发展与大众广播进入汽车收听时代几乎同步。根据公安部交管局发布数据，截至 2011 年 8 月底，我国汽车保有量首次突破 1 亿辆。按照国际通用标准，一个国家 100 个家庭中有 20 个拥有汽车，就是进入了汽车社会。而截至 2011 年 8 月底，国内千人汽车保有量在 60 辆左右，基本达到汽车社会国际公认的标准，标志着中国已经进入汽车社会的初级阶段。[①] 也就在 2011 年前后，中国广播开始快速进入汽车收听的时代。据赛立信媒介研究数据显示，2009~2010 年，听众收听广播仍以居家收听为主，但居家收听所占份额呈下降趋势，非居家收听比例明显上升。[②] 自 2006 年 7 月，昆明电台 FM95.4 汽车广播开播，第一家打出"汽车广播"的招牌，到 2009 年，国内广播频率转型

---

① 张毅：《汽车保有量破亿带来的忧思》，新华社 2011 年 9 月 18 日。
② 朱鲁丽：《广播非居家收听新趋势》，第 66~68 页，《视听界》2011 年第 6 期。

"汽车广播"呈井喷态势，截至 2010 年，国内以各种形式重新定位为"汽车广播"的电台频率已超过 50 家。① 2013 年全国广播听众规模为 6.72 亿，在各类收听终端中，车载收音系统作为主要收听终端的受众群占比达 34.2%，在总收听量中，车上收听量的占比已经跃升为第一位，超过手机和传统的便携式收音机等其他终端的收听量。②

就在同一时间节点，以 2011 年 9 月蜻蜓 FM 移动客户端 iOS1.0 版上线为标志，国内平台化的互联网音频媒体开始出现，并迅速发展。据统计，截至 2015 年的下半年，全国已有 150 多家互联网音频媒体诞生。③ 一方面，大众广播急速地向汽车收听市场转向，为互联网音频媒体发展留下了空间；另一方面，网络传输技术的不足，以及网络传播对流量成本的占用等，都成为互联网音频媒体进入汽车收听市场的障碍。因此，在近 10 年的时间里，大众广播与微信等互联网社交媒体相结合，以直播、互动、伴随为优势，牢牢地占据着汽车收听市场。互联网音频媒体则凭借网络大平台，充分开发各类生产者生产的音频产品，以产品类别的细分化，将用户聚拢为全网平台上的各个"兴趣部落"。然而，这并不意味着这两个竞争者之间，可以永久地相安无事。随着我国汽车保有量的持续、高速增长，巨大的汽车收听市场，必将是互联网音频媒体觊觎的"蛋糕"。互联网音频媒体一直在等待着一个时机，这一时机终于到来，那就是中国即将迈入 5G 通信时代。

2019 年 6 月 6 日，工信部正式向中国电信、中国移动、中国联通、中国广电发放 5G 商用牌照，新华社的说法是"我国正式进入 5G 商用元年"。"5G 支撑应用场景由移动互联网向移动物联网拓展，将构建起高速、移动、安全、泛在的新一代信息基础设施"（工信部部长苗圩）。④ 比较普遍的说法是，互联网 5G 通信技术改变的绝不仅仅是网络传输的速度。在媒体传播领域，以调频和中波等无线电传播技术支撑的电子媒介，特别是大众广播，将受到巨大的冲击。"高速、移动、安全、泛在"的特点，将使得依托 5G 通信技术的互联网音频媒体长驱直入汽车收听市场，不再有任何的技术障碍。同时，稳定传输的技术保障，将使得互联网音频媒体，在保有极大丰富的音频节目资源的基础上，进一步进化为更加泛在的直播平台，从而与以直播伴随为优势的大众广播形成正面竞争的态势。互联网对于新媒体的赋权，大众广播以精心选拔、培养的主持人进行的"精英话

① 罗剑锋：《步入"汽车时代"的广播之战》，《中国广告》2011 年第 7 期。

② 梁毓琳：《2013 年中国广播收听市场分析》，《声屏世界·广告人》2014 年第 5 期。

③ 吴生华：《传统广播与互联网音频媒体的市场区隔和融联契合》，《中国广播》2017 年第 1 期。

④ 张辛欣：《我国正式发放 5G 商用牌照》，新华网财经，http://www.xinhuanet.com/fortune/2019-06/06/c_1124590839.htm。

语"式的传播，将直面互联网音频媒体直播平台的挑战。从某种意义上来看，近年来不少广播电台建立主持人工作室的尝试，就是大众广播防止"解体"的一种应对。在5G通信技术的支持之下，当"人人都有麦克风"发展成为"人人都是电台"的时候，大众广播的优势将如何保持？

二、大众广播基于核心竞争要素将转向平台化生存

互联网5G通信时代，大众广播面临着两大挑战。一是以"路况导航"为主要内容的"必听性"将逐渐丧失；二是节目海量、选择性丰富的互联网音频媒体进入汽车收听市场的竞争挑战。基于核心竞争要素生存下来的大众广播也将转向平台化或更趋融合平台化的生存状态。

就目前而言，大众广播的伴随性主要表现为三个方面：一是资讯伴随，如新闻广播满足人们对新闻资讯的需求，交通广播满足人们对路面交通实时信息的需求；二是语言伴随，早晚高峰各种"脱口秀"化的大时段主持人节目，陪伴着人们车驾途中的闲聊和解闷；三是音乐伴随，各广播频率特别是音乐广播的音乐播放，对于车驾人员有着舒缓情绪、放松精神的作用。随着5G通信技术的发展与运用，特别是智慧车驾系统的发展，自动规划驾驶路线乃至"无人驾驶"的可望实现，广播实时提供路况信息的"必听性"将逐渐丧失，其他方面的伴随性也都有被替代的可能。多种网络直播的伴随，凭借着全网的大平台，也更加有利于"兴趣部落"的细分，比之区域性的大众广播，也更有吸引力。

5G通信技术的运用，将使得汽车收听互联网音频媒体的节目和直播毫无障碍。虽然这样的影响目前并没有真正显现，但互联网音频媒体的快速发展却是不争的事实。专业调查公司提供的数据表明，广播收听的两种趋向十分明了：一是大众广播听众进一步向汽车收听场景集聚；2018年上半年广播的非居家收听总量首次超过居家收听总量，移动收听为主的非居家收听总量占比继续走高。[1] 随着国内汽车保有量的持续攀升，大众广播车载用户达到4.01亿。二是以互联网音频媒体为主的移动智能终端，成为广播听众收听的重要端口。据赛立信媒介研究的移动收听指数显示，移动网络听众收听电台直播的主要途径是："蜻蜓FM"选择率65.7%，"喜马拉雅FM"选择率62.9%，"阿基米德FM"选择率48.1%。[2] 虽然收听率调查公司关注的是大众广播的收听指数，但调查所显示的互联网音频媒体作为渠道的影响力十分引人注目。同时，互联网音频媒体进军汽

---

[1] 梁帆：《2018年上半年广播收听市场：非居家收听总量首超居家收听》，《中国新闻出版报》2018年8月15日"广播"专版。

[2] 黄学平：《车载和智能端成为广播收听主流——2018年中国广播收听市场分析》，《中国广播》2019年第1期。

车收听市场已经做好准备。以作为中国首家音频媒体平台的蜻蜓 FM 为例，继上半年亮相上海车展等，2019 年 9 月 4 日，蜻蜓 FM 携其汽车音频矩阵亮相成都国际车展，直接打出了"汽车音频营销新时代"的口号。蜻蜓 FM 就其自身的定位是"去地域化去时间化的电台聚合平台"，与福特、沃尔沃、宝马、奥迪等品牌在内的多家车厂和 TSP 厂商（即汽车远程服务提供商）合作，目前支持蜻蜓 FM 音频内容收听的汽车已达 800 万辆，用户规模达 4.5 亿，月活用户破亿。① 而"考拉 FM"研发的车载平台不仅集成了各类智能电台流及场景电台内容，还实现了车载专用软件包的安装集成和个性化定制。"考拉 FM"还与多家知名后视镜和车机方案商相继展开合作，同语音供应商进行深度联调，全面介入车载后装市场。②

在这样的传播环境之下，只有具有核心竞争要素的大众广播频率才有可能生存，并将转向平台化生存。早在 2015 年起，央广就和中科院联手构建中国移动互联网（车载）网络广播平台，在汽车前装市场领域不断开拓。2018 年，"中国广播"APP 与致力于研发车载娱乐信息系统、辅助驾驶等智能驾车解决方案、用户已突破一百万辆汽车的东软集团联手，成为东软萌驾云平台合作伙伴，进入了车联网互联互通的全新生态圈。③ 杭州交通经济广播（FM91.8）开发推广的交通广播专用融媒体工具开吧 APP，依托汽车维权节目，把私家车主作为目标用户，引导杭州全市近 400 家汽车 4S 店入驻平台，构建以汽车维权为主的垂直服务体系。有学者曾经提出"新媒体的核心要素是终端、内容、关系与服务"，杭州交通经济广播借助开吧 APP 新媒体终端，从"线性传播"向"平台传播"转变，形成了广播频率和客户端复合的核心竞争力。在赛立信媒介研究移动网络听众收听电台直播途径排名第三位的阿基米德 FM，同样也可以看作是大众广播融合新媒体客户端多元化的互动社交、强大的后台数据服务功能转向融合平台化生存发展较为成功的案例。最新的研究数据也表明，网络传输终将取代无线电波传输，大众广播也终将转向互联网移动智能终端平台化的生存与发展。据赛立信 70 个城市的收听率调查和广播融媒体云传播效果数据显示，在 2019 年 10 月 1 日上午国庆庆典和大阅兵仪式广播直播中，中国之声、北京新闻广播、浙江之声等借助各大网络及移动互联网平台，在线直播的点播量累计达 847.45 万，占直播累计收听人数的 47.6%，在线直播首次超过了广播的传统收听终端和汽车收听

---

① 《蜻蜓 FM 副总裁郑毓海：构建首个音频汽车 MCN 矩阵，音频营销进入新时代》，http：//www.cnr.cn/rdzx/cxxhl/zxxx/20190906/t20190906_524766656.shtml.

② 电台工厂微信号（radio_vip），《车载收听，广播市场的必争之地》，2019-09-27。

③ 吴生华：《从"时间运营"到"用户运营"——传统广播电台构建"平台化"广播新业态》，《传媒评论》2018 年第 2 期。

终端。

三、直播和付费将成为平台化广播的主流

互联网环境下，大众传播以受众注意力的集聚，换取广告资源的传统广告模式渐趋崩塌。互联网技术的持续进步，对大众传播最大的冲击是传统广告业态的崩塌，广播广告也早已向着活动化营销业态的更多融入转变。5G 通信时代，直播和付费将成为平台化广播的主流。

互联网对于"广告金主"的赋权，就是让他们直接拥有了原先为大众传媒所垄断的广告渠道，同时借助大数据的挖掘，可以直接进行精准的营销传播。因此，即使大众广播再如何与新媒体相融合，其作为大众传播所依赖的传统广告业态正在趋于崩塌。据 CTR 媒介智讯监测数据显示，2019 上半年中国广告刊例花费同比下降 8.8%。每一个媒体都不轻松，传统媒体方面，电视广告刊例花费下降 12.4%，广播下降了 9.7%，传统户外下降了 18.9%；互联网方面也下降了 4.3%。同时，个性化消费催生产品细分，大数据支撑下的商品定制、小众化，也使得原先的大众化广告模式趋于失灵。因此，除了承担主流新闻宣传、公共服务职能的大众媒体由政府财政支持，其余的大众媒体都将经历市场的洗牌。公共财政不支持，"广告金主"无需求，谁来为大众广播的频率播出"买单"？剩下的只有直接的音频产品消费者付费的盈利途径。以调频、中波传输的无线电广播频率，将与"高速、移动、安全、泛在"的 5G 通信技术传输的互联网音频媒体直接竞争，大众广播唯有更深地扎根本地，才能以"地域化、全时性"对抗互联网音频媒体的"去地域化、去时间化"。与大众广播唯有更深地揳入本地百姓的消费需求，比如饮食、维权、购房、艺术培训等等，与本地消费更紧密的融合，才能在本地百姓的消费中获取一定的盈利，而这种盈利，其本质也已经是消费者的付费，并且与互联网音频媒体所特有的"知识付费"形成明显的区隔。同时，由于互联网媒体对传统广告业态延续的失灵，互联网音频媒体将更趋向于付费收听的模式。2018 年后，以喜马拉雅、蜻蜓 FM、懒人听书为代表的音频平台都在大力推广 VIP 用户订阅的付费模式，优质的节目内容、一批稳固的付费用户群体都正在形成。[①]

与此同时，大众广播一直以来所追求的内容细分化，亦即"类型化电台"模式，将以意想不到的方式，在互联网大平台得以实现。"类型化电台"以细分化的内容定位和市场区隔，"追求某些层级听众口味喜好与需求的满足，建立特

---

① 艾瑞咨询：《中国网络音频行业研究报告》，界面 2018/12/20，https：//www.jiemian.com/article/2724436.html；

殊族群对电台的忠诚度与收听习惯，以达成听众市场占有的目标。"① "类型化电台"是"以听众市场的区隔，依不同的生活形态、兴趣、行为、背景等因素而规划节目的电台。"② 事实上，由于频率资源的制约，以及"四级办广播"区域化管理体制的限制，"类型化电台"在我国虽然有所实践，但并没有得到全面的推广。随着互联网 5G 通信技术的运用，网络传输的"高速、移动、安全、泛在"，使得音频节目类型超细分化有了实现的条件。据悉，为了进军汽车收听市场，蜻蜓 FM 从广播电台、汽车媒体、高校等挖掘专业主播，已有超过 2200 位主播和 800 位 KOL（关键意见领袖，亦即在某个领域发表观点并且有一定影响力的人）主播入驻，构建首个音频汽车 MCN（Multi-Channel Network，多频道网络产品形态）矩阵，节目类型涵盖了汽车领域的资讯、问答、投诉、试驾、游记、导购、技术、百科 8 个大类，生产包括直播、视频、图文等立体化的 MCN 矩阵内容。可以想见，互联网音频媒体平台上，除了音频资源的累积，直播形态的超细化分节目，更接近理想中的"类型化电台"，更多的直播内容可以提供给用户选择收听，并直接参与互动。据悉，2016 年下半年，荔枝发布 3.0 版本，音频直播成为 APP 首页内容，由此开启了音频直播的行业浪潮。蜻蜓 FM、喜马拉雅等主流音频平台相继加入音频直播功能，与此同时出现了以红豆 Live（现为 KilaKila）为代表的垂直音频直播平台。

四、"更多的世界，用听的"——互联网传播的泛音频化

借用蜻蜓 FM 的口号——"更多的世界，用听的"，一方面，无线电大众广播将趋于衰弱，另一方面，互联网传播业态在视频传播日渐占据主流的情况之下，作为接收工具的第二选择，互联网传播的泛音频化趋势也日渐明朗。

无论是"泛媒体多平台化"还是所谓的"MCN 矩阵"的说法，都包含了音频作为可选择的传播方式，汇聚到互联网的传播流量之中。艾瑞咨询认为，2014年之后，激烈的竞争环境和媒体转型趋势下，网络音频步入泛媒体传播时代。音频媒介和文字、视频等视觉媒介融合传播，组成内容服务矩阵。进入到 2016 年后，这一发展方向愈发明显，众多新进参与者加入音频服务领域。而蜻蜓 FM 所致力于构建的汽车 MCN（Multi-Channel Network，多频道网络产品形态）矩阵，号称不仅可以产出优质的汽车音频内容，还能生产直播、视频、图文等内容。通俗地理解，蜻蜓 FM 提出的"MCN 矩阵内容"，就是以生产音频产品为主的互联网音频媒体，将生产直播、音频、视频、图文多种媒介形态的产品，而音频只是

---

① 郑贞铭编著《台湾新闻传播事业卷》，第 92 页，复旦大学出版社 2005 年版。

② 蔡念中、张宏源编著《汇流中的传播媒介——以美国与台湾为例》，第 144 页，亚太图书出版社 2005 年版。

其中的一种产品。事实上，随着语音合成技术和篇章理解技术"人工智能合成主播"的日趋成熟，百度新闻等互联网平台都提供了"播音"的接收选择项，当用户无法观看或不想观看的时候，就可以选择收听的方式接收内容，呈现出泛音频化的传播现象。2015 年，百度新闻客户端在当年推出的新版本中，即实现了"一切皆可播"的语音播报功能，用户下滑新闻列表即可使用语音播报。令人称奇的是，百度新闻似乎读懂了自己推荐的每一篇新闻——它为用户朗读的内容并非全篇报道，而是凝练的核心信息。新的语音播报技术几乎适用于任何生活场景，无论清晨起床时，还是户外运动时，抑或交通出行，人们都可以第一时间用"听"的方式获取信息。① 2019 年 8 月，基于科大讯飞强大的语音合成技术，国内最大的学习平台"学习强国"也推出了图文内容可选语音播报功能，号称"解放你的手、眼，听文章"，随时随地将文字转换为声音，贴合用户"听阅读"的习惯进行播报。② 目前，"视听（Audiovisual）"这一概念已经取代原来的"广播电视"概念，进入一些发达国家新修订和将要修订的媒体法规，并依法出现在相关监管机构的名称中。"随着由数字网络技术所推动的媒介融合时代的到来，原本只能通过广播电影电视传播的'视听'变得无处不在；而原来的广播电影电视也随着各样的融合媒介扩展开来，大大溢出了既有的内涵和外延，转型为'视听'。""随着媒介融合不断向纵深发展，原有的文化、信息、媒介等概念出现了交汇，文化产业、信息产业、通信产业等产业之间的界限日渐模糊，广播、电视、电影概念本身也在纵横拓展，呈现泛音频化和泛视频化，并且向视听一体化方向迈进的趋势。'广播影视'概念正在向'视听媒介'概念转型。""基于信息网络技术的视听新媒体出现后，'视听'变得泛化和遍在，一切文化、传播、媒介、信息均可融合于'视听'。"③ 因此，"广播"泛化为音频的传播，"电视"泛化为视频和直播的传播，已经是互联网传播的主流。

（作者系浙江传媒学院新闻与传播学院教授）

---

① 《百度新闻独家推出"人性化语音播报"》，http：//www. techweb. com. cn/news/2015-11-27/2233210. shtml.

② 《科大讯飞语音播报功能进驻学习强国 首都新闻随身听》，http：//news. tom. com/201909/4112704472. html.

③ 庞井君：《媒介融合背景下的视听转型》，第 34~41 页，《东岳论丛》2012 年 10 期。

听觉文化复兴背景下的传统广播媒体转型

关　梅

　　当下我们正处于一个视听失衡的传播环境中，视觉产品层出不穷、应接不暇，听觉产品的生存空间却一再被挤压，本应同为人类最为古老也最为重要的信息接收器官的视觉与听觉，在人类认知世界的过程中逐渐走上了不同的道路，呈现出视觉文化"一枝独秀"而听觉文化却日渐衰微的失衡态势。这种视觉霸权现象不仅极大地影响了我们对客观世界的真实感知，更为重要的是，人们逐渐丧失了"用耳朵思考"的能力，会使人际间的信息表达和情感交流更趋表层化。于是，很多学者开始关注这一现象，高举听觉文化复兴的旗帜，呼吁听觉文化回归其正常的位置，这无疑为传统广播媒体的转型发展带来了新的契机。在听觉文化的研究视野下，广播媒体的媒介定位、功能属性以及对声音产品的开发等，都有可能实现较大的突破与转变，从而把广播媒体打造成为全新的声音媒体、听觉媒体。

一、听觉文化复兴的当代意义

　　听觉文化有着比视觉文化更为悠久的历史，在人类早期的生活实践中，声音不仅是一种传播媒介，更是一种存在方式。比起视觉而言，听觉更能触及人们的心灵深处，引起理性的思考和情感的共鸣，应该说，它是人类不可或缺的信息传播器官。因此，在当下视听关系严重不平衡的背景下，复兴听觉文化有着积极的实践意义和学术价值。

　　1. 复兴听觉文化，有助于构建均衡的视听传播环境。

　　人类的感官是多样的，它们相互配合、共同作用，形成了人们对客观世界的直接感受和认知。但在众多的感官中，听觉和视觉却是最为重要的，两者在人类的信息获取过程中所起到的作用是其他任何感官都无法取代的。伴随着印刷术的发明与普及，视觉的功能与地位开始凸显，听觉的位置被日渐边缘化，特别是进入到"图像时代"之后，人类的信息传播主要通过视觉来完成，视觉产品引领、改变着人们的消费方式，视觉文化也在当代文化领域中处于绝对的主导地位，可以说视听关系已经发展到了极度不平衡的状态。这一现状带来的弊端是非常明显的——人们过分依赖视觉器官导致了信息获取渠道的单一化，各种纷乱的视觉符号大量充斥在人们的日常生活中，在很大程度上阻碍了其他感官对信息的获取，这种视觉偏向极易使人们对客观世界的认知停留在表层，缺乏深度的情感交流及积极主动的思维活动。复兴听觉文化，让听觉发挥其应有的功能，不仅可以消解视觉霸权，实现信息获取的多感官平衡，同时借助广播媒体唤醒人们的听觉意识，使视觉和听觉相互融合、互为作用，也有助于构建较为均衡的视听传播环境。

2. 复兴听觉文化，有助于重新培养受众的听觉思维，并推动新型广播形态的出现。

受众的听觉思维不仅对于理性认知客观世界极为重要，也是触及内心、激发情感的重要手段，因为"人的内心深处是眼睛无法抵达的，它只能借助于耳朵的倾听。心灵的寂寞或者孤独不是一种景象，而是一种声音，指望眼睛是看不到的，唯有依靠耳朵方能够听见。同样，心灵的痛苦与狂喜也是需要耳朵的倾听才能被真切感受到的。"[1] 然而在视觉文化长期过度发达的背景下，受众的听觉思维能力却不断被弱化。复兴听觉文化，并不是要以听觉产品代替视觉产品，而是要突出各自的优势与特点，让受众的听觉思维和视觉思维在传播活动中能够相对平衡地发展。同时，在听觉文化逐渐回归的过程中，基于网络技术的飞速发展以及各种移动终端的普及化、便捷化，必将产生出深度融合的多样化的声音产品，并最大程度地满足受众的个性化需求。可以说，听觉文化的复兴改变并重塑了受众的听觉习惯，引导受众重新审视听觉感官、激发听觉思维，并着力打造以听觉产品为主导的新的消费方式，让听觉产品真正地融入大众生活。毫无疑问，这些变化会给传统广播媒体的发展带来新的思路，推动新型的广播形态的出现。

二、听觉文化促动传统广播媒体深度转型

今天的媒介融合正朝着更深层次、更宽层面的方向发展，广播媒体的融合转型之路也不例外。近年来，依靠数字技术与网络技术，传统广播很快衍生出一批新型的音频产品形态，诸如"网络广播""手机广播""微电台"等，开拓出了融合、共享的传播新领域。但是我们也不难发现，这些产品形态多是广播媒体借助网络技术以及微博、微信等社交媒体融合发展的产物，无论是其形态的创新性还是融合的深度，抑或是广播媒体由此形成的传播效果，都还存有较大的发展空间。当我们以听觉文化的视角去重新审视广播媒体时，其媒介定位、功能属性就有可能发生质的飞跃，这一认识不仅拓展了广播媒体的融合发展空间，也为广播媒体的深度转型带来了新的机遇。

---

① 路文彬：《视觉时代的听觉细雨——20世纪中国文学伦理问题研究》，第153页，安徽教育出版社2007年版。

1. 广播曾是构建听觉文化的重要载体，现在更应自觉承担起这一文化重任，以唤醒受众对广播的文化记忆，这也是广播媒体转型发展的重要前提。

广播自其诞生之日起，就是以声音作为唯一的手段来进行信息传播与情感交流的，这种独特的传播方式构建了一代又一代受众的听觉文化记忆，并与社会时代的发展紧密交织在一起，成为特定历史时期的媒介标志与文化印记。可以说，广播所代表与传播的文化，在本质上是一种听觉文化。在漫长的历史长河中，人们曾经与这种文化建立起了非常亲密的联系，即便在文字产生之后，人们对声音的重视与依赖也并没有减弱。20 世纪初期伴随着广播的诞生，听觉文化进入了一个新的发展阶段，在西方广播史上出现的罗斯福总统的"炉边谈话"以及著名的广播剧《星球大战》等，都是广播成功地介入、影响受众生活、观点和行为的、具有里程碑意义的事件。在我国广播发展史上，人们对广播的使用也经历了从政治化、公开化到生活化、私密化的特点，应该说在几代受众的听觉文化记忆中，广播都是重要而独特的载体。目前，在听觉文化复兴以及广播媒体转型发展的历史进程中，我们首先要对广播媒体在构建听觉文化中的角色有准确的定位，主动把广播媒体纳入听觉文化的研究视野中，并推动其自觉承担起复兴听觉文化的重任。一方面，广播媒体要努力与受众的现实生活发生千丝万缕的联系，把自身的生活化特征发挥到极致，在做好信息、娱乐等各项服务工作的同时，不断提升受众对广播媒体的接受度与认可度；另一方面，广播媒体还需要进一步强化自身的声音属性和功能，不仅用声音记录时代和历史，也要用声音影响受众、感动受众，进而找回受众与广播媒体的情感连接点，重新唤醒受众的听觉文化记忆，这是广播媒体转型发展的重要前提，因为面对视觉文化的巨大冲击，只有当广播媒体的核心要素——声音被受众所认可、接受和使用，才有可能产生出更多动人的、具有个性化的声音产品，从而增强受众对广播媒体的现实及情感依赖性。

2. 广播媒体要大力开发多样化的声音产品，以满足受众的听觉文化需求，声音产品不仅可以丰富听觉文化的内涵，更是广播媒体转型发展的核心所在。

近年来，广播媒体的融合发展更多的是借助了互联网技术以及移动终端的快速提升与普及，首先克服了广播在地域和播出时间上的限制，随后与网络媒体、社交媒体联手实现了更为便捷自主的收听方式，同时也衍生出了一些融合产品。但广播媒体的转型不能仅仅止步于此，作为传统媒体，广播在内容服务上仍然具有较大优势，但如何把这种优势凸显出来并以何种方式和渠道让受众广泛接受，却是广播媒体在深度转型过程中应该认真思考的关键所在。受众是通过耳朵用"听"的方式来接收广播信息的，声音停留短暂的特点决定了广播应把生活化、服务化的内容放在首位，发挥自身的实用功能，扮演好信息媒体和服务媒体的角色。但随着受众需求的日趋多样化和个性化，广播媒体在内容产品的生产上也要朝着更加专业化、分众化的方向发展，例如在提供常规性信息服务的同时，也能根据受众需求对某些信息进行细分，甚至设有专门的节目板块或者专业频率。此外，由于受众收听广播的环境变得越来越个人化和私密化，广播产品必须充分考虑到收听时的"场景"因素，在内容上及传播手段上主动营造不同的场景氛围，以达到让受众沉浸其中、强化心理体验的传播效果。总之，在听觉文化复兴的背景下，广播媒体应着力打造多样化的声音产品，一方面可以满足受众信息、娱乐、社交等多方面的需求，另一方面也丰富了听觉文化的内涵与表现形式。从内容生产到平台构建、从信息服务到引领消费，广播对于受众而言，已经不仅仅是信息传播的官方媒体，而是一个用声音演绎生活进而缔造听觉文化世界的复合型声音媒体。

3. 广播应以声音为触角和手段，借助新媒体平台全方位地渗透到受众的现实世界和内心世界中，让受众对听觉文化有更为全面的理解和感知，从而推动广播成为真正的听觉媒体，这也是广播媒体转型发展的目标与方向。

传统媒体在融合发展过程中，应注意把自身的媒介优势与各种新媒体形态进行交融，既要突出传统媒体的核心价值，又要彰显各种新媒体技术的特点，这也是目前各种融合产品的主要特征。广播媒体在借助新媒体平台方面具有独特的优势，其音频传播在进行数字化、网络化的转换中较为容易，与移动终端的结合也比较便捷，因此广播媒体的融合产品形式也更为多样化，融合广播的发展势头不容小觑。但广播媒体要特别注意的是，融合广播产品不能淡化或者削弱广播的"本质"，也就是要把广播媒体独特的传播手段——"声音"的特性与价值进一步地表现出来，使得各种融合产品形态最后都能够回归到广播本身，这在视觉文化为主导的当下更具有特殊的意义。作为唯一纯粹的"非视觉"媒体，广播的"声音"不仅是传播信息的手段，更是媒介的独特标志，在受众的视觉器官已经被繁杂的信息所占据而变得疲惫不堪之时，声音传播的特殊效果就得以凸显。特别是在与新媒体的联合作用下，声音传播更加地便捷化和私密化，广播以声音为触角引发受众的想象，进而在受众头脑中勾勒出了一个可感可知的形象空间。受众虽然由听觉器官接收信息，但广播"入耳入心"的传播特点却充分调动了其他感官，形成了一种多维感受的特殊传播效果，可以说这是一种更深层次的传播活动，它不仅对受众的现实世界产生影响，更是深入到了受众的内心世界中，让受众对以广播为代表的听觉文化有更为直观而深刻的感受。总之，广播媒体的转型发展离不开"声音"这个核心要素，如何把这一传播符号与新媒体平台融为一体，将直接决定广播媒体能否升级为新型的听觉媒体，这也是广播媒体转型的目标和方向。

4. 听觉文化的复兴有助于营造良好的听觉环境，培养受众的听觉习惯，帮助广播构建与受众的良性互动关系，并进而产生出独具个性的媒介产品，这是广播媒体转型发展的内在动力。

任何媒体的发展都不能缺少受众，两者之间是相互影响、互为促进的紧密关系。与电视和网络媒体需要牢牢占据受众的视觉器官不同，广播媒体彻底解放了受众的眼睛，同时也把受众置于较为自由的接收空间内，受众在使用广播时也无须与其直接"面对面"。因此对受众而言，广播媒体更多是作为一种"伴随性"媒体而存在的，这就使得它与受众之间的关系非常微妙，在传播过程中两者经常处于一种相对"松散自由"的状态。为了加强与受众的关系，广播媒体首先需要营造良好的听觉环境，特别是通过声音创设某种收听"场景"，以达到让受众沉浸其中的传播效果。其次，在听觉文化复兴的潮流下，受众的听觉习惯、听觉能力也可以得到培养和提升，这样在获取信息时，就有可能突破单纯依靠视觉的思维定式而主动选择"用耳朵思考"，广播媒体被受众所接受的概率也会大大增加。一旦广播媒体与受众建立了一种良性互动关系，那么它势必会进一步细分受众市场，这方便其有针对性地进行媒介产品的开发与投放，可以预见在这一趋势下，各种符合受众要求的、充满个性化的媒介产品的出现已经成为必然。广播媒体在相关技术和大数据的帮助下，可以更为清晰地了解受众的习惯、需求和喜好，后台系统根据这些用户信息完成自动筛选和匹配，并对目标受众及时推送出更具"个人定制"意味的媒介产品，这在传统广播转型之前几乎是无法想象的。这种个性化的广播节目形态提升了受众对广播媒体的满意度，强化了两者之间情感关系，改变、引领了受众的文化消费模式，同时也延展了广播媒体的品牌价值，可以说个性化的媒介产品为广播媒体的转型发展注入了持久的动力。

三、结语

目前，传统广播的转型已经进行了不同方面、不同程度的努力和尝试。我们既要看到取得的成果，也要把握好转型的方向和深度，尤其要把新的理论和理念融入转型发展的实际过程中去。听觉文化的相关研究及其复兴的大背景，为我们提供了一种新的思考，当我们从听觉文化的角度去关注广播媒体的转型时，就会对广播媒体本身及其深度发展形成新的理解和认识。广播媒体是复兴听觉文化的重要载体，也承载着受众的听觉文化记忆，因此它必须围绕自己的核心要素——声音，进行产品创新与形态拓展，把广播的传播特性充分发挥出来，让受众熟悉、认可听觉文化并不断提升听觉素养，让更丰富、更具个性化的声音产品由耳入心，帮助广播媒体逐渐拓展商业盈利模式，真正实现由传统媒体向听觉媒体的跃进与转变，这应该也是广播媒体进行深度转型的重要方向。

（作者系江苏师范大学传媒与影视学院副教授）

互联网音频时代流行音乐广播的创新路径

——以《李峙的不老歌》节目为例

曹默

音乐广播节目是"文艺广播的一个重要组成部分，是取之社会音乐、汇集社会音乐之精华，经过音乐编辑选择、加工的再创作，利用广播技术录制，通过无线电波播送，以声音为材料，完全诉诸听觉的、独特的文艺广播节目"[①]。音乐广播节目作为一种重要的广播节目类型，按照其内容可以分为流行音乐广播节目和古典音乐广播节目，按主持人主持方式可以分为转述式音乐节目和感悟式音乐节目两种。《李峙的不老歌》是中央人民广播电台文艺之声的一档流行音乐广播节目，从主持方式来看，其属于感悟式的音乐节目。《李峙的不老歌》自开播以来始终坚持以内容创新为核心，以传播创新为抓手，以互动创新为突破口，收获了良好的口碑和节目效果。

一、内容创新路径：在对话中彰显老歌的魅力

"互文性为收听内容提供了附加值，增强了内容的知识性、故事性和趣味性，拓展了收听活动的心理感受，进而引发不同于歌单式收听的共鸣感。这种共鸣感是广播收听活动的一大特别之处。"[②]《李峙的不老歌》通过对节目主题的创新，充分发挥了音乐广播节目的互文性，用语言、音响和音乐开启了一场时空对话。

《李峙的不老歌》节目从内容上分为3类：第一类是与特定的时空相关，以某个节日、节气或是某个地方为节目主题。比如，《似水乌镇》这期节目就是在主持人去乌镇旅行过后制作的。这期节目围绕乌镇组合了一系列的歌曲：刘若英的《似水年华》、黄磊的《年华似水》、好妹妹乐队的《晚风》……在一首首极具江南风情歌曲的伴随下，听众好像在乌镇进行了一次深度游。不仅如此，主持人李峙在歌曲间还穿插着自己在乌镇的所见所闻，并播放了自己在乌镇录制的陶

---

① 赵玉明、王福顺：《广播电视辞典》，第130页，北京广播学院出版社1999年版。

② 张超：《音乐广播的符号学研究》，中国传媒大学2018年博士学位论文。

笛声、鸟叫声和铃声等录制的现场音响。在这期节目中，李峙作为主持人，他的语言指定了节目的意群，他所录制的音响则框定了节目的意象，而他选择的歌曲又营造了节目的意境。通过这 3 个声音元素的有机结合，使得听众在广播节目中完成了一次乌镇之旅。

第二类节目是翻唱对比主题。他曾制作过《被翻唱的中岛美雪》《这些中文歌翻唱自瑞典》等主题。主持人李峙策划过很多期翻唱自国外歌曲的节目，这种中外对比的编排方式需要大量的音乐储备，对主持人的音乐素养提出了较高的要求。另外，他还策划过古今词曲的对比，比如《把宋词唱成歌》《把唐诗唱成歌》等特辑，当把这些经典诗词和现代曲调放到一起之后，一种古今的对话感会随之产生。这种通过音乐的编排来实现古今中外的对比，进而营造一种歌曲间的对话感是《李峙不老歌》节目鲜明的特色，体现了主持人李峙深厚的音乐素养和匠心独运的编排手法。

第三类是情感类的主题，这也是在《李峙的不老歌》中出现次数较多的一种类型。作为一档感悟式的音乐节目，主持人的生活态度、情感以及价值观都渗透在其中，这也是感悟式音乐节目制作的难点。主持人李峙始终以其乐观豁达、积极向上的人生态度影响激励着听众。比如，在《爱得太用力，就容易失去》这期节目中，李峙带领听众在思考爱别人和爱自己之间的关系——只有爱自己才能更好地去爱别人。李峙的讲述穿插在精心挑选的歌曲中，通过对歌曲和歌词的解读引导听众对自己的感情生活进行反省和思考，用自己的语言实现了一次从歌曲到听众心灵的深度对话。

二、传播创新路径：在探索中拓展声音的宽度

在"视觉为王"的时代，广播常常被认为是"弱势媒体"，而传统的收听渠道和节目样态更是难以满足听众日益多样的收听需求。基于此，《李峙的不老歌》节目探索出了一条传播的创新路径，即通过多平台投放、精准化推送、借力音频直播等方式收获了良好的传播效果。

1. 多平台投放提升节目覆盖率

《李峙的不老歌》节目是中央人民广播电台文艺之声在工作日 22：00 ~ 23：00 的直播节目。由于文艺之声目前主要在北京地区覆盖，为了不受限于节目播出的时空限制，《李峙的不老歌》同时也使用了网络音频平台传播的方式，听众可以在任意一个网络音频平台收听节目。全音频平台的覆盖意味着投入大量的人力和时间成本，当然这种投入也会收到回报。截至 2017 年 11 月，《李峙的不老歌》节目全网播放量已突破 7 亿次。在蜻蜓 fm 和喜马拉雅等主流音频平台，《李峙的不老歌》均为全网粉丝量最大、播放量最高的音乐节目。借助这些网络音频平台让节目走向千家万户是提升流行音乐广播节目影响力的一个有效措施。

2. 精准化推送适应互联网传播特征

传统广播节目制作精良、内容充实，但是由于广播线性传播的劣势，其价值很难充分挖掘和利用。这就造成了大量优质内容的浪费，《李峙的不老歌》用精准化的推送有效地解决了这个问题。这个精准化指的是其节目会按照互联网传播的特点，剪辑成为不同版本进行推送。举例来说，一期长达1小时的节目，主持人会根据其主题剪辑成为20分钟左右的节目投放在音频平台上。听众可以根据节目的主题有选择性地点击收听，相比于传统电台的时移回放功能，这种方式最大限度地满足了用户的个性化需求和碎片化的收听方式，发掘了传统广播节目更多的潜能。将传统的广播节目经过加工包装成为适合网络传播的样态，这也是《李峙的不老歌》给其他音乐节目的启示和借鉴。

3. 借力音频直播丰富节目语态

广播是贴心的媒介，广播节目的主持人更应当创新节目表达和呈现方式从而走进听众的内心。除了在网络音频平台进行多平台和多版本的投放外，主持人李峙还经常借助于音频直播平台来丰富节目的形式。李峙在音频直播平台开通了个人账号，经常在自己家里的客厅开始一场场的"客厅直播"，他的客厅直播邀请过他的好友好妹妹乐队、赵鹏等音乐人一起唱歌、分享音乐背后的故事，每次参与互动的听众人数都达到了7~8万，这对于音频直播来说尤为难得。这种"客厅直播"的形式也延伸了节目的生命力，丰富了节目的呈现样态，创新了节目的语态，让节目增添了"多时态化"的表达方式，大大丰富了节目在时间和空间维度的表现力，最大限度的满足听众参与节目的需求。

三、互动创新路径：在交流中凝聚社群的力量

著名财经作家吴晓波曾说：社群是互联网送来的最好的服务。所谓社群指的是"在虚拟的网络空间里，具有相同兴趣爱好的个体通过交流形成了一个个具有归属感和共同价值观的群体"[①]。广播是最容易与社群经济发生关系的媒介。不同于报纸、电视等平面媒体，广播因为具有人际传播的特征，所以与听众更容易产生强关系，这种强关系就是社群经济产生的基础。

《李峙的不老歌》节目通过把握社群形成的三要素从而凝聚了社群经济的力量：

1. 准确定位会聚广泛听众群

社群的形成首先需要有一个共同的目标，这个目标可以是具体的，也可以是抽象的，可以是短期的，也可以是长期的。具体到《李峙的不老歌》节目来说，"在昨天的时光里漫步，为明天寻找向上的力量""听听老歌，好好生活"……

---

① 程明、周亚齐：《社群经济视角下营销传播的变革与创新研究》，《编辑之友》2018年第12期。

从这些节目反复播放的片花中，其共同的目标和定位已经很好地标记出来，那就是喜欢老歌、热爱生活、寻找快乐。这个目标看上去不是非常具体，但是在无形中扩大了社群的覆盖面，在李峙的听友会中既有耄耋老人，又有90后甚至是00后的青年群体。广泛的听众群体是节目能够经久不衰的有力保障。

2. "双平台"模式增强听众黏性

社群的形成还要有高效工具的帮助。在工具的选择上，《李峙的不老歌》不仅做到了在播出上全平台覆盖，在互动上也充分里用微博、微信等社会化媒体平台积极宣传，从而形成一个"双平台"互动模式。所谓"双平台"模式指的是"主持人在社会化媒体上发布与节目没有直接关系的内容，'双平台'模式是指微博不是节目的附属品，而是一个同样重要的平台"①。主持人李峙主要在微博和微信公众号进行节目相关的宣传和互动，而利用自己的个人微信号来实现与听众的深层次的交流与互动。李峙已经开通了十余个个人微信号，这些微信号的朋友圈经常发布他的生活日常以及人生感悟。这种借助个人微信号的方式大大增强了主持人的个人影响力，有利于促进社群的形成和发展。

3. 线下活动促使广播节目落地

共同的目标和高效的工具只是使社群能够产生的基础，而活动的开展才是促使社群能够维系的保障。《李峙的不老歌》通过线下活动的开展，增强了社群的凝聚力。比如，2018年12月10日，李峙包场请听友看他参演的电影，有的听友甚至是坐飞机赶来赴约，还有的听友在电影院求婚……除此之外，李峙还曾带领听友去埃及旅行，在凝聚社群力量的同时也借助社群的力量反哺节目的生产。广播节目是"飘"在空中的，而这种线下的活动则让广播节目真正落在了地上，让作为大众传播形式的广播节目走向深层次的人际传播和组织传播。

综上所述，《李峙的不老歌》以内容创新为核心，以传播创新为抓手，以互动创新为突破口，形成了完整的音乐广播生产传播路径。在这之中，发挥音响、音乐和语言的互文性，形成对话感是节目内容的创新路径；而多平台、精准化、借力直播的传播方式是节目能够壮大影响力的传播创新路径；培养和壮大社群经济，延伸节目的深层产业链是节目互动的创新路径。在各种网络音频App、智能音箱崛起的背景下，《李峙的不老歌》给流行音乐广播节目如何突围开出了一剂良药——始终坚守声音的本位，永远保留声音的温度，不断开拓声音的市场。

（作者系中国传媒大学新闻学院博士研究生）

---

① 曹璐、张彩：《微博与广播重塑——从中国之声新浪微博粉丝数量突破200万说起》，《中国广播》2012年第7期。

同声相契：论智能语音时代传统广播的创新发展

朱飞虎　焦庆争

一、智能语音时代的到来及其变革意义

近几年，随着亚马逊、微软、苹果等科技公司纷纷推出智能语音产品，智能语音进一步走向了大众视野。这不禁让人们回想起当年在苹果手机上使用初代 siri 的情形，但毫无疑问的是，随着理念与技术的发展，如今的智能语音相比当时早已不可同日而语，它所具有的变革意义也开始体现出来。

（一）媒介产业新的生产力：人工智能

人工智能对于媒介产业的意义早已不言而喻，但学界对于人工智能到底是以何种角色来阐释自身意义却存在意见分歧。马克思主义的生产力理论认为，"生产力中也包括科学"，科学技术是"直接的生产力"，人工智能应用于媒介产业的生产过程，为之提供了新的劳动者与劳动资料，甚至重塑了劳动对象的内涵（数据作为一种劳动对象）在深层次上引起了生产力系统中实体性要素的发展变化，并作为一种大背景为信息、教育等渗透性要素和结构设计、分工协作、经济管理、预测决策等运筹性要素提供了重要参考，它们共同组合形成了生产力的整体功能。2017 年 7 月 20 日，国务院正式印发的《新一代人工智能发展规划》指出："人工智能是引领未来发展的战略性技术。"对于媒介产业来说，人工智能正在以海量搜索、精准定位的双重特性改造媒介产业传统意义上的内容生产、传播流程乃至作为环境的社会。笔者认为，人工智能是以新的生产力角色来阐释自身意义的。

（二）人机交互的新范式：语音交互

在"2017 AI＋移动媒体大会"上，北京师范大学张洪忠教授曾言："之前我们探讨新闻的受众、观念、新闻的应用等，探讨的是人跟人的关系，但在人工智能时代，给我们提出了一个新的命题——人与机器的关系。"① 对于这种关系视角的思维变迁，我们首先应当从技术史观来理解。人机交互的基本发展逻辑是

---

① 《张洪忠：学科的边界消失 媒体演变成一种生活方式》，华西都市报 2017 年 5 月 5 日。

人本主义，其浅层表征是让人机交互界面从专家界面逐步走向大众界面，其深层愿景是让人机关系从让人习惯机器走向让机器适应人。每当我们回顾由 DOS（Disk Operation System，磁盘操作系统）界面的命令行控制变为 GUI（Graphical User Interface，图形界面）的键鼠控制甚至触摸控制这段历史时，个中感受会尤其明显，因为这种演变是将底层代码上浮为表层视觉体验，让"所编即所得"变成了"所见即所得"。但实际上，尽管相对于命令行控制，触摸控制已经直观得多，但这仍然带有浓郁的机器色彩，并非人的自然交互逻辑，因为它使用的是一套重新创制的"点按—滑动"交互逻辑。语音交互则在这一点上实现了突破，因为它将人类基础的口语交流范式直接迁移到了人机交互上。在技术实现之后，语音交互几乎没有任何操作门槛。从某种意义上来说，语音交互尽管是人机交互的新范式，但其本质是对人本主义的回归。

二、传统广播与智能语音何以"同声相契"

有一种流行的观点认为，智能语音的高速发展将会对传统广播形成冲击。不过在笔者看来，看待二者之间的关系必须从狭隘的保守观中跳脱出来，而代之以全局性的媒介发展观。以如此格局视之，得出的结论应当是清晰明确的，那就是智能语音不仅不是传统广播的竞争者，而且还是当下讨论传统广播实现创新发展时必不可少的时代背景。

（一）声觉空间的融合

麦克卢汉曾想象，人的感官作为一种媒介可以创造出相应形态的空间，基于人的听觉而产生的与视觉空间完全不同的"声觉空间"[①] 便是其中一种（需要说明的是，麦克卢汉提出"acoustic space"这一概念更多的是为了表述视觉文化对其他感官的压抑，内涵相对于听觉其实有所延伸）。今天我们讨论社会学意义上的"空间"时，会自然地将它与欧几里得式的几何空间相区别，这种基础的认识论让我们易于理解一点，那就是麦克卢汉口中的"没有固定边界的球体"[②] 与亚里士多德口中的"不能移动的容器"[③] 是截然不同的，究其本质，区别在于"声觉空间"已经具备了融合甚至扭曲的可能性。人类听觉的天然存在决定了"聆听世界"是作为一种本能而存在的，亦从本质上规定了声音作为一种精神产品与交换需求的合理性与永续性。声音作为内容必然不会被淘汰，而声媒作为载体也会在历史发展中不断调整自身方位与发展路径。对人类的听觉而言，传统广播与智能语音均以声音为主要传播介质，而为"声觉空间"的构建提供着丰富

---

①② 【加】Edmund Carpenter, Marshall McLuhan：Acoustic space. Explorations in Communication：An Anthology，1960

③ 亚里士多德：《物理学》，张竹明译，商务印书馆 1982 年版。

的原始材料，尽管狭义的以媒介为起点而生发的"媒介空间"是独立的，但在广义的以人的感官为起点而生发的声觉空间面前，空间意义的媒介融合得以发生。声音的本质规定决定了传统广播与智能语音的最终向往是相同的，即发掘声音价值、传递声音力量，这是"同声相契"的媒介共性。

（二）技术逻辑与产业逻辑的融合

在 20 世纪 50 至 60 年代的美国，无线电技术的成熟让广播就此诞生并发展为当时的第一媒体。尽管因为二战的结束，广播的辉煌很快被电视取代，但回顾这段历史，我们会发现，媒介产业的发展永远跟技术逻辑与产业逻辑的深度融合密不可分。如果说技术逻辑是规定了媒介产业整体定位的发展圆点，那么产业逻辑则是规定了媒介产业可能性的发展半径。当下对于智能语音时代传统广播创新发展的讨论其实正是对于传统广播发展圆点与发展半径的重新思考，从无线电迁移至互联网，从维系现有受众到重新面向真正意义的大众市场，这是智能语音为传统广播带来的第二次技术逻辑与产业逻辑融合的契机。智能语音经过近 60 年的技术积淀（学界普遍认可以 1950 年马文·明斯基建造世界上第一台神经网络计算机为人工智能诞生起点，故此处从 1960 年代神经网络被引入语音识别算起），其技术逻辑已经相当完善，目之所见的是从智能语音软件到智能语音硬件，各种智能语音产品已经从实验室走进了千家万户，低廉的使用成本、极低的操作门槛、极高的可用度都让智能语音产品拥有了成为大众媒介的可能性。不过，当下智能语音的发展亟需传统广播作为源头活水来供给丰富有效的声音内容、产业人才、市场经验，而传统广播则正可以乘技术发展的东风实现声音产业的改造升级。这是"同声相契"的产业共性。

三、智能语音时代传统广播如何实现创新发展

智能语音时代背景下传统广播的创新发展，要求传统广播能够基于已有的知识、信息、技能和方法，提出新方法、新观点并进行发明创造、改革、革新。这种从理念到实践的创新发展体系既要体现在前端的消费升级之中，也要体现在消费升级背后的产业升级趋势之中。

（一）消费升级

1. 智能语音释放了用户的音频消费潜力

NPR（National Public Radio，美国公共广播）CMO Meg Goldthwaite 曾说："正如研究（指 NPR 与 Edison Research 联合发布的《2018 智能音频报告》）显示的那样，智能音箱的用户正在关闭电视、笔记本电脑，花更多的时间收听新闻、音乐、播客和书籍，这也加大了对音频内容的需求。"[①] Meg Goldthwaite 的确言

---

① 《2018 智能音箱带来的智能音频和广播媒体的机遇》，搜狐网，2018 年 8 月 2 日。

中了智能语音所带来的音频内容需求增长，但他的表述却并不准确。用户在音频内容需求上的增长首先是需求得到释放的合理"补足"，其后才是发展性的后期"助长"。用户的音频消费习惯在所谓"后广播时代"之所以未被培养起来，首先是因为更丰富的视觉媒介冲击，保罗·莱文森口中的"补偿性媒介"理论在一定程度上解释了这种衰落。但与莱文森所述"我们不愿意忍受偷窥者汤姆的冲击，所以我们发明了窗帘"① 不同的是，人们转向电视、互联网更多的是"被吸引"，而非他所表述的"被迫"与"无奈"。不能像电视一样显示图像、不能像互联网一样即时互动……从真正的"技术乐观主义"来说，这绝对不是广播的缺陷，而是声音的特色与魅力，正如我们不能要求"笛子吹出提琴的声音一样"，我们愿意将这种不强求表述为"媒介的自适性"。所以，从某种意义上来说，在当前阶段，智能语音产品做的只是将受众从不良好的传统广播收听体验中解放出来而将用户被禁锢的音频消费潜力释放出来，这种"媒介自适性"的回归实际上就是对"人性化趋势"的顺应，它毫无疑问是我们今日讨论音频消费升级的基础。

2. 智能语音构建了"场景化传播"模式

"场景化"一词源自营销学，它的基本路径是从目标用户出发，发现其核心需求及核心需求间的相互联系，从而串联起多重活动使目标用户在特定场景中得到满足。将其核心逻辑应用到传播中来，我们发现，场景是用户通过智能语音进行媒介消费的核心，"场景化传播"是智能语音天然的传播模式。相对于其他传播模式，其优势主要体现在以下两方面：一是从受众角度出发首先决定了场景化传播是一种根本上关注用户体验的传播模式，而非传统上以传者想要达成的效果为重，通过智能语音，用户可以简单随意地说出自己的需求而不用特别纠结于进行完整明确的表达，因为语气、音色、音量等口语信息都在传递丰富的辅助信息，而可被探查的场景更让声音在表达层次上多了几重维度，从而让机器在认知层次上实现跃升；二是多重需求的串联让"场景化传播"可以从单纯的信息告知局限中跳脱出来，得以关注由声音链接的生活方式，因为智能语音的一体化不仅体现在"能够突破原有信息终端分散割裂的局限，将各种媒介融而为一，实现多终端联动，建立统一互联的媒介生态"②，也体现在媒介生态之外的以声音连接起来的家居场景、驾车场景、亲子场景等生活场景之中。在"场景化传播"模式中，用户在智能语音的辅助引导下实现购物、办公乃至情感连接的广泛可能

① 【美】保罗·莱文森：《软边缘：信息革命的历史与未来》，熊澄宇等译，清华大学出版社 2002年版。

② 朱飞虎、徐康生：《智能语音平台上媒体的发展逻辑》，《新闻世界》2018 年第 10 期。

性得以成为现实。

3. 智能语音扩展了交互式传播的内涵

在传播学早期发展阶段，便已经有对于交互式传播与非交互式传播的研究，一般认为，交互式传播与非交互式传播（或称线性传播）区别在于是否可以依据受众知觉来选择传播内容与方式。传统广播一般被视作非交互式传播的代表，而在智能语音时代，广播不仅达到了交互式传播的需要，更在相当程度上扩展了交互式传播的内涵。这种扩展主要体现在以下两点：一是依需筛选音频内容，通过对巨大的声音内容存量进行机器学习，了解内容含义并即时剪切片段回应用户需求；二是依需创制音频内容，这不仅限于基础的功能性回复，更发展到了层次更高的音频内容自动生成。Quartz 开发的聊新闻模式被认为是人与机器进行交互式传播的有益尝试，不过当视觉界面被语音界面所取代，在媒介意义上考察，人机交互的进化就更为清晰地表现为人媒关系的进化。从公共关系的角度出发，人们通常认为媒介关系具有工具性与对象性，而人媒关系其实也是如此。其工具性在于人可以将媒介视作渠道用以链接世界，而对象性则在于媒介亦可以作为被链接的客体存在。智能语音时代的交互式传播于人媒关系上的意义在于挖掘了媒介的对象性，使得对于人媒关系的考察得以进入一个新维度。引发我们思考的是，在近似于社交性的框架之下，这种工具性和对象性实则是统一的，因为如果"人即媒介"（通常被表述为"用户即渠道"）是社交媒体对于新闻生产的重构，那么"媒介即人"则是智能语音对于交互式传播的扩展，从某种意义上来说，它回归了 Communication（传播）一词的本意，即"沟通"。

（二）产业升级

1. 智能语音全面融入传统广播采编播全程

荷兰的两位学者 Hille van der Kaa 和 Emiel Krahmer 认为，人工智能在新闻界的价值来自它将人从发现和获取事实的低级工作中解放出来，从而使人能够更多地关注新闻的核实、解释和传播。[①] 不过，就目前传统广播对于智能语音的使用情况来看，随着人工智能技术的快速发展，应用层级也正在逐步走向深入。在基础层级上，智能语音技术对简单重复性劳动的有效覆盖极大地解放了人力并提高了工作效率，比如应用语音转录文字技术提高采访与出稿效率，通过文字关键字检索对应语音片段方便后期编辑正成为广播业界的常态；在高等层级上，智能语音技术在传统广播平台上的创造性价值正在被挖掘，目前已有不少电台将智能语音助手主播引入节目编排，它们可以提供实时内容抓取与语音推送，并实现了一

---

① Hille van der Kaa, Emiel Krahmer: Journalist versus news consumer: The perceived credibility of machine written news. British Medical Journal, 2014

定程度上的智能语音主播与真人主播、智能语音主播与用户之间的互动。应当说，这种应用将智能语音从传统广播的后台成功引入了前台，也扩展了传统广播在内容生产上的边界。

2. 智能语音助力传统广播实现市场扩张

传统广播现实的情况是，尽管在新媒体的冲击下，其影响力与黄金时期不可同日而语，但相对于报刊等传统媒体，把握住老年人、驾车族等关键受众群体的广播生存状况实属乐观，并且基于这种核心竞争力，我们可以预估其发展态势将在未来相当长的时间内保持稳定。有学者总结原因并将之归纳称为"广播的窄播化"。不过，若以整体的媒介发展史观视之，我们会发现，"窄播化"并非传统广播策略性的主动选择，而是面对新媒体冲击的无奈之举，伴随着受众精细分层的是大众市场的丢失。智能语音之于广播的意义在于让不少人重新发现了声音的价值，从而为传统广播实现市场扩张提供了基础。首先，在智能语音的赋能下，传统广播的受众群体从老年人、驾车族重新扩张到了所有人；再者，手机应用、智能音箱等多种智能语音载体让传统广播有了从车空间中跳脱出来面向移动场景、家庭场景的丰富可能；最后，智能语音的互联网化让传统广播可以摆脱电波束缚，从区域市场走向全国市场。

3. 智能语音优化传统广播变现手段

频率上播放商业广告，频率下开展商业营销是目前多数电台主要的盈利模式，而对于商家和传统广播来说，更丰富，更优质的合作形式正在由智能语音生成。智能语音至少在4方面为传统广播提供了优化的变现手段：一是基于可记录的用户使用习惯与内容喜好实现广告精准推送，从而让广告不仅对广告商有积极意义，更能对消费者提供更有价值的意见参考，例如亚马逊便打通了自家的Echo智能音箱与亚马逊商城的连接，当智能语音在与用户进行沟通时探知到用户的需求时，Echo便会根据用户的大数据描摹在亚马逊商城进行语音推荐购买；二是基于地理媒介（Geographic Media）技术开发新的智能场景化广告形式，这种广告形式已经被沃尔玛开始使用，当用户进入特定空间如沃尔玛商场、星巴克咖啡店时，用户的随身智能语音助手或商家的固定式智能语音助手便会在恰当的时间推送优惠信息或产品推荐；三是对其他智能语音平台进行内容授权，传统广播作为优质的内容提供方可将自家内容接入特定智能语音平台，这样不仅扩展了内容流通渠道，更可为对应平台方建构内容优势；四是发展付费内容，智能语音为传统广播带来了互联网理念，这一理念让传统广播在形式上从直播走向了直播与点播结合，也为内容付费奠定了基础。需要说明的是，我们能够看到后两点是目前传统广播正在着力推动的，而前两点目前都是由商家主导开展，并且尚未形成趋势，传统广播应当通过自主构建智能语音平台或与其他平台合作的方式推动其发展。

四、结语

长时间以来，学界与业界都在尝试以媒介融合的方式推动传统广播的创新发展，但问题却遇到了不少。在笔者看来，这其中最大的问题在于对"声音"的不自信。诚然，如果将广播内容转为文字，再加上图片、配上视频，广播的众多"缺陷"都将被补足，但广播似乎也就此成为附属，声音的主体性也不复存在。探讨智能语音时代传统广播的创新发展，最大的意义在于尝试在"补足"的思维之外，能够基于媒介本体思考，提供一种保持"声音"自信、坚定"声音"主体地位的发展思路。

（作者单位：安徽师范大学新闻与传播学院）

媒体融合环境下广播文艺节目转型路径思考

岳文玲　郜玉金

麦克卢汉指出"没有一种媒体具有孤立的意义和存在，任何一种媒体只有在与其他媒体的相互作用中，才能实现自己的意义和价值。"每一次传播变革，广播唱衰论调都被反复提及，身处移动互联网时代，广播的价值再次被定义。融合发展进入"深水区"，广播文艺节目不可避免地深植于调和新旧矛盾之中，转型升级时间紧任务重。目前，广播文艺节目的发展和人民生活需求之间存在很大差距，只有正视自身问题，有针对性地提出解决方案，协同创新发展，才能实现从简单相"加"走向深度相"融"。

一、广播文艺节目现状及问题

（一）用户思维不强，互动不足，节目传播形态相对单一

"互联网＋"语境下的受众从"你传我受"的被动局面，转变为具有自主选择和判断的多元化"用户"个体，更注重自我感受。他们对广播文艺节目诉求多元、分众，更多的表现为表达、参与节目，与主持人实现互动，与其他具有同样精神需求的用户交流，产生共鸣。但一些节目固守陈规，不能充分利用微信、微博、视频等平台，造成节目传播形态单一，无法满足用户多方获取信息、参与互动的诉求，造成黏性低、收听率低，反而弱化了广播文艺节目多样性的内涵。

（二）内容同质、失范，缺乏创新，部分传统艺术节目被边缘化

广播文艺节目概念宽泛，按照艺术形式分类有音乐节目、戏曲节目、曲艺节目（相声、小品、评书、快板等）、文学节目（文学欣赏、小说连播）、广播剧以及脱口秀等。该类型节目有着广泛、深厚的群众基础，在丰富人民精神文化生活，提供娱乐休闲，提高审美情趣，宣传价值取向等方面有着重要作用。2014年10月，习近平总书记在文艺工作座谈讲话中提出"结合新的时代条件传承和弘扬中华优秀传统文化，传承和弘扬中华美学精神。"但是，一些节目出于商业目的，迎合受众不良需求，出现低俗失范、不顾社会利益的现象。一方面图利图快，降低节目文化内涵，抄袭网络段子"打擦边球"，内容过分娱乐化、同质

化、低俗化，有违社会公序良俗；另一方面，受新媒体冲击，挤压评书、广播剧、戏曲、快板等节目播放时长、时段求得生存空间，使得这些蕴含深厚民族文化底蕴的传统艺术节目边缘化，受众断层、流失。

（三）节目市场化运作低，版权缺位，体制机制内能动性弱

事物的存在是建立在竞争基础之上，有竞争才有市场，才能生存。广播的事业属性一方面决定了广播文艺节目自身的非营利性，另一方面按照体制机制运作必然存在人事、收益分配、管理统筹等对市场的适应问题。目前广播文艺节目大多采取无偿供给新媒体平台的方式来扩大影响力，取得互联网领域的延伸，但这种方法只能暂时扩大影响范围。如果此类节目把自己定位成新媒体终端音频节目"搬运工"，就降低了"融合"价值。面对竞争激烈的媒体市场，如何建立有效的市场机制，激发节目创作者的积极性，是传统广播文艺节目转型升级的关键所在。

二、广播文艺节目转型路径

（一）注重精神产品生产，满足用户多样需求，真诚关爱用户

无论"眼球经济"还是"注意力经济"，激烈融合的竞争归根到底还是"人"的竞争。人是群居动物，渴望得到同类的安抚与慰藉，从根本上讲用户希冀获得的是节目真诚的关爱。

1. 以人为核心，生产分众化精神产品

音乐、小说、曲艺、脱口秀等节目形式内在地把用户分众，为他们提供精神欢愉，缓解高压、快节奏、冷漠的社会带来的种种焦虑、不安、孤独。"我们的问题不应该是：我们能够交流吗？而应该是问：我们能够相互爱护，能够公正而宽厚地彼此相待吗？"在竞争激烈快节奏的现代生活中，科技不断更迭，但精神文化产品却总是相似的。作为精神产品、文化产品，广播文艺节目以人为核心，真诚关爱用户，才是联结用户的终极目的。只有真诚方能换取真心，只有征服用户的内心，才能真正地提高用户的黏性与忠诚度，增强用户体验，真正增强网络空间的"传播力、影响力、公信力和舆论引导能力"。

2. 以先进科技为依托，精准服务用户多元需求

大数据、云计算、LBS等技术手段使传统媒体产业格局发生深刻变化，对当下传播具有指导意义。广播文艺节目可以大数据技术为依托，深度分析、挖掘数据，描绘用户画像，为每一群体部落下的用户提供更精细化的精神产品，"做到精准生产、精准传播、精准服务"，打造、探索适合自身发展的服务模式，满足多元用户需求。

（二）发挥广播优势，强化多终端、多场景，伴随收听特性

1. 重新正视声音特质，以声音为多元起点

中国传媒大学胡正荣教授认为"声音将会是互联网下一个最大的入口，因

为文字入口、图片入口已经被开发到了极致，视频入口也已开发了两年多，声音一直没被足够开发，未来的广播就要在声音的基础上连接一切"。传统广播节目以声音为传播载体，转型升级必然要求回归自身优势和特色，围绕声音做大做强广播音频节目，把自身的"本"发挥到极致，才能借势与其他平台融合多元化发展。

2. 借力放大伴随性优势，强化多终端、多场景收听

广播的伴随性解放用户视觉，可以在特定场景中"一心二用"，获取信息。如今，科技进步、经济快速发展，私家车的保有量持续上升，手机、平板、可穿戴设备等终端几乎是人们生活场景中的标配……多种因素共同作用极大改变了用户收听方式，传统居家收听已势微，"中国广播已经进入多终端、多场景收听时代，其收听率在全世界已处于第一位"。

新媒体的出现帮助广播克服了时空限制，放大了伴随性优势。作为用户最喜闻乐见的节目类型，广播文艺节目可以结合特定场景，如做运动、做家务、上下班路上……满足用户随时随地、碎片化收听习惯，帮助用户节约时间成本，获得身心的放松。值得注意的是，"'车联网 + 广播'是业界公认的可能重塑移动广播产业格局的新'风口'，智能汽车将会成为智能手机之后的又一超级流量入口"。央广文艺之声《海阳现场秀》节目定位于移动人群，以"下班路上的快乐陪驾"为口号，强化开车、下班路上收听场景，主持人海阳用接地气的视角解读当天或新近的热点新闻娱乐话题，在轻松愉悦中传递社会正能量，关怀社会民生，把传统广播的声音的特性渗透到用户那里，为身心俱疲的上班族带去快乐与陪伴。

（三）深化供给侧改革，提高节目对用户需求变化的适应性

《国家"十三五"时期文化发展改革规划纲要》提出"要在新时期加强网络文化产品创作生产，推动传统文艺与网络文艺创新性融合，促进优秀作品多渠道传输、多平台展示、多终端推送"。从提高供给质量出发，须结合新媒体环境扩大有效供给，优化广播文艺节目产权结构，更有效灵活地适应不同用户需求。

1. 赋予题材时代特征，弘扬社会主义核心价值观，用优质内容取胜

在新时代，广播文艺节目选择热门题材创作出"差异化"的精品，既是用户需求多样化的内在要求，也是讲好"中国故事"、传播中华文化精髓的有效途径。《中华好人颂》《中国母亲风采》采用评书的形式，讲述百姓身边事、身边人，弘扬社会正能量，对传统艺术形式大胆创新、寓教于乐得到用户认可，不仅弘扬社会正能量还拉近了与用户的距离。微广播剧《捋直舌头说话》结合短视频流行契机，IP 化创微电影《根儿》，形成音视频结合、网台联动之势，将原有IP 内容进行深耕和二度开发，展现了两岸新老两代文艺工作者的艺术传承精神。

2. 创新节目形式，与用户深度互动，增强用户黏性

"广播媒体在转型的过程中，不应浅尝辄止地停留在利用微信、微博与用户进行互动这一层面，而应通过新媒体平台，将部分内容选择和制作权下放到用户群体中去，实现媒体与用户共同打造'广播产品'。"北京人民广播电台《国人自述——我的梦》系列，将新闻报道与微广播剧结合，通过各行各业人物自述圆梦故事，诠释了"每个人的前途命运都与国家和民族的前途命运紧密相连""国家好，民族好，大家才会好"的主题。1074 广播《吃香喝辣》节目，大胆创新节目形式，基于微信公众号开发 IP "直播探店"，吃货可在直播平台、官方微信、微博链接中随时观看，发表弹幕时时互动，增强了用户参与的满足感。天津文艺广播《倾听国学》节目立足于传承、普及中华民族优秀文化知识，采用"UGC + PGC"的模式，把文学欣赏、专家讲授、用户参与朗读讲解有机结合，同时在官方微信推送国学知识，在天津广播自由 APP 和网络电台进行板块式投放，激发用户参与节目热情，增强吸引力。

3. 创造需求，培育年轻用户，传承中华文化

戏曲、评书等文艺形式边缘化，用户多集中在老年群体，导致此类传统广播文艺用户断层、流失严重。习近平总书记说："世界的未来属于年轻一代"。广播文艺节目要在青少年没有需求的情况下创造需求，走进校园，培养他们对传统文艺的喜爱和中华民族文化的认同。江苏文艺广播老牌节目《梨园漫步》开设《校园票房》（假日版）、《梨园同乐会》板块，用户涵盖各年龄段的学生朋友。节目组织"送戏进校园""高校网友戏曲大赛"等活动，邀请戏曲名家及青少年戏迷走进直播室，大家一起唱戏、说戏、评戏，使戏曲通俗化、时尚化，丰富了学生的业余文化生活，使戏曲艺术在校园里得到更广泛的传播，增强了戏曲在年轻人中的影响力，起到很好的传承传统文化的作用。

4. "借船出海"与新媒体联动，形成平台矩阵，立体多样传播

微信、微博是我国使用人口基数最多的平台，抖音、美拍、火山小视频等一些后起之秀更是造就了大批网红，吸引众多年轻用户入驻。移动互联网使广播文艺节目的优势得到进一步强化，开放包容的媒体环境提供了与年轻主力军用户使用平台高度契合的可能。

广播文艺节目作为传统媒体产品分支不具备资金、技术、运维条件，即使自主开发节目 APP 想必很难占得先机。"借船出海"与新媒体联动形成平台矩阵不失为良策。"2016 年，网红经济和视频直播如雨后春笋般迅猛涌现的时候，（浙江省）城市之声更是具有创造性地以全媒体姿态推出了'疯狂主播'系列。该系列以电台主播为原生原创资源，结合电视综艺节目表达手段，推出了广播节目、107 秒微视频、视频直播、微信表情包等系列媒体产品，真正实现了平台全

覆盖。"广播文艺节目与微博、微信、抖音、荔枝 FM……新媒体平台联合互动，借力新媒体平台优势，形成"一次采集、多次生成、多平台投放"节目矩阵，可听可视好玩又新潮，既满足用户的好奇心、增强黏性，又为节目注入新活力，拓展生存传播空间。

（四）盘活市场，开拓多元经营，创新盈利模式

市场在资源配置中起决定作用，广播文艺节目品牌的打造是媒体竞争市场化和用户消费需求的必然结果，单纯依靠传统的广告或者政府补贴的时代已经一去不复返，"只有解决了创收和盈利问题，作为自收自支的广电传媒才有余力进一步推进融合与转型"。

1. 建立工作室，线上线下打造品牌，力求社会效益和经济效益有机统一

体制机制成为转型融合的桎梏，而工作室的建立探索出制播分离的全新业务与运营模式，用"小机制"带动"大变革"能更好地适应市场化发展。央广文艺之声"海阳工作室"由"金话筒"主持人海阳主导组建，其性质"类似电视台独立制作人中心制，工作室拥有团队组建权、管理权、创意自主权、项目竞标权、经费支配权和资源使用权"。自由灵活的机制模式不仅解决了用人机制，还激发团队精耕细作把《海阳现场秀》打造成了具有全国影响力的品牌节目。《海阳现场秀》2015 年 5 月发起公益"爱目行动"，致力于西部儿童视力保护，普及爱目知识，防治因长期紫外线照射造成的儿童视力问题。节目与腾讯公益、微公益等平台携手，一起为西部儿童筹集公益资金。此外，利用微信公众号，节目将海阳的签名版书籍《哥们心态好极了》以及每期绿色无广告版内容在线售卖，所得款项也捐助给"爱目行动"。《海阳现场秀》整合线上用户社群，线下举办"8·5 海阳粉丝节""万人相亲会""海阳乐跑团""围观海阳""私家车俱乐部"等活动，多方位延伸服务空间，增强用户忠诚度，实现社会效益和经济效益相统一。

2. 拓展节目附加值，多渠道创收变现，兼顾"ISLI"标准和版权

广播文艺节目一旦形成品牌，就会降低用户对节目的选择成本。品牌节目可以通过增加节目内涵扩大营收渠道，把粉丝和流量变现，用交叉补贴的方式提升品牌价值。央广文艺之声围绕《海阳现场秀》品牌，利用公众号线上开发《我是海小阳》《说话教程》《海阳私享会》等优质付费节目，开设品类众多的"海の良品"商城；线下组织"海阳环球旅行团"等活动，实现版权、实物、服务创收，形成节目良性循环的生态环境。

形成多平台、多渠道传播，满足用户多元个性化需求、长足发展都离不开一个问题——版权。喻国明教授指出"内容版权的有效保护比单纯的给予财力支持更为重要和关键"。《新闻出版广播影视"十三五"发展规则（公开版）》中

更是明确提出把"深度融合，一体发展作为关系行业生存发展的战略工程"。《海阳现场秀》节目的付费主张只适合当下，要想实现更好更加长足的发展，必须利用 ISLI 标准"实现资源有效管控和价值增值"。广播文艺节目作为信息内容产业的一个组成部分，要想适应时代和市场的发展，必须提高对 ISLI 标准的认知度，对所有的广播文艺节目资源进行归类整合编码，实现在"'资源编码化、生产数字化、运营数据化、服务知识化'中发挥重要支撑作用"，有计划、分阶段地促成广播文艺节目资源元数据交换、共享，打破各种信息内容产业之间的壁垒，实现"图形声像影"内容资源的跨载体形态、传播渠道整合利用，实现无障碍传播、跨种类管理。这样不仅方便了行业传播者，同时增加用户个性化信息匹配度与投送效率。ISLI 标准是重要环节，如果应用推广普及，势必加速媒介融合，提高软实力在国际上的竞争力。

3. 创新运营方式，尝试节目众筹，开启新一轮"珠江模式"

近两年，"众筹经济"极具热度，但广播领域的众筹鲜有提及。开广播节目众筹先河应该是 2015 年 2 月，珠江经济广播电台《风云再汇》（财经类节目）与互联网众筹平台联手，发起众筹服务项目，通过网络互动实现共赢，成功众筹一年的节目制作费用 88 万元。节目众筹可事先探索市场价值，如果成功不仅解决节目资金制作问题，还可获得用户良好的关注度、参与度，起到很好的营销推广作用，可谓是"一石多鸟"。说不定时隔 30 余年后的今天，媒体融合又将兴起新的一轮"珠江模式"。"众筹"值得广播文艺节目借鉴学习。

三、结语

《周易》提出"变则通，通则达"。当下，科技发展日新月异，"人工智能"成为热门，智媒体已初见端倪，处在移动互联网时代媒体融合转型的迭代后期，广播文艺节目要加紧步伐以声音优势为起点，不断创新节目内容、形式、播出平台，盘活市场，更好地传承传统文化，把最好的"精神食粮"奉献给人民，"满足人民群众日益增长的对美好生活的向往"。

（作者分别为：新疆大学硕士研究生；新疆大学新闻与传播学院副教授。本文系国家社科基金项目"基于移动互联网的涉疆暴恐舆情传播途径、演变规律及应对策略"〈项目编号：17BXW107〉的研究成果）

广播节目《故事酒吧的一千零一夜》创新探析

杨 丹

2017 年元月 2 日，北京人民广播电台的北京故事广播，推出全新的文艺类节目《故事酒吧的一千零一夜》（下称《故事酒吧》）。其具体场景是这样设定的：在北京的一个酒吧里，一位调酒师喜欢听客人讲述自己真实的人生故事。于是每晚都会有名客人向他倾诉自己或亲朋好友的亲身经历。该节目由一位"常驻"主持人扮演"调酒师"，另一位变换着的播讲人扮演光临酒吧的不同"客人"。无论客人讲的故事是喜是悲，调酒师听后都要赠上自己真诚、温暖、隽永的"听后感"，同时送上一杯象征故事色彩的鸡尾酒。本节目的播出时间是周一至周五的 21 点整至 21 点 25 分。截至 2018 年 8 月 31 日，它已成功播出了 373 期。1 年 8 个月的实践证明，《故事酒吧》已成为频率效益的支柱之一，强力拉动了晚间板块的收听率，市场反馈良好。感人的真切内容，精良的制作手段，全新的融媒体合作，使本节目荣获了"北京广播电视台 2017 年度节（栏）目创新奖"金奖。

那么，《故事酒吧》的创新尝试有哪些主要经验呢？笔者作为本节目的策划者和制作人，代表创作团队在此谈些浅见。

一、选准内容，是把控创新对路的基础

任何事物的存在和发展，都以内容为基础，以形式为表现；形式只有适合内容的需要才会存在。因此，故事广播节目的创新，理应先判断清楚大多数听众所喜闻乐见的内容是什么，然后有的放矢地竭诚提供产品，才不会走偏方向。对此，我们从两方面做了尝试。

（一）让平凡百姓的真人真事亲和听众

我们为创办《故事酒吧》栏目进行调研时发现，传统的广播故事节目，多取材于书报刊等媒体上登载的作品，且侧重名家名作。其内容精良、合乎规范，但各有自己特定的读者对象，未必大众化。在我反复考虑是否仍走这条老路时，北京电台针对故事类节目所做调研中的一句听众来言，猛然触发了我："打动听

众首先要打动自己。"我扪心自问：什么故事最能长久打动自己？答案是："平凡百姓的真人真事。"为什么？我体会："平凡百姓"的故事和自己的经历大同小异、平等亲切，没有仰视高官大腕的压迫感；"真人真事"的故事给自己的感受切实可靠，值得珍藏，没有奇闻轶事的虚幻感。我将此番认识向各位相关人士征求意见，得到赞同，于是坚定了这样的信心：故事广播的内容专门取材于平凡百姓的真人真事，这会使大多数听众觉着舒适愉快，自觉不自觉地以包容之心接受它，而不漠视或排斥它，从而迈出本节目亲和听众的第一步。

为使这种亲和力长期延续，在节目不断播出的过程中，我们特邀一些具有良好语言表达能力的投稿入选作者，来电台亲自参与节目录制，由真人来讲述真实的故事，实现电台与受众之间的充分互动。例如，北京医院肿瘤科的一名护士，曾结合自身的工作经历撰写了一篇名为《"管儿工"手记》的文稿，经《故事酒吧》选用后，认为由作者本人来讲这个故事更具感染力，便邀她到电台录音棚演播，效果特好。

（二）凭凝练后的故事精华打动人心

《故事酒吧》所收集到的故事素材，都是当代人讲的真事，范围广大：人物涉及千行百业的男女老少；时空涉及新旧中国、城乡与海内外；事由涉及家事、国事、天下事带来的种种人生况味——既有大时代中的命运起伏，也有社会交往中的酸甜苦辣，还有婚恋家庭中的喜怒哀乐，如此等等。这些素材的原稿质朴真实，但常常存在着过程叙述不清、材料详略失当等不足，妨碍着讲述者准确充分地表述自己所要明确的主题，因此我们在审改这些原稿时，首先得在完全尊重作者观点的前提下，增删材料、归纳论点，将作者想说而未讲清楚的"关键词句"说出来。此外，根据故事情节需要，我有时让调酒师在"听后感"中，点出客人已经形成但自己不便启齿的"核心观点"。

例如，2017年3月11日播出的《我把我的心挖给你》的讲述者，是一位成功的已婚中年男士。他出轨女下属，最终人家因无法接受自己"第三者"的身份而主动提出与他分手。在节目最后，我请调酒师与这位男客人进行了如下对话，指出了他在婚恋观上的过失，他欣然接受。

调酒师：这是你的鸡尾酒。它是用干式金酒，加上两种美思酒，再加入橘子汁和一点点石榴糖浆调和而成的。它的名字叫作"美人痣"。

男客人：美人痣？这个名字有什么讲究吗？

调酒师：张爱玲曾经有过这么一段比喻，她说：每个男人的生活中，至少都有过这样的两种女人，如同白玫瑰与红玫瑰一样，让人难以取舍——如果你选择了红玫瑰，久而久之，那没有得到的白色，仍然是"床前明月光"，而那抹红色，则早已成为墙上的一块蚊子血；如果你选择了白玫瑰，久而久之，白色便成为你衣服上粘的一颗饭粒，而那红色却如同心口上的一颗朱砂痣，让你魂牵梦绕。

男客人：（苦笑）你的意思是说……只有得不到的，才是最让人想念的么？

调酒师：也许吧……其实我觉得在这个比喻中，最值得关注的，是被选中的那枝玫瑰。

男客人：玫瑰？

调酒师：嗯，无论是红玫瑰还是白玫瑰，选中它的人或许是因为一时喜欢，或许是自己还没想清楚，但为了装点门面就匆匆做了选择，被选中的玫瑰其实并没有得到珍惜，难道不最值得同情吗？

男客人：（苦笑）你是想说，最自私的其实是我吧？

调酒师：我们每个人活在这个世界上，都会出于本能为自己争取最好的物质条件和生活伴侣，特希望同时都得到。如果一时不能兼顾，也要退而求其次先得到一个，再去追求另一个。但人之所以区别于动物，不就是因为在本能之上，我们还有着道德与责任感吗？或许，主动离开你的那颗美人痣，才是你最好的选择吧……

一些听众反映：在对"第三者"现象众说纷纭的当下，这期节目"润物细无声"地坦诚劝诫男客人，是画龙点睛之笔，使整个作品具有了可贵的思想深度。其隽永的含义，使人深受启迪而难忘。由此我觉得，《故事酒吧》以其"大俗"把听众吸引进门也许不难，但是若使听众经常留连忘返，非得呈上"大雅"不可。

二、完善形式，是巩固创新基础的保障

同一内容的事物，可用多种形式表现，而陈旧僵化的形式，常会有损内容，阻碍事物发展。因此，《故事酒吧》的内容确立后，就要破旧立新，找到最能将本节目各要素统一起来以淋漓尽致地发挥其感染力的表现形式，我们的努力见诸以下两方面。

（一）施展广播艺术魅力，唤起听众丰富联想

传统的广播故事节目一般是由一或两人以播音员身份来讲述，有时适当配些背景音乐及音响。我提出：在此基础上，可进一步开掘广播所独具的深厚潜力，借用广播剧的艺术手法，虚拟出酒吧与调酒师，来讲述真实故事。这一方案作为本节目形式创新的亮点，实施后效果良好。

有研究者对广播剧的创作原理和要求做过这样的表述：广播剧用声音塑造形象，表现环境、推动剧情。语言、音乐、音响是广播剧的三大声音元素——对白、旁白、独白、解说等语言是否精彩，对能不能真切生动地展示剧情和活灵活现地塑造人物的气质、神韵，至关重要；包括插曲在内的音乐和音响是否出色，

对能不能恰如其分地点明时代、介绍地域、突出主题、刻画角色、抒发情感、表现动作、描写场景、烘托气氛等，不可或缺。只有将上述三大元素有机结合创造出来的听觉佳作，才能抓紧听众，唤起他们在没有视觉角度限制下的丰富联想，享受闻其声如见其人、如临其境的艺术硕果。

很显然，按上述标准打造《故事酒吧》，制作者要具备较高的业务水准和超乎寻常的工作量。我们深知自己能力、经验十分有限，既然如此，更得用"取法乎上，仅得其中"的精神，面向高标准边学边干边提升。

首先，为把《故事酒吧》的语言尽量做得叙事晓畅、声情并茂，我们对每期节目的原始文稿，主要从三个方面进行"剧本化"的二度创作：一是将原稿中的基本内容，移入播出剧本所虚拟的"酒吧"内，删除与此调整不符的语言，增写生动勾画相应情景的文字。二是将原稿中一个人对故事情节的叙述，转换成播出剧本中"调酒师"与"客人"的对话，语言表达方式需相应地从直抒胸臆，变为互问互答，同时将书面语言口语化。三是将原稿中未曾设置的上述两位人物的神韵特征，在播出剧本中用性格化的语言将其刻画出来。以上三方面的努力成果若充分实现，离不开专业演播人员的艺术功力。因此，我们邀请台内擅长演播的知名主持人和台外著名演播艺术家、配音演员参与录制，以确保每期节目的艺术品质均属上乘。

现以 2017 年 7 月 28 号在"唐山抗震纪念日"播出的《我家老屋的沧桑史》开篇部分为例，简要说明一下这种二度创作的详情：

[原稿内容]

每年的唐山抗震纪念日前夕，我都要回到那曾经居住了近 30 年的老屋旧址看看。地震过去 41 年了，尽管物去人非，世事纷繁，使我对什么都看得淡了，唯有那座老屋却让我梦萦魂绕，情思绵绵。

那是一座仅有两间半房和一个小院的破旧老屋。它坐落在唐山市最老的街道——解放路的中段，距离老唐山的小山繁商区仅有 500 多米。土坯垒就的房屋四壁，用唐山特有的石灰掺炉灰打成的焦子屋顶，房子矮得一米八的个头伸手能摸到顶棚。

[改后内容]

男客人：前两天，我又回了趟我们家的老屋，唉……每到 7 月 28 号前后，就总忍不住想回去看看……

调酒师：7 月 28 号？这个日子很特别呀！

男客人：（苦笑）呵呵……小伙子，41 年前，你还没出生吧？[调酒师：（笑）是啊……]唉，没赶上也好。对我们唐山人来说，41 年前的今天，就是噩梦啊！

调酒师：您是说，唐山大地震？您当时在唐山？

男客人：对，这都 41 年了。虽然这辈子经历了太多的事，我这把老骨头对什么都已经看淡了，可就是我家那座老屋，让人放不下啊！

调酒师：那座老屋……是不是在地震的时候……

男客人：在地震的时候，差不多都毁了，但地震之后，我们一家还是靠着老屋的残垣断壁，生活了将近 10 年。

调酒师：您当时没搬走？

男客人：这就说来话长了。我们家那座老屋，其实就是一个小院子，里面有两间半的房子，位置就在解放路的中段。哦，这解放路应该说是我们唐山最老的一条街了。[调酒师：嗯] 那房子的墙就是用土坯垒的，屋顶是用我们唐山特有的石灰掺炉灰打成的焦子屋顶。房子也不高，1 米 8 的个头进去的话，伸手就能摸到屋顶（笑）。

其次，为把《故事酒吧》的音乐和音响尽量做得妙趣横生、绘声绘色，我们秉承工匠精神，关注每个细节，努力精雕细刻。

在音乐方面，我们根据每一集的独特故事，从整体到局部，为其量身打造了个性鲜明的音乐形象——伴随着内容发展，总会响起与其意境相合的变化着的背景音乐，无论是钢琴、吉他等器乐独奏，还是管弦乐、民乐等乐队合奏，都能恰如其分地揭示主题、营造气氛。配乐的时长，或和本剧 25 分钟的播出时间相同，或不少于它的 70%。

在音响方面，我们既确保酒吧内开关门、调配酒等主体音响的不可或缺，也不放过音响有否两可的大小环节，逐一给出它们合情合理的设计效果。其中包括战场、村落、街道、店铺、饭馆等等多种场合中的物声与人声，意在把"塑造真实性"这一音响的首要功能发挥到极致。

我们相信，将《故事酒吧》的"语言表意、音乐表情、音响表实"创作到位后，三者相辅相成地为每一集酿就的"声音美"，会凭借广播节目无视觉限制的独特优势，将听众的想象力发挥得淋漓尽致——当使人身临其境般的音响效果，把你带入直抵人心的故事情节中，那时而激昂挺进、时而委婉缠绵、时而哀伤阴冷的配乐旋律，会触动每个人的生活经历和内心情感，由此幻化出能够联想到的种种场景与人物，分享《故事酒吧》带来的感悟和乐趣。

（二）践行多媒体融合，推动节目借势扬优

当今的融媒体环境，已能通过有机整合传统媒体与新媒体的共同点，打造出两者一脉相通的经营道路。在此基础上，广播节目可将自身单一的竞争力，变成多媒体综合优势的共同竞争力，从而创新运营方式，有效提高节目的收听率和品牌影响力。《故事酒吧》与在线凤凰中文网旗下的"有故事的人"（下称《人》）

的深度合作，便是成功的范例。

凤凰网是中国领先的综合门户网站，提供包括新闻、访谈、评论、互动等多种内容的含文图音频的全方位服务。《人》作为该网站的一个知名写作平台，多年来诚恳地向网民组稿：无论是亲身经历的，还是耳闻目睹的，每个人都有值得一说的故事；宏大背景下的历史要事也好，平常生活中的凡人小事也罢，尽管写来；经审定入选后，都能在平台发表并得到稿酬。

在"资源通融，内容兼融"方面，《人》的微信公众平台所组织、发表的大量网友原创的真实故事，提供给了《故事酒吧》改编制作成集播出，电台在获得有声版权的同时，也支持《人》在本频道免费播放每一集《故事酒吧》，而电台自组稿件入选《故事酒吧》后，其文字定稿亦由《人》在自己的平台上来发表付酬。如此互融的直接收效，仅从双方能彼此丰富稿源，壮大作者队伍这一点来看，便会一目了然。

上述"两融"，必还带动两家的"宣传互融、利益共融"——《故事酒吧》和《人》在各自播放与刊登每一个合作成果时，都特别说明了这是由北京人民广播电台与凤凰中文网联合制作推出的。两家媒体的相互推介，会提示很多已往只关注其中一家的受众，去留心另一家，由此出现了提升电台收听率和网站点击量的良好收效。长此以往，《故事酒吧》和《人》的联合宣传、推广，将会形成充分扩散、无限传播的必然趋势。

综上所述，着眼于"内容"与"形式"这对事物构成的基本面，《故事酒吧》尝试创新的思路可表述为：选择平凡百姓原生态的质朴回忆，确保为节目扎下"真"的根基；凝练往事悲欢中打动人心的精华，全力使节目凸显"善"的意义；施展广播艺术绘声绘色的巧妙手段，用心让节目四射"美"的魅力。

（作者单位：北京人民广播电台节目制作中心）

融媒时代应急广播的垂直化与延伸性探析

陈月罡

作为应急管理的重要手段，应急广播在突发公共事件的应急处置中及时传达政令、发布信息、引导舆论、稳定人心、协助救灾，发挥着不可替代的独特作用。

2019 年热映的电影《流浪地球》中曾出现两次全球应急广播，它的作用至关重要。当然，这是科幻电影的情节。目前，人类还没有进行过全球应急广播的实践，但是，区域性的应急广播在一次次自然灾害中向受灾民众传递了非常重要的救灾信息与时讯。

2017 年，国家新闻出版广电总局印发《全国应急广播体系建设总体规划》，国内各大交通广播纷纷加入应急广播体系。融媒时代，在危机与突发事件面前，交通广播体系内的应急广播是达到资源有效利用和有效传播的最好平台。

一、以"联盟联动"为核心，搭建应急广播垂直化共享平台

公共应急事件通常呈现出跨区域的特点。随着我国立体交通的快速发展，特别是高速路网系统的完善，交通广播作为应急的主力军，构建跨区域的应急协调联动机制更是势在必行。因此，应建立起一个垂直领域的应急传播系统，并通过统一的联盟组织形式，在应急服务方面提供统一的支撑体系，最终实现资源共享、优势互补。

1. 政府联盟里外融合

政府部门历来是应急救援的主导力量和中坚力量，也是全社会应对突发事件的领导者与总指挥。因此，应急广播应当主动加强与政府部门的联动。应以应急办为核心，建立涵盖交通运输、公安交警、消防支队、气象台、铁路、公路、民航、海事、医疗卫生、安全生产、地震、民政等在内的应急服务联动机制，构建多部门前端发布模式和多专家应急会商模式。

连云港交通广播建成的几大应急直播室就是与政府职能部门战略合作的成果。除与连云港市公安局交巡警支队在 110 指挥中心建立交通路况直播室外，在

连云港市应急办的统一协调下，在万达广场建立 927 应急直播室，建立起突发事件应急处理联动机制和协作平台。927 应急直播室全力构建政府应急救灾指挥调度平台、道路交通事故快速播报平台、12345 公共信息平台、"找到了"公益服务平台。连云港交通广播将与应急联盟单位开展全方位、多领域、深层次的合作，在发生重大自然灾害、突发事件、公共卫生与社会安全等突发公共危机时，第一时间传递权威信息和救灾知识，实现正确舆论引导。

2. 报道联盟上下互通

融媒时代，应急广播应打破地域限制，建立起新型联盟化应急报道组织，共享信息资源，增强互动和联动，同频共振，突发事件发生后，形成一个立体式的应急报道体系，从而更好地服务民众。

2014 年，中广联合会交宣委组建了全国交通广播应急联盟，制定了联盟章程，规定各成员单位对重大突发事件及应急主题宣传活动实行"联制联播、共同发布"。2015 年，全国交通广播应急联盟微信群建立，有力地推动了省市级交通广播间的强强联合，实现了资源整合和优势互补。2017 年，中国城市安全与区域应急联动高峰论坛在上海举行，各地应急广播融合宣传的传播力、引导力、影响力、公信力进一步增强。[1]

全国交通广播应急联盟共享资源的内容包括：（1）节假日高速公路中重大通行和气象预警信息；（2）国省道连接段拥堵和施工信息；（3）机场进出港航班动态和特殊天气信息；（4）节假日重大景区预警信息；（5）灾害性天气和重大突发事件。[2] 通过微信群，各应急广播积极共享资源，形式涉及文字、图片、音频、视频以及新媒体推送等。

湖南交通频道在推动广播跨区域应急联动方面作出了尝试。在省内，主要通过湖南电台分布在各市州的广播成员单位形成广泛的应急触角。在省外，则主动加强与全国交通广播的信息合作，例如 2018 年国庆期间，湖南交通频道联合贵州、深圳、江西、广东、广西、湖北、重庆等周边省（市）交通广播，发起"假日高速出行报道联盟"，在高速信息共享方面发挥了积极作用。

3. 社会联盟左右链接

社会力量参与应急工作，是政府领导下的全社会应急机制的重要组成部分及调和因素。社会力量大都具有自身独特的专业技术优势、资源优势，在处置事故灾难中能够很好地弥补政府应急能力的天然缺陷，是应急管理体系不可或缺的组

---

① 施展：《应急联动，服务听众，应急联盟助力交通广播向纵深发展》，《传播力研究》2017 年第 4 期。

② 高永亮、刘哲铭、陈常松：《第二十三届全国交通广播年会综述》，《中国广播电视学刊》2017 年第 6 期。

成部分。

连云港交通广播与市文明办、市运输管理处、市交巡警支队以及各大出租车公司紧密合作，建立以出租车司机、公交车司机、港城好司机千名私家车主等为依托的路况应急信息员队伍，定期开展培训，应急事件发生时，随时就近调动应急成员参与救援；联合全市各级各类志愿者组织及志愿者开展应急志愿服务，鼓励"大家帮助大家"；与连云港人保财险、金汇通航直升机救援合作，打造连云港上空的立体救援网络。未来，除了空中观察应急信息，更可以通过救援直升机实施远程施救。

二、以"融媒矩阵"为载体，构建应急广播立体化传播平台

当应急事件发生时，获取信息是听众的第一诉求，广播应当第一时间建构起立体化传播信息平台。中国传媒大学广播战略研究中心主任曹璐认为，在应急状态下，媒体不只是做一般的信息通报，而是进行信息链接、信息执行和信息反馈，由此而成为一种促进社会良性运行的舆论链条，让社会各个环节能有效衔接。[①]

在应急处置中，不同类型的媒体之间要形成资源共享、优势互补、紧密协作、高速流动的信息网络系统。借助各媒体的优势和资源，让应急信息同时以多种媒体形式传播出去，覆盖到不同的人群和地域，使信息传播不留空白。结合官方微博、微信等新媒体平台，在应急运作中形成天然的全媒体联动优势。

1. "第一现场"全覆盖呈现

应急广播贵在"第一现场"。传统广播的优势是伴随性和快速反应，对于应急报道，听众往往只闻其声，未见其人，无法感知现场的事件进展。融媒体直播打破了这一局限。

连云港手机台设有图文直播间，报道形式不再局限于记者的电话连线，在突发事件现场的记者，可以通过手机随时随地拍摄照片或录制短视频上传。与此同时，连云港手机台的直播内容可以即时转发到微信朋友圈，扩大信息传播效果。图文直播间还可以互动，听众随时留言，成为内容的生产者，直接参与到整个应急直播链条当中。"音视图文"四位一体的全覆盖呈现方式，开启了一个与听众零距离开放互动传播的新时代。

2. "多方借力"全方位传播

应急广播贵在"多方借力"。只有多方联动、有效对接，才能打造传播力最强的应急广播，真正做到"一次采集、多种生成、有效传播"。

---

① 曹宝：《广播在突发事件中的责任和作用——中央电台召开特别直播〈爱心守望 风雪同行〉研讨会》，《新闻战线》2008 年第 4 期。

连云港交通广播与全市各大政务新媒体和自媒体合作，开展全媒体联动发布、实时互动。如2018年冬季，连云港遭遇一场特大雨雪袭击，路面因结冰湿滑引发多起交通事故。连云港交通广播联合交警部门在节目中及时播报最新暴雨雪、路况信息之外，使用连云港交警微信公众号、连云港发布、连云港手机台、今日头条、凤凰网同步直播，将音频内容生产拓展为全媒体内容呈现，点击量达到20万+，效果远远超过预期，极大地扩大了应急直播信息的服务范围，提升了服务价值。

3. "应急队伍"全流程参与

应急广播的报道质量取决于一支专业素质过硬、社会责任感强的采编播队伍。连云港交通广播为提高频率整体的应急能力，对岗位职责明确分工、责任到人。在突发公共事件发生后，记者接到线索后第一时间赶赴事件现场，对目击者、当事人、事件处理等人员进行现场采访，确保报道客观、公正、准确。一旦遭遇突发事件，特设"应急主持人"，承担电话连线和事件播报工作。

地方应急广播应培育一批忠实的应急报道员。听众黏性高，具有区域性、接近性等特点，对突发事件的跟踪报道更便利、更高效。一旦哪里有重大突发事件发生，应急报道员都能在第一时间把信息通过各种方式提供给应急广播；而一旦发生突发公共事件，应急报道员也能锁定应急广播，及时了解事件情况。

三、以"应急处置"为手段，组建应急广播延伸性服务平台

重大突发事件打破了人们的正常生活，甚至造成人员、财产的巨大损失。应急广播所营造的媒介环境对于人们对灾害的认知、对救灾行动的了解、对自身心态的调控、对未来发展的思考都起着至关重要的作用。[①]

1. 搭建社会救助平台

在社会公共危机事件发生过后，应急广播最重要的功能体现在社会救援和心灵抚慰方面。广播在救灾和化解危机的过程中，通过电波搭建起社会资源调度的平台，为危机中的人们提供救援措施，提供救援资讯，承担救援任务。

2016年2月16日晚上，浙江金华浦江县三名孩子失踪。经过72个小时的搜寻，最终，三个孩子平安回家。浙江交通广播围绕救援紧急行动，联动各部门进行了三天的直播。河北交通广播利用媒体优势，配合省应急办等应急成员单位，开展应急爱心捐赠、应急志愿者征集等活动，时刻准备着做好"战时突击队"。连云港交通广播为日常性应急援助建立了平台，如每年为高考的考生准备"高考应急服务车"，如果发现哪位考生出现忘记带准考证、眼镜、文具等重要

---

① 石勤：《从突发事件报道看应急广播的责任与担当》，《中国新闻出版广电报》2016年7月18日。

物品，"高考应急服务车"马上出动，及时提供免费服务。

广播是一种情感性较强的媒介，听众对于广播具有情感依赖，希望广播能够成为随身携带的知心伙伴，遇到问题也希望借助媒体的力量帮助他们排忧解难。应急广播搭建起的社会平台起到沟通社会情感、抚慰听众心灵的作用。

2. 搭建舆论正声平台

谣言总是与突发事件相伴而生，如果不能及时正声，容易引发社会混乱。谣言的最终平息需要依靠主流媒体的及时参与。当人们陷入恐慌心理时，应急广播应快速反应、强势介入、传播真相，义不容辞地担负起拨乱反正的责任，不缺位、不失语，用事实除谣言、正视听。

以天津港"8·12"特别重大火灾爆炸事故为例。2015年8月12日23：30左右，天津港瑞海公司危险品仓库发生爆炸，造成重大人员伤亡和财产损失。事故进入第5天，出现了死亡人数、临时消防员、环境污染等27个不实传闻。而后，以中国之声为首的各大主流媒体的官方声音"入场"，承担起最新消息的传播任务。针对网上流传的虚假传言，中国之声第一时间进行调查采访、权威解读，消除了民众的恐慌情绪，以有效信息正视听。

新媒体时代，信息的裂变式传播助长了突发事件公众知晓的速度和范围，这为应急广播的发展提供了机遇。应急广播要传播有温度的信息，体现深层次的人文关怀，营造可靠积极的媒介环境。

3. 搭建科普场景平台

我国的应急科普基础比较薄弱，应急知识的宣传普及力度还有待加强。应急广播应承担起这项使命，宣传解读应急预案，提高民众防灾避险和自救互助能力，不间断为受众提供应急信息与服务。

中央人民广播电台国家应急广播中心与中国高速公路广播共同开办《国家应急广播高速加油站》节目，包括应急资讯、应急服务站、应急访谈、自救榜样、应急档案等版块，并通过线上线下多种渠道广泛传播。连云港交通广播从生活实际出发，针对青少年开展应急实景演练，为青少年提供开放式、体验式的应急教育服务。通过常态化与系统化的应急教育，帮助青少年提升安全意识，掌握面对地震、火灾等危急时刻的应急技能，进一步增强他们的自我保护能力。

总之，让应急广播成为政府信息的"发布厅"、百姓的"求助台"和"互助站"、志愿者和慈善人士的"指南针"、维护社会稳定的"减震器"，虽任重道远，但前景广阔。未来，应急广播将会助力交通广播向纵深发展，这也将成为媒体新格局下交通广播影响力升华的一次飞跃。

（作者系江苏连云港广播电视台交通频率总监）

广播帮忙类节目提升竞争力的策略研究

倪兴康

起源于"听众服务台"、成型于北京电台"京城帮帮团"的广播帮忙类节目，因其能为市民排忧解难、贴近群众、实用性强而广受欢迎。加上便于互动交流、能充分展现广播媒介的特长等优点，近20年来，帮忙类节目逐渐成为全国各地各级广播电台的标配性节目。

近年来，随着社会的发展和传播环境的变化，广播帮忙类节目遇到了"成长的烦恼"，听众流失严重，影响力不断弱化，普遍出现了"叫好不叫座"的现象，亟待进行改革创新，扭转影响力持续下滑的局面，运用新的模式、办法、手段，再创广播帮忙类节目新辉煌。

一、广播帮忙类节目的现实困境

(一) 题材单调、内容枯燥，听众产生审美疲劳

帮忙类节目以服务民生为己任，普遍都是"大块头"节目，时间长、容量大。从内容上看，老百姓前来求助的，大多是一些与自己切身利益相关的小事情，比如消费维权、养老保险、劳资纠纷、邻里矛盾、寻人寻物等。开办初期，由于这些信息具有天然的贴近性，还能吸引当地听众，但日复一日，总是这些内容，听众就会感到单调乏味，产生认知和审美疲劳。

(二) 个体需求与受众心理预期不同步时，呈现出矛盾的不可调和性

作为公益类节目，主持人对每一个求助者都抱着极大热情，尽最大努力去为他们排忧解难。帮忙类节目都是直播节目，求助者的问题五花八门、千奇百怪，有些求助者涉及的问题还特别专业和复杂，主持人搞清楚问题来龙去脉就得花很长时间，如果这个问题不足以吸引大多数听众，主持人就会处于两难境地，不帮，于心不忍于情被动，帮助他又挤占其他求助者的通道。这是传统广播无法克服的死穴，也是年轻用户不愿收听、参与广播节目的主因。

(三) 节目质量起伏较大，难以形成品牌效应

帮忙类节目的核心要素是求助信息，在没有求助信息的情况下，主持人只好

唱独角戏，播一些大家都能搜索到的服务类资讯。可以说，求助信息的数量和质量，直接决定了帮忙类栏目的质量和热度，但是，每天的求助信息具有随机性、偶然性，栏目组很难提前掌控。近年来，随着传播渠道的增加，这个问题更加突出。节目质量时好时坏，就难以培养忠实"粉丝"，如果连续出现信息荒，品牌美誉度就开始下降，老听众也会离开。

二、制约广播帮忙类节目发展的主要因素

（一）开拓意识不强，在聚合、汇集求助信息的重要环节上主动性不够、用力不足

"我国正处于快速转型时期，转型的速度、广度与深度都前所未有，社会机制有所转变，社会结构也有所调整，随之而来的就是各种社会冲突。"[①] 社会发展越是不平衡、越是多极化，寻求帮助的人们就越多。与此同时，各类公益组织以及相应的公益媒介平台雨后春笋般涌现，传播渠道随手可得。怎么把需要帮助的市民吸引到广播帮忙平台上来，变得更加重要，也显得更为困难。纵观广播帮忙类栏目，普遍还是守株待兔的心理，还有等客上门、靠天吃饭的思想。近年来，面对帮忙类节目的颓势，许多广播帮忙类栏目已经开始重视"客源"（求助信息），但是，在怎么"组织客源"和怎么"抢客"上面，还是缺少行动的魄力和大手笔的投入，没有行之有效的办法和手段。

（二）品牌意识不强，宣传推广缺位

广播帮忙类节目是扶贫济困、弘扬正气、传播社会正能量的一方天地，自然受到百姓的欢迎，也是节目能够长期生存发展的根本原因之一。但是由于同类服务越来越多，媒介市场竞争也越来越激烈。当消费者需要这个服务时，首先想到的自然是印象深刻的品牌平台。但是，观察各地的广播帮忙类节目，对品牌营销普遍不够重视，在品牌培植上，大多寄希望于日积月累自然形成品牌，在栏目包装推广、品牌塑造方面缺少作为。

"互联网时代，媒体消费的移动化、品牌化、用户化的特征日趋明显。"[②] 品牌建设，是不进则退。广播帮忙类栏目一般都安排在非黄金时段播出，虽然每天做着大量的公益帮扶活动，但不注重自我宣传，知晓的人并不多。相反，一些新开办的商业媒介帮忙平台，舍得花钱，尽管所做公益活动并不多，但对活动本身的宣传却往往铺天盖地、声势很大，其追求的是快速形成自己的平台形象和品牌。而新品牌的出现，必然蚕食老品牌的份额。因此，重视品牌建设和宣传推广对广播帮忙类栏目来说，是十分重要与紧迫的课题。

---

① 张玮：《转型时期关于中国社会冲突问题研究》，《黑河学刊》2011 年第 12 期。
② 沈晨曦、纪乃旺：《地方主流媒体品牌建设的突围》，《新闻战线》2018 年第 11 期。

（三）融合意识不强，不能有效利用新媒体进行节目形态的创新和转型

新的时代，媒体的主战场已经转移至网络，这是不以人们意志为转移的客观现实。传统广播帮忙类节目的受众，其消费媒体的方式及习惯也必然发生改变。帮忙类节目如果不能因时因势而变，必然面临用户不断流失、最终被时代淘汰的命运。当前，全国所有的广播帮忙类栏目几乎都认识到了这一点，也都在想方设法地开展媒体融合的尝试，但真正下苦功夫在做的电台不多，融合成功的案例就更少了。

广播帮忙类节目与新媒体的融合，不是把节目放到网上播出那么简单，而是要用互联网思维彻底改造原有节目的组织方式、生产方式、播出方式，是脱胎换骨的改造，而不光是形式上的改变。

三、提升广播帮忙类节目影响力的路径和办法

（一）整合资源，确立区域民生帮忙大平台的战略定位

眼界决定格局，格局决定出路。广播帮忙类节目要提升影响力，首要的要明确自己的定位。把自己的格局做大，就是要把从前以广播单一媒体传播、栏目组成员孤军奋战的小平台，打造成为多媒介传播、多个部门合作、多种社会力量参与的一站式民生帮忙服务大平台。可以从以下 3 个方面进行整合：

1. 台内资源的整合

首先是信息来源的整合。帮忙类栏目属于民生新闻的范畴，新闻部门的信息来源必须与帮忙类栏目共享。帮忙类栏目是媒体服务民生的主要形式，各地在创建融媒体中心的过程中，应以帮忙类栏目为基础整合民生服务热线，把媒介集团内部各个小平台的民生热线集中到一起。如果一时做不到，至少媒介集团内部各频道、各频率的求助服务信息内容平台能够互相开放、实时共享。其次是人员的整合。帮忙类节目的成功，离不开出色的主持人。一般一档广播帮忙类栏目需要男女两名主持人，他们不仅要有高度的责任心，更要有一流的业务能力，而且最好两人之间还要气质互补，有相当高的配合默契度。因此，对于原先质量低下的帮忙类栏目来说，要提高影响力，就要下决心考虑更换主持人，要招贤纳士，让更适合的主持人上岗。与此同时，还要配强导播和帮忙记者，使整个团队拥有较强的战斗力。最后，建立单位内部各传播平台的联动机制。广播帮忙平台需要电视或新媒体一起参与报道时，相关平台应无条件配合与支持。

2. 政府资源的整合

一方面，通过积极沟通，争取共享政府部门掌握的求助信息，比如市长、县（区）长热线电话平台、公安 110 指挥中心平台、民政部门直管的 96345 民生服务热线平台等，这类平台都有各自的职能，但有一些接收到的信息对他们无用对媒体有用，与这些平台沟通合作，能极大地丰富广播帮忙类节目的信息来源，从

而为节目转型提质打下基础。另一方面，广播电视台是党委和政府的耳目喉舌，帮忙类节目是沟通政府与百姓的桥梁，媒介集团应以单位名义出面，通过沟通，争取地方党委宣传部门或纪检监察部门支持，建立由政府相关部门参与的帮忙类栏目联席会议制度和相关考核制度，促使各职能部门积极配合栏目组的工作，帮助栏目实现从帮小忙到帮大忙的转变。

3. 社会资源的整合

帮忙类栏目倡导大家帮助大家，每个市民都可以是求助者，也可以是帮助别人的行善者。但是术业有专攻，面对各种各样、千奇百怪的求助者，必须依靠专业人员才能提供有效帮助，而且作为公益栏目，经常开展活动也需要大量后援力量。现在社会上的公益组织、爱心团体很多，帮忙类栏目要广泛团结这些组织，紧紧依靠这些组织，在此基础上建立专业的后援力量。以笔者所在的杭州市萧山广播电视台《1079 帮忙团》栏目为例，栏目组专门成立了《1079 帮忙团》爱心联盟，联盟属下有公益律师团、爱心车队、应急救援队、生活服务队、医疗服务队等多个爱心团体。有了大量专业后援力量做后盾，求助者都能在第一时间得到有效帮助或者找到解决问题的科学路径和办法，主持人做节目也有了更大的信心和底气。成立联盟以后，节目质量迅速提升，影响力不断扩大，而且有越来越多的其他社会公益组织主动要求加入 1079 帮忙团爱心联盟行列，使该栏目呈现良性循环的发展态势。

（二）流程再造，借助媒体融合，实现广播播出与网络播出协同并进、节目生产与节目播出相对分离的运行机制

广播节目通常是直播，与听众的互动性强，与报纸、电视比较，被认为是传统媒体中最容易与互联网融合的媒介。帮忙类节目倡导"大家帮助大家"的理念，把受众生成节目作为节目的养成攻略。以全国新闻名专栏、河北广播电视台《992 大家帮》栏目为例，栏目组把成功的精髓定义为两句话："受众生成节目，行动改变社会。""节目内容直接从即时发生的受众需求中抓取，通过受众与媒体多方叙述互补，实时演变为鲜活的新闻报道，受众因而由'被动消费'转向'协同生产'。"①

听众向栏目求助，他的诉求是解决问题。由于听众的诉求五花八门，全部在广播平台中播出，既不好听，实际操作也做不到。对于广播听众来说，如果求助者的问题过于幼稚或求助信息太过琐碎，节目也会失去吸引力。处理这个难题就要借助互联网和节目后台导播的引导处理，进行必要的流程调整。首先，广播帮忙类节目必须有一个网络平台，这个平台可以是栏目自己的 App（一般做不

---

① 崔忠芳：《河北交通广播："受众生成节目"的广播传奇》，《中国广播影视》2015 年第 1 期。

到），也可以是媒介集团 App 设立的帮忙专区，这样，确保求助信息能够第一时间在栏目对应的移动互联网平台上全部呈现出来。其次，要配备与栏目相适应的导播力量，一档帮忙类栏目要配两到 3 个导播甚至更多。他们的工作除了提前与求助者沟通，了解清楚真实诉求，还要联系与求助事件相关的其他当事人，根据情况还要与专业人士初步沟通解决之道。导播工作过程需全程录音，以便主持人后期调用音频资料。最后，导播把求助者信息、沟通联络情况等经过整理的材料交给主持人。主持人根据自己的判断，依次选择求助者进入广播平台进行直播。

如果求助者众多，有价值的求助信息当天无法在广播平台播出，导播要引导求助者第二天在栏目时段上线。如果求助者太少，求助信息一时接不上，为保证节目人气，主持人就要调用之前没有播出过的求助者向导播口述的求助录音。也就是说，只要求助者打进栏目电话（或者微信语音留言），节目生产就已经开始了，而节目的生产与播出并不是同步进行的，是有分有合的。这样的操作既保证了栏目内容的丰富性（在网络平台上呈现），又能好中选优，始终确保线性传播的广播平台上播出内容的高质量和可听性。

（三）加强策划，用持续不断的线下活动和社会关注度高的热门专题，提升帮忙类栏目的传播力、鲜活度和美誉度

要提升帮忙类栏目的影响力，就要深刻地介入并影响人们的生活。在媒体竞争白热化的背景下，举办线下活动以及推出关注社会热点、传递公益力量的特别专题，是该类栏目在竞争红海中脱颖而出的一个法宝，重点可以从以下四个维度进行思考、策划。为直观地说明，活动策划部分较多引用了《1079 帮忙团》栏目的一些事例。

1. 突发事件延伸的活动策划

帮忙类栏目每天都会接到紧急、突发的求助信息，如果求助事件需要市民的广泛参与，栏目组可顺势而为，迅速组织线下帮扶活动。2014 年 7 月 5 日傍晚，杭州一辆公交车遭人纵火，30 多人受伤，重伤 15 人，一时省中心血库 O 型血和 A 型血告急。《1079 帮忙团》迅速与献血部门沟通联系，决定第二天上午在市中心公园发起为伤员献血活动，并当夜通过各个媒体平台发布献血活动消息。第二天一个上午前来献血的市民达 400 多人，献血量超过 10 万毫升，受到多方好评。这类活动包括寻找走失的老人儿童、重大灾害的紧急救援等，活动的策划，一要讲究速度，二要牢牢把控活动的走向和规模，决不能添堵添乱。

2. 常态化公益主题活动策划

这类活动可以是为困难学子、贫困家庭募捐，可以帮农业大户销售滞销农产品，可以走进社区开展法律咨询等便民利民活动，题材多样。有的活动由于长年坚持，慢慢地就形成了品牌。比如，《1079 帮忙团》每年都策划组织一次帮助困

难学子圆读书梦的"一对一结对助学活动"，远到贵州从江、湖北利川，近到省内淳安、富阳等地，组织萧山爱心家庭到结对所在地认领孩子助学，结对数量每年少则三四十对，多则上百对。还有，每年高考成绩揭晓，考生和家长总是为如何填报志愿烦心，栏目求助热线电话接连不断，《1079 帮忙团》每年都会及时邀请市、区经验丰富的专家，组织一到两场高考填报志愿说明会。每次上千人的会场都是一座难求，既帮助考生和家长解燃眉之急，也通过口口相传提升了《1079 帮忙团》栏目急人所急的公益形象。

3. 准问政类栏目策划

与政府部门打交道，监督政府、服务政府，专门为此策划活动和节目，是帮忙类节目提升影响力最有效的途径之一。至少有两个方面原因。一方面，帮忙类节目若长期充斥邻里纠纷、情感纠纷、消费纠纷、找人、交友、寻物等所谓"鸡零狗碎"的小事，就会把节目层次拉低。我们说要关心民生大事，要从"帮小忙"向"帮大忙"转型，必须把政府部门拉进来参与节目，才能影响有影响力的人。另一方面，帮忙类节目接到的求助、投诉，很多涉及政府部门及其工作人员的不到位、不作为和乱作为，帮忙类节目作为媒体有责任和义务，为民请命、仗义执言。

准问政类节目可以考虑以下两种形式。一是围绕部门做文章。通过党委、政府发文的形式，要求与百姓生产生活关系密切的国土资源、建设规划、劳动保障、公安交通等部门的主要负责人，按计划走进帮忙类节目的直播间，直接受理百姓的求助、投诉和咨询。二是围绕问题做文章。针对所在地区正在推进中的改革难事、民生实事、热点事件，理出系列选题，邀请与问题相关的部门负责人与市民代表一起坐下来，以圆桌会议的形式沟通交流、解疑释惑、共商良策。这类节目成功的关键是不能作秀走过场，要实打实，才能有影响力和好口碑。

4. 重要节日、纪念日、重要时间节点的活动策划

目前我国一年的节假日为 114 天，几乎占到全年的三分之一，以公益为属性的帮忙类节目，必须高度重视节假日尤其是一些重要节日的活动和节目策划。人们对某些节日有特殊期待，如 315 消费者权益保护日，人们期待在这一天政府部门或媒体能帮助他们消费维权，因此对于这样重要日子，不是做不做活动的问题，而是怎么把活动做得更有影响力的问题。还有学雷锋日、助残日、慈善日、消防日、三八节、六一节、教师节、环节工人节等，都是帮忙类节目推出公益活动的好时节。

另外，在一些重要时间节点策划活动，也能起到事半功倍的传播效果。每年春节前，总有个别企业拖欠工资，让职工不能安心过年，《1079 帮忙团》连续多年在春节前推出"清欠工资进行时——帮忙团与您在一起"特别节目，帮助工

人讨薪维权。还有，前些年农民工回家过年车票难买，《1079 帮忙团》栏目联系赞助企业和长运公司，连续几年开出爱心大巴，每年都在 50 个班次左右，把大量工作到年边的农民工兄弟姐妹免费安全地送回河南、安徽等老家。栏目组的这些爱心行动，极大温暖了农民工的心，也在市民心中树立起良好的品牌形象。

提升广播帮忙类节目影响力是一项系统工程，除了前文提到的一些方法，还需要对栏目进行全面的品牌包装和大力度的宣传推广；为调动栏目组成员的积极性，还必须对栏目组的运行体制进行改革完善；还要引进先进的人工智能技术，为听众和用户提供更多的服务。总之，在大力倡导社会主义核心价值观的新时代，只要我们用心用情用力做好资源整合、媒体融合、流程再造、活动策划等工作，广播帮忙类栏目就能不断提升传播力、竞争力、影响力和公信力，在服务人民中继续发挥更大的作用。

(作者系杭州市萧山广播电视台广播中心主任)

同声同心同行　打造长三角县级广播共同体

——以对农广播融媒体大型跨地行动《长三角·特色小镇1+1》为例

毛萍霞

为贯彻落实习近平总书记对促进长三角地区一体化发展的要求，宣传好《长三角地区一体化发展三年行动计划（2018—2020年)》，浙江诸暨人民广播电台联手沪苏皖三省兄弟县级电台，联合推出首季"长三角特色小镇1+1"对农广播融媒体大型跨地行动，以"大三农"视角，关注乡村振兴战略在长三角地区的落地，展现长三角各地市壮丽70年的发展成果，积极推进区域合作，建起"对话窗"，更新"朋友圈"，为长三角一体化国家战略宣传助力。此次县级对农广播融媒体大型跨地行动获2019年度浙江省广播电视对农节目服务工程建设考核广播活动一等奖。

活动历时6个月，旨在通过广播主导的融媒体综合互动传播，展示沪苏浙皖四地多个精品特色小镇风情，进行县与县、镇与镇的对话，找寻产业合作发展的支点，开展"名优特"旅游及产品交易，架构县域广电媒体合作的创新机制。首季"长三角特色小镇1+1"全网点击超1000万，视频直播点击超200万，在长三角区域开创了县级广播媒体引领跨省大行动的先河，是长三角基层县级媒体同心同声同行，准确把握时代脉搏，深度参与长三角一体化进程，打造长三角广播共同体的生动实践。

一、紧跟国家战略，赋予活动大格局

长三角地区是我国经济最具活力、开放程度最高、创新能力最强的地区之一。2018年，习近平总书记在首届中国国际进口博览会开幕式的主旨演讲中向世界宣布，"支持长江三角洲区域一体化发展并上升为国家战略"①。进入2019年后，关于长三角一体化的政策消息频出，长三角一体化发展写进政府工作报

---

① 习近平：《共建创新包容的开放型世界经济——在首届中国国际进口博览会开幕式上的主旨演讲》，《人民日报》2018年11月6日。

告。在各地认真落实讲话精神、大力推进战略目标的热潮中，基层媒体担负着舆论先导的媒体责无旁贷成为一体化的先行者。

长三角一体化发展，沪苏浙皖迎来大利好，处在核心区域周边的城市迎来巨大机遇，又恰逢建国 70 周年，诸暨人民广播电台敏锐地抓住了长三角一体化国家战略这一重大课题，从 2019 年伊始提前策划布局，以"大三农"视角，契合基层广播媒体的关注热点，聚焦乡村振兴战略特色在长三角地区的落地，集中展现长三角各地市特色小镇的发展成果。

早在 2015 年，浙江的特色小镇就从无到有、从有到优，类别不断丰富，布局日趋合力。这些特色小镇让乡村振兴有载体有内涵，激发了全社会创业创新的活力。2019 年初，诸暨人民广播电台首先精心遴选出三个当地特色小镇：千年文脉平安小镇枫桥、千年香榧风情小镇赵家、袜艺小镇大唐。这些特色小镇各有特色，但无不展现出旺盛生命力。如袜艺小镇大唐年产袜子 250 亿双，占全国的 70%、全球的 30%，是名副其实的国际袜都。2018 年 8 月 16 日，诸暨袜艺小镇被浙江省政府正式命名为浙江省特色小镇。而平安小镇枫桥是"枫桥经验"的发源地，香榧风情小镇则有着国内 70% 的香榧产量。这些特色小镇，都在乡村振兴战略中，唱出了一首首富有鲜明地方特色的发展之歌。在确定活动主题后，诸暨人民广播电台成立"对农广播融媒体大型跨地行动"项目组，组织人员多次到上海金山、江苏常熟、安徽肥东实地对接，敲定与之关联度高有碰撞感的对应特色小镇。经多地交流踏勘，最终确定上海金山枫泾古镇、江苏常熟沙家浜小镇、安徽肥东包公镇为首季对农广播融媒体大型跨地行动（沪、江、浙、皖）"长三角特色小镇 1+1"的直播点。

活动策划方案得到金山融媒体中心、常熟广播电视台、肥东广播电视台等长三角基层广播电视台的积极响应，大家认为，在长三角发展中，基层广播媒体要互联共通，建起"对话窗"，总结和推广各地在经济、社会、生态、绿色、发展方面的成功经验，促进长三角地区特色小镇宽领域、深层次的交流合作，为长三角一体化国家战略宣传助力。

2019 年 6 月 21 日，浙江省召开推进长三角一体化发展大会，全面部署浙江推进长三角一体化发展各项工作，加快推动全域、全方位融入长三角。6 月 23 日，"长三角特色小镇 1+1"行动在诸暨平安小镇枫桥、上海金山枫泾古镇启动，县域广播以紧跟国家战略的创新者姿态，为长三角一体化在特色小镇的融合发展跨出了一大步。

二、精准锁定特色小镇，切中乡村发展新脉搏

"长三角特色小镇 1+1"活动锁定特色小镇、聚焦乡村振兴。首季六地视频直播做足"农旅融合"文章，展示长三角特色小镇的别样风貌。在总时长 500

分钟的视频直播中，上海金山、浙江诸暨、江苏常熟、安徽肥东的主持人和记者轮番亮相，上山入水、穿山越岭，走企业看市场、进农家品美食，带来全新沉浸式体验报道。

在首场直播中，上海金山融媒体中心 FM105.1 主持人和 FM98.2 诸暨之声主持人一起开启"两枫"小镇的探索、发现之旅。毛泽东同志批示学习推广的"枫桥经验"，被呈现在古镇路边一碗市井味的面条里、枫桥边大妈欢快起舞的身姿里、邻里相亲的茶余饭后里。与枫桥古镇远隔千百里的上海枫泾古镇，呈现给大家的是一幅幅富有江南水乡风土人情的金山农民画，表达出当代农民对家乡、对祖国淳朴真切的热爱。村民陈福堂说："现在生活这么好，不愁吃不愁穿。现在的农村，设施和城里一样，环境比城里还好。"

在风情小镇赵家，常熟台主持人和诸暨的游客一起戏水观鱼、赏千年香榧林、揭秘香榧"三代果"传说，这些环节生动有趣，让大家在山水中领略诸暨赵家的风土人情。同样精彩的是在江苏沙家浜小镇，两地主持人现场采访、讲述红色故事。在层层的芦苇荡里，船娘讲述春来茶馆的故事，唱起样板戏来满是对革命前辈的敬仰和对如今幸福生活的满足自豪。

在袜艺小镇大唐，来自安徽阜阳的朱世伟如今已是大唐镇外来建设者中心副书记和安徽阜阳商会副会长。他的故事是大唐发展的一个缩影，无数外来建设者靠袜子发家致富，人和家美的传奇故事在大唐俯首皆是。与此同时，在肥东包公镇，包公清廉传家故事更让人回味无穷。

文化"古而今"、产业"特而强"、形态"小而美"、功能"新而合"。六场大型视频直播集结起沪苏浙皖四地广播、电视、微信平台等全媒体矩阵。微信双向直播、全网互动等多形式发布，一个个有温度、接地气，群众愿意看，也看得懂、看得进的微信直播画面，在长三角各地引起强烈反响，引得全国各地网友纷纷点赞、留言、转发，直播期间互动率高达 20%。有网友留言："我离开家乡 27年，在这里看到了家乡的发展，我要为家乡点赞，为你们点赞。"而在看到对应的特色小镇后，许多网友都觉得这样的"朋友圈"新鲜有趣，为下次的特色小镇之旅做好了准备。

一个个鲜活的小镇人物，一个个生动的故事情节，各特色小镇间的暗线脉络相互关联、遥向相呼。枫桥三贤之一的杨维桢曾经徙居上海金山。现在的金山区亭林镇古松园内，有一棵罗汉松就是当年杨维桢亲手种植的，因其号"铁崖"，故称"铁崖松"，也被称为"江南第一松"。沙家浜的芦苇荡、包公镇的民间传说传递着长三角特色小镇人民的深情厚谊，贴近生活，更充满烟火气息。诸暨枫桥镇镇长向上海金山枫泾的乡亲发出邀请，而赵家镇的当家人则和沙家浜的蟹农商量起接下来在 10 月丰收时节办一场枫桥香榧和沙家浜大闸蟹的农产品专场特销会。

各地独具特色的美食、美景、美人以及特色文化通过直播镜头和微信朋友圈产生裂变式传播效应，上述特色小镇一度成为"网红"打卡地。截至目前，仅微信视频直播点击量就远超 200 万人次。许多网友留言，希望当地媒体能再举办专场特色小镇游，一起去走走看看。

2019 年适逢新中国成立 70 周年。在此次直播中，各广播媒体都特别策划融入了红色地标，彰显长三角特色小镇的红色基因。枫桥大庙周恩来的抗日演讲激动人心、枫泾古镇北旺泾阻击战的旧炮台似乎还有声声炮响。沙家浜阿庆嫂的样板戏声入人心，网友听了原汁原味的"阿庆嫂"唱段自是叫好连连。在每一场直播的结尾，小镇村民洋溢着幸福的笑脸，挥舞起五星红旗，齐声合唱《我和我的祖国》，浓浓的爱国情在手机端流淌，掀起了直播活动的高潮。

三、践行"四力"，广播人从自身融合

在激烈的媒体竞争之下，来自最基层的传统广播媒体在长三角里排兵布阵，亮出了当下媒体的诸种兵器，使出了十八般武艺：微信直播、Vlog 视频小花絮、抖音小视频……一次跨省融媒体新闻行动，就是一次践行"四力"的高强度技术拉练。

作为活动的发起单位，诸暨人民广播电台承担了保障整个活动顺利推进的责任，除了要做好与沪苏皖兄弟台的对接落实工作外，还得负担起本土的三场直播活动。

没有经验可借鉴，没有模板可效仿，一切都是在摸索中找寻最佳方案。广播人既要策划联络，还要拍摄直播，诸暨广播"长三角特色小镇项目组"发挥强大的执行能力，攻坚克难，从创意策划、线路规划、海报设计、文案撰写、人员落实到最后圆满播出，仅枫桥的一场直播活动，团队在酷暑盛夏就走访现场多达 17 次。了解枫桥历史故事、采访小镇村民，多层次、多方位、多渠道地调查了解情况，一遍遍地踏看现场，做到精益求精，不放过任何一个小细节。由于枫桥古镇上直播路线相对较长，需分成两个直播点，主持人必须在短短 4 分钟的宣传片插播间隙，从第 1 个直播点赶到第 2 个直播点。就是这么一段石板小巷，直播团队用实地走路、踩自行车、滑板等设计了多个方案，最终动用当地居民的三辆电动三轮车，顺利完成了主持人、摄像、现场导演的转场。而"三轮车转场"的精彩花絮也被真实记录下来，制作成 Vlog 小视频发布于微信公众号上，吸引了无数网民。

在风情小镇赵家，由于小镇的两个直播点分别在香榧山和小山村，相距较远，直播团队第一次采用了远距离两地无缝对接，两组人马同步切换，确保直播顺利过渡。在赵家香榧森林公园直播现场，香榧森林公园走位都是自上而下的台阶，每一个摄像背后都需专门有一位保护人，一步步保护摄像平稳走下台阶进行

拍摄。当日直播活动花絮"一个成功摄像师背后的男人"在朋友圈和抖音平台上一经发布就成"爆款"，也让网友们深深感受到了主创人员的不易。

四、基层广播同心同力，画出最大"同心圆"

汇聚长三角3省1市4家广播电视台采编、主持人、技术的力量，并实现融合传播，在这四家县级广播媒体中尚属首次。

在平台发布上，参与"长三角特色小镇1+1"活动的各广播媒体遵循合作畅通、技术联通、内容互通、队伍共通的原则，相对应的小镇两地微信公众号同步视频直播、同步微信推送，打破行政区域的割裂，确保直播风格统一、技术标准统一、包装视觉统一，在线上实现长三角一体化共建共享。四地广播实现了更广范围的合作与提升。

这次活动历时6个月，3省1市县级台精心布局，工作人员汗洒江南大地，前后多次采访联络协调，确保主题宣传活动不仅在内容设计上统一主题和策划重点，更在播出上实现了"三个统一"。

其一，视觉设计统一。此次直播在活动前期就请专门的设计公司对网络海报、宣传广告及所有标题、主题、图标、手卡等进行统一设计制作，保持活动标识的一致性和鲜明性。特别录制的总片头恢宏大气，富有强烈的艺术感染力。

其二，直播风格统一。参与活动的县级广播媒体分别承担每场100分钟的直播内容，基本采用多点远距离无缝对接。当地主持人和相对应的特色小镇所在县级广播主持人联袂搭档，以现场采访和主持人体验沉浸式报道带给网友全新的特色小镇体验，展示特色小镇人民的幸福生活。

其三，技术标准统一。四地媒体技术部门统一协作，为确保技术到位，安徽肥东台技术中心工作人员特地来到诸暨直播现场，学习了解直播的相关技术要求。每场直播都由主管技术的负责人全程参与，确保转播、传输、通信、应急技术标准的统一。

虽然6场视频直播出自4家县级台，但整体水准一致、风格相符，诸暨广播媒体携手兄弟台同仁一起克服了诸多困难，最终共同谱就长三角特色小镇的赞歌。基层广电人辛勤付出，以创新之作为祖国母亲华诞献礼！

此次直播还为县级广播的窗口互通、新媒体产品联合、主持人交流、大型活动联办等积累了宝贵经验，是长三角县级基层广播资源共享、互助合作、融合传播的一次有益尝试。长三角一体化发展，县级媒体当好传播推进的先行者，也为自身跨越发展找到了新空间。活动有段落，合作未竟时。"长三角特色小镇1+1"第二季又将启动，更多基层县级台将加入长三角广播共同体的大家庭。

（作者系浙江诸暨广播电视台广播节目中心副主任）

功能音频重塑广播比较优势

——论音频 App 产品的供给侧改革

张 亮 戴 婷

App 是 Application 的缩写，指应用程序，是智能手机的第三方应用程序。比较著名的应用商店有苹果商店、腾讯的应用宝、360 软件市场等。本文所述的音频 App 是传统广播媒体衍生出的音频类应用程序。

近三年，全国广播媒体纷纷试水音频 App。吉林广播有沐耳 FM，北京广播有听听 FM，上海广播有阿基米德……全国有超过 60 家广播电台建设了自己的移动客户端。其中，大部分客户端的内容都来自"母体"电台，加上购买或者合作的音频产品，组成了"半成品"音频 App。而大数据、人工智能等先进技术很少出现在这一梯队，很难与商业音频 App 形成竞争力。比达咨询（BDR）数据中心监测数据显示，2017 年 8 月主要有声音频 App 月活用户数方面，商业 App 名列前茅。其中：喜马拉雅 FM 位居第 1 位，活跃用户数为 5870.6 万人；蜻蜓 FM 位居第 2 位，月活用户数为 3911.4 万人；荔枝 FM 电台以 3075.0 万人的月活用户数排名第 3。大部分传统广播媒体衍生出的音频 App 月活用户数是喜马拉雅的百分之一甚至更低。广播人制造的音频 App 出了什么问题呢？是因为技术壁垒，没有技术团队？还是运营方法陈旧，无法满足受众用户体验？或是商业模式单一，没有成熟的商业模式？

分析原因，是传统广播媒体的音频 App 产品出了问题，需要立刻进行产品的"供给侧改革"，这类改革也同样适用商业音频 App。

"供给侧改革"，就是从供给、生产端入手，通过解放生产力，提升竞争力，促进经济发展。具体而言，就是要求清理僵尸企业，淘汰落后产能，将发展方向锁定新兴领域、创新领域，创造新的经济增长点。对于供给侧改革，习近平总书记的原话是，"在适度扩大总需求的同时，着力加强供给侧结构性改革，着力提高供给体系质量和效率"，其核心在于提高全要素生产率。供给侧改革的定义同样适用于音频 App 的产品。供给侧改革，本质上就是从供给、生产端入手，通过解放生产力，提升效率促进经济发展。传统企业总把力气花到生产人们不需要的东西上，再费力拉动需求。现在，我们选择"以用户的价值为依归"的方法，人们需要什么，我们就竭尽全力生产什么。音频 App 的供给侧改革，更是由下至上推动的改革，用户通过点击量告诉生产者，他们喜欢什么产品，他们需要什么内容。

目前大多数音频 App 的产品分 3 种，一是电台自办节目移植到音频 App，二是购买、合作的音频产品，三是全新制作生产的音频产品。这些产品大部分是基于传统广播电台的受众进行生产和购买的，效果差强人意。面对移动互联网时代的受众，从供给侧就要进行改革，广播人不能继续提供"口水"节目了，这种无意义的内容，是在浪费公共资源，而应该生产大量的"功能音频"产品。功能音频是指满足受众某种需求的音频产品。让每一个音频节目变成产品，利于互联网传播，易于分享和变现。

用什么思路进行音频产品"供给侧"改革呢？

一、确定音频产品改革的思路

1. 我们的音频产品要解决什么问题

功能音频是音频产品改革的方向和趋势。我们首先要思考生产出来的音频产品要解决什么问题。在沐耳 FM 的后台数据中显示，哄孩子入睡的音频点击量最高，完听率最高，是最受欢迎的音频产品。它的功能就是"哄睡"。在其他商业音频 App 中，还有一类火爆产品是治愈成人失眠的音频，例如喜马拉雅中的《用声音拯救您的失眠》。这档节目是付费收听，由音乐制作人小 cool 主讲，包含 50 首 3D 音效助眠曲，每周三晚更新。来自大自然的各种声音，风声、雨声、多种乐器之声，或独特的嗓音，都对大脑有很好的放松效果。每一段声音都可以让听众闭上双眼，忘记耳机的存在，给受众一晚好梦。

在制作音频产品之初就应该认真思考节目定位和功能，了解音频节目为受众解决了哪些问题。笔者从主要音频 App 的收听排行榜分析，目前三大类功能产品最受欢迎。分别是：陪伴类音频、教育类音频、医疗类音频。陪伴类音频多数是音乐节目，它要解决受众的孤独。教育类音频大部分是知识付费类节目，它要解决受众的焦虑。医疗类音频大部分是养生和心灵鸡汤的治愈系节目，它要解决受众的恐惧。每一类产品都基于人性的弱点，找到了用户的痛点，扩大了传媒产品的卖点。

2. 我们的音频产品具备媒体哪项功能

媒体主要有以下 7 项功能：监测社会环境、协调社会关系、传承文化、提供娱乐、教育市民大众、传递信息、引导群众价值观。确定音频产品的媒体功能，有助于找到该产品对于受众的价值，进而会分析出为受众解决了哪些问题。显然，提供娱乐、传递信息是音频产品最常见的功能。

音频产品的供给侧改革，必须要强调媒体功能，因为目前的大部分音频产品是传统广播移植到 App 中的，并不是互联网音频产品，大部分传统广播节目过于随意，无趣内容比重大，媒体功能模糊不清，定位混乱，目标受众与实际收听人群几乎没有交集。这样的产品迁徙到音频 App 中，只能是尴尬的存在，甚至应该从传统广播节目中淘汰下去。音频 App 要吸纳的产品，要拷问这个产品媒体功能还剩下多少，从源头上阻止一般化产品进入音频 App。

3. 受众最喜欢哪类音频产品

想知道受众最喜欢哪类音频产品，就需要使用"大数据"了。这个大数据应该是区域性音频 App 数据的分析比较值。本文以喜马拉雅和沐耳 FM 为例，概括总结受众对音频的需求。在喜马拉雅和沐耳 FM 的点击量数据中，有几类节目类型是高度相同的。两款 App 的使用人群都喜欢语言类节目、音乐类节目、有声小说等。音频是地域性非常强的媒介产品，城市间和地区间的差异巨大，音频 App 在吸纳产品之前，首要明确 App 的定位，本地性音频是最受欢迎的。在这个移动互联网时代，受众在信息与文化接收的过程中越来越占据主动权。音频作为唯一的伴随性媒体，与用户 24 小时内各类生活场景息息相关，内容生产和分发要基于场景化思维，去琢磨不同用户在不同的生活场景中的需求。

二、功能音频重塑广播比较优势，为音频 App 内容改革指明方向

比较优势，如果一个国家在本国生产一种产品的机会成本（用其他产品来衡量）低于在其他国家生产该产品的机会成本的话，则这个国家在生产该种产品上就拥有比较优势。比较优势的原理本来是国际贸易学中的重要概念，现在广泛地用在各种竞争合作的比较当中，而不仅仅是企业间贸易等方面的问题。比如，城市的功能定位，国际间的经济合作，求职者之间的能力比较，公司之间的发展能力比较等等。任何可能发生比较和差异的地方都能用到比较优势原理。广播是伴随性媒体，音频是可以脱离双手"享用"的产品。这是很显然的比较优势。功能音频不光放大了广播的伴随性比较优势，而且重塑了音频产品的几项独特属性。

1. 功能音频提高了音频 App 的完听率

完听率是指完整收听某节目的比率，比率越高说明节目越受欢迎。在沐耳 FM 的后台数据中显示，功能音频《沐耳魔音》完听率最高，高达 95%。《沐耳魔音》是一档哄小孩子入睡的伴睡音频，开头部分是主持人用轻松话语请宝贝闭上眼睛，请家长调暗灯光，然后开始讲故事，每个故事只有大概 10 分钟。从反馈来看，大部分孩子只要听一两个故事就可以入睡了。这类功能音频产品受到家长的广泛欢迎。同样一组数据来自普通的儿童故事节目，在制作过程中，没有

注意节目的功能性，故事虽然精彩，可是小朋友却不容易入睡，完听率只有前者的一半。

2. 功能音频增强了音频 App 的互动性

在知识付费类功能音频中，"得到 App"最为著名。他们的口号是"知识就在得到"。罗振宇每天提供一条免费的音频内容，这条音频往往是散播焦虑的，让受众觉得自己是某知识领域"外行"，内心充满恐惧和焦虑，感觉只有听了这个音频才不至于被时代淘汰。而另一个类型的产品，罗振宇团队又采用"赞叹"的方式为这个功能音频"赋能"，这类产品往往是要销售附加值的，音频免费，但是说的内容太精彩，点到为止。比如卖书的音频，推荐某本新书，只说书中最精彩的观点，让受众自己去选择买不买。这类音频的功能属性非常明显，受众听了音频消解自己的焦虑和不确定知识沟。这一类功能音频在 App 中的互动性是十分明显的。在得到 App 的互动区，平均每条音频跟着几十条上百条评论。

3. 功能音频为音频 App 提供了现金流

只要传播者提供的内容可以满足受众的需求，受众是愿意付费的。从几大视频平台的前端数据分析，知识付费越来越受欢迎，付费音乐和付费电影也逐渐成为使用习惯。受众不抗拒付费的传媒产品，一方面是经济繁荣，另一方面是值得付钱购买刚需。2017 年 7 月 13 日，矮大紧指北官方微博公布，上线仅仅一个月，该节目付费用户规模已经超过 10 万人，这一数字印证了此前市场对这档"音频第一头部"节目的看好，也为如火如荼的知识付费行业再次刷新纪录。按照 200 元全集的价格，短短一个月就上千万的收入。用传播内容赚钱，跳脱出广告、服务、活动，这种盈利模式并不新鲜，已经为很多 App 提供了丰盈的现金流。

4. 功能音频社交性强分享比例高

物以类聚，人以群分。当受众发现自己喜欢的传媒产品时，他很可能分享给他的朋友，形成社群传播效应。笔者通过问卷调查的方式，随机访问了 150 个用户样本，请他们回答关于分享传媒产品的可能性的选择题。其中 73% 的用户表示，愿意把陶冶自己、帮助自己、自己喜欢的传媒产品分享到朋友圈、QQ 群、微博、个人网站，也愿意面对面与人交流推荐。一部分用户表示，虽然音频是非常小众的媒体，但是可以不使用双眼和双手就可以"享用"媒体内容，他们愿意把喜欢的内容分享给陌生人。一方面是分享给熟人的社群效应，一方面是分享给陌生人的认同效应。认同效应又称"名片效应""自己人效应"。它是一种心理现象，是引导者通过表达与对象之间的观点或特征方面的相似性，实际上向被引导者出示了一张自己人的心理名片，使被引导者产生一种同体观，从而缩短彼此的心理距离，消除或弱化对方的"反引导定势"和防范心理，取得倾向于对方的观点，接受对方引导的效果。调查问卷的分析数据显示，功能音频的分享比例是一般节目是2.5倍以上，而分享之后的再次分享比率也远远大于一般性节目。

三、功能音频的制作路径和思路

你厌恶什么，你就去讽刺什么！你喜欢什么，你就去歌颂什么！传播者也是受众，受众也是传播者。功能音频的制造者首先也是使用者，做什么内容，首先就要问自己！制作路径在哪里？思路在哪里？

1. 以自我的痛点为出发点，生产"我"需要的产品

《沐耳魔音》是沐耳FM积极打造的一款哄睡音频产品，生产这个产品之前，制作人说他就是要每天都哄孩子睡觉，每天读故事，简直让自己又累又困，孩子还不喜欢。他干脆就生产一个音频，能帮助孩子入睡，帮自己省力气。于是，就开始策划这档节目《沐耳魔音》。他本人也没有想到《沐耳魔音》会取得成功，但是这个思路和方法却歪打正着的给很多音频制作者指明了方向。原来自己的痛点才应该是出发点！基于这样的思路，很多制作人开始生产知识类节目，自己不熟悉的想学习的领域，就是努力的方向，请来这个领域的专家，大量生产这类产品，传播给和自己一样渴求知识的受众。

2. 高端订制的功能音频既小众又大众

一个人需求的音频，看似小众，其实大众，因为有很多和他一样有相同需求的用户。比如很多情感倾诉节目，看似主持人一对一的回答热线，听众的情感问题解决了，其实音频另一端的受众有类似问题的人也解决了烦恼。

生产功能音频的第2个思路和路径，就是为超级用户提供高端订制的音频产品。一个人代表了一群人，这个小众的需求，就是大众的需求。沐耳FM在会员群中，经常发布悬赏令，超级用户可以说自己爱听的节目，沐耳编辑专人制作并上线这个订制的节目，往往这个节目比单纯的录制一部小说还有市场。分析原因我们发现，这类功能音频让受众感觉有尊享感，优越感，归属感。他一定会分享给他的圈子，并告诉他们，这是属于我个人的节目。某主播得知这个思路后，日常节目开始语已经不说"听众朋友，你好"了，他开始说："晓婷，你好，今天为你准备了你最喜欢的《消愁》，下班路上，我陪你回家。"这位主播的节目入驻沐耳FM之后，粉丝数量猛增，很多听众要求"做你的专属听众，请说出我的名字"。

3. 场景音频有功能音频属性，应该大量生产

《即将到来的场景时代》讲述了一个概念，随着智能终端和移动互联网技术的发展普及，网络入口呈现出多元化、即时性、场景化的特点，用户也始终处于碎片化的生活场景之中。用户更喜欢基于碎片化场景的身心体验，而不仅仅是优质的音频产品和线上服务。

因此，企业要利用各种手段，准确定位和细化用户的不同场景需求，将线下的实时场景与线上的优质服务有效连接起来，通过构建新的体验场景，为用户"讲故事"，从而满足用户个性化、垂直化、碎片化的场景诉求，实现价值创造。

相对而言，互联网的场景时代更加凸显了互联网作为工具和平台的角色功能，也更能体现互联网连接一切的本质。场景时代是一个追求体验价值的时代，需要企业通过线上线下的有效融合，为用户带来符合碎片化场景需求的体验价值。

场景音频一般有学习工作、运动、睡前、旅行、跳舞等类型（QQ 音乐场景分类），这类音频是线下用户所在相应空间或者状态时最喜欢选择的音频内容。大量生产这类音频产品，会锁定目标受众，大幅提高互动率和传播率。同时，这类音频也是成熟的付费产品类型，是会员专享的典型案例。大多数音频 App 平台都把专属的优质场景音频列为会员独享，只有付费会员才可以收听。

总之，音频 App 应该为用户提供什么内容已经越来越清晰，为用户解决问题的"功能音频"会是音频 App 叫好又叫座的新的比较优势。

（作者单位：吉林人民广播电台）

高度·温度·力度

——新媒体语境下广播精品创优的实践与思考

何金宝

　　精品创优是衡量媒体人业务水平高低的重要标志，也是提高平台影响力、竞争力的有效途径。当下，媒体竞争千帆竞发，尤其是在信息爆炸和碎片化传播大行其道的背景下，不能只有"流量思维""产量思维"，更要提升内容品质、集聚文化力量，积极推出一系列更加"有效""高质量思维"的创优精品。

　　2013年以来，河北经济广播着力提升自身的"书香气质、文化味道"，深挖声音魅力和故事特色，精品创优实现了从单一新闻主打到广播新闻、广播小说、广播文艺、网络视听、公益广告等的多门类突破，荣膺中国新闻奖、中国广播影视大奖提名、国家广电总局一类广告扶持、河北新闻奖等多个国家级、省级奖项。

　　每一部获奖作品，都像大海里晶莹剔透的浪花，未必波澜壮阔但却能映射太阳的美丽，记录时代的印记，传递真善美的力量。它们有的厚重如"降龙十八掌"，有的小巧如"一阳指"，有的如涓涓溪流款款入心，有的是鸿篇巨制振聋发聩……对于借重声音的广播而言，如何打造好的创优精品呢？我们认为，需要"时代高立意＋极致好声音＋淳美好故事"三效合一。

一、高度："高立意"与"巧落地"并举

　　有远见的精品是社会之需，也是媒体的立身之基。新闻媒体重视的是孕育未来趋势、代表时代走向的事件，创优精品与一般作品的区别，首先在于是否能将"高立意"与"巧落地"并举，高立意主要是选题选材，巧落地是行文体裁和切入角度。

　　对于一篇文章而言，分量轻与重不能看篇幅，水平高与低不能看规模，关键在立意。所谓"文章合为时而著，歌诗合为事而作"，正是这个道理。高立意的作品，往往切中时代主题，关乎年度焦点和社会前沿，如河北省近两年先后涌现出了李保国、塞罕坝林场建设者、吕建江等一批重大典型，引发持续热烈的社会

反响，激发出蕴藏在普通人中的奋斗情怀，都是获奖的大题材好题材。中国记协有一个统计，在历届中国新闻奖获奖作品中，特别在一等奖作品中，反映重大主题、重大事件、重大典型的作品占了 50% 还多。

好作品必须有高立意。所谓"意在笔先"，就是对于立意要有十分清晰的价值判断，将作品的典型性、时代性挺在前头，这不仅是因为主流媒体要以弘扬主旋律为己任，更是文章创作的内在规律的必然要求。我们创作的《石家庄市民李玉法告赢民政部》广播专题，获得中国新闻奖三等奖，它将视野瞄向了一个"敢于对国家部委说不"的石家庄普通市民——李玉法因为一起婚介公司合同纠纷，请求民政部公开它主管的"中国婚姻家庭研究会"相关情况，事情原本不复杂，可前后却历时一年多，结果民政部败诉。这一事件过程曲跌宕折、结果耐人寻味，折射了公民依法维权意识的增强、国家部委依法行政的转变，弘扬了依法治国的时代主题，为我国的法治进步留痕。高票获得河北新闻一等奖的评论作品《"骄娇二气"要不得》，题材跟轰动全国的保定蠡县坠井儿童救援有关；广播社教作品《老吕，你在听吗》，记录的是石家庄民警、"时代楷模"吕建江，等等，都是与时代同行的大题材。可以说，精准选择创优题目考验的是视野、格局、立意，它是作品获奖、获大奖的重中之重。

好作品必须要巧落地。"巧"，核心就是坚持宏观视野，微观选材，从本土看似平凡的素材中挖掘所蕴含的"深意"，做到平中见奇、淡中出彩、同中出新。笔者从事新闻宣传工作 10 多年，所在的栏目荣膺过中国新闻名专栏，采制的作品获得过中国新闻奖二等奖、三等奖，都是以小见大、以巧取胜。这一点，对于擅长单兵作战和小兵团作战的地方广播媒体而言尤为适用。2017 年年底，河北发生的两件事引发社会关注：保定蠡县坠井儿童，救援现场司机却给县长"掸尘土"；张家口某扶贫干部懒于下基层，与扶贫对象照相后便"一走了之"。如果将每件事简单的割裂来看、就事论事，总感觉分量不够重，又不好点到点上。几经研讨，我们决定以短小精悍的评论体裁入手，将两件事串联起来考量，既规避了没能第一时间赶赴现场的劣势，又提高了议题的时代价值，鲜明地指出："不矜细行，终累大德。克服'骄娇二气'的一副'良药'，就是请领导干部自觉告别 VIP 服务，回归老百姓的社会人身份"。获得河北广播影视奖一等奖、确定参评 2018 年度中国广播影视大奖的《老吕，你在听吗》，同样是在"同题报道"中巧字当头。"时代楷模"吕建江猝然离世，人民日报、新华社、光明日报、中央三台等多有报道，我们没有去"挤"第一时间，而是紧紧扣住12 月 25 日老吕和爱人结婚纪念日这一特殊的"第二落点"，这个节点极为重要又鲜为人知。我们以妻子微博追思为推进脉络，融合之前对吕建江本人、同事的采访，营造出"穿越时空对话"的错落感，在他们结婚纪念日当天播出，既取得了良好的社会反响又体现了节目组对这位老朋友的崇敬之意。

二、温度："好故事"与"好声音"并重

习近平总书记指出，繁荣文艺创作，就必须坚持思想精深、艺术精湛、制作精良相统一。用富有感染力的好声音，讲述一个触碰人心的好故事，是广播精品创作的一个基本方法。因为，故事需要诉诸声音，而声音往往自带情感。

讲故事是最好的传播。柏拉图说，"谁会讲故事，谁就拥有世界。"华尔街日报有一句名言，"1000万人的死亡只是一个数字，而1个人的死亡却是一场悲剧。"这都表明，作品有人才生动，要把主人公的故事性挖掘放在第一位。

故事可以题材不同、体裁不一，但必有因人而起的波澜，不管什么样的选题，都要学会通过人物去化解宏大命题。经济广播荣获国家广电总局2016年度公益广告一类扶持的作品《别让你的孝顺仅仅停留在朋友圈》，聚焦的就是这样一群人——将在微信朋友圈晒孝顺视为父亲节、母亲节的标配，但现实中对父母冷言冷语、爱搭不理，父母们想要的孝顺到底是怎样的呢？这则公益广告以人物的精彩演绎和剧情的反转引发思考，揭示出孝顺的真谛——"听听爸妈的心里话，别再让你的孝顺仅仅停留在朋友圈"，一语点睛，让爱回家。广播社教系列作品《走进非遗·听心声》，则是在我国刚刚推出新一批非遗名录之际，走进河北梆子、耿村故事、武强年画、南岩乱弹、常山战鼓和魏县土布编织印染等非遗传承人，以微型纪录片的形式，实地记录他们的日常生活、所喜所忧，让人物更加切近，让文化更有生命。新闻专题《石家庄市民李玉法告赢民政部》，更是跟踪报道了数月，挖掘了很多感人至深的细节，如："88天，等来的一纸答复归结起来却是四个字——'自己去查'！在这焦急的等待中，李玉法的妻子刚30出头却等出了白发。""没钱请律师，李玉法夫妇就自己去学法，查过的资料、做过的笔记摞起来足有一人高。"

小切口、故事化、软表达是文本创作的基本规律，不论你写的是新闻作品，还是广播文艺、公益广告、融媒体作品，但最核心的、第一位的永远是关注人，关注人的生存和生活状态，关注人的委屈和苦楚、快乐和悲伤、理想和希望。

把声音发挥到极致。声音的强渗透性和情感性赋予了广播独一无二的价值。广播精品创优日趋精致化，把声音优势发挥到极致，这是创新也是回归。好声音，既包括伴随式采访所得的现场同期声，也包括歌曲、配乐、角色演绎等声音元素。

中国之声近几年先后推出《天山下的冬季牧歌》《致我们正在消逝的文化印记》《生死关头》《中国声音中国年》等多个颇具品质的系列策划，广播声音魅力得以凸显，"新闻+文艺"的表现手法也让人耳目一新。2017年恰逢石家庄解放70周年，我们对标创作了5集新闻广播剧《石家庄1947》，项目组实地采访

采风历时 3 个月，查阅档案音视频上百小时，还力邀国家一级演员李宝华、赵素梅、张日辉角色演绎，知名音乐人狄海建、崔铭亮创编主题音乐……经过反复打磨，作品更加真实生动、温润如心，被河北省委领导点赞，石家庄档案馆永久收藏。

好声音为好创意赋能。近几年，我们每年都会录制两到三部精品广播小说，拥有独家广播版权的《大秦帝国》，由我国长书演播名家仲维维演播，他的语言磅礴凌厉、刻画精妙细腻、风格从容老道，使故事的惊心动魄、荡气回肠入耳入心；致敬改革开放 40 的《金谷银山》，改编自河北省作协主席关仁山的同名作品，该书还入选了"中国长篇小说年度金榜"；《李鸿章》《听见书香》等多部作品付费收听、对外销售，实现了从有声作品向有声产品的可喜转变。此外，我们还有 10 多部作品在中国公益广告黄河奖、北京台"赢在创意"等重量级评比中获奖。以《爱是欣赏更是改变》为例，它以土豆和西红柿为拟人化的主角，一个长在枝头，一个深埋地下，为了更生动地演绎二者"偶然相遇—为爱改变—成为绝配"的剧情反转，创作者十易其稿，就是为了找到更为合适的配音、更加精准的表现力。专家在评审中也说，"演播到位，音效丰富，垫乐处理与音乐相得益彰，为作品胜出增色不少"。

三、力度："造氛围"与"重引领"并行

打磨创优精品的过程，往往不是机会垂青、妙手偶得，而是用心良苦的煎熬，正所谓"欲带皇冠，必承其重"。在聚焦核心业务、打造创优精品的过程中，既需要核心骨干先行一步，也需要频率突出价值引领，以吸引更多人加入其中。因为，广电本身就是创意产业，节目制播、广告匹配、活动创意等互相支撑、互相给力，才能给频率运营、价值增益带来更多可能。

厚植创新土壤。在河北经济广播，日常节目强化要精准定位、精心策划、精美文案、精良制作、精巧推广；每两周举行一次全员参与的听评分享，重点对标研讨全国同类优势节目和活动设计；每个季度组织一次全员"赢在微广"创意评比，以短音频、好创意为基点，以内部的"赛马机制"激发奇思妙想、落地应用；创新创优月月有奖、年底大奖，每次奖励都上墙公示，年底评先奖优与此挂钩，让优劳者有更多的获得感、荣誉感。如此一来，持续积累 3 年、5 年，就产生了积聚效应，这也是我们进入"创造之门"的秘诀。

项目式引领。在中国新闻奖品选中，"任仲平"屡屡摘得大奖。张研农把"任仲平"的创作机制概括为"七八条枪，七上八下，七嘴八舌"："七八条枪"，平时各忙各的，任务一召唤，跨部门选人组合；"七上八下"，稿件必经反复修改，以至推倒重来；"七嘴八舌"，无论职务高低、资历深浅，谁都可以表示不同看法，甚至会通过"票决"来定夺。我们经济广播也学习借鉴了这样的

组织架构，重点项目以项目式设计引领，以资深编辑、策划人为核心，根据兴趣和专长跨科组、跨媒体、跨区域和跨专业组织成立小规模的战斗突击队。项目策划人、召集人重点负责创意实施，频率总监、业界专家重点负责质量把控，以此发掘精品创优的多个积极性。

融媒式传播。新媒体语境下，广播精品呈现往往不再以单稿单一平台呈现，专注打造系列化、规模化的声音产品，以 3、8、10、25 分钟不同制式，向互联网化产品进军成为新常态。河北经济广播广播系列《走进非遗听心声》、网络视听节目《风云儿女不朽歌》、长篇小说《李鸿章》等多部获奖作品，既可以让用户即时在线收听，也可以通过社交媒体分享，以此覆盖更多的手机移动人群，提升精品节目在多个端口的影响力，进而实现从节目创优到产品拉动的转变。

"求木之长者，必固其根本，欲流之远者，必浚其泉源"。广播精品创优是一个永恒的主题，它标示着时代的印记，记录着媒体人的成长，更是主流媒体以文化精品影响服务社会的责任担当。

（作者系河北广播电视台经济广播副总监）

广播主旋律报道的创新提升路径

赵 林

在媒体融合背景下，传统媒体受到前所未有的冲击，在很多方面都发生了转变，但坚持正确舆论导向、搞好主旋律报道是媒体宣传舆论工作的核心和灵魂。"作为党的新闻媒体，我们的权威性和公信力，就在于要及时发出'主流声音'、构建'主流叙述'。"① 眼下人们获取信息的方式多样，要增强广播主旋律报道的竞争力，让主旋律报道释放出强大的正能量，应着眼广播受众全方位的需求，在传播内容、情感体验、现实感受、互动交流等方面做出提升，并灵活运用大众传播渠道，增加新闻宣传工作的应变能力。

一、以大新闻的视角，拓宽新闻题材，拓展主旋律新闻节目的公信力

长期以来，由于缺少对政策的深度理解和对广播媒体的传播特性认识不足，一些广播新闻媒体做出的主旋律报道高高在上、枯燥乏味，既失去听众，也失去阵地和效益，社会影响力小，舆论引导力更差。问题的关键在于没有大新闻的视角，没有拓宽新闻题材，而要做到这一点，就要从历史的、现实的和民生的角度来审视新闻题材，拓展思路，做出受众喜闻乐见的新闻来。

1. 以历史的回望审视现实

以历史的回望审视现实是拓展新闻题材的一个途径。蔡元培在为徐宝璜所著的中国第一部新闻学著作《新闻学》作序时写道："余惟新闻者，史之流裔耳。"这就提示我们，"在构建新闻历史意识中，既要追求新闻叙述方式的历史深度，也要坚持新闻价值判定的历史尺度。而在新闻的写作理念上则要体现历史真实，以期实现新闻价值与历史价值的统一，使'一时新闻'能够成为'一页历史'。

---

① 《习总书记48字概括职责使命，新闻人怎么说》，http：//news. cntv. cn/2016/02/21/ARTIL8ccvEc WMKxg3lfaEFdp160221. shtml

通过新闻和历史的互动，让新闻告诉历史，让历史昭示未来"。①

历史性的新闻题材值得大力挖掘，特别是在主旋律报道中尤其应该受到重视，它可以拓展出许多的新闻衍生品，也可以吸引受众的注意，提起受众的兴趣。

意大利著名历史学家、哲学家克罗齐（Benedetto Croce）提出，一切真历史都是当代史。这个说法的意思是，受众都是从当前的兴趣和面临的现实问题出发，来看待过去的历史。因此，历史性的新闻题材的价值不在历史，而在于它对今天的反思和对未来的启迪。在主旋律报道中，它更多集中于对民族奋斗史、人民解放史和祖国发展史的关注，因为它更加具有现实宣传意义。

为了搞好主旋律报道，从2015年开始，福建新闻广播就连续3年策划推出以历史回望为题材的大型采访报道。以2015年百集系列报道《留住抗战老兵的声音》为例。福建新闻广播携手全省68家市县电台、公益组织、相关机构以及热心听友开始了寻访老兵之旅，足迹遍布八闽大地，力求每一场重大战役都能在福建省内找到参与过的老兵，使宏大的概念变为有血肉的故事。他们中间有百团大战的主力部队战士，也有目前唯一健在的"飞虎队"中国队员，还有参加滇缅前线作战的士兵，他们的讲述闪烁着人性的光辉。近7个月的时间里，寻访报道团队脚步不停，用心记录每个细节，老兵们身上令人震撼的绝不仅是人生的跌宕起伏，更是精神的坚忍不屈。有位老兵在采访后不久去世，去世时，他的手紧紧抓着一枚抗战纪念章。多位老兵未等到节目播出已与世长辞。可以说，这是一场抢救性的采访、一次史料式的记录、一部广播版的抗战史。《留住抗战老兵的声音》百集展播受到了各方好评。福建新闻广播每天在官方微信倾力推送。

从纪念抗战70周年推出的百集系列报道《留住抗战老兵的声音》，到纪念长征胜利80周年的百集系列报道《永不消逝的红军声音》，再到建军90周年的百集系列报道《八闽军旗红》，福建新闻广播连续三年推出"红色经典"系列报道，注重挖掘历史题材新闻，秉持贴近人民感受的大众化、通俗化、互动式的报道思路，让主流的、正面的、积极的声音贴近群众、深入民心，让主流的声音得到高质量和有效的传播。

2. 以现实的表达观照生活

"就中华美学精神而言，'观照'这个词出自中国本土的佛学。《坛经》云：'用智慧观照，于一切法不取不舍，即见性成道。'唐人李华《衢州龙兴寺故律师体公碑》云：'苦行贯天地，大慈包世界。于辩才得自在，于文义得解脱，于人法得无我，于观照得甚深。'因而，民初丁福保《佛学小辞典》中说：'以智

---

① 姚家红：《一时新闻与一页历史》，《南通大学学报（社会科学版）》2005年第3期。

慧而照见事理，曰观照。' 观照之意在于，主体以般若智慧直观事物，直接洞照事物的本质。可见，观照之要义就是超越而不是停留于事物之表象，但又不等于哲学的理性思维，而是一种审美的直接性。"①

观照的最高境界是追求真善美，弘扬主旋律就是要着力表现时代的真善美、生活的真善美。因此，要想提升主旋律报道，就必须立足现实，观照生活，观照时代。

福建新闻广播在主旋律报道中大力推出以真善美为主题的系列新闻策划报道，结合习近平总书记提出的城镇建设要"让城市融入大自然，让居民望得见山、看得见水、记得住乡愁"② 的要求，推出大型年度系列报道《留住乡愁》。每月一主题，以地方台连线配垫乐的方式，每期讲述一个小故事或一个人物、一处风景、一处建筑、一项民间技艺、一道当地特产等，让人品味舌尖上、味觉中、心坎里的乡愁，反映当地产业发展、生态建设、文化保护的新成果。《留住乡愁》节目播出方式新颖，播出内容小而精致，能让听众从自身非居住地和非经历的事物中获得一种文化感受、启迪或认同感，一定程度上引起共鸣感。

福建新闻广播还推出了百集系列报道《跟着诗词游八闽》，通过"讲一首诗歌，赏一个景点，说一个民俗历史故事"的专题形式，推广各地的自然美景、乡村民俗、历史文化，展现福建的生态之优美、民俗之丰富、人文之深厚。

福建新闻广播的多档新闻策划活动或系列报道《清新福建，四季水声》《鲜花送雷锋》《一杯水公益》《圆你大学梦》等，以现实的表达观照生活、观照时代，使得主旋律报道有声有色，气势宏大。第一，这样的作品底气很足。这种底气就是真善美，就是方向感，这样的新闻报道张力赢得了受众的认可。第二，这样的作品最鲜明的底色就是时代的折射。新闻的现实表达跟时代发展相结合，大时代与人民的命运息息相关、新闻与人民息息相关也就体现出来了。第三，这样的作品具有文化底蕴，体现出"四个自信"，弘扬了主旋律。

二、以大情怀的制作，美化新闻题材，增强主旋律新闻节目的引导力

主旋律的报道不是空喊口号，应该是以真情动人。搞好主旋律宣传，必须要有大情怀。"小成本、大情怀、正能量"是广电节目制作必须遵循的原则。新闻要始终将价值引领和社会效益放在首位，要将个体情感融入家国情怀，并以高尚的审美情趣进行有效包装，这样的题材才有吸引力，这样的作品才有引导力。

---

① 黄力之：《对现实生活进行观照乃文艺应循之道》，《文艺报》2016 年 11 月 18 日。

② 见《望得见山、看得见水、记得住乡愁〈千村故事〉丛书推出》，http://www.xinhuanet.com/book/2016 - 11/02/c_ 129347630. htm

1. 以职业的情怀做好声音产品

新闻人必须要有职业情怀。中华优秀传统文化源远流长，将中国文化融入广播节目，演绎传递中国文化内涵，是广播节目的努力方向。2016年全国两会上，政府工作报告首次提出"工匠精神"。为了寻找缺失的工匠精神、传承手艺的血脉情缘，福建新闻广播于当年5月重磅推出特别策划——百集系列报道《听见匠心》，以"广播纪录片"的形式记录省内百位手工艺匠人专注技艺背后的故事。节目播出后得到了社会各界的广泛好评。

广播节目讲究短、平、快，想要在七八分钟内留住听众，优选内容、精品创作尤为重要。《听见匠心》在选题、采访、撰稿、录制、播送等环节做了许多大胆尝试。经过调研和准备，节目选定一批具有福建代表性、利于广播节目展现的手艺类别，如福州肉燕技艺、厦门漆线雕、龙岩锡器等。《听见匠心》的每次采访，记者们深入到工匠的日常生活中，细致了解手艺制作步骤，除了采访工匠们对手艺、对生活的感悟，也录制了大量的现场声。在《听见匠心》开篇之作《蔡炳龙：一盏一境界》中，记者别具匠心，将建盏制作过程中洗泥巴、拉坯、烧盏以及制作者与游客的交谈等声音元素精心融入节目中，给人身临其境的场景切换感和画面感。

随着一批文化音频类节目的走红，福建新闻广播在微信公众号中开辟了"1036声音工厂"版块，通过"听见匠心""声音档案馆"等打造高品质收听互动生态圈，力图用更好的声音产品增强主旋律报道的魅力。

2. 以人文的情怀做好新闻产品

"做好新闻舆论工作还需要有健康的人文情怀。做新闻舆论工作不是走条框、走套路，而是要真正俯下身子扎根基层，要沉下心、察实情、说实话、动真情，才能从基层发掘出有思想、有温度、有品质的优秀作品。……只有秉持健康的人文情怀，才能让新闻舆论工作成为社会文明进步的推动者，成为社会公平法治的守望者，成为人民心目中社会正能量的坚守者。"①

福建新闻广播百集系列报道《清新福建，四季水声》表现的是"生态中国"这个宏大主题。报道以"春江、夏溪、秋湖、冬汤"四季概念展开，集中展现福建作为全国第一个生态文明先行示范区的突出成就和先进经验。以"水"为切入点，讲述水的故事、人的故事、旅游发展的故事，充分展现福建各个水域的变化、沿水岸人民生活的改变、水为当地旅游带来的发展等内容。节目还借助官方微信平台进行宣传推广，许多听友和网友都对节目予以好评。

---

① 戴庆锋：《新闻舆论工作需要有三大情怀》，http：//www. wenming. cn/wmpl_ pd/msss/201611/t20161111_ 3879221. shtml

做好主题报道要有大情怀。有大情怀才能有大精神，才会有大视野和大作品，才能具有打动人心的力量。

三、以大活动的策划，以大融媒的平台，放大新闻题材，提升主旋律新闻节目的影响力和传播力

活动和渠道是时下广播发展的两个重要抓手，也是搞好主旋律报道不可或缺的两个重要手段。活动的举办对于影响力的营造具有特殊作用，渠道的综合运用使广播的主旋律报道如虎添翼，极大提高了传播力。

1. 立足活动策划，打造主流品牌

活动对于广播扩大影响有极大帮助，是拓展广播品牌、丰富广播品牌的有效手段。广播是一种声音媒体。转瞬即逝，线性播出，只闻其声不见其形，这些都是广播的特点。"受众在心理习惯上总是对陌生、遥远的东西有着天然的距离感，而强力的冲击和直接的接触，能在短期内有效地消除这种认知隔膜。广播活动正是基于这种认识而被从业者广泛接受并大量复制。"①

近两年来，福建新闻广播积极探索和创新主题宣传的方式方法，精心策划了一系列主题宣传活动，做亮主题报道，形成立体宣传声势。2017 年，福建新闻广播创新方法推动十九大宣传报道进基层，"红旗下的经典诵读——宣传'十九大精神'情景报告会"在三明尤溪成功举办。活动在"朱子故里"尤溪县朱熹文化园举行，现场吸引上千人驻足观看。报告会以电台众多主持人"实景表演＋经典诵读"的方式，将红色文化、十九大精神及传统文化相结合，带领观众感受生动的党史画卷，激励广大党员干部不忘初心、牢记使命、永远奋斗。活动既宣传解读了十九大报告精神，又给干部群众送去文化大餐，并吸引干部群众共同参与其中，成为十九大精神基层宣讲的轻骑兵。这类活动的举办，对广播品牌的推广和主题宣传的推动均有极大帮助。

主题采访活动同样对提升主旋律报道的影响力有积极作用。2018 年是改革开放 40 周年，4 月 9 日至 13 日，福建新闻广播联合中国广播电影电视社会组织联合会广播新闻节目工作委员会共同主办"潮起闽江——全国百名电台总编、记者看福建"大型采访活动。活动共邀请全国省级电台、福建省内主流媒体的总编和记者百余人参加，采访团深入厦门、漳州、泉州、福州等地，宣传报道改革开放 40 年来福建发生的巨变，通过电台现场直播、融媒体网络视频直播、新闻报道、微信、微博、掌上直播等多种形式，刊播各类报道超过 350 篇次。

依托广播良好的资源，举办有特色、有竞争力的大型主旋律品牌活动，可以

---

① 郭华省：《广播活动的效用和困境突破》，《中国广播》2012 年第 12 期。

赢得听众对广播的认可，延伸广播的影响链，提升广播的资源整合力、受众扩张力和品牌竞争力。这是一条广播主旋律报道发展的可行之路。

2. 立足融媒平台，传播主流声音

新媒体时代，传播渠道大量涌现，传统媒体的受关注程度有所下降。这既是挑战，也是机遇。传播渠道的多样化同样给了广播借力打力的机会，只要立足融合，肯定会有出路。特别是对于主题报道来说，更要走出多元发展、多种传播、有效传播的路子。

"媒体融合大势下，广播媒体除了借助新技术、利用新平台不断'横向发展'，扩展自己的融合面外，还在已有融合领域内不断精耕细作、寻求融合'精品化'。无论是'横向发展'还是'纵向发展'，在已知范围内都要不断尝试和优化，技术和模式两手抓，思维和行动共前行，让广播媒体的融合之路更远更深。"①

为纪念改革开放40周年，真实记录中国城市发展样貌和发展足迹，腾讯新闻在全国范围内打造一系列以改革开放为核心旋律的大型专题活动"城市礼赞"。福建新闻广播与腾讯大闽网联手报道福建的"城市礼赞"，完成了福州篇、漳州篇的采访。报道以小见大、以点带面，采访企业家、公务员、创业者等各行各业的人士，讲述个体处于改革历史洪流中的真实感受，根据人物人生经历揭示城市、产业变化进程，展现城市的改革新样貌、发展新思路，并盘点近年来与城市有关的重大新闻、珍贵图文资料等。

依托广播优秀的特性，不断拓展传播渠道，台网端微的综合运用已经成为众多电台的标配。只有如此，才可赢得听众对广播不同方面的认知，提升广播主旋律报道的传播力和影响力。这是发展的必由之路。

(作者系福建省广播影视集团福建新闻广播总监)

---

① 朱莹莹：《融媒体背景下广播媒体发展的"横"与"纵"》，《视听》2018年第3期。

融媒生态下提升对农宣传服务实效的策略研究

——以河南广播电视台农村广播为例

徐红晓

伴随着传统媒体与新媒体融合发展的深入推进，媒介传播模式和媒介生态发生了颠覆性变革。传统广电媒体唯有积极主动应对新变化，将单一媒体的竞争影响力转变为融合传播的共同竞争影响力，方能在融合发展竞争中赢得一席之地。河南广播电视台农村广播（下称"河南农村广播"）在对农宣传服务中，大胆探索、敢作敢为，把"融合传播、转型升级、有效有用"的思路理念落实到重大宣传报道、节目精准服务、线下涉农活动、产业开发等具体工作中，融媒体聚力，融传播发力，有效提升了对农宣传服务的实际效果，实现了社会效益的最大化以及社会效益和经济效益的双丰收。

一、立足农业大省人口众多的省情定位，探索发挥农村广播融合传播优势

河南是全国人口大省，农村人口超过 5000 万；河南农业领先，是全国农业大省和粮食转化加工大省。河南农村广播 2005 年成立，历经 13 年发展壮大，既是国家广电总局批准开办的对农宣传服务的专业电台、政策性广播，又是河南全省对农宣传服务的权威媒体、主要阵地。多年来，河南农村广播致力于宣传中央和河南省委有关农村改革发展的方针、政策和工作部署，推动落实党和政府支农服农富农政策举措，发挥了新闻宣传、舆论引导、支持帮扶优势，赢得了各级领导和广大干部群众的认可信赖。多年来，河南农村广播顺应时代发展潮流，不断拓宽线上节目、微博、微信、音视频直播、移动新媒体等宣传渠道，已经成为河南"三农"精准宣传服务的专业平台、河南对农宣传的"融合"媒体、中原服务"三农"的权威平台。

作为传统媒体，多年来，河南农村广播紧密结合频率定位和特色，上连党委和政府、下接千万百姓，宣传服务取得良好社会效果。在新时代和新的历史条件

下，河南农村广播既面临难得发展机遇，也存在不小挑战。机遇表现在两个方面，其一，中原城市群成为国家级 7 大城市群之后，河南又先后获批粮食生产核心区、中原经济区、郑州航空港经济综合实验区、郑洛新国家自主创新区、河南自贸区、支持郑州建设国家中心城市等"国字号"战略，在全国发展大局中的地位进一步凸显。河南省委提出，决胜全面小康、让中原更加出彩，就是要确保与全国一道全面建成小康社会，进一步提升河南在全国发展大局中的地位和作用。① 河南要担当起历史重任，作为党和政府喉舌的媒体更是责任重大。其二，国家脱贫攻坚、乡村振兴两大重要战略的贯彻落实、生根见效时间紧、任务重，工作重点在基层和广大农村，农村广播责无旁贷，需要更强大的鼓呼与推动。在媒体融合发展中，农村广播要抓住机遇，应对挑战，顺应潮流，赢得主动。具体而言，以融合发展为契机，增强传播实效，为党委政府和基层群众多提供更加优质高效的宣传服务，提升传播力、影响力、公信力。

二、准确把握媒体深度融合发展的基本规律，转换思路理念，做好融媒发展这篇文章

媒体转型、融合发展，必须弄清楚什么是媒体融合，融合的本质和特点是什么。融合的本意是指将两种或多种不同的事物合成一体。媒体融合既是科学技术发展的必然结果，也是社会和媒体发展的必然趋势；融媒体并不是一种实质上的媒体形态，而是一种融合的理念，是将传统媒体与新媒体内容资源进行有效整合和系统开发，并围绕媒体业务进行机构、流程、管理上的调整。② 传统媒体与新媒体的融合形成了全新传播渠道和传播方式，改变了过去媒介固定专属、渠道相对单一的状况。融媒时代，现实中的每个人都握有"麦克风"、掌握话语权，成为消息的发布者、传播者、评论者。媒体融合实现了内容、平台、终端、用户的共享"合并"融通。

首先，共享优质内容，提高利用效率。传统媒体与新媒体合二为一、你我不分，从事内容生产并倡导"优质内容为王"的广电媒体，可以借助新媒体的技术和平台，整合、开发和共享自己的优质节目内容资源，提高内容的利用效率。③ 广电媒体优质内容资源与新媒体自身内容资源的交互融合，将为受众提供更加丰富有用的服务内容。

其次，平台渠道融合，提升传播效果。内容与渠道、平台哪个更重要的争论已渐平息，传统广电媒体与新媒体平台、社交平台等进行融合，以多平台、多渠

① 见谢伏瞻《深入贯彻党中央治国理政新理念新思想新战略 为决胜全面小康让中原更加出彩而努力奋斗》，《河南日报》2016 年 11 月 7 日。

②③ 张新：《融媒体时代电视新闻节目播音主持人转型发展研究》，《记者摇篮》2018 年第 11 期。

道实现传播效果的最大化。传播效果越好，为受众提供的便利服务也越好。

再次，终端渠道融合，打破时空限制。随着移动通信、互联网、数字、云等技术的快速发展，智能手机、平板电脑等移动新媒体终端成为人们获取信息的重要渠道。广电媒体借助移动新媒体终端将新闻节目内容进行多次传播，克服了广电媒体线性传播受时空限制的短板，满足了受众随时随地收听收看广电新闻节目的需要。①

最后，用户相加相融，媒体高度融合。越来越多的中青年人使用手机获取信息，传统广电媒体的受众偏老龄化。新媒体以其开放、便捷、实时等特性迅速吸引了大量粉丝，表面看是传统媒体和新媒体实现了内容、平台、终端融合，实质上是实现了传统媒体和新媒体受众即用户的相加相融。

总之，融媒体时代，广播电视等传统媒体不再单打独斗，而是与新媒体取长补短、优势互补，使单一的媒体竞争力变为融媒体的共同竞争力，从而为受众提供更好的服务。②

三、融媒传播聚合发力，实现最佳宣传效果

1. 重大报道显特色，民生报道接地气

融媒背景下，河南农村广播有效发挥对农广播省级平台、信息权威、受众广泛的优势，及时传达中央大政方针、贴心服务群众生产生活需求。2017年党的十九大、国企改革、大气污染治理、防范化解金融风险和2018年中央巡视督察河南、外交部河南推介、庆祝改革开放40年的宣传报道，脱贫攻坚战略和乡村振兴战略在河南的实践，中央和省委一号文件精神以及中央和省委农村工作会议精神的贯彻落实，河南省委推动"三农"改革发展的政策和举措，河南农村改革、农村经济发展、农民增收等工作中亮点和典型的报道，在这一系列重大时政报道和战役性报道中，河南农村广播都紧密结合服务"三农"的特色定位，既完成好"规定动作"，也突出特色，做好创新报道的"自选动作"。将基础教育、医疗保障、农技推广、五保供养、危房改造、改厨改厕、环境治理等涉及基层群众切身利益、生产生活、民生福祉的政策福利等作为重点，策划系列报道，站在党和政府关心群众疾苦、改善民生的高度，站在群众急切改善现状、追求美好生活的角度，运用群众语言，讲述群众故事，力求说得明白、解释清楚、服务入心。无论是彰显特色的重大报道，还是接地气带露珠的民生报道，都充分利用线上广播节目、微博、微信、视频、新媒体等多种手段融合传播，有效配合省委、省政府中心工作和工作大局，精心服务群众生产生活需求。同时，与台里的整体

---

①② 张新：《融媒体时代电视新闻节目播音主持人转型发展研究》，《记者摇篮》2018年第11期。

安排同频共振形成合力，产生最大的宣传引导和传播效果。

2. 节目服务精心精细精准、有效有用，宣传效果佳

时代发展到今天，行业分工越来越精细，服务越来越精心。同理，专业对农媒体要按照服务行业的标准和要求进行节目生产，始终坚持倡导对农服务更专更细更精更准，注重服务价值、效果和群众满意度。河南农村广播重点品牌节目以融合传播、转型升级、有效有用为出发点和目标，满足群众生产生活急需，持续提升农广品牌影响力、市场认可度。那种蜻蜓点水、表面泛化、不疼不痒的节目，因为没有价值没有受众，自然要被淘汰掉。

目前，河南农村广播已经形成早间重点节目《绿色田园》《农广生活汇》、午间重点节目《农资家家乐》《农博士服务热线》、晚间重点节目《创富路上》《健康河南》的分布，构架起早中晚重点节目做支撑、《健康嗨起来》《秀才老雷》等其他节目做补充的结构完善、布局合理的一整套节目体系。在此基础上，高标准、严要求，狠抓节目的精心精细服务和节目品质提升。比如，早间节目的新闻信息主打"民生服务牌"，除重大重点事件报道外，重点是民生服务、涉农服务的新闻。以农资服务为主的《农资家家乐》节目，由于精心精细服务到位，成功吸引河南周边山西、安徽、山东等省听众热情参与互动，如山西运城的听众老杨便是参与互动的"常客"；这档节目听众和企业关注度、市场影响持续走高，台内听评和市场收听数据均呈直线上升趋势。以农业技术服务为主的《农博士服务热线》节目，仅 2018 年就邀请权威农业专家 316 人次参与节目，与河南省农科院、河南农业大学、河南省农科院园艺所、河南省农技站等 10 家科研院所建立了深度合作关系，补充了主任研究员、副研究员、市县"土专家"等90 多人；由于该节目服务精心到位，加上互动奖品、热点话题的引导，2018 年共计接听节目互动咨询电话 14700 多人次，微信提问 7500 多条，为农民朋友解答农业生产关键技术问题 9170 条。

生活条件改善、生活水平提高之后，对健康的渴望、对医疗卫生的需求成为基层农村广大群众的第一需求。为满足这一需求，服务好群众的身体健康，2015年，河南农村广播与河南省卫健委联合开办《健康河南》节目，仅 2018 年就邀请 229 位河南三甲医院的知名专家做客直播间，讲述疾病的预防、治疗方法，改变不良的生活习惯、养成健康的生活方式等，节目收听率稳中提升，群众积极参与节目；举办的"健康中原行·大医献爱心"等各类活动更是群众云集；为拓展服务空间、提升服务品质，还策划了"致敬医师节""医疗惠民暖人心""出彩河南卫生人""出彩河南卫生事"等系列主题节目，社会影响越来越大，社会反响越来越好。

河南农村广播在把节目服务做到位的同时，所有节目的服务内容通过微博、

微信、手机客户端、节目群、河南广播网、映象网等进行融媒体的无限次传播，扩大了覆盖面、到达率，实现最佳的服务效果。

3. 线下活动送服务，支农富农惠农到家门口

举办线下活动是提高节目收听率影响力，进而提升农村广播品牌公信力的有效方法和途径。2017年，河南农村广播结合频率定位和重点节目，举办各种各类线下活动180多场，聚合累积了节目内容、农资企业、农特产品等信息资源，为农民带来了生产生活实惠。丰富多彩的活动反过来强化了频率品牌和影响，使频率运营形成了良性循环。

为提高脱贫攻坚政策的知晓度，切实当好河南省脱贫攻坚的实际参与者、推动者，河南农村广播把脱贫攻坚活动作为频率主题活动、重点活动来开展。2016年以来，河南农村广播联合河南广播电视台新农村频道共同举办主题报道"第一书记邀您来看看"直播活动，先后深入河南范县、新县、淮阳、光山、鲁山、淇县、宜阳、栾川等32个国家和省定贫困县的乡村，开展产业、医疗、就业扶贫等内容聚合的大型直播活动32场，社会效果显著。据不完全统计，通过微博、微信客户端等新媒体平台观看直播、关注参与的人数累计达3亿多人次。直播活动为农户推销农产品近350个品种，每场直播活动现场平均销售总额达70万元。在医疗扶贫方面，由河南农村广播联合河南三甲医院共同发力，有效解决因病致贫、因病返贫的难题，完整、有效推动了医疗扶贫。如今，受益贫困救助患者达113人，有7家三甲医院自愿加入现场直播活动。主题活动共帮助20个贫困村找到了合适的产业项目，帮助110多个村的农产品找到了买家订单和出路。如淮阳活动中，广州市富霖农业有限公司与当地签订全年不低于1000万斤的芥蓝和菜心，订单总价值超3000万元。

河南农村广播还联合河南省农业厅、河南省农广校、中科院郑州果蔬所、河南省公安消防总队、河南三甲医院等多家单位，举办"美丽乡村惠农行"活动，为贫困地区干部群众送上农技、农资、农机、医疗、文化、消防安全，推动蜗牛养殖等扶贫产业项目落地生根，服务农民生产生活，为乡村振兴添力量。截至2018年底，已在商丘市虞城县、许昌市襄县、焦作市武陟县等乡镇举办16场活动，受益群众近310万人次。

脱贫攻坚大型现场直播和主题报道活动，通过河南广电的全媒体直播，微博、微信的直播，北京时间（北京网络广播电视台）的直播、斗鱼直播等平台的直播，引发了社会各界的广泛关注，形成了品牌效应，社会效果十分突出。

4. 产业开发围绕"农"字做文章，让农民增收致富显"特色"

作为涉农服务的专业媒体，河南农村广播拓展互联网思维和融媒体实践，紧密依托媒体宣传、平台、人才、管理等资源优势，参与开发了与"三农"有关

的"打工直通车"、农特产电商、县域融媒三个产业项目。

2017年6月8日，河南农村广播入股参与打造以"广电＋互联网＋县乡村就业服务站＋智慧就业终端设备"为一体的"互联网＋安全就业"综合性服务平台，同时河南广播电视台"打工直通车"智慧就业（创业）综合服务平台上线。截至2019年3月中旬，"打工直通车"已在全省布点5944个，通过平台输送农民工人数297746人次。"打工直通车"为基层农民提供的就业服务，砍掉了就业招聘的中间环节，直接把工厂真实的招聘信息传递给基层农民外出务工人员，为他们提供了一个真正安全可靠、方便快捷的就业平台。"打工直通车"采用"互联网＋安全就业"的新模式，不仅解决了农民工求职难、求职被骗的问题，也解决了企业招工难、用工荒的问题。"打工直通车"运用互联网技术与大数据分析应用形成的就业大数据，可精准掌握外出务工人员的流向、收入、技能，为人力资源管理和服务提供可参考数据，为招商引资和经济发展提供强有力的支持。"足不出村、一键报名、信息准确、快捷服务、安全就业"，这一民生项目的建立实施真正使农民工实现了足不出村就可以找到工作的梦想。

"打工直通车"目前已形成帮扶农民工就业、农村电商、招生服务、技能培训等五大板块业务，并在云南、山西、贵州等省开展合作业务，把习近平总书记在党的十九大报告中提出的"就业是最大的民生。要坚持就业优先战略和积极就业政策，实现更高质量和更充分就业"①的指示要求落到了实处，得到了基层干部群众的信任和青睐。2018年6月11日，中共中央政治局委员、中宣部部长黄坤明在河南调研时参观了"打工直通车"，对河南广播电视台在产业经营方面的创新思维以及为农民工就业方面作出的贡献给予了高度的评价和充分的肯定。

河南农村广播还支持并参与了河南广电喜买网电商项目。作为全国第一家由省级广电媒体运营的电商平台，喜买网利用"媒体＋电商＋第一书记＋订单农业"的平台优势，全力打造"一县一品"河南本土农特产品品牌矩阵，助推农业产业升级、践行"电商扶贫"、助力"乡村振兴"。喜买网和"第一书记"的深度结合，是对贫困村增产增收新模式的探索和实践。"第一书记"对农产品生产过程、产品品质进行把关，并亲自代言本村农产品，进行人格化IP营销，让消费者在购物的同时也能直接参与精准扶贫。这一电商运作与"第一书记"品牌相结合的成功范例，入选国务院扶贫办社会扶贫典型案例。

在推动运作产业项目的同时，河南农村广播充分发挥河南广电全媒体传播、融媒体聚合发力的优势，既开办有线上的广播电视节目进行宣传推广，同时，充

---

① 习近平：《决胜全面建成小康社会 夺取新时代中国特色社会主义伟大胜利——在中国共产党第十九次全国代表大会上的报告》，《人民日报》2017年10月28日。

分利用微博、微信、手机客户端、新媒体等融媒体平台开展业务、提供服务，实现最佳宣传效果。

四、结语

河南农村广播将融合传播理念与新闻宣传、节目服务、线下活动、产业开发等紧密结合，并落实到具体工作中。新媒体优先、移动优先、全媒体多屏传播、融媒体聚合发力，在大胆探索和积极尝试中收获了良好社会效果，提升了媒体传播力、影响力、公信力。融媒浪潮滚滚向前势不可挡，当前，在互联网技术升级迭代的助推下，媒体融合正在向纵深推进快速发展，传统广电媒体只有把握规律，顺势而为，在理念、思路、内容、平台、终端、用户等方面与新媒体融为一体、合二为一，才能充分发挥融媒体传播聚合发力的优势，占领舆论主战场、主阵地，从而在新的传媒生态和格局中占据一席之位、立于不败之地。

（作者系河南广播电视台农村广播总监）

主责 主业 主场：广播媒体的主流逻辑

——以泉州广播电视台政论类广播节目《人大在线》为例

陈修勇

广播媒体被称为"主流媒体"，是因为广播在我国新闻舆论工作中具有不可替代的"主流功能"，在"保持人民情怀，记录伟大时代"过程中切实承担起"主流责任"，在引导社会主流舆论中历来发挥着"主流作用"。"主流媒体"具有3个方面的共性特征：一是聚焦主流社会，传播主流价值；二是对准主流群体，发出主流声音；三是对标主流预期，发挥主流作用。在媒体融合不断深入发展的今天，广播媒体又该如何强化"主流功能"，切实承担"主流责任"，切实发挥"主流作用"呢？笔者认为，强化"传统优势"，保持"战略清醒"很重要；继承"红色基因"，坚定"战略定力"也很重要。具体而言，广播媒体必须始终做到：坚守"主责"，传播"最主流"的声音；坚定"主业"，打造"最动听"的产业；坚持"主场"，建设"最广播"的舞台。这就是新时代中国广播媒体的主流逻辑。

一、坚守"主责"，传播"最主流"的声音

2016年2月19日，习近平总书记在党的新闻舆论工作座谈会上强调指出，"党的新闻舆论工作坚持党性原则，最根本的是坚持党对新闻舆论工作的领导。"广播媒体是传统媒体，更是主流媒体，必须始终坚持"党媒姓党"的根本原则，必须始终坚持党性和人民性相统一，必须始终发出"最主流"的声音，切实担负起巩固壮大主流思想舆论的责任。2014年10月，党的十八届四中全会吹响了"全面依法治国"的时代号角。在这个大背景下，各级人大及其常委会如何发挥更大作用成为一个"时代必答题"。与此相对应的，各级各类主流媒体如何推动"人大宣传创新"也成为一个"新闻必修课"。2016年是泉州市人大常委会成立30周年。在泉州广播电视台889新闻综合广播的推动下，泉州市人大常委党组研究决定：在各媒体同步推出"跨越三十年"系列报道的基础上，重点开办聚焦宣传泉州人大工作及其履职效果的大型政论类广播节目《人大在线》。2016年

7月29日，《人大在线》节目正式开播，《人大在线》聚焦泉州市人大常委会成立30周年系列访谈节目"跨越三十年"同时启动。泉州广播电视台889新闻综合广播联合泉州市人大常委会推出《人大在线》节目，是为了通过"常态化"的制度设计，加大并提升对泉州人大创新工作、依法履职的报道力度和传播效果，真正达成"实时报道"和"在线跟踪"，进一步增强广大人民群众对人民代表大会制度作用与优越性的认识，在推动"地方人大宣传创新"方面强化"主流功能"、承担"主流责任"、发挥"主流作用"。截至2018年7月，《人大在线》已成功播出100多期，先后推出了"跨越三十年""人大这五年""鲤城直播月""丰泽直播月""洛江直播月""泉港直播月""石狮直播月""晋江直播月""南安直播月""惠安直播月""安溪直播月""永春直播月""德化直播月"等系列直播活动。与此同时，该节目还根据泉州市人大常委会有关要求及具体宣传需要，适时穿插播出了"立法进行时""监督进行时""对话进行时""基层好声音""我的履职故事""人大代表说"等系列专题直播。该节目自开播以来不断充实节目内容，创新节目形式，提升节目的传播力、影响力和号召力。从这个案例可以看出，主流媒体坚守"主责"就是"坚持党对一切工作的领导"，就是"坚持以人民为中心"，就是"坚持党性和人民性相统一"。同样道理，广播媒体作为主流媒体发出的"最主流"的声音，必须是"体现党的意志、反映党的主张"的声音，是"在思想上政治上行动上同党中央保持高度一致"的声音，是"把党的理论和路线方针政策变成人民群众的自觉行动"的声音。

二、坚定"主业"，打造"最动听"的产业

广播媒体是声音的媒体。坚定"主业"，就是坚定"声音表达"和"声音传播"，坚定"声音制造"和"声音营销"。新时代广播媒体在坚定"主业"的具体实践中，必须紧紧围绕"声音表达"这一主线，切实在"讲好中国故事，传播中国声音"上有新气象，在"保持人民情怀，记录伟大时代"中有新作为，在打造"最动听"的广播产业上有新突破。

（一）内容建设：声音纪录 故事表达

"讲故事"是广播的常用手段，更是新时代做好新闻舆论工作的主要手段，如何"讲好中国故事"就是其中最宏大的时代主题，而《人大在线》是广播媒体用"声音纪录"的表达方法来"讲好中国地方人大故事"的典型案例。《人大在线》从开办之时起就特别重视"声音纪实讲故事"这一叙事方法。作为"讲好人大故事，传播人大声音"的记录载体，《人大在线》坚持从可感知的"具体事例"入手，坚持从有传播力的"身边事"入手，坚持从有感染力的"小故事"入手，以精准策划为前提，不断创新讲述方式，提升故事质量，提高表达能力和传播水平。比如，在"跨越三十年"系列访谈节目中，《人大在线》就准确挖掘

了"人大常委会主任深夜暗访被狗追""朋山岭隧道老百姓为什么叫她'崩山岭'隧道""后渚大桥建设后为何会追加水电等管线铺设""郑成功雕像是怎样送到台南的""西湖公园是怎么来的"等一大批生动细节和典型案例。虽然每个故事不一定都是惊天动地的大事情,但是,经过一个个"小故事"的累积,却能够真实反映出泉州人大有效履职的"大作为",这恰恰是广播媒体"传播人大好声音""宣传人大制度优越性"的"大文章"。

(二)平台建设:声音制造 品牌传播

广播媒体坚定"声音"做"主业",除了必须在以"声音纪录、故事表达"为主要方向的内容建设上下足功夫外,还必须在"声音制造、品牌传播"为主要内容的平台建设上做长远打算。《人大在线》明确提出节目必须着眼于长远,不仅要把当下主题做深做透,还要有长远的规划,只有把"蓝图"规划好了,把"路线图"设计准确了,节目才能走得长远,"人大宣传创新"才可持续,广播媒体打造"人大宣传品牌"才能有章可循。从"跨越三十年",到"人大这五年",再到"县市区直播月",每个系列节目都紧紧围绕"把声音传播进行到底""把声音制造推向纵深"的思路进行整体规划和设计,每个方案都离不开"声音形象品牌传播"的目标定位。2017年1月6日,泉州市第十五届人大常委会主任、党组书记陈万里走进直播间,就"泉州人大这五年"等相关话题接受《人大在线》节目组专访,并深刻感受了该节目"声音表达""声音传播"的独特魅力,以及"声音制造""品牌培植"的无限可能。几天后,陈万里在主持召开泉州市人大常委会党组会议部署新一年度泉州市人大宣传工作时明确要求:"《人大在线》节目下一步的重点是向基层延伸,不仅要向县市区人大常委会及其相关工委延伸,也要向乡镇、街道人大机构延伸,更要向基层人大代表延伸。节目组要俯下身子、沉下心来,真正把基层人大的精彩故事挖掘出来,切实把基层人大的好声音传播出去!"泉州市人大常委会分管人大宣传工作的副主任朱团能也强调指出:"《人大在线》这个节目办得很好,具有很强的独创性,特别是坚持声音表达这一点做得很好!下一步不仅要准确报道市本级人大的有关工作,也要生动讲述基层人大的优秀典型,真正把'人大好声音'传播好!"此后不久,一个个扎根基层、反映实际、贴近百姓的"县市区直播月"陆续展开,一次次符合广播特点、切合人大要求的"声音制造"接续表达、生动呈现。《人大在线》围绕"声音表达"的创新性成果,不仅为该节目坚持"声音制造"提供了广阔的实践平台,也为该节目坚定"品牌传播"奠定了扎实的群众基础。

(三)产业建设:声音营销 制度为本

广播媒体坚定"声音"做"主业",内容建设是核心,平台建设是基础,产业建设是关键。其中,"声音营销"就是广播媒体推进以声音为载体的产业建设的主体工程。"声音营销"既包含广播媒体作为一个媒介机构的"整体形象包装"，以及广播节目或项目作为一个个"可感知"的具象市场主体的"具体形象设计"，更包括广播媒体及其节目推向市场、占领市场、培育市场的"声音推广战略"。《人大在线》节目在"产业建设"上的具体实践并不多，但是在"声音营销"的基础环节上却有不少有益的探索。为了切实增强地方人大报道的有效性和针对性，《人大在线》联办双方重视制度建设，在重要时间节点上及重要主题报道中都会集中研讨，着重从运作机制和制度保障上进行提前设计和预先安排。《人大在线》节目开办后不久，先后生成或做出了"节目年度计划全面征询制度""节目上线单位预备会制度""节目效果评估研判分析制度""节目记者下基层挖故事制度""节目内容融媒再传播制度""节目嘉宾播前辅导制度""节目传播样态定期座谈研讨制度""节目互动实时跟踪及时处置制度"等一系列运行机制和制度。当然，要让这些"具体制度"真正落到实处，发挥作用，最关键的还是要在泉州市人大系统内部形成"共同参与"的意识，并逐渐建立起"市级牵头、三级联动"的有效机制。这才是《人大在线》能够常态化运作的根本保障。"市级牵头、三级联动"运行制度的基本内涵有：从内容构成上，在以市级人大工作以及市级人大代表的履职故事为主，同时对县乡人大工作及县乡人大代表的履职情况进行全面系统报道，真正形成"三级联动"的内容架构；从组织保障上，以市人大常委会研究室为牵头单位，并通过召开市级人大各工委新闻联络人及各县市区人大办负责人专门会议或通过内部办公系统进行精准部署等方式，真正架构起"互联互通、多维联动"的保障机制；从领导体制上，泉州市人大常委会党组会每年年初都会对《人大在线》工作做出安排，这就形成了该节目具有强大领导体系做保障的根本遵从和程序依归。

三、坚持"主场"，建设"最广播"的舞台

坚持"主场"，就是坚持"音频市场""广播平台""声音战略"。这是广播媒体作为主流媒体强化"阵地建设"的需要，也是广播媒体作为传媒市场主体参与市场竞争的需要。从具体操作层面，必须做好以下三个方面的工作：

（一）坚持"主场"标准，引导"一般性报道"向"精品化传播"转变

党的十九大报告明确指出，中国特色社会主义进入新时代，我国社会主要矛盾已经转化为人民日益增长的美好生活需要和不平衡不充分的发展之间的矛盾。广播作为主流媒体，面对新时代高质量发展的共同课题，在提升高质量音频的生产能力和供给水平上，必须更有担当、更有作为，因为这不仅是我们的"主业"，更是我们的"主场"。广播媒体在音频市场具有其他媒体无法比拟、不可替代的传统优势，也是整个声音产业和音频市场的标杆和榜样，这就是广播媒体的"主场"标准。"有温度才会有深度，有真情就会有深情。各位听众，大家好！这里是正在直播的《人大在线》节目。"每一期节目都是这样开头，时间久了这个"开场白"在

广大受众留下了很深的印象，不少铁杆粉丝甚至给出了这样的评价：《人大在线》是一档名符其实的"四有"节目——有温度、有深度、有真情、有深情。节目开办以来，《人大在线》始终坚持政治标准高、程序标准严、业务标准实，切实加强节目策划、表达创新、精品意识，尽可能达成"四有"之目的，尽最大努力引导人大宣传从"一般性报道"向"精品化传播"转变。以"鲤城直播月"为例，为了这次系列主题直播活动能够"高质量""精品化"传播，在《人大在线》节目组的全力推动下，鲤城区人大常委会通过党组会、周例会等进行动员和部署，对如何挖掘出鲤城人大的好做法、好典型、好故事提出了具体要求。为了生动地"讲故事"，"鲤城直播月"所有上线嘉宾都下足功夫。鲤城区人大常委会环城委主任为了这次直播经常加班加点，甚至熬夜到凌晨两三点。鲤城区江南街道人大工委主任很早就准备好自己的直播素材，提前半个月就交给了《人大在线》节目组。最终，一个个来自现实生活、具体工作、一线岗位的"人大故事"出炉了。这就是广播媒体坚持"主场"标准的"应有之举"，也是推进节目高质量的"必由之路"。

（二）坚持"主场"站位，推动"回顾性叙事"向"进行时直播"转型

坚持"主场"站位，就必须遵从广播媒体"在线直播""实时互动"的媒介属性和传播规律，推动以"回顾性叙事"为主向以"进行时直播"为主的传播模式转型。《人大在线》开办之初先后推出了"跨越三十年""人大这五年"等系列直播活动，这些都是以"回顾性报道"为主要着力点，讲述的都是"过去的事"，传播的都是"旧闻"和"历史"。虽然这两个系列报道只有短短的半年时间，而且也都是"十分应景""非常成功"的主题报道，在整个人大系统和广大受众中也产生了很好的反响。但是，考虑到《人大在线》的"在线"定位，节目主办双方一致认为，这个节目接下来必须在"叙事方式""节目样态""内容构成"等方面做出重大调整。对此，双方多次组织人员进行主题研讨和专门论证，最后决定向"进行时直播"转型。与此相对应的，《人大在线》节目样态也发生了根本性转变：在保留"我的履职故事"这一基本栏目和主要做法外，该节目还同时增加了"监督进行时""对话进行时""立法进行时"等以"进行时"命名的多种节目样态及"成体系"的创新做法，这就极大丰富了《人大在线》全面转向"进行时直播"的选择空间，也为该节目真正践行"在线"定位提供了足够的要素储备。"在线"是一种定位，定位了该节目与广大受众的"全面互动""有效互动"。"在线"更是一种"状态"，这种状态进一步促成了该节目与新时代国家治理、社会治理、城市治理"同频共振""良好互动"的"美好诗篇"。以"立法进行时"为例，《人大在线》先后"第一时间"邀请了泉州市人大常委会相关负责人走进直播间，就《泉州市海上丝绸之路史迹保护条例》《泉州市区内沟河保护管理条例》等多部地方性法规（草案），"在线"征求广大受众的意见建议，每一次直

播都取得了很好的传播效果，也收集到很多"有质量"的建议，最终为泉州市高质量行使地方立法权，进一步提高泉州市"善法善治"水平发挥了应有的推动作用。

（三）坚持"主场"思维，推进"运动式报道"向"常态化宣传"变革

坚持"主场"思维，就必须坚持一切从广播平台出发，从广播优势、广播功能出发。就优势而言，广播媒体具有"物美价廉"的成本优势和"声情并茂"的表达优势、"在线直播"的传播优势等。《人大在线》很好地承接泉州人大宣传创新的转型升级业务及其有关项目，就是广播媒体具有独特优势的有力证明。"地方人大宣传"长期以来给大众留下了这样的印象：每年大会期间很重视、很集中、很到位，休会期间迅速降温，甚至无声无息。似乎人大不开会，人大宣传和人大报道就无从下手，这样的"运动式报道"常常与"会议报道""程序性报道"画等号，这就难免给广大受众留下了"只有开会才会有报道"的"刻板"印象了。而地方人大履职的"现实"却是另一番情景：地方人大履职不断推陈出新，地方人大工作和人大代表的履职故事无处不在，丰富多彩。这就是"地方人大宣传"与"地方人大工作"不协调不匹配的现实问题。那么，《人大在线》是如何破解这一"现实矛盾"的呢？坚持"主场"思维，努力寻找广播优势与人大宣传工作的"最佳结合点"；坚持"问题"导向，全力推进人大宣传工作从"运动式报道"向"常态化宣传"变革。这就是《人大在线》破解问题的基本思路。从节目开播以来的实践可以看出，《人大在线》推动的这场地方人大宣传创新是成功，推进的这场地方人大宣传"变革"也是有效的。从传播学角度讲，这样的"变革"也是广播媒体坚持"主场"思维、发挥"主场"优势、强化"主场"功能的必然结果，更是这些年广播媒体在纷繁复杂的融媒大战面前，始终坚持"主场"、坚定"主业"、坚守"主责"的生动写照。

（作者系福建泉州广播电视台广播节目中心副主任）

三等奖

新闻的价值判断与叙事中的故事化表达

——从 2017 亚广联获奖作品看广播节目发展趋势

宋锦燕

笔者看来:"新闻的价值判断"和"叙事中的故事化表达"刚好是新闻的价值和使用价值,是内容和形式两个方面,他们共同构成了新闻作品的社会价值。而这个社会价值具体体现在传播效果上,或者叫社会影响力、受众接受度,我们也可以形象地把它说成是"打动人、感染人、影响力",等等。在具体判断时,我们又会发现内容和形式有时会出现极高的交叉和相互渗透,因此在实操中过分理清两者意义并不大。

2017 年亚广联奖共有 7 个奖项:广播剧、新闻报道、纪实节目、公益广告、互动节目、创新节目、亚广联视野奖,既有按体裁性质设奖的奖项,如广播剧、公益广告、互动节目、纪实节目;也有按主题设奖的,如视野奖。但不管分类如何,本届亚广联评奖注重"以人为本的思想诉求,精品化、专业化的广播音响制作实力角逐以及与时俱进的融媒体追求",这些理念都得到了极为充分的彰显。

一、新闻的价值判断 彰显人文精神取舍

在以中国新闻奖为代表的国内大奖的评奖中,那些当年有影响力的大事件往往在评奖中更具优势,梳理获奖作品我们不难发现:中国新闻奖的获奖作品有着新闻事件编年史大事记的感觉,国际评奖也与此标准一脉相承,大事件总是更容易进入评委视线。

所谓新闻价值,就是指凝聚在新闻事实中的社会需求,就是新闻本身之所以存在的客观理由。在我们比较固定的认知中,它包括时效性、重要性、显著性、接近性以及趣味性等几个基本属性。不管我们如何放大任何一个属性,新闻的社会影响度总是最关键的一项,也就是新闻事件本身产生的社会影响的大小。国际评奖中评委们也会用这样的眼光评判,只是区域放大了——世界范围,聚焦点更具象与明确——生命,更进一步落实到"人"。也就是说,在亚广联评奖中,评委评判广播作品优劣时新闻价值的高低是评判新闻类作品的一个重要参数,评委

们往往以一个新闻事件或者新闻现象对一个地区的"人"的影响程度，作为其新闻价值高低的衡量标准。回溯往年的获奖作品，我们也可以看到那些获奖的好作品往往都是当年我们关注过的大事件，而且是与人的利益关联度大的事件，其具体报道的切入点就是关于人。当然，从形式上来讲，人物肯定比事件更好呈现故事化的表达，也更易于让人接受并影响受众情绪，或者说更容易引起人的共鸣。

2017 年亚广联新闻报道的获奖作品是孟加拉国广播通信非政府组织 BNNRC-Sarahbella 电台的《关于女童被性侵的调查》。这是一个关于社会现象的新闻报道，是关于孟加拉国未成年女性被性侵这一普遍社会现象的报道。新闻以戈伊班达县为例，报道了 2017 年 1 至 4 月戈伊班达县中心医院收治的女性受害者的基本情况。记者重点通过一个 4 岁女童和 15 岁少女被性侵的案例，表现了女童被性侵以后遭受的社会压力及当事人家庭和亲人的无助。整篇报道平实简单，时长仅 4 分多钟，但它所反映的新闻内容令人震惊，对评委的震动非常大。评委们一致认为，此稿件的新闻价值显而易见，女性、未成年人是社会中相对弱势的群体，尊重、保护她们的利益是文明社会应有的态度。孟加拉国未成年女性被性侵这一现象的极端性，在于它直接破坏了这一地区整个女性群体的生存尊严，甚至将影响她们的一生，也直接打击了她们周围的亲人，影响度、破坏力非常大。从新闻的评判和传播规律来讲，一个极端性事件的新闻往往蕴含更高的社会价值，传播力更强。从音响来看，本文引用了受害人及受害人的亲人、朋友、医生的同期声，这些音响录制专业，言语中充满无助，虽然评委听不懂孟加拉语，但是口述者透出的无助、绝望还是能让评委感同身受。关注人、关注生命的尊严，是当下全球价值观探讨中的一个重要焦点，笔者认为类似事件将是未来很长时间世界关注的热点，这也是国际评奖中报道落脚于"人"的作品更容易被青睐的大背景因素。

当然，评奖中，音效的专业性、美感度也是评委评判广播作品的一个重要技术指标，因为它直接体现了广播发展的专业化程度。而对于孟加拉国这样的欠发达地区，它在专业领域的一点进步都更容易获得评委们的肯定。

另外，需要我们注意的是，突发性的新闻事件报道容易引起评委们的注意。2016 年的亚广联新闻报道类获奖作品是中国中央人民广播电台的《生死救援 36 天》，报道讲述了山东省平邑县保太镇一石膏矿坍塌事故引发的救援故事。这个作品同时获得了中国新闻奖、亚广联新闻报道奖等多个国内外大奖。《生死救援 36 天》向世界展示了以人为本、生命至上的价值取向，也展示了中国记者对生命高度尊重的新闻价值取向，即使在亚广联历届的新闻类获奖作品中，它也堪称上乘之作。尤其是作品结尾，将矿难中遇难者名字——报出，并用音乐恰当烘托，让人非常震撼——每一个生命都值得铭记。据作者介绍，为了采制好音响，他们把录音装置别在井口救援人员胸前，用鱼竿把录音设备悬于井口，这些记者在采访，尤其是音响录制中的艰苦付出，不论是从最后体现出的音响专业水平还是采制过程的专业精神，都值得总结和推广。

如果说送评作品有什么需要特别注意的，笔者感到新闻报道的切口要小，切入点一定要是"人"。从人出发讲述故事，这几乎是评委们的审美共识。

在当今时代，对思想的追求、追问显得难能可贵，因此，本届评委们不约而同都很看重作品的思想性。不仅仅是新闻报道类作品，其他广播作品也都具有很强的思辨性特质。况且，观察亚广联的评奖分类，分类逻辑也有一些交叉，比如今年新增的最大奖——亚广联视野奖，它是按主题设奖，但绝大部分参评节目都是新闻作品。本次大奖得主是中国中央人民广播电台的新闻特写《落地生根》，获得这个奖项推荐奖的是中国国际广播电台的《归途》，两个作品都是新闻作品。两个作品都有很好的人物故事，都关注到了人的命运和生存，巧合的是两个作品的主人公都是日本人，《落地生根》讲的是一位有着农业梦想的日本老人与一位有着相同梦想的中国年轻人，一道完成他们的农场梦想的故事；《归途》讲述的是二战中一位中国慰安妇的私生子缺乏家园归属感的艰难人生故事。应该说两个作品都是具有"家园"视野的好题材，都是契合本届视野奖"新家园"主题的优秀作品。《落地生根》的优势在于它的人物虽然是一个标签度极高的日本老人，但故事却有着人类命运共同体的广阔的视角——"互相依存、互相支持共同完成理想"的"向前看"思想。这和中国向世界主张的人类命运共同体理念非常一致，这一理念目前国际接受度高，作品的主题优势显然易见。当然，从叙事的故事化、人物音响的丰富度来讲，《落地生根》也比《归途》更丰富一些。

纪录节目类获奖作品是日本NHK的《猫和狗——被忽视的战争受害者》，这也是一个宣扬生命至上、有着小切口特点的反对战争的大主题作品。如果仅仅从广播节目质量来看，2017年的纪实节目类作品都很出色，竞争非常激烈。这次获得广播剧奖的是罗马尼亚媒体送评的《爆炸》，作品将人在灾难中的恐慌无助表达得淋漓尽致，也是关注生命安全的作品。当然，该作品如大片电影式的音响效果是评委们对它众口赞誉的重要因素。这个作品来自非传统广播电台的生产机构，可见在音频产品生产中，新媒体公司、新生代公司的制作水平正在显现，广播的精品化时代正在到来。

二、精品化、精致化的音效 充分体现广播发展水平与实力

叙事故事化是当今媒体报道的共同趋势化特质。广播讲故事，用的是声音，做好声音，让声音录制的精品化、精致化，也会从另一个角度反映媒体的制作实力。

广播直播改变了生产流程，降低了成本、增强了交互性，但也使广播的

"口水化"现象日益泛滥，节目内容的含金量不断被稀释。融媒体时代，信息的海量化和新媒体平台上大量的优质音频，对传统广播正构成威胁。"讲究声音的专业化生产，做精品，回归广播声音特质，用声音讲述故事"正成为国内外广播业界共识；从调幅到高保真的调频，从技术角度也可见声音质量始终是广播的命脉。听作品、听声音，追究声音的真实性、专业度、美感度，是亚广联评奖中评委们对好作品的又一个一致性指标。

声音是听觉的艺术，但是好声音一定具有视觉补充效果，要有场景还原，要让听众有身临其境的位置交代、人物情绪的交代，等等，要能调动起听众充分的想象和足够的思考。节目中任何声音都是有丰富的表达内涵的，需要记者采制时用心体验和把握，于细微处尽显广播的讲故事能力，如果处理不当会影响新闻的真实性，让人生疑。

好的广播作品，音响一定是专业化的优质音响。广播业发达的德国非常看重广播音响的录制，好的广播作品都是记者与录音师全程配合、共同制作的。这些年，在我国直播节目的快餐生产中，记者几乎把录音师的活都干了，加上大家认识上"写新闻"的偏差，声音录制显得十分粗糙、甚至出现清晰度不够的情况，这和当前国际广播对声音的精耕细作显然有着差距。另外，在新闻节目的制作中，由于节目时长的要求，有的同期声剪辑过分短、超干净，也直接影响了声音的真实感。

三、力求体现媒体融合特质

当下是一个互联互通、可融可合的媒体新时代，融媒体生态下任何社会精神特质和信息接受习惯、偏好，以及新媒体上的任何表达方式，在当今广播节目上都会有所体现。亚广联一直致力于广播在新媒体方面的拓展，评委们对于有新媒体特质的节目也会有积极的响应。

作品的主题特质是一个重要加分项。获得本届互动类节目大奖的是中国国际广播电台的《2020，中国、美国和我》，节目的主题、制作都非常具备全球语境，主持人、参与者的表达更是鲜明时尚。节目中，那些互联网的原住民有很多新时代的表达，展示出很好的交流感。交互性本来就是互联网的属性，该节目不仅最大限度表现了互动节目的特质，而且也非常丰富地承载了"融合"的理念和模式，节目同步的网络播出更给了评委耳目一新的感觉。

任何广播节目评奖都是与时俱进的，互联网生态下的价值体系、传播模式、艺术表达，都会在不断丰富发展的广播作品中有所体现，但新闻价值的基本取向、声音质量的不断追求将是广播作品永远的目标和情怀。

（作者系四川广播电视台高级记者、2017亚广联终评评委）

移动互联时代如何做好对香港广播

——以央广香港之声为例

胡　翼

随着全球化进程的不断发展，文化传播早已超越了地域的限制，无远弗届。对于媒体的传播效果而言，做好跨地域、跨文化甚至跨媒介的传播，是衡量媒体传播影响力与竞争力的关键要素。中央广播电视总台央广香港之声是唯一一家落地香港的国家级广播频率，于 2011 年 7 月通过香港数码广播在香港正式落地，2017 年 9 月调整播出形式，通过无线广播 AM675 落地播出。香港之声具有熟悉当地情况、内容资源丰富、传播权威公正等优势和特点，多年来积累了深厚的节目制作经验，在提升广播影响力的道路上做出了诸多尝试。

一、移动互联时代对香港广播的特点

全球化与移动互联时代的碰撞，强化了媒体传播的影响力，打破了传播的地域壁垒，提升了传播效果。传统媒体借助互联网平台，有效地推动了世界经济政治格局的重塑，同时也在不同文化的碰撞与交融中实现发展。具体而言，移动互联时代对香港广播具有以下几个特点。

（一）新媒体让广播突破了地域性限制

传统的广播媒体受传播技术的限制，其地域性特征较为明显，而新媒体平台的出现则突破了这些限制，对传统广播的传播方式实现了颠覆性的变革，信息来源多元化、信息传播扁平化、信息获取便利化成为趋势。可以说，新媒体具有天然的落地属性，为对香港广播提供了有力的平台支撑。

香港之声的总部位于北京，在深圳和广州设有节目制作室。同时，中央广播电视总台在香港设有驻地记者站。尽管如此，传播力依旧薄弱，特别是对突发事件、关系香港民生的报道力量有限。近年来，香港之声大力发展新媒体，有效突破了地域性的限制。

（二）新媒体提升了对香港广播传播的针对性

在信息传播方面，传统媒体手段较为单一，新媒体极大地改进了传统媒体的传播手段，丰富了传播的样式。除了生产大量优质的内容之外，还为听众提供了贴近性强、质量优良的个性化服务，"私人订制"成为不少听众的全新收听方式，对香港广播传播的针对性大大增强。换句话说，移动互联时代，对香港广播的听众已经从听众身份转换为用户身份，广播传播开始倾向于内容服务，而这正是分众传播与小众传播的体现。

（三）新媒体激活自制内容，成为对香港广播信息的有效补充

由于新媒体的兴盛，传播现已进入了一个内容爆发的时代，互联网大大降低了内容制作与传播的门槛。形形色色的自媒体如雨后春笋般涌现，大量自媒体内容出现在互联网平台上。专业媒体具有丰富的采编经验与专业的传播技能，具有社会责任感与媒体公信力；自媒体则具有内容丰富、手段灵活、传播迅捷的优势。可以说，大量的自媒体内容在一定程度上为对香港广播提供了节目制作的线索和有效的信息补充。

二、完善顶层设计，在宏观层面优化战略布局

移动互联时代，媒体竞争愈发激烈，舆论宣传工作面临错综复杂的环境，需要不断增强舆论工作的针对性和实效性。这就要求对香港广播要在紧跟政策导向、优化战略布局、培养人力资源和提升合作水平等方面着重发力，打造具有较强影响力的媒体，在香港舆论环境中方可占得一席之地。

（一）紧跟政策导向，承担社会责任

对香港传播的广播媒体需要顺应特区政府传媒发展政策，积极参与广播节目和新媒体的制作传播。在节目中加强对中央政府政策的解读，报道特区政府施政措施，结合香港本地的社会热点、经济发展、文化民生等话题，制作有针对性的报道，在政策解读、文化浸润、信息传递、疏导困惑等多方面起到沟通内地与香港的积极作用。

近年来，香港之声在对香港传播的过程中，加大了对中央政策的宣传力度，积极配合特区政府依法施政，为爱国群众提供了发声平台，特别是在非法"占中"、政改纷争、旺角骚乱等关系香港社会长期繁荣稳定的大是大非问题上，果断亮剑、及时发声，有效引导了香港社会的主流舆论，得到各界一致好评，收效良好。

（二）明确宗旨定位，制定战略规划

作为服务于听众的媒体，不同的广播电台有不同的受众群体，所担负的社会责任也不尽相同。例如：香港之声作为服务香港听众的广播，在成立之初就确立了"听新闻、品文化"的节目宗旨，定位于国际化的视角，用最贴心的服务为听众提供权威的新闻信息、丰富的文化知识和周到的生活服务，架起沟通内地和香港的桥梁。节目内容包括新闻、文化艺术、财经、生活服务4个方面。

（三）借鉴本地经验，强化媒体合作

随着社会发展，香港地区的传媒产业与以往相比发生了巨变，形成了传媒新格局，表现在香港免费报纸的发行、新媒体的蓬勃发展、传媒产业的激烈竞争等多方面。公众面对的媒体形态更趋多元，获取信息更为便捷，特别是更多地通过新媒体方式获取资讯，这对传统媒的挑战相当严峻。所以，广播媒体如果想赢得香港受众和市场就必须充分发挥媒体特色优势，生产更为优质的节目产品。

近年来，香港之声与香港主流媒体的合作交流不断深入，联合制作播出了多个精品节目，并举办系列交流联谊活动，加深了彼此之间的信任。此外，香港之声还借助香港当地媒体的新媒体平台传播优质内容，实现了"借船出海"、互利共赢。

（四）加强人才培养，提升业务水平

媒体竞争的关键是人才竞争。媒体核心优势是人才优势。要加快培养造就一支政治坚定、业务精通、作风优良，让党和人民放心的新闻舆论工作队伍，作为对香港传播的国家媒体，对人才要求还需注意其他特性，一方面要熟悉中央对香港政策；另一方面要对香港当地风土人情、社情民意有所了解，做到有的放矢。同时，要紧跟媒体发展的潮流大势，着力培养复合型人才，在传统广播内容制作的基础上，培养具有国际视野和新媒体意识的复合型人才，不断充实人才队伍。

三、精耕内容生产，在微观层面展现文化自信

历史上香港曾长期遭受外国殖民统治。对于中华传统文化的继承与弘扬比较薄弱，突出地表现在西方文化的盛行和对中国传统文化缺乏了解，如何激活香港听众的传统文化基因，打造具有文化号召力和亲切感的品牌节目，成为做好对香港广播的关键。鉴于此，香港之声在收听人群、内容设置和语言传播3个方面做了细化安排，效果良好。

（一）提高群体针对性，满足听众多元化需求

笔者经过调研，总结出香港地区广播收听的黄金时段为：每日7点~8点，10点~12点，15点~17点，23点~24点半。其中10点~12点和15点~17点的听众群主要是家庭主妇、职业司机、退休人士、高龄人士等；7点~8点时段的听众主要是上班族，通过车载或者手机等设备移动收听；23点~24点半时段的听众多是上班族和学生，教育水平较高。

香港之声针对不同听众人群的特征，在不同时段的节目中采用普通话或粤语播出，其中部分节目还采用双语播出，这样有助于香港人更深入理解节目内容，符合他们的收听习惯。例如：选择收听普通话节目的听众群主要为喜爱或学习普通话的香港人、内地赴港人士、职场人士、教师和学生等。针对这部分群体，香港之声制作播出的节目内容有学讲普通话、财经、投资、怀旧金曲等，《学讲普

通话》节目适合香港人的生活节奏，内容符合当地特色，编排生动活泼又具有中华文化魅力，很具吸引力。

（二）完善内容丰富性，强化听众文化认同

在"听新闻、品文化"的办节目宗旨下，香港之声着力打造了新闻和文化两大节目类型。新闻节目报道大量国内、国际新闻，有别于香港媒体偏重本地新闻的局限，拓宽了听众的视野；新闻评论类节目的选题均为香港群众关注的社会热点，采访新闻当事人或相关专家学者，采用客观的评论、知识性的讲解和政策性的解读相结合，发人深思。文化节目以中华传统文化为根，融合中西文化精髓，传承人文经典，结合当代文化发展，摒弃古板的说教，采用漫谈、欣赏的方式，为听众展现文化魅力，逐渐浸润听众的心灵。

香港之声在文化内容传播方面，推出了一系列脍炙人口的文化专题内容，节目坚持对历史性、文化性和可听性的追求和把握，力求让广播节目有更具体的情节，以亲切的方式抵达听众。

（三）展示语言多样性，唤醒听众语言共鸣

在文化和语言发展上，香港和内地文化同源、语言同宗，互相之间可以理解、融合，这为对香港广播就提供了广阔的空间。一方面，我们有必要也有责任使用规范的语言文字进行表达。另一方面，为了加强传播效果，也需要使用香港听众熟悉和习惯使用的方言用语，使之更贴近、更生动。例如在粤语中，有一些特有名词是当地人长期以来约定俗成的表达方式，词的内涵和内地有较大差异，如果混用容易造成歧义甚至误解，这种词语建议遵从粤语的表达习惯。如"劏房"在香港是指"分间楼宇单位"，又名房中房。是香港出租房的一种，其中"劏"是方言用字，类似的词语可以采用粤语的方法来表达。如果生硬地用"间隔房"来表达并不准确，容易使听者产生误解。所以，当香港和内地在词义上有所区别时，建议采用当地习惯用语来表达，既尊重香港语言习惯，又贴近公众的生活。

有些粤语用词意思较为固定单一，在现代汉语规范用语中可以找到准确对应的用语时，可播读普通话和粤语两种用词。采用两种播讲方式并非多此一举，而是发挥了广播口语化、通俗易懂的特点，更贴近真实交流的感觉。在香港人日常的交流中不难发现，个别单词直接采用普通话或其他外来语，并不会给收听造成困难。

四、革新传播渠道，在平台层面强化引导效力

当前，移动互联时代已经来临，传统广播产业面临着卫星广播、网络电台、手机广播等众多音频媒体的竞争，但也面临前所未有的发展机遇。

以香港之声为例，近年来在新媒体业务方面做出了诸多尝试，积极探索

"广播＋互联网"的传播实践，坚持传统广播渠道和新媒体传播渠道"两条腿走路"，着重在内容整合与渠道拓展两方面发力，收到较好的传播效果。在内容生产方面，改变新媒体内容生产依附于广播内容生产的模式，做到"两个渠道、两种内容、相辅相成、相得益彰"；在传播渠道方面，不断拓宽新媒体传播渠道，力求打造融媒体发展格局，如手机客户端、"风行港澳"微信公众号、脸书（Facebook）等相继开始运行。此外，诸多品牌栏目也纷纷开设了微信和微博的公众账号，形成矩阵式立体传播样态。

新时代，对香港广播要有新作为。面对错综复杂的舆论环境提早布局，科学研判，完成在战略布局、内容生产和渠道拓展方面的升级，深挖人力资源价值，精耕文化内容传播，整合媒体传播渠道，多方发力，办好对香港广播。

（作者单位：中央广播电视总台）

居高致远　声名远播

——央广"一带一路"传播格局和实践成就

黄一樑

　　"一带一路"的重大倡议源自中国，属于世界。6年的春华秋实，见证了中国兼济天下的担当与胸怀；6年的大道致远，汇聚起世界美美与共的认同与力量。把"一带一路"故事讲得更精彩，多渠道、多角度、立体化展示近年来"一带一路"的丰硕成果是中国主流媒体共同面临的共同课题。央广作为国家电台，肩负着传递党和国家大政方针、合理引导社会舆论、让世界更加了解中国、让中国的成功经验走向世界的国家媒体责任。6年来，中央广播电视总台央广加强与"一带一路"沿线国家媒体间的合作交往，深入"一带一路"沿线国家采访，以讲好"一带一路"精彩故事为主线，集中打造一系列拳头产品，在传播好中国新时代声音，讲述好中国新征程故事，更加响亮地提出中国主张等方面发挥着重要作用，为推动共建"一带一路"营造积极的舆论环境。

一、加强媒体间交流合作，助力国家发展战略

　　"一带一路"这一借用历史符号而提出的倡议，是否能够得到沿线国的认同，取决于这些国家对当代中国的了解和认知，取决于我们能否讲好中国故事、传播好中国声音，阐释好当代中国的立场、观点、政策主张。[①] 国之交在于民相亲，民相亲在于心相通，新闻媒体在各国间的文明交流互鉴和信息共享平台的搭建和传播中发挥着不可替代的作用。早在20世纪50年代初，央广即开始与苏联及其他社会主义国家的电台交换文艺广播节目。1953年，中国在布拉格同当时的捷克斯洛伐克共和国正式签订了中国同外国的第一个广播合作协定——《中国与捷克斯洛伐克广播合作协定》。此后，中国陆续同当前所说的"一带一路"

---

　　① 徐尧：《一带一路战略将使中华戏剧再次光耀世界舞台》，《乾圆国学优秀论文集》2017年11月1日。

沿线国家签订了广播合作协定。这些广播合作协定推动了双方媒体合作。[1]

2015 年，习近平主席的"一带一路"倡议在"一带一路"沿线国家的媒体中引发强烈反响。广播作为重要的媒体，如何在"一带一路"建设中发挥作用，并在彼此间合作的过程中分享不同民族、不同国家的文化成果和新闻资讯，是"一带一路"沿线国家媒体共同的愿望。2015 年 7 月，有来自巴基斯坦、蒙古国、俄罗斯等国家的 15 位媒体机构代表参加了由央广主办的"一带一路广播随行"国际论坛，论坛围绕"广播在促进不同国家、不同民族、不同文化沟通交流中的角色和作用""各国电台之间资讯交流、信息采集的路径和手段""各国电台在信息传播方面的经验和心得"等话题进行了广泛的研讨。

2019 年是"一带一路"倡议提出的第六年，高质量共建"一带一路"成为当前中国向世界传出的重要理念，作为媒体应当为推动"一带一路"高质量发展发挥重要作用。2019 年 4 月，来自全球 25 个国家和地区 50 多家媒体机构参加了"一带一路 5G 4K 传播创新国际论坛"。与会者在秉持共享共商共建的原则基础上，互学互鉴、互利共赢，推动"一带一路"传播，共建"一带一路"好声音，推动不同文化的交流交融。[2]

媒体间相互合作的意义在于，让来自不同国家、不同文化背景的广播人在思想和观念的碰撞中加深对彼此的了解和信任，在共建"一带一路"中的新角色新作用中达成广泛而深刻的共识；各国媒体机构推动彼此间相互合作，在提高管理水平，探索可持续、多样化的合作模式方面进行广泛交流；挖掘各国各民族千百年来创造的文明成果，制作成广播文艺精品，让世界了解中国，让中国了解世界成为与会者的共识。

二、扮演好媒体角色，向世界传达中国声音

扮演好媒体角色，首先要成为"一带一路"新闻的记录者和宣讲者。从广度上讲，"一带一路"贯穿亚欧非大陆，一边是发达的欧洲经济圈，另一边是活跃的东亚经济圈，境外包括亚洲、中东欧、中亚、非洲 64 个国家，境内有中国西北、东北、西南，沿海、内陆、港澳台地区共 26 个省市自治区直辖市，是一座名副其实的"新闻富矿"。从深度上讲，"一带一路"建设涉及沿线各国的政治、经济、文化、历史等方方面面，为媒体的报道提供了丰富的深度内容。[3]

① 车南林、蔡尚伟：《"一带一路"上的中国广播电视媒体合作历程》，《西南民族大学学报》2016 年第 11 期。

② 唐世鼎：《推动媒体创新合作升级 高质量共建"一带一路"——"一带一路"5G + 4K 传播创新国际论坛成果与思考》，《对外传播》2019 年第 7 期。

③ 侯东合：《"一带一路"建设中的媒体使命》，《中国广播》2018 年第 1 期。

从 2014 年到 2017 年，央广调动全台和记者站百名记者，从繁华都市到边远村落，从秀美江南到茫茫荒原，完成了《丝路新春》《丝路故事》《一带一路进行时》大型系列采访报道。2018 年是习近平总书记提出"一带一路"倡议 5 周年，围绕"聚焦重点、精雕细琢"主题，把"一带一路"从"大写意"转向"工笔画"，共建"一带一路"走深走实，造福沿线国家人民，推动构建人类命运共同体的目标，央广聚焦丝路沿线国家，先后推出"一带一路"5 周年跨国采访系列报道《行稳致远新航程》《精雕细琢正当时》。

"一带一路"大型主题采访报道是央广加强国际传播能力建设的一次全新探索。尤其是在探寻"一带一路"建设者足迹、反映建设者故事的典型事例中，以面对面纪实性的手法，多角度、多方位、全景式展现新时代中国与丝路国家和地区携手共建、互联互通的新举措、新进展。

一是紧紧抓住建设"丝绸之路经济带"核心是经济发展这一议题。中国驻哈萨克斯坦前大使乐玉成是习近平主席当时提出"丝绸之路经济带"这一倡议在现场的见证者。他在中国之声《丝路新春》专题访谈节目表示：中哈经济领域合作是全方位的，大到国家间战略能源合作，小到新康公司在阿拉木图的果酱生产，中哈要借助这一东风，合力推动中哈全面战略伙伴关系深入发展，共同实现两国发展战略和民族复兴之梦。

二是聚焦"海上丝路"中的中国建设奇迹。中国之声播出的《精雕细琢正当时》报道：由中国建筑第八工程局有限公司承建的吉隆坡标志塔，仅用 31 个月时间、在有限空间内，就让一座 400 多米的摩天大楼拔地而起，把一系列"不可能"变成"可能"。用数字说话，展示了中国工人的智慧、能力和信心。

三是突出经贸合作文化先行的理念。中国之声《新闻纵横》播出《行稳致远新航程·当文化波兰迷上中国文化》讲述了波兰克拉科夫雅盖隆大学社会学教授卡皮舍夫斯基把"最后的生命"献给孔子学院的故事。节目尾声的一句"拧动钥匙，消弭隔阂，波兰人眼中的中国仍是复杂的，却渐渐清晰"成为专题的点睛之笔。

三、发挥央广区域广播的优势资源，形成"一北一南、双龙共舞"的传播局面

经过近 70 年的积累，央广已经发展成为拥有 17 套广播节目、全球华语广播网、"一带一路"广播协作网等平台优势。其中对边疆少数民族语言广播和对台港澳地区广播是央广独具特色的区域性广播。区域广播的形成是中央在特定的历史时期针对特殊区域、特定群体而建立的广播传播体系，由于区域广播覆盖地区敏感，在宣传口径上与内地有所区别，具有极强的针对性。长期以来，对台港澳

地区广播和少数民族语言广播影响内地、辐射境外，在宣传党的方针政策、促进当地经济发展、社会和谐、民族团结方面发挥着重要作用。"一带一路"倡议的提出为央广区域广播发挥其自身作用提供了良好的机遇，从地缘角度看，对台港澳地区广播和少数民族语言广播在传播区域和覆盖范围上与"一带一路"沿线地区的地理位置高度重合，成为央广"一带一路"对内对外传播格局的重要支点。

央广现有的5种少数民族语言广播中的维吾尔语和哈萨克语在中亚有一定的影响力，覆盖的对象地区与相邻国在血缘、地缘、民族习惯、语言有相近或相同的特殊关系。由于中亚地区经济发展相对落后，网络不发达，依赖于传统媒体的收听收看方式，所以少数民族语言广播必然成为沟通中国与中亚地区，并改善我国在中亚及周边地区舆论格局、成为"一带一路"互联互通的重要媒介。近年来央广在中亚及其周边地区进行了大量的传播实践探索，积极推进国际传播能力建设。[1] 近年来，维语和哈语广播在中亚周边3个国家的4个城市落地播出；完成了《广播对丝绸之路国家国际传播策略研究》《中国民族语言广播发展战略研究》的课题。为民族广播的"走出去"实践提供了理论支撑服务。

与央广"一北"传播格局相对应的是针对粤港澳地区传播的、以广东话和普通话广播的《华夏之声》。自20世纪90年代开播以来，《华夏之声》服务港澳地区听众，在宣传"一国两制"的实践中发挥着重要作用，拥有一定规模的固定受众群。2019年，中央广播电视总台在《华夏之声》基础上组建《粤港澳大湾区之声》并于9月1日正式开播。港澳地区是"海上丝绸之路"的重要结点，历史上这一地区也是通往英语地区、葡语地区的重要集散地，在构建以"一带一路"为重点的全面开放新格局中，粤港澳大湾区的区位优势特别明显，能够担当重要角色服务国家"一带一路"建设。《粤港澳大湾区之声》的开播标志着央广对港澳地区的传播进入了新的阶段。

四、"一带一路"传播的政策研判与策略规划

"一带一路"建设内涵丰富、外延广泛、体系博大。所涉时空和领域十分宽广，工作千头万绪，这就决定了"一带一路"的对外传播工作必然需要顶层设计，科学布局，统筹规划，在政策把握、宣传基调上与中央关于"一带一路"一系列指示精神高度统一，以保证"一带一路"的传播策略的连续性和准确性。

一是海外传播与本土化实践的关系。以地理界限划分对内传播与对外传播工作的不同内容，是传统传播二分法的重要标准，随着信息网络技术和国内经济发

---

① 宋青：《广播构建"丝绸之路经济带"舆论新格局——以中央人民广播电台为例》，《新闻前哨》2016年第6期。

展水平的迅猛增长，地理界线越来越模糊。尽管如此，"一带一路"的解读和传播工作仍然需要在对内传播与对外传播方面有所区别。

二是"一带"与"一路"的关系。"一带"与"一路"是新时代概念，具有与古丝绸之路不可比拟的丰富内涵和鲜明特色。从地缘角度看，"一带""一路"有不同指向，其关键点不仅是陆海的区别，而是不同自然地理环境因素对各国的历史、文化、社会心理以及对外交往、交流习惯所产生的深远影响。同时"一带"与"一路"又是一个不可分割的整体，在传播中不能厚此薄彼、畸重畸轻，而应统筹兼顾、全面把握。

三是沿线与非沿线的关系。"一带一路"建设溯源于丝绸之路的历史土壤，而新时代丝路的概念得到丰富和发展。不论来自亚洲、欧洲，还是非洲、美洲，都是"一带一路"建设国际合作的伙伴。至此，"一带一路"概念经过丰富、发展、完善，超越经略亚欧非的初始构想，成为新全球化的行动纲领。"一带一路"目前有已有100多个国家参与，沿线与非沿线的分野的客观存在的，在传播上必须力避分野的强化。"一带一路"的传播绝不能自限于沿线，要有更大视野和统筹，实现"一带一路"的全球化。

（作者单位：中央广播电视总台）

新闻传播领域中国广播学研究的知识图谱

——基于 CSSCI 和 CNKI（1998—2017）的数据分析

朱毓春

引言

国内的广播理论研究与广播的诞生、发展实践相生相伴。自 1920 年上海大型综合性期刊《东方杂志》以"用无线电传达音乐及新闻"为题介绍广播以来，我国的广播研究走过了 98 年的发展历程。从国内广播诞生时期的萌芽状态，到 1949 年中华人民共和国成立之前的坎坷发展阶段，再到 1949～1976 年的曲折前进时期，中国广播的理论研究一直在探索中发展。直到进入到改革开放时期，国内的广播理论研究才随着广播实践的大繁荣走入了相对稳定和成熟的阶段。

1986 年，中国广播电视学会提出要建设独立的广播电视学。广播学作为广播电视学的分支，其学科体系建设由此拉开序幕。但是自 20 世纪 90 年代以来，广播学研究并没有在广播电视学学科体系中享有应有的话语空间和学科地位。为满足学科建设和发展的需要，本文基于文献计量学中的共词分析方法，利用 CiteSpace 软件提供的科学知识图谱的可视化技术，以 1998 年中国知网（CNKI）全文数据库和中文社会科学引文索引（CSSCI）数据库收录相关文章为起点，梳理近 20 年在新闻传播学领域下广播研究的重要文献，以及期刊论文呈现出的热点议题变迁、核心作者群等，分析解读近 20 年来我国广播学研究的学科建设情况。

一、研究设计

（一）研究方法

本研究应用科学知识图谱（Mapping Knowledge Domain，MKD）方法，采用的是美国德雷克塞尔大学信息科学与技术学院（College of Computing and Informatics，Drexel University）陈超美教授开发的 CiteSpaceV 信息可视化软件对广播学研究文献进行分析。知识图谱是以知识域为对象，显示科学知识的发展进程与结构关系的一种图形（陈悦，陈超美，胡志刚，& 王贤文，2014）。

（二）研究对象

CNKI 全文数据库和 CSSCI 引文数据库两个数据库作为数据源。CNKI 中文期刊全文数据库是目前世界上最大的连续动态更新的中国期刊全文数据库，其期刊数量较多；CSSCI 中文社会科学引文索引数据库的期刊学术性强且编辑规范。本次研究选取两大数据库中具有一定影响力的广播学研究论文作为研究对象。考虑到 CSSCI 期刊收录以 1998 年作为起点，为统一两大数据库分析时间，取 1998 年作为分析起点。

（三）数据筛选

本研究将"广播"放置在"篇名"字段中进行检索，在 CNKI 中共检索到 1998～2017 年间相关文献题录数据 30520 篇，CSSCI 中共检索到 1998—2017 年间相关文献题录数据 1745 篇，其中 1935 年是 CNKI 数据库收录起始时间，CSSCI 数据库的收录起始时间是 1998 年。检索时间是 2018 年 8 月。

在 CNKI 全文数据库中，由于该数据库论文数量较多且参差不齐，因此选取 1998～2017 年每一年度所有符合标准的论文中，被引频次在前 10% 的论文作为研究样本。针对得到的 30520 篇论文，由两位编码员进行人工筛选，去除"会议通知""征稿公告""新闻报道""会议举办的新闻报道""期刊卷首语""无作者"等不属于学术文献的论文，编码员间信度为 0.90，最终得到有效数据共 3400 篇。

在 CSSCI 数据库中，以"一般论文""综述""会议论文"三项标准对所获取数据进行提纯，最终筛选出 1734 篇论文。

二、中国广播学研究进展分析

（一）广播学研究发文趋势分析（CNKI 和 CSSCI）

图 1、图 2 分别为中国广播学研究 CNKI 和 CSSCI 发表论文数量年度变化情况。从图 1 可以看出，中国广播学研究的论文发表数量随着时间的推移呈现平稳增长趋势。在 1998～2004 年间，国内广播学研究的年均发文增长量在 100 篇左右；2004 至 2012 年，年均发文增长量达到 200 篇左右；2012 至 2016 年年均增长量为 500 篇左右，于 2016 年达到峰值，发表论文数量为 5371 篇。从 CNKI 数据库可以看出，我国广播学研究的热度在逐年增加。

如图 2 所示，与 CNKI 发文数量趋势有所不同，CSSCI 论文发表数量有升有降，在 1998～2001 年间、2004～2008 年间、2013～2014 年间呈现出上升趋势；在 2001～2004 年间、2010～2013 年间、2014～2017 年间呈现出下降趋势。但因两图基数不同，所以有所差别。总体来说，我国广播学研究的发文趋势均呈缓慢增长趋势。

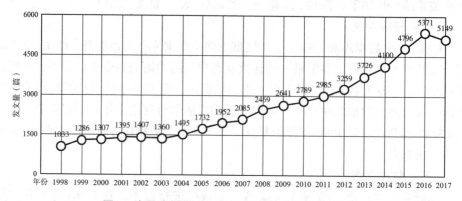

图1　中国广播学研究 CNKI 发文量年度变化情况

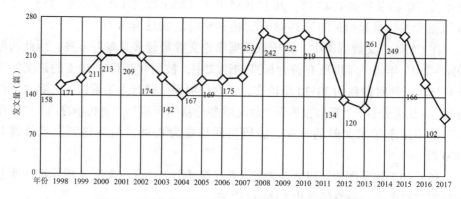

图2　中国广播学研究 CSSCI 发文量年度变化情况

（二）国内基于 CNKI 数据库的广播研究热点分析

利用 CiteSpace 的时区功能，选择每3年关键词的前20个进行共现分析，得出基于 CNKI 数据库的广播学研究关键词时区视图（见图3）。时区视图侧重于从时间维度上表示知识的演进，可以从图3中大致看出 1998～2017 年间新闻传播学领域广播学研究的相关议题。图中节点和字体的大小反映关键词的词频高低，节点间的连线代表关键词间的共现关系。

高频和高突现度关键词如表1所示。突现度高的关键词一定程度上代表了所在研究领域相应时间区间的新兴研究前沿，其历时性演进折射出一个学科或研究领域前沿热点的动态变化。结合图3中和表1的突现度可以看出，广播学的研究热点演变路线为："节目—美国—广播媒介—新媒体—媒体融合—新闻编辑"。同时也可以发现，基于技术基础发展的广播媒介，其研究也深受技术发展的影响，如早期的数字广播研究到播客、新媒体、网络广播及融媒体的研究。

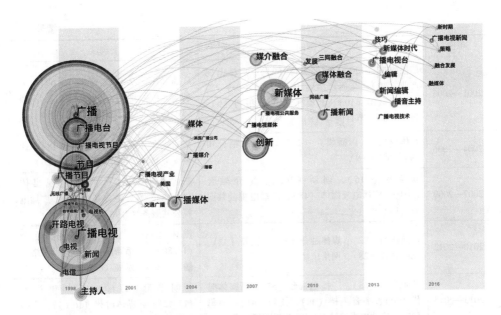

图3　中国广播学研究议题的流变图（1998—2017）

1998～2000年间，广播学研究偏向于业务方面，此时，传统的大众传媒领域如"广播""电视"都是该时期的研究重点。高频关键词有"广播""广播电视""开路电视""广播节目""电视"等。值得注意的是，其中对于电视媒体的关注度十分突出，如广播电视、开路电视、电视、广播电视节目、电视机、电视节目等。其主要原因在于1990年代的广播电视研究倾向于将广播与电视作为一个整体研究对象，且在研究过程中呈现出重电视研究轻广播研究的现象。而这种以"广播电视"作为一个整体研究对象的做法，其实质会损害广播、电视两者的个性特征而不利于研究的深入；且不能让研究者们对我国广播研究、电视研究的研究情况形成一个清晰的认识（申启武，& 安治民，2010）。此外，从表1中的关键词突现度可以看出，"节目""开路""受众"等关键词受到了格外的关注，成为该时间段内的新兴研究前沿。同时，随着数字技术的引入，也引发了广播学者们对于"数字音频广播""数字广播""数字视频广播"的研究热潮。

表1　国内广播学研究高频和高突现度关键词（CNKI）

年份	关键词	突现度
1998—2000	广播（642）、广播电视（185）、开路电视（124）、主持人（119）、广播节目（111）、新闻（78）、电视（70）、受众（60）、电信（59）、广播电视节目（47）	节目（34.15）、开路电视（18.44）、受众（16.90）、广播电视节目（13.00）、电信（12.89）

续表

年份	关键词	突现度
2001—2003	广播媒体（120）、广播影视（34）、广播电视产业（30）、交通广播（20）、美国（19）/美利坚合众国（10）、北美洲（10）、报刊（9）、报纸（8）、节目内容（8）	广播影视（12.51）、美国（9.68）/美利坚合众国（6.26）、交通广播（10.19）、北美洲（6.26）
2004—2006	媒体（72）、广播媒介（21）、英国广播公司（9）、播客（9）	广播媒介（9.40）、媒体（7.18）、播客（5.45）、英国广播公司（5.20）
2007—2009	新媒体（216）、创新（162）、媒介融合（104）、广播电视媒体（18）、广播电视公共服务（14）	新媒体（29.52）、广播电视媒体（10.18）、媒介融合（10.16）、广播电视公共服务（7.90）
2010—2012	广播新闻（82）、媒体融合（80）、发展（37）、三网融合（28）、网络广播（14）	媒体融合（19.92）、三网融合（14.80）、广播新闻（11.06）、网络广播（7.36）、发展（6.27）
2013—2015	新闻编辑（58）、广播电视台（55）、新媒体时代（50）、播音主持（48）、技巧（41）、编辑（37）、广播电视编导（31）、广播电视技术（9）	新闻编辑（17.60）、广播电视台（17.42）、新媒体时代（16.64）、广播电视编导（14.59）、播音主持（13.96）
2016—2017	广播电视新闻（30）、策略（21）、融合发展（19）、新时期（17）、融媒体（9）	

2001~2006 年间，正值我国新闻学与传播学学术研究繁荣发展时期。受新闻学与传播学研究的影响，该阶段以广播为主体的研究开始占据主流，并对国际广播尤为关注。"美国""英国广播公司""北美洲"等成为该时期的重要研究热点，如代表性论文刘蒙（2006）的《美国广播新形态一瞥》、王积龙（2006）的《报纸和广播在美国市场失宠》等。更为重要的是，广播研究逐渐脱离"广播电视"整体研究体系，开始作为一种单一的媒介被学界所研究，如关键词"广播媒体""广播媒介"等。同时，广播开始进入产业化发展阶段，专业化发展步伐加快，如"广播电视产业""交通广播"等受到研究者关注。

2007—2012 年间，随着 Web2.0 的到来，自媒体的迅速发展以及"三网融合"等概念的提出。技术的发展影响了广播的发展，该时期"新媒体""媒介融合""三网融合""网络广播"等成为广播学热点研究对象。

2013—2017 年间，技术的发展催生了诸如"新媒体""融媒体""融合发展"等议题研究；同时，广播业务研究也在该阶段得到重视和深化，如"新闻编辑""技巧""编辑"等议题得到了较多的关注。

（三）重要作者及合作网络分析

以 CNKI 数据为基础，对广播学研究作者进行时区分析。将 "Years Per Slice" 的值设定为 3，节点类型选取标准设定为 "Top50"，运行 CiteSpace 得到国内广播学研究（CNKI）重要作者分布时区图谱（见图4）。在本次研究的文献中，共有309位作者，存在着57个合作关系。

比较核心的研究者是申启武、栾轶玫、朱虹、孟伟、张海涛、李静等研究者。1990年代重要的研究者有赵玉明、哈艳秋、郭镇之等学者，这一时期基本以学界研究者作为领军人物。2000年左右，栾轶玫、朱虹、张海涛等生产成果较多，他们多隶属于中央人民广播电台、国家广播电影电视总局等机构，这一时期研究主要以业界为主，而学界研究者较少。2004～2007年间，出现了以申启武、孟伟等核心学者，同时，合作网络也以这些研究者为中心点，形成了十分松散的合作关系网。

广播学研究合作关系多为师生间的合作，如图中围绕赵玉明、陆晔、曹璐、申启武等知名学者组成的合作网络。但是，不同的核心学者之间的网络联系十分薄弱，我国广播学研究者十分分散；同时，学界与业界之间的勾连也非常之少，理论与业务并未能很好地结合。总体上，广播学研究仍以独自研究占据主流。

表2列出了发文量≥5篇的25位作者，这25位作者是1998～2017年间广播学研究的活跃研究者。这些作者共发表论文213篇，占总发文量6.3%，这些作者在广播学研究中较为活跃。

表2 广播学研究核心学者（CNKI）（发文量≥5）

序次	学者	论文数量	年份
1	申启武	23	2005
2	栾轶玫	17	2002
3	朱虹	17	2002
4	孟伟	17	2004
5	张海涛	12	2001
6	李静	10	2009
7	杨明品	9	2008
8	金震茅	8	2006
9	胡正荣	8	2001
10	陈力丹	8	2007
11	哈艳秋	8	1998
12	梁山	7	2001
13	潘力	7	2003
14	曹璐	6	2001
15	江澄	6	1998
16	梁平	5	2001
17	姜红	5	1998
18	张军	5	2010

序次	学者	论文数量	年份
19	刘斌	5	1999
20	艾红红	5	2005
21	刘洪才	5	1998
22	王宇	5	2008
23	黄信	5	2016
24	陆地	5	2005
25	熊科伟	5	2013

（四）国内研究机构及合作网络分析

运用 CiteSpace 对相关文献的从属机构进行可视化分析，将"Years Per Slice"的值设定为 3，选择每 3 年前 20% 的数据进行聚类，运行 CiteSpace 获得广播学论文从属机构的知识图谱（见图 4），共有节点 316 个，连线 45 条。

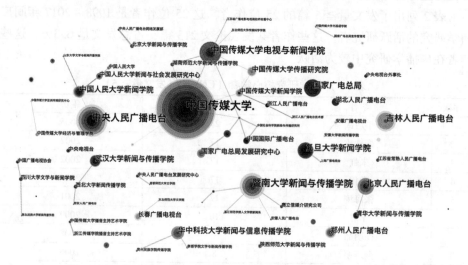

图 4　1998—2017 年中国广播研究的机构分布知识图谱（CNKI）

对于研究者而言，新闻与传播研究者大多归属于某个团体或机构。其所属机构的活跃程度、权威性既可以影响研究者的资源占有率，也可以影响研究者之间的交流合作机制。对于学科总体进程而言，机构的开放性和机构间的交流及活跃程度决定了学科总体的活跃状况（李彪、赵睿，2017）。

1. 国内广播学学界之间合作关系薄弱、地域合作明显

从图 4 中可以看出，在国内主要的新闻与传播科研机构之间，科研高校之间的合作关系十分薄弱，且多数集中在各机构内部。发文章较多的机构之间学术交

流活动匮乏，如表中所示发文量较多的科研院校，中国传媒大学、暨南大学、复旦大学、华中科技大学、中国人民大学等高校之间基本没有合作。这并不利于我国的广播学研究学术交流和广播学科的进步以及理论的创新。

虽然各高校之间合作匮乏，但高校与当地广播电视台合作相对紧密，并呈现出了明显的地域性特点和高校与当地电台合作的特点。如暨南大学新闻与传播学院与暨南大学和湛江师范学院人文学院新闻系合作，华中科技大学新闻学院与孝感学院文学与新闻传播学院合作，四川大学文学与新闻学院与西北民族大学新闻传播学院合作，东北师范大学文学院与长春广播电视台合作；中央人民广播电台与中国人民大学新闻学院合作，复旦大学与上海广播电视台合作、北京人民广播电台与清华大学新闻与传播学院合作，安徽大学新闻传播学院与安徽大学新闻传播学院合作，中国传媒大学与浙江人民广播电台、中国国际广播电台合作等。

同时，高校机构内部也存在着子机构之间的合作。如子机构最多的中国传媒大学，其包括了中国传媒大学新闻传播学部、新闻学院、传播研究院、外国语学院、播音主持艺术学院、经济与管理学院、文科教研处等。

2. 广播电台与高校发文集中

表3中列出了发文量≥15篇的13个机构，共计发文418篇，占总发文量的12.3%。从软件分析结果显示，发文量≥5的机构共有69所，这些机构的类型以广播电视台和高校为主，其他机构还包括学会、广播电影电视集团等。其中高校有24所，占比34.8%，包括中国传媒大学、暨南大学、复旦大学、华中科技大学等；广播电视台有37所，占比53.6%，包括中央人民广播电台、吉林人民广播电台、北京人民广播电台、郑州人民广播电台等；其他机构（包括国家广电总局、深圳广播电影电视集团、中国广播电视学会）有8所，占比11.6%。就行业集中度而言，国内广播学研究主要以广播电视台和一流老牌新闻院校为主导，并且广播学研究主要还是以业务实践为主。

表3　中国重要机构发文分布（发文量≥15篇）

机构名称	发文量	合作机构
中国传媒大学	95	中国传媒大学电视与新闻学院、中国传媒大学新闻学院、湖南师范大学新闻与传播学院
中央人民广播电台	50	中国人民大学新闻学院
暨南大学新闻与传播学院	40	赛立信媒介研究公司、暨南大学、安徽人民广播电台、湛江师范学院人文学院新闻系
中国传媒大学电视与新闻学院	34	中国传媒大学、中国传媒大学传播研究院、湖南师范大学新闻与传播学院、中国传媒大学文科科研处、东北师范大学传播科学学院

机构名称	发文量	合作机构
吉林人民广播电台	32	——
国家广电总局	27	——
北京人民广播电台	26	清华大学新闻与传播学院
复旦大学新闻学院	25	上海广播电视台
华中科技大学新闻与信息传播学院	20	贵州民族学院传媒学院、孝感学院文学与新闻传播学院
中国人民大学新闻学院	19	中央人民广播电台、中国人民大学新闻与社会发展研究中心、山东大学文学与新闻传播学院
武汉大学新闻与传播学院	18	西北大学新闻传播学院
郑州人民广播电台	17	——
中国传媒大学传播研究院	15	中国传媒大学电视与新闻学院、中国传媒大学新闻学院、湖南师范大学新闻与传播学院

在高校中，中国传媒大学是发表论文数量最多的机构（包括中国传媒大学电视与新闻学院、传播研究院、新闻学院、新闻传播学部、媒体管理学院等）；其次是暨南大学新闻与传播学院和中国人民大学（包括各学院及研究院）。复旦大学新闻学院、华中科技大学新闻与信息传播学院、武汉大学新闻与传播学院等科研高校也排名较高。在广播电台中，中央人民广播电台、吉林人民广播电台、北京人民广播电台等发文量居多。说明国内广播学研究机构较为集中，且多数属于北京地区。这些大型广播电视台和一流高校，对广播学研究起到了推动作用。

（五）中国广播学研究共引分析和经典文献分析

期刊共被引是指两本期刊被同一篇文献引用的现象，反映的是各类期刊及学科间的关联性（陈悦，陈超美，胡志刚，& 王贤文，2014）。期刊共被引数据可以为确定核心期刊提供方法论依据（姜春林，张帆，& 唐悦，2010）。将节点类型设置为"cited references"，运行软件获得期刊、文献共被引网络图谱（见图6），被引频次最高的前10种期刊和被引频次最高的前10篇文献分别见图5和表4。

由图6和表4可见，国内广播学研究的论文主要发表于新闻传播学期刊上，其中，《中国广播电视学刊》《现代传播》《中国广播》《国际新闻界》《新闻与传播研究》共被引次数较高。该时期内《中国广播电视学刊》《现代传播》等全国性的广播电视专业核心期刊在中国广播研究热点发展中起到了重要作用。《中国广播》作为国内专门刊载广播研究文章的期刊，在广播研究方面的影响力也比较大。

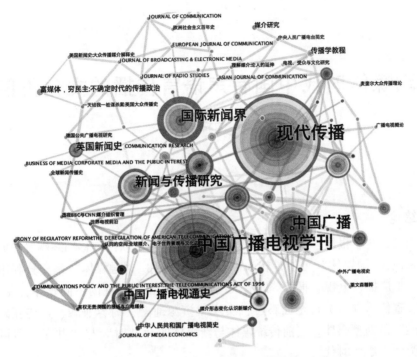

图5　国内广播学期刊、文献共被引网络图谱（CSSCI）

此外，综合性新闻传播研究刊物如《国际新闻界》《新闻与传播研究》《新闻大学》和地方性广播电视研究刊物如江苏省广播电视台主办的《视听界》、中央电视台主办的《电视研究》、江西省广播电视学会等主办的《声屏世界》等在广播学研究领域具有一定的影响力。

三、结语

本文利用科学知识图谱的方法，呈现了1998～2017年20年间广播学研究领域的知识轨迹。研究表明：广播学科发展稳步前进，学术成果不断增长。广播技术与广播实践成为广播研究的主要推动力，且广播研究与广播实践联系紧密，研究议题围绕广播实践热点与难点展开。研究者集中于学界、业界以及各电台研究机构，但相互之间合作网络松散，且学术与业务研究分化较为严重。广播学研究较多关注史学与业务研究，未能从其他更多的角度（如文化、经济等）对广播进行相应的研究。

本文研究尚有诸多不足之处，未来的研究可以将时间进行拓展，对样本再进一步精选，并结合内容分析法和传统的文献综述方法等对广播学进行更为细致的全景式分析。此外，还可以对国外广播学研究进行分析，以对广播学研究有所借鉴。

（作者单位：中国传媒大学）

融媒体时代中国有声语言传播的文化价值

仲梓源

绪论

当前，对于报纸、广播、电视等传统媒体以及互联网与移动终端等构成的新媒体来说，"融媒体"可能是较为恰当的一种合称。"融媒体"是充分利用媒介载体，把广播、电视、报纸等既有共同点，又存在互补性的不同媒体，在人力、内容、宣传等方面进行全面整合，实现"资源通融、内容兼融、宣传互融、利益共融"的新型媒体。当前传统媒体与新媒体的"共时"与"共存"阶段可暂且称为"融媒体时代"。

有声语言传播可以狭义地理解为通过口头语言进行的传播，既区别了口语和书面语，区别了唇语和肢体语，同时也区别了戏曲、曲艺、声乐等其他声音的艺术形式。有声语言传播具有便捷、及时、丰富、准确的优势，但也受时空限制有着稍纵即逝和不便留存的局限。时代进步、技术发展，从口头到文字、从印刷到网络，而有声语言传播仍然是当前人类沟通交流与信息传播最重要、最广泛的方式之一。

从人民广播在延安呼出第一声台号，到新世纪中国广播电视的蓬勃发展，几十年间，中国广播电视用中国声音向世人报道当代中国、展示中华风采，见证并记录着中华民族的伟大复兴。不同时代反映社会生活、催人奋进的消息、通讯和专题节目，深入人心的文艺作品，都通过广播电视影响着大众，一些经典有声语言文本成了时代的文化记忆。

新时代、新世纪，互联网新媒体技术将媒介推进到融媒体时代，有声语言传播依然是媒体的重要担当。从大喇叭到数字广播，从黑白电视到多点触屏电视，从功能手机到智能手机，还有 4G（the 4th Generation mobile communication technology）、5G（the 5th Generation mobile communication technology）技术和人工智能 AI（Artificial Intelligence）、虚拟现实 VR（Virtual Reality）技术……科技为有声语言传播提供了高效的平台和介质，自媒体、非线性、碎片化日渐成为融媒体时代的特征，有声语言传播经典文本与接收设备也将成为时代文化记忆。

我国早期广播电视技术设备局限使有声语言传播从技术到数量都无法与现在相比，却不乏经典：开国大典上丁一岚、齐越对阅兵仪式和群众游行的播音解说，夏青、方明、铁城、雅坤等人的新闻和通讯播音以及朗诵，陈醇、关山等人的小说播讲，徐曼、虹云、傅成励等人的节目主持等等都成为时代文化记忆；科技让影音技术和设备日益普及，在融媒体时代普通百姓都可录制和传播声音和影像，有声语言传播文本可用"海量"形容，然而令人印象深刻并能成为文化记忆的经典却凤毛麟角。是海量信息冲淡了记忆？还是缺乏成为经典的核心要素？这不但是值得深入探讨的文化价值问题，也对有声语言传播在新时代提出了新要求。

一、洞悉融媒体时代有声语言传播动向

融媒体时代的有声语言传播表现在广播电视传统媒体与互联网新媒体共时性和共存性，二者之间相互关联又相互区别，相互补充又相得益彰。由于传统媒体与互联网新媒体各自的特点与受众分布构成和收听收看习惯的不同，在融媒体时代又表现出一种新的特征与动向。

（一）传统媒体

总体来看，我国当前有声语言传播在广播电视传统媒体的分布格局上是以新闻节目为主，文艺与社交服务类节目为辅。主流媒体的主频率和主频道都秉承着"新闻立台"的宗旨，各级广播电视媒体都有专门的频率频道和栏目进行新闻传播，比如央广的《新闻和报纸摘要》《新闻纵横》《全国新闻联播》，央视的《新闻联播》《焦点访谈》《新闻三十分》等，新闻节目的频道化与滚动播出使其成为传统媒体有声语言传播的主体。

有声语言传播也大量存在于受众喜闻乐见的文艺类节目当中，尤其像小说、散文、诗歌、戏剧、相声、小品等等，不但内容丰富而且形式多样，比如央广文艺之声的《天天听书》《中国相声榜》《文化大家谈》；央视的《曲苑杂坛》《朗读者》《艺术人生》《文化视点》等。

社交服务类节目如生活百科、教育科技、法律、老年、妇女、儿童等主要节目中的资讯播报、话题访谈、外景连线等都有不同形式和体量的有声语言传播构成，比如央广中国之声的《小喇叭》《养生大讲堂》《中央农业广播学校》，老年之声的《健康之家》，中国交通广播的《央广车友会》，经济之声的《天天315》；央视的《生活圈》《今日说法》《人与自然》《夕阳红》《半边天》《大风车》等。

这些节目都直接或间接地影响着社会文化生活，直接反映百姓日常生活的同时折射出当代社会生活和主流价值观，不少经典节目也成为时代的文化记忆。

（二）互联网新媒体

新媒体泛指数字报刊、数字音视频、移动终端、触摸媒体等现代互联网和多媒体技术支撑下出现的媒体形态，如美国《连线》杂志所说，是"所有人对所有人的传播"，并广泛渗透于社会生活中。相对报刊、户外、广播、电视等4大传统媒体而言，新媒体被列为"第五媒体"。

互联网新媒体初期还在探索自身的传播特点与优势，也未形成节目生产规模，加之没有完备的节目审查制度，更多地采用"碎片化"方式来转播传统媒体的节目或片段，其"非线性"点播方式实现了随时随地点播的可能性，提升了传播效率和受众体验。

移动技术让"播客"应运而生，这个音译于 Podcast 的新词汇是由 Ipod + broadcasting 合成而来，非常形象地将这种不必局限于时间地点的数字传播方式用中文进行表述，简洁凝练地体现出互联网新媒体的新特征。随后国内涌现出一大批门户网站、应用软件、移动终端 APP 和微信公众号，推进了互联网新媒体的发展，比如腾讯、新浪、搜狐等门户网站，优酷、暴风影音、爱奇艺、乐视、胥渡吧、土豆等视频网站，蜻蜓 FM、喜马拉雅 FM、懒人听书等音频网站，还有"为你读诗"等微信公众号等。

互联网新媒体的有声语言传播异常活跃，每天制造的海量文本极大丰富了有声语言传播的内容和形式，由于缺乏严格审查制度与正确价值观引导，有时产生负面效应。一些博人眼球、哗众取宠，不择手段追求关注度的媚俗、低俗之作，对社会稳定与青少年身心健康造成不利影响，大量低水准、不规范文本干扰了受众的审美标准和审美情趣，影响了大众精神文化需求的品位和格调，制约了互联网新媒体有声语言传播，有损互联网新媒体的文化形象。

二、探析融媒体时代有声语言传播文化价值

在融媒体时代探析有声语言传播的文化价值，既是对我国文化建设理论与实践的贯彻落实，也是对媒体转型与发展的深入探讨，对大众传播的文化引领作用具有积极意义。

（一）传承中华民族语言文化

习近平总书记说，中国传统文化"体现着中华民族世世代代在生产生活中形成和传承的世界观、人生观、价值观、审美观等，其中最核心的内容已经成为中华民族最基本的文化基因。这些最基本的文化基因，是中华民族和中国人民在修齐治平、尊时守位、知常达变、开物成务、建功立业过程中逐渐形成的有别于其他民族的独特标识"。

中华民族自秦始皇"书同文"以来逐渐形成了汉字的书写规范，由于我国地域辽阔、方言众多，一度"重文轻语"现象严重，随着人口流动、人际交往

频繁，直到新中国成立后通过法律形式推广使用汉民族共同语言"普通话"才使有声语言确立了统一规范的标准。有声语言对民族文化的传承与弘扬有无可比拟的优势，融媒体时代有声语言传播品质良莠不齐，经典的不足和缺席令文化身份日渐式微。

文人有吟诗之风雅，吟诗方能尽兴。苏东坡曾语"三分诗七分读耳"，对文字作品的有声语言表达是人文精神的"音声化"，可超越书面语言淋漓尽致地表情达意。将文字作品转化为融入个人理解和情感的有声语言属于"二度创作"，有声语言鲜活的字句使情感得以抒发，令听者受到感染、激起共鸣，魅力尽显。文字表述的思想一经有声语言传播，便可逾越文字阅读的障碍和局限而易于理解和接受，民族优秀文化由此得以传承和弘扬。

文化需要传承，传承需要记录，有声语言传播者必须意识到自己的文化价值和影响力，成为传承与弘扬优秀民族文化的重要担当。

（二）净化视听抵制低俗之风

早在十七届中央政治局第二十二次集体学习时就强调：要引导广大文化工作者和文化单位自觉践行社会主义核心价值体系，坚持社会主义先进文化前进方向，坚决抵制庸俗、低俗、媚俗之风。融媒体时代一定要坚决抵制低俗、媚俗之风，净化我们的大众传播。

媚俗，词义为迎合于世俗，缺乏自我思想、自我理智，只知随波逐流，芸芸众生，出自明代高启《妫蜼子歌》："不诘曲以媚俗，不偃蹇而凌尊。"大众媒体如果只为追求短期商业利益而不惜牺牲崇高和责任，盲目迎合受众，在"眼球经济""读图时代"的幌子下，任由娱乐化、功利化、商业化的恶性炒作和恶俗化、庸俗化的低级趣味泛滥，媚俗现象必然大行其道。老子所言"善行无辙迹；善言无瑕谪。"以及鲁迅所说"案言为心声，岂可衰飒而俗气乎？"道理相通：排除低级庸俗才能让有声语言传播保有价值与活力。有声语言传播者应及早警醒与觉悟，当好媒介"把关人"。

人有人品，诗有诗品，有声语言传播也有其规格和品位。高雅品位应具有文化内涵和审美层次，通俗品位应有趣易懂，但要注意下限，那种迎合媚俗、低级浅薄的内容，理应禁绝。融媒体时代有声语言传播要通俗而杜绝庸俗，用有民族风骨的中华文化经典来浇灌心灵、修养人生，通过传播高规格高品位作品来抵制低俗、媚俗、庸俗之风。

（三）熏陶培养高雅品位格调

媒体承载着传承弘扬民族文化、记录时代风采、引领文明进步的使命。当前大众媒体文化处境喜忧参半，培养民族高雅气质和格调是有声语言传播的重要文化价值。

融媒体时代的有声语言传播大多能表现中国优秀文化，展现并弘扬汉语言的独特魅力和优良传统，以真、善、美、新、雅、精的文化品位，彰显出中华民族的风骨和气质。然而"后现代追随""世俗化心态""人际化盲从""小报化倾向"等现象在世界范围内泛滥，一些格调低下、哗众取宠、随心所欲的有声语言传播乘虚而入，有声语言传播者必须警觉，将培养民族高雅气质和格调视为己任。

媒体能潜移默化地影响受众，净化有声语言传播势在必行。"以崇高的精神塑造人、以优秀的作品鼓舞人"是媒体的重要使命，表现崇高精神、呈现优秀作品的有声语言传播者必须深入生活、感受生活，必须理解文稿、感悟文稿，必须用心吐字、用情发声，让真、善、美融入抑扬顿挫、优美动听的有声语言当中，让受众获得审美体验与愉悦，达到人与自然、人与社会和谐交融的境界。鲁迅先生所谓"意美以感心，音美以感耳，形美以感目"应成为融媒体时代有声语言传播者的追求。

（四）增强民族自豪感凝聚力

文化是增强民族凝聚力的重要因素，创造出中华民族共有、共享的经典是融媒体时代有声语言传播的重要使命。

社会发展进程中，不同区域统一后，地域方言分歧妨碍了人们交际，不利于社会的统一和政权的巩固，语言便会适应社会需求而走向统一。汉语普通话作为法律规定的汉民族共同语，融媒体时代有声语言传播应该规范使用与推广普及普通话，并创造出经典文本，在有声语言方面形成民族文化共同体，增强民族凝聚力。

特别要说明的是推广普通话并非要消灭方言，历史悠久、底蕴深厚、独具魅力的方言和少数民族语言，共同滋养和凝聚了中华民族，要在方言的口头及非物质文化保护基础上去实现民族共同语的统一。

当前我们应该在搜集整理经典有声语言文本的同时积极推动有声语言文本创造，这可以充分调动并凝聚全民族力量；另外，堪称有声语言传播经典的作品，往往能够最能触动心灵、产生共鸣。这种独特的沟通和交流方式，有助于增强全民族的凝聚力。用有声语言传播来强化中华民族对国家与民族的认同，增强民族自豪感与凝聚力，为民族的未来发展提供内在精神文化动力。

（五）提升软实力扩大影响力

小约瑟夫·奈提出的"软实力"（Soft Power）概念是指一个国家的综合国力，既包括由经济、科技、军事力量等体现出的"硬实力"，也包括文化、价值观念、生活方式、意识形态等体现的"软实力"。

"提高国家文化软实力，关系'两个一百年'奋斗目标和中华民族伟大复兴中国梦的实现"。要着眼于推动中华文化走向世界，形成与我国国际地位相应的文化软实力，传播力与影响力深远的有声语言传播重任在肩。

习近平总书记指出，"提高国家文化软实力，要努力展示中华文化独特魅力。""提高对外文化交流水平，完善人文交流机制，创新人文交流方式，综合运用大众传播、群体传播、人际传播等多种方式展示中华文化魅力。"中华民族的崛起在全球文化领域掀起"汉语热"。使用人数首屈一指的汉语，有声语言传播经典本该数量众多、流传甚广、人类共享，然而在长期以西方普世价值主导的文化领域，我们确实有着明显的实力悬殊。让民族文化"走出去"，是国家文化形象重构之必要举措。与西方世界预警的"文化冲突论"不同，我们的文化"走出去"是力主"文化共荣"，是通过"亲和力"产生"影响力"。

融媒体时代中国声音通过卫星和网络能在世界范围广泛传播，更应注重有声语言传播的内涵与品质，通过中国声音吸引和感召全球的受众。

（六）渗透有声语言非遗意识

文化全球化冲击了各国的本土文化，一些标榜着"普世价值"的西方文化侵蚀并制约了部分民族文化的发展。"人类口头与非物质文化遗产"是联合国教科文组织为了保护无形的文化遗产而设立的项目。非遗保护能够极大地保护与传承民族的传统文化，增强民族文化的竞争力；能够促进文化的多样性，并激发人类的创造力。联合国教科文组织第32届大会通过的《保护非物质文化遗产国际公约》首要内容就是关于"口头传说和表述"。2011年《中华人民共和国非物质文化遗产法》的颁布与实施成为我国非遗保护的里程碑。有声语言传播是人类口头及非物质文化遗产的重要内容之一，应及早树立"非遗"意识。

很多"非遗"项目保护工作起步晚，还未保护便已经消亡。对当前有声语言传播的保护应防患于未然，及早进行有声语言文本的搜集整理和保护，已势在必行。有声语言文本"非遗"保护的思路和策略应着重于传承与创新。搜集整理以往有声语言传播经典文本，进行深入分析研究，剔除糟粕、取其精华；以传承为基础，将当代社会风貌融入有声语言传播创作中，践行优秀文化的传承和创新，为有声语言传播"非遗"保护工作奠定基础。

三、推动融媒体时代有声语言传播发展

融媒体时代有声语言传播应该探索和拓展各自的优势与潜能，优势互补、携手前行，共同推进大众传媒有声语言传播的发展，催生数量丰富、品质优良、喜闻乐见、人类共享的有声语言传播经典。

（一）唤醒文化自觉

"文化自觉"是费孝通先生在1997年的重要思想贡献，后来胡锦涛同志在党的十七大报告中提到"更加自觉、更加主动地推动社会主义文化大发展

大繁荣"。

正确认识自己的文化与正确对待别人的文化是"文化自觉"的核心思想，融媒体时代有声语言传播在传承与弘扬优秀文化传统的同时还应主动学习、借鉴、融合世界范围其他民族的先进文化，在全球化语境下"各美其美、美人之美"，进而达到"美美与共、天下大同"。融媒体时代的有声语言传播不应将一成不变、墨守成规视为继承，要去其糟粕、取其精华；不可将不假思索、全盘端来当做借鉴，必须结合国情科学、批判地汲取与吸纳。在当前文化大发展的形势下，有声语言传播者应适时调整，唤醒文化自觉，先要对世界文化与民族文化有全面清晰、客观理性的认知，才能有主动、自觉的创作实践。

（二）树立文化自信

融媒体时代有声语言传播应该要有文化自信。文化自信是一个民族、一个国家以及一个政党对自身文化价值的充分肯定和积极践行，并对其文化的生命力持有的坚定信心。党的十八大以来习近平同志曾多次提到文化自信："中国有坚定的道路自信、理论自信、制度自信，其本质是建立在5000多年文明传承基础上的文化自信。""说到底是要坚持文化自信。""文化自信，是更基础、更广泛、更深厚的自信。"

文以化人、文以载道，让民族文化走向世界，让民族文化自身说话，使其成为与世界不同民族、语言，不同国家、地区沟通交流的媒介。中国的媒体是民族文化"走出去"的重要担当，有声语言传播承载着向世界展示中国社会主义现代化建设的重任，用中国声音向世界宣传中国民族文化，用中国声音塑造现代中国形象，用中国声音行使民族话语权，用中国声音提升国家软实力和影响力。传播民族优秀文化的同时，更要传递中国的和平发展理念。

融媒体时代有声语言传播所承载的这些重任，亟须建设和打造出业务精湛、素养全面的从业者队伍，形成选拔和培养优秀人才的良好机制。既要传承和弘扬优良传统，也要学习和借鉴外来先进经验，开拓创新、继往开来，直面全球化语境下的诸多矛盾和问题。几千年文化传统和日益强大的综合国力让我们的文化自信底气十足。

（三）锻造经典文本

每个时代都有有声语言传播的经典之作，融媒体时代每天制造出海量有声语言文本，但让人记忆深刻的经典数量远不能够与文本数量成正比。这不是简单的数量与质量间的比例问题，而是大众日益提高的精神文化需求与有声语言传播品质之间的矛盾，解决问题的方法是优化有声语言传播者能力和素养，倾心锻造新时期有声语言传播之经典。经典体现的是民族文化传承与文化认同，也是民族文化发展的有力保障。

媒体的有声语言是源于生活而又高于生活的艺术语言，有人片面追求"生活化"、误读了"贴近性"，以"通俗"标榜的直白与肤浅丝毫体现不出民族语言魅力。有声语言传播固然有品级之分，上品乃精品，虽有瑕疵但属上乘之作；中品总体良好，尚存缺陷，略感差强人意；下品则明显不够规格，甚至流于媚俗和低俗。

鉴于此，有声语言传播者应精心打造上乘之作，经过时间的考验而成为经典，以满足受众不断提高的精神文化需求，留下传世之作，为民族文化增添有声语言传播经典文本。

结语

融媒体时代，我们要更加自觉、主动地推动社会主义文化大发展、大繁荣。深入探讨和研究中国有声语言传播的文化价值，解决好理论与实践的一系列问题，必将促进我国有声语言经典创作，为推动民族文化走向世界、提升我国文化软实力和国际影响力奠定基础。

有声语言传播的文化价值体现着中华民族的文化自信，这种文化自信，不仅来自文化的积淀、传承与创新、发展，更来自当今中国特色社会主义的蓬勃生机，来自实现中国梦的光明前景。改革开放40年来，有声语言传播从未缺席中华崛起的每个精彩瞬间，国家兴盛文化必然繁荣！党的十八大以来，文化发展再掀高潮，传媒事业乘势而上，有声语言传播正大踏步前行！

（作者系中国传媒大学播音主持艺术学院副教授）

从"收音机"到"智能音箱"：广播媒介形态的三次变革

俱鹤飞

"小爱同学，播放今天的新闻。"——随着智能音箱的普及，这成为消费者与智能音箱的日常对话。"小爱同学"是小米公司研发的小米 AI 音箱，2017 年 7 月在北京发布。消费者一声令下，智能音箱可以播放新闻，还可以实现查询天气、设置闹钟、控制智能家居等。可以说，智能音箱悄然改变着现代生活场景。2017 年被业界视为国内智能音箱元年，中国工程院院士潘云鹤认为，智能音箱是目前市场上最好的消费级 AI 产品之一，它将多项人工智能技术进行创新融合，从技术难度上来说并不是顶尖的，但能让普通人也享受到科技的乐趣。智能音箱不是单纯的音箱，它很可能成为下一代人机交互入口[①]。智能音箱作为天然的语音内容播放器，一经出现便深刻影响了广播节目的发展。

正是基于这一现象，本文旨在探讨以下问题：人工智能的出现对广播媒介的形态产生了哪些改变？这种改变应该通过何种方式加以考察？对于后者，雷蒙·威廉斯似乎提供了切实可行的研究方案："同一个词语在不同的时代和群体那里，可能具有完全不同的意义。这种变化在平常时段发生得非常缓慢，但是在社会大变动时期，词语意义的变化会引起人们的注意[②]。"因此，本文正是通过梳理广播媒介的研究过程中关键词的变迁，以察广播媒介形态的发展与变革。

在知网以"广播"为关键词进行检索，采集得到样本文献 3158 篇。利用知识图谱软件——Citespace 的 Burst Detection 功能，可以衡量涉及某一议题的关键词在一段时期内的变化程度，短期内相关文献量增加迅速，导致其突变强度较高。结合突变强度和持续时间两个维度，可以描绘出广播媒介形态的演进与变革。根据图 1 所反映的广播媒介形态的研究发展情况，可以大致将广播媒介形态

---

① 浙江在线：《智能音箱其实不是音箱？是仅供消遣的科技玩具？》，2017-12-07. http：//www. zjol. com. cn /zjxw/201712/t20171207_ 5981267. shtml.

② 【英】雷蒙·威廉斯：《文化与社会的词汇》，生活·读书·新知三联书店 2005 版。

分为"家庭广播时期"（1981～1996）、"移动广播时期（1996～2018）"和"智能广播时期"（2018年以后）。

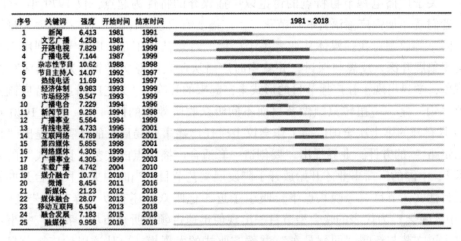

图1　广播媒介形态研究变化历程

一、家庭广播时期：广播事业的发展与繁荣

如果以1923年初美国记者奥斯汀利用华商资本在上海外滩开设"中国无线电公司"为标志，中国广播事业迄今已走过了90余年的历史。"广播可以界定为20世纪最重要的家庭媒介，家庭是广播实践发生的最重要的地方①"。可以说，20世纪是广播业在我国普及和繁盛的时期。如图1所示，"新闻"和"文艺节目"是学者在广播领域最早的研究对象，直至20世纪80年代，广东台推出以"节目主持人""热线电话""电台节目"为代表的"珠江模式"，可谓掀起了我国广播事业的热潮，也深刻影响了学界的研究进路。在1996年"有线电视"进入研究者视野之前，学者们对广播的特点、节目形式和体制等问题进行了充分的研究。

（一）从"一家独大"到"两驾马车"

梳理广播媒介形态发展历程可以发现，"新闻节目"是广播中最早出现的一种节目形态。我国学者对广播的研究开始于对"新闻节目"的关注，在60年代初期，广播节目基本上完全被新闻占据，呈现出"一家独大"的局面。广播虽播出过一些符合自身特性的新闻节目，但仍没能从根本上改变"报纸有声版"的

---

① 李暄：《民国广播与上海市民新式家庭生活》，《新闻与传播研究》2018年第2期。

形态格局。针对这种现象，理论界掀起了一场关于"广播电视特点的本体论①"讨论热潮，其目的就是对广播电视业的本质性问题正本清源，端正人们的认识。

关于广播电视节目特点的讨论以广播媒介的特性为起点，仅 1979 年一年，学者们就"加强广播语言的规范化""广播要有自己的评论""广播需要大量短新闻"等议题对我国媒体从业者关于广播的特点认识不足、广播节目利用不够的现象展开深入反思与探讨，并就当时广播从业人员视文艺节目为"禁区"的现象，学界出现了让广播节目的形式丰富起来的呼唤，"文艺广播工作者应该去掉'怕'字……扭转只顾做节目而不问听众收听效果的倾向②。"直到 1980 年10 月召开的第十次全国广播工作会议上时任广播事业局局长的张香山提出"自己走路"的方针，业界提出"要创造一套适合广播特点的文艺节目形式"的要求③，中国的广播事业才开始放开手脚发展文艺节目。当时中央人民电台开办的栏目性文艺节目《今晚八点半》吸引了近 5 亿听众，还有以《春节文艺晚会》《中秋晚会》为代表的晚会型节目一出现便迅速占领了听众市场，我国广播事业进入了文艺与新闻"两驾马车"并驾齐驱式的发展模式。从这以后广播节目开始注重播出效果、倾听受众声音，广播事业的发展逐渐走上正轨。

（二）"珠江模式"的遍地开花

第十次全国广播工作会议之后，我国广播事业发展迅速，1986 年珠江经济台成立，"主持人、大版块、直播化"的广播改革序幕在广东拉开，以听众需求为导向的"珠江模式"横空出世。"珠江模式"的问世，看似一帆风顺，实则波涛暗涌。据当时广东人民广播电台副台长余统浩回忆，广东特殊的地理环境和社会背景给广东台造成一个"不改革就活不下去"的环境：十一届三中全会以后，广东率先对外开放，随着空中多台竞争的出现，广东台面临着香港商业电台的挑战，逼着广东台进行广播改革④。

可以说，在新的历史转变期，"珠江模式"是社会主义市场经济体制下的产物。广东广播台意识到了信息的接收者也是信息的选择者，只有生产出听众喜闻乐见的广播节目才能在听众市场中抢占阵地。在"以听众为本"的办台方针指导下，以"热线电话""节目主持人"为代表的电台节目凭借亲切、贴近、可信赖的形象，成为人们获取信息、表达情感、宣泄压力的渠道，同时兼顾宣传工具

---

① 欧阳宏生、唐希牧：《改革开放四十年：中国广播电视学术研究的历史进程》，《现代传播》2018年第 8 期。

② 万水：《让文艺广播的花色品种丰富起来》，《现代传播》1979 年第 1 期。

③ 牛印文：《广播戏曲节目形式初探》，《现代传播》1981 年第 4 期。

④ 余统浩：《珠江经济广播电台的诞生和一年来的实践——在珠江经济广播电台广播理论研讨会上的讲话》，《中国广播电视学刊》1988 年第 S1 期。

和社会服务两种功能，并借此实现了经营方式的转型；大板块化的广播节目则是通过打破新闻节目与其他类型节目的分类设置格局，融新闻性、知识性、服务性、娱乐性、教育性为一体，由主持人将不同内容的栏目贯穿综合在一起形成一个整体①。市场和听众成为指导广播节目创作走向的"指挥棒"。如雨后春笋般，各地纷纷效仿"珠江模式"开办广播节目，具有代表性的有中央人民广播电台的《午间半小时》、安徽电台的《空中交流》、吉林电台的《多彩60分钟》、湖南电台的《今天好时光》等，具有里程碑意义的"珠江模式"从一枝独秀发展为"遍地开花"的局势，成为20世纪末我国广播节目的常态。

二、移动广播时期：广播形态的泛化与创新

20世纪末是广播退出家庭舞台、电视取而代之的时期。随着"有线电视"和"互联网络"等新研究热点的出现，学界在广播领域失去了研究焦点，注意力的转移也反映了广播产业的衰落。1996年至1999年是广播的消沉期，在这个阶段，收听广播的受众逐年递减，广播事业的发展停滞甚至倒退了，无论是频率数量，还是节目类型都出现下降的态势。直至"网络媒体"这一研究关键词的出现打破了原有的传媒格局，"广播事业"被学界重提，广播节目又找到了适合自己的新场景。"车载广播"和"网络电台"成为承载广播节目的两条主线，是听众最主要的收听渠道。广播超越了原有的使用场景——家庭，成为移动场景的一种陪伴形式，广播节目的形式开始泛化和创新。

（一）农村广播与车载电台：受众"细分"下的重新定位

根据国家统计局公布的数字，2000年我国电视机的普及率超过80%，基本完全挤占了广播节目原有的市场份额。面对"听众"转为"观众"的危机，广播业通过打造专业节目和细分区域市场，以期在竞争中抢占一席之地。最初，广播业将目光瞄准在农村市场，根据文献记载，在21世纪初期农村温饱型地区广播普及率超过70%，而电视覆盖率仅有50%，贫困型地区差距则要更大，因此在农村"广播仍然起着传播的主渠道作用，这种格局在今后相当长的时期内不会改变。②"增加适应农村题材的广播节目、打造一批农民喜闻可见的专题节目等一系列改革措施成为电视冲击之下广播从业者的"自救策略"。但好景不长，2008年我国推行了家电下乡政策，全国非城镇户口居民购买彩色电视产品售价13%给予补贴，使得当年彩电在农户中覆盖率达86.4%。加之从2009年开始，中国私家车进入普及加速期，到2013年上半年，中国私家车保有量超过一亿辆。电视机对农村市场的挤占和私家车的普及，促使以农村广播为主要方向的广播策

---

① 赵玉明、艾红红：《中国广播电视史教程》，中国广播电视出版社2009年版。

② 谢凤阳：《把发展广播的注意力转向农村》，《视听界》1990年第6期。

略又出现了新的转型。

追溯"交通广播"的历史，基本上与农村广播兴起的时期相近。上海人民广播电台交通信息台诞生于 1991 年 9 月 30 日，是我国第一座交通专业电台，到 2003 年，我国交通广播电台已发展到 50 多家。与电视相比，广播节目通过无线电波传播，基本不受空间限制。交通广播刚刚兴起时，有学者认为"车载电台随车直播既是广播节目，又具有传统意义上的广播节目所缺乏的特性，确切地说是广播节目形态的延伸①。"正是这种被称作"广播节目形态的延伸"的车载电台，在电视机的全面覆盖下逐渐发展成为广播节目的主流模式，广播受众的收听习惯已经从以往的固定场景中脱离出来，广播越来越多地担当起"出行陪伴"的角色。交通广播电台成为广播业的主流也引发了广播节目形态的变化，传统的严肃和宣传为主的新闻节目和长篇累牍的专题节目已经不能满足以司机为代表的收听主体的需求，广播节目从信息导向转变为服务导向。一方面，路况信息、天气情况等车主需要的实用信息成为交通电台播报的主要内容；另一方面，根据调查显示，7 成以上的车主最感兴趣的节目为以音乐、相声小品为代表的轻文艺节目，交通广播的节目定位也开始"投其所好"，打造适宜出行场景的节目形式成为广播业改革的重头戏。

（二）手机广播：广播形态的完全转型

首先，必须澄清网络音频节目和广播关系的问题。在第四届全国广播研讨会上，学界对网络音频与网络广播的融合还持较为谨慎的态度，学者申启武认为"音频的范畴较广，与广播不能画等号，将这两个概念等同容易造成对网络广播的盲目乐观。"直到 2015 年 7 月国务院印发《关于积极推进"互联网＋"行动的指导意见》，坚定了传统行业"触网"的决心，我国掀起了"网络融合"热潮。在次年的第五届全国广播研讨会上，广播学界基本上形成了统一的"融合观"，认为"广播和新媒体具有相似的'基因'，最容易与新媒体实现融合发展。"手机广播改变了收音机"稍纵即逝、选择有限"的节目供应方式，依靠传统媒体与自媒体共同生产的广播节目资源，听众可以随时根据自己的需求和喜好选择广播节目，这一变化大大提升了广播节目对听众需求的适应性，广播的应用场景进一步得到扩展，实现了广播收听的跨时空和自由化。

手机电台类 app 的出现，不仅极大地满足了出行人对信息的需求，还由此衍生出丰富的泛广播类节目形式。所谓"泛广播"，就是对广播节目"通过无线电波传播"这一功能的超越和泛化，以喜马拉雅 FM 为例，只要连接了互联网，就能在喜马拉雅 FM 中收听海量的广播节目资源。如果说交通电台只是改变了听众

---

① 董平：《车载电台随车直播：广播节目形态的延伸》，《声屏世界》2006 年第 7 期。

收听广播的场景，那么手机电台则是对广播传播属性的颠覆：突破了无线电波的限制，不仅解放了听众只能依靠收音机收听的设备限制，还大大降低广播节目的制作门槛。在手机电台上，不仅有传统广播节目入驻，还吸引了一大批广播节目创作人开办自媒体电台，大量的广播节目被上传到云端，听众们可以根据自己的喜好选择收听。《2017～2018中国在线音频市场研究报告》显示，2017年中国在线音频用户规模达到3.48亿，预计2019年用户规模将达4.86亿；随着知识付费进一步的兴起，在线音频内容价值有望得到进一步释放，有声读物和知识付费为移动广播开辟了新的市场。

三、智能广播时期：广播重回家庭场景

2014年物联网概念兴起，专家认为，在新技术的推动下，一个万物皆媒的泛媒时代正在到来，其中一个关注的动向就是"智能家居等技术将在家庭中带来的全新媒介①。"因此，"智能音箱"发展成为连接人与家庭的中介。随着移动互联网的普及，手机被赋予了太多的功能，从而显得越来越臃肿和复杂，而智能音箱可以通过对话来进行人机交互，则更贴近人类天然的行为习惯，很有可能成为下一个控制中心。再者，智能音箱本身是一个音箱，天然是音频内容播放器，加入了智能、联网、语音交互等功能之后，就有了更多内容上的可能，因此，智能音箱还是一个很好的内容入口。同时兼顾智能设备控制中心和内容入口两大功能，未来智能音箱很有可能成为每个人生活中的必需品，就像我们现在离不开手机。

根据人民网研究院发布的《2017年中国媒体融合传播指数报告》，2017年上半年全国广播广告经营收入同比涨幅达到11.2%，是近3年来同比涨幅最大的一年。在媒体广告经营整体下行的环境下，广播成为广告收入唯一上涨的媒体形式，侧面说明人工智能大潮下音频市场的潜力。作为人类最早的交流方式，语音是未被充分利用的最重要入口。万物互联时代的来临，广播节目势必要面临新一轮的改变。在以智能音箱为载体的音频节目布局上，我国媒体还尚未形成成熟的发展模式，当然，这涉及商业合作、版权保护等问题，非朝夕之功；但是在美国已经出现了各家媒体对于每天早间新闻简讯的广播市场竞争，例如NPR的Up First、《纽约时报》的The Daily、BuzzFeed News的Reporting To You等。这些竞争的背后有一个非常重要的推动力，就是智能音箱的发展和逐步普及。

"新的传播技术并没有完全挤走旧的传播技术，却引发旧的传播技术承担新

---

① 彭兰：《万物皆媒——新一轮技术驱动的泛媒化趋势》，《编辑之友》2016年第3期。

的角色①。"智能音箱上搭载的广播节目也应该具备智能化的特点和优势：首先，基于算法推荐，变大众广播为"私人订制"。算法排序的核心是根据用户的偏好计算每个内容的得分，按照得分进行针对性的信息推送。由于考虑到了用户的选择，排序结果是个性化的。正是基于算法，用户每一次使用智能音箱的过程也是对其进行训练的过程，久而久之，智能音箱便会刻画出精准的用户画像，从而实现精准新闻策划和订制推荐。其次，依靠智能化写作，对传统广播节目进行补充。2017年，由人工智能创作的小说作品在日本一个文学奖评比中入围初审；2018年世界杯期间，《晶报》《南方日报》等多家权威媒体通过与技术公司合作的方式，实现了对赛事的实时报道。可以预见，随着智能写作和智能语音技术的进步，"人工智能生产广播节目"将成为依托智能音箱的广播节目创新。最后，不仅仅是只能基于碎片化的场景收听广播，以人机对话为基础的"聊新闻"拓展了用户对广播的使用范围。只要有任何信息需求就可以随时唤醒智能音箱，机器的行为也会越来越接近人，智能音箱将成为以家庭为单位的"节点主体②"，将家庭变为人与机器的联合体，真正实现"人机融合"。

结语

无论是拉扎斯菲尔德在广播研究所的工作还是罗斯福为了缓解美国大萧条危机利用广播进行的"炉边谈话"，20世纪蓬勃发展的广播业不仅奠定了传播学科的基础，更深刻影响了一代人的生活场景。随着20世纪中后期电视的出现和普及，广播变为"窄"播，收听环境也经历了"家庭场景"—"农村场景"—"汽车场景"的转变。网络的出现，又改变了广播依靠无线电波传输的方式，广播的形式开始泛化和延伸，技术门槛的降低使广播积累了海量的内容资源，成为消费者通勤、睡前等碎片化场景的陪伴物。目前，人工智能时代的来临，则为广播回归家庭场景提供了契机，作为人机交互的入口，智能音箱拥有相比手机来说更简便的互动方式，而作为天然的内容平台，利用智能音箱收听广播可能会成为人们的日常图景。技术促进了承载广播节目的终端越来越多样，从收音机到移动设备，再到如今的智能音箱，广播媒介经历着新旧之间的循环与迭代。

媒介环境学家麦克卢汉曾说，"收音机的域下深处饱和着部落号角和悠远鼓声那种响亮的回声。"几十年前，人们起床后习惯先打开收音机再洗漱、吃早餐，但是随着技术的进步、媒介的更迭，这样的习惯渐渐被抛弃，广播在家庭中

---

① 【美】沃纳·赛佛林、小詹姆斯·坦卡德：《传播理论：起源、方法与应用》，华夏出版社2000年版。

② 孙玮：《赛博人：后人类时代的媒介融合》，《新闻记者》2018年第6期。

消失了。现在，当包括智能音箱在内的智能家居设备进入人们的客厅和卧室，每天早上起床后收听晨间新闻简讯，又成为越来越流行的趋势。从生活中消逝的收音机到重返家庭的智能音箱，又何尝不是广播媒介一种回归？

（作者系河北大学新闻传播学院硕士研究生）

移动互联网时代广播剧的觉醒与发展

高田田

一、媒介形式变迁下广播剧的发展

大众传媒诞生以来，媒介技术在不断地变化与发展，特别是到了 Web2.0 时代，互联网经历着快速更新，不断给人们带来新鲜的体验。在媒介形式的发展过程中，广播剧也同样经历着起落不定、嬗变轮回的变化。

1. 传统媒体时代广播剧的产生与落幕

世界上最早的广播剧起源于 1924 年英国广播公司制作的《危险》，这是世界上第一部由电台录制的广播剧。在我国，最早的广播剧可以追溯到 1932 年亚美广播电台的《恐怖的回忆》这一节目。① 在传统媒体时代，广播剧是依靠广播电台而存在，作为其中的节目内容之一，得到部分受众的青睐与欢迎。尽管早期的广播剧在题材上比较单薄，制作加工的过程也较为粗糙，但在媒介不断发展的过程中，广播剧内容不断丰富，数量增多，据统计，到了 80 年代之后，我国每年的广播剧总数有 500 部。

在广播的发展史中，富兰克林·罗斯福的炉边谈话、《火星人入侵地球》、丘吉尔 BBC 演讲、新中国的开国大典实况转播等重要历史事件，可以看出广播在当时是具有重大影响力的媒介。

随着大众传媒的不断发展，电视取代广播成为人们接触最多的媒介，广播剧作为广播内容形式之一也遇到了空前的冲击，广播剧的影响力在不断地消退，甚至在 20 世纪 90 年代以后出生的人完全沉浸与电视的感染中，很少接触广播剧这一陌生媒介形式。

2. 移动"互联网+"时代广播剧的觉醒

进入 Web2.0 和移动互联网时代，大众传媒的发展进入到新的发展状态。根据中国互联网信息中心第 41 次报告显示，截至 2017 年 12 月，我国网民规模达

---

① 陆晔、赵民：《当代广播电视概论》，第 165 页，复旦大学出版社 2002 年版。

7.72 亿，其中手机网民规模达 7.53 亿，网民中使用手机上网人群的占比为 97.5%；手机成为人们使用最多的设备，它也逐渐成为"万物互联"的基础。① 在这样的媒介发展形势下，广播剧在新型平台上再一次出现，而且在内容、形式 上等与传统广播剧有着多种不同。

以移动互联网为终端，以喜马拉雅 FM、荔枝 FM、蜻蜓 fm、企鹅 FM 为代表 的多个网络音频平台不断出现，广播剧借助这类新的广播平台以不同于传统广播 的形态再次发展。

在移动音频平台的类别中，广播剧有专业的影视剧音频作品，也有兴趣剧团 的原创作品，甚至有个人制作的内容，广播剧的内容比传统广播时代要丰富得 多。更重要的是，在收听广播剧的同时，受众可以参与互动，及时反馈，扩大自 身社交范围。这些是传统广播时代的广播剧难以实现的，也使得譬如《杀破狼》 《半暖时光》《美人天下》等广播剧拥有众多听众。

二、移动互联网提供优越的发展环境

广播剧能以新的姿态在这个时代继续发展，这与移动互联网提供的条件是密 不可分的。

1. "互联网＋"宏观条件的大力推进

近些年，国家大力推行"互联网＋"政策，推动传统行业的转型与升级， 出台多项举措促进媒介融合；互联网信息产业成为国民经济中不可缺少的一部 分，移动手机成为人们生活中必不可少的一部分。这些条件促使广播剧能够吸引 更多受众的关注，在传统报纸、电视面临挑战的情况下也能有自身的竞争力。

2. 互联网提供强有力的技术保障

广播与互联网终端融合在一起，时空界限完全被打破，听众可以利用碎片化 时间随时收听广播节目。也正是移动互联网这样的技术属性，使得广播剧在这样 的平台中有了互联网的特色。

3. 社交媒介打造新的传播格局

在 Web2.0 时代，网络中的交互关系不断强化，传受双方的角色可以瞬间转 变，用户个人作为网络的参与者，已经成为社交媒体中内容的重要生产者，如微 博、微信、豆瓣、知乎等社交平台吸引着众多用户的参与。正是在这样的驱动 下，网络音频制作成为用户个人参与的重要媒介项目，在喜马拉雅 FM、蜻蜓 fm、荔枝 FM 等众多移动音频平台中，用户个人参与制作的广播剧数量很多，不 仅仅在广播内容的制作，对广播剧的讨论活动中，用户的力量也是强大的，甚至

---

① 《第 41 次中国互联网络发展状况统计报告》，http://cnnic.cn/gywm/xwzx/rdxw/201801/t20180131_70188.htm

对一个广播剧的讨论能成为网络中的热点话题，在各个社交媒介中成为焦点，比如《魔道祖师》这个原本是一个文字作品，在开发为广播剧后越来越多地成为讨论的焦点，在各个平台中的点击量都超过百万，这其中离不开用户个人的转发、评论、多级传播等。

三、移动互联网时代广播剧的特征

麦克卢汉提出"媒介即信息"一说，传播媒介不仅仅是一个渠道，它还会对传播的内容作出改变，传播的效果也会出现不同。[①] 传统时代的广播剧和移动音频平台中的广播剧，在传播媒介上有很大的不同，也正因如此，它改变了广播剧的制作规律、受众效果以及美学特征。

1. PGC 与 UGC 并存

在移动互联网时代，除了专业生产内容 PGC 之外，还有用户生产内容 UGC，甚至这一类的广播剧在各个音频平台中占着大多数。从目前的几大移动音频平台来看，除了少数个人组织制作的广播剧作品外，广播剧的团队多数以兴趣小组的形式存在，以配音剧团为主，比如翼之声中文配音社团、星之声中文配音组、剪刀剧团、水岸聆声等组织，作为演出团体来录制广播剧，演员可以自由组合，吸引听众的关注。

2. 私人定制更加符合个人兴趣

在传统的广播电台中，电台中的广播剧是面向所有听众，接受的内容是一样的。在移动音频中的广播剧内容多样，根据对个人的大数据分析，定向向个人推荐符合其兴趣的内容。这样每个人收听到的广播剧并不是一致的，只有那些有着共同爱好的听众才能够分享相同的内容，这样其实也反过来为听众找到他自己的群体归属。正是因为这样，一个广播剧聚集的群体也不在少数，甚至他们作为一个整体对广播剧又进行了再次的创作与传播。

3. 网络文学作品和声音制作的碰撞与融合

有了移动音频平台这个优势，很多文学作品以新的面貌呈现在用户面前。由于现代人处于快节奏中，视觉压力过大，需要其他感官来分担。因此很多作品以广播剧的形式出现在音频平台中，将人们的听觉系统大大利用起来，也在这个过程中，网络文学作品再一次得到关注，甚至有一些作品因为广播剧的宣传最终以影视作品的形式正式进入商业化的专业平台中。

四、广播剧发展的反思与启示

在传统报纸、电视等媒介不断遭遇冲击的形势下，广播剧得益于新型的广播

---

① 【加】埃里克·麦克卢汉、弗兰克·秦格龙：《麦克卢汉精粹》，何道宽译，第 409 页，南京大学出版社 2001 年版。

形式以及互联网环境，重新活跃在大众的视野中，以大众比较喜爱和适应的方式赢得关注，广播剧中的多数活跃听众都是十分年轻的群体。但在广播剧的崛起过程中，依旧存在着问题。

首先，正如我们前面讲到，很多由用户自主创作而成的广播剧，不管从制作技巧、内容选取等方面都存在一定的缺陷，缺少一定的专业素养，音频制作人员也不是专业主播。因此在广播剧的内容创作中需要专业生产和用户生产相结合，这样既不失专业性，也能发挥用户的积极性。

其次，在移动音频平台中的广播剧存在着侵权现象。目前很多广播剧都是根据网络文学作品改编而来，制作人员版权意识不是很强，或者部分人有意地去钻法律的空子，这一类广播剧的出现会产生版权的纷争。对此，要制定相关的法律法规规范人们的行为，用户也要提高自身的法律修养，平台要加强监管力度，及时下架盗版内容。

另外，从目前的广播剧类型来看，其分类比较局限，类似于网络文学作品，多数集中于言情、玄幻、穿越、宫廷等题材。由此来看广播剧还停留在比较浅层次的娱乐消遣功能上。在剧本内容制作方面，还需要不断丰富其意义，创造一定的社会价值。

总体而言，广播剧能在新的媒介中重新崛起，本身是一件值得庆幸的事情，通过媒介转型，为社会呈现另一种大众传媒方式。其发展过程中要不断完善，为现代人提供一个拥有归属感的空间。

（作者系南京师范大学新闻与传播学院硕士研究生）

互联网广播对农民受众的影响研究

蓝　刚

实施乡村振兴战略的总要求，就是要坚持农业、农村优先发展，努力做到产业兴旺、生态宜居、乡风文明、治理有效、生活富裕。建设社会主义美丽新农村，离不开农村建设最大受益者及乡村振兴的主体——农民。实践证明，只有不断提高农民自身素质和能力，才能实现农村文化振兴，从而推动农业农村总体性战略的可持续性发展。加强农村公共文化服务，构建合理有效的公共文化服务体系实践虽然一直没有停止过，但广大农民受众获取文化服务的渠道始终相对单一。随着媒介形式的增加，移动通信技术的发展和广泛运用，农民受众媒体接触行为和媒介使用形式已开始发生变化，这种变化在对农村公共文化服务供给模式带来冲击和影响的同时，也在改变着农民受众信息获取的行为与方式。

一、结构性失衡：当前农民受众文化服务的困境

根据文化产品分类，农村公共文化服务大致可分为公益性公共文化服务和准公益性公共文化服务两类。准公益性公共文化服务因为内容意义"公共性"较低，不涉及国家主权、文化信息安全，因此可以通过市场培育并可通过市场采购；公益性公共文化服务由于事关国家主权、文化信息安全或社会稳定，或与国家和民族文化创新、传承直接相关，因此主要由政府直接控制管理或由政府直接投入经费进行建设和发展。目前农村公共文化服务属于公益性公共文化服务，作为硬性考核指标历来备受各级政府的重视。经过多年建设和发展，在农村人口数和乡镇数不断减少的背景下，[①] 乡镇文化从业人员和乡镇文化事业支出却呈现出逆向增长的趋势（与 2012 年相比，截止到 2015 年分别为 14.7%、21.3%）。2012 年，农村广播电视村村通工程就已基本上覆盖全国行政村和 20 户以上的自然村，对那些因自然地理条件无法联通的个别乡村，根据国办发［2016］20 号

---

① 范瑞光：《我国农村公共文化服务供给的困境及对策思考》，《南方论坛》2017 年第 6 期。

文件的要求，① 到 2020 年，直接由卫星公共服务基本覆盖有线网络未通达的农村地区。

当前农村公共文化供给主要由各级政府提供，采用自上而下，集中建设、集中采购、集中推送模式。在具体的实施过程中，由于过分强调同一性、均质性，服务形式单一，容易脱离实际，忽视农民受众多样化、多元化的信息需求和实际需要，进而导致公共服务投放效益低、供给与需求错位的状况，难以适应当前农村社会结构、生活环境、媒介接触行为所发生的巨大变化。且公共文化服务的落脚点主要在农村及居住在农村的农民，对于那些在外务工的农民受众却鞭长莫及。

从媒介接触行为上看，我国农村媒介接触环境从 20 世纪 80 年代到 90 年代再到 21 世纪初，电视、报纸、广播三者间的位置顺序由广播—电视—报纸变为电视—广播—报纸，但传统媒介始终扮演着举足轻重的地位，影响着农民受众信息获取和娱乐休闲。

如今，不仅在外务工的农民受众，居住在农村的农民受众的文化需求也早已超越了这种狭窄的局限，获取各类信息与学习各种技能的需求被摆在了同等重要的位置上。随着城乡经济一体化进程加快，自媒体和社交媒体的发展，以电视、报纸、广播为代表的传统媒介渠道地位正在被一点点地削弱，在农村，原本关注度弱的报纸更是步履维艰、困难重重。电视开机率大幅度下降，广播收听率大不如前，电视、报纸、广播面临的挑战都更加严峻。2010 年被视为我国进入网络新媒体的标志性年份。这一年微博的诞生以及一年后微信的出现，改变了传统的媒介格局。中国互联网络信息中心（CNNIC）发布的第 40 次《中国互联网络发展状况统计报告》显示，截止到 2017 年 6 月，农村网民占比 26.7%，人数达 2.01 亿，农村互联网普及率上升至 34%。② 这表明，农村大众媒介环境和农村人口媒介接触行为正在发生深刻的变革，它改变着农民受众的媒介接触习惯。

二、农村受众媒介接触行为分析

不同的媒介意识产生不同的媒介行为，在传统媒介环境下建立起来的媒介意识，对受众的信息选择具有极大干预性。当受众习惯于被动接受传统媒介的信息，默认传统媒介的权威地位时，就容易缺乏思考和判断，习惯于被动接受。另外，习惯于传统媒介环境的受众，主导思维讲究线性发展和逻辑推理。而成长于

---

① 《国务院办公厅关于加快推进广播电视村村通向户户通升级工作的通知》，http://www.gov.cn/zhengce/content/2016-04/21/content_ 5066526.htm
② 《CNNIC 第 40 次调查报告：农村网民规模》，http://tech.sina.com.cn/i/2017-08-04/doc-ifyitapp0276835.shtml

融媒介环境下的受众，在互联网的影响下，碎片化阅读、个性化式思维、习惯化收（视）听等用户体验是其主导逻辑。4G 通信技术的发展（5G 技术也呼之欲出），互联网使用成本的降低，在新旧两种媒介环境叠加下，在主动和被动的信息接受中，农民受众的信息需求更加多元化，那些适合自身特征、个性化的信息内容受到追逐。

调查显示，农民受众中有一部分人的媒介消费意愿较高，主要表现为媒介使用上的支出远大于其他类人群。截止到 2017 年 12 月，农村地区网民使用线上支付的比例已由 2016 年底的 31.7% 提升至 47.1%，在互联网应用层面，城乡网民在即时通信使用率方面差异最小，在 2 个百分点左右。① 这说明，农村以手机为中心的移动智能设备的使用率与城市差距不大，如果考虑到宽带接口率，使用电脑或电视上网的农民受众规模（自 2014 年至 2016 年连续三年翻番增长）将更加可观。媒介使用与习惯的改变促使农民受众媒介接触行为发生重大的改变。新媒体与传统媒体在使用与分配时间上的竞争，不仅改变了农民受众的媒介使用习惯和日常生活，同时也改变了这部分人的信息处理方式。新媒体非线性的传播方式有利于农民受众选择自己喜欢的、感兴趣的、有利且急需的相关信息，并进行分享交流。

1. 媒介选择：从固定式传统式终端向移动式随身式终端改变

从接触率、接触时间、媒介分布上看，在电视、广播、报纸三大传统媒介中，报纸因为阅读率低，时效性差等原因，远不如广播电视受到关注。电视、广播在农民受众中拥有广泛的接受度和认同度，与电视和广播在农村广大地区的高媒介占有率密不可分。如果对传播内容、传播效果进行分析后会发现，喜人的数据背后还有许多问题值得探讨：表面上，有线电视、有线广播能够收看（听）到几十甚至上百个频道（电台），但无论对农广播频率还是对农电视频道，都数量寥寥。另外，播出内容主要还是以时政信息、休闲娱乐、政策宣讲、情况通报、会议通知为主，还很少顾及目前农民受众迫切需要的市场、科技、经济等信息。从播出效果上来看，线性式、顺序式播出特点，使得一些重要信息一闪而过，不容易受到关注、不容易被保存。

在对农民受众的走访调查中发现，相当一部分农民，特别是"新农人"（即进城务工人员）及农业产业链从业人员都有使用智能手机听广播的习惯。这与这部分人群工作场所流动性大，受空间、环境限制，难得空闲坐下来看电视、读报纸，不方便随时接受信息有关。广播的伴随性、移动性、随身性等特性与以移动互联网为技术支撑的新媒介相兼容，特别是随着流量资费的下降，城市许多地方都能免费使用 WiFi，使得越来越多的农民受众主要选择互联网广播。

---

① 《2017 年中国网民数已达 7.72 亿》，http://news.ynet.com/2018/01/31/913125t70.html

2. 媒介观念：从传统媒介意识向现代媒介意识转变

媒介观念是指有关使用和选择媒介的基本认识和看法。① 一般认为，媒介占有率越高，对媒介观念的影响也就越大，媒介观念影响着媒介接触行为。在现代社会，通过什么样的媒介系统获取信息，关系到对什么样的媒介类型依赖，通过对获取信息的分析，可以获知当前农民受众拥有的媒介观念。

英格尔斯（Alex Inkeles）认为，个人的大众媒介接触与个人的现代性呈有规则的和显著的相关，并对个人现代性有实质性贡献。② 笔者在调查中发现，不同年龄段的农民受众对新媒体皆有很大的期待，这从他们对新媒介的使用态度上就可得知。随着社交媒体、自媒体的兴起，当前农民受众的媒介观念正在发生较大的转变，这种转变无论在进城务工人员及农业产业从业人员中，还是居住在农村的农民受众中，体现的都较为明显。在笔者进行的一项小型调查中，57.4%的居住于农村的农民受众、61.2%的"农民工"表示更愿意通过移动媒介来了解信息、休闲娱乐，这个比例与城市受众相比相差无几。这说明，农村和城市受众在传播方式、传播内容方面的差异正在进一步缩小。农村劳动力大量外出、智能手机的普及、农村经济和非农产业的发展、农民受众对信息的需求正由同质性转向异质性。自媒体、新媒体的盛行，丰富了信息获取渠道，增强了自我表达意识以及对信息获取后反馈、互动的意愿。一部分农民受众特别是受过教育拥有一定文化程度的中青年群体，自我表达、互动分享的期待颇为强烈。一项主要基于吉林省农村的调查显示，使用微信的农民在调查的农民群体中占到82.14%，从农民受众的信息重视程度上看，新闻时事、法律政策、娱乐休闲、致富信息排在前几位。在所关注的公众号类型中，"新闻资讯类"占72.7%，其次是"生活娱乐"。从互动上看，只有21.4%的人表示"从不互动"。③

3. 媒介消费：从无条件的信息获取向有条件的信息处理转变

大面积人口迁移、城镇化进程加速、传统的乡土熟人社会瓦解，交往方式、生活模式、生存环境等方面发生的变化，产生的直接后果就是以往主要依赖于意见领袖的决策向大众媒介转移，这种转移反过来进一步刺激了农民受众的媒介消费意愿。随着媒介载体种类的丰富、数量的增加，信息消费开始出现由同质性向异质性转变，形式单一、内容僵化、渠道有限的信息产品已经不能满足农民受众对信息多样化的需求。劳动技能、文化艺术培训和养生讲座等"求新、求变、

---

① 卜卫：《受众媒介观念研究》，《新闻与传播研究》1996 年第 2 期。

② 【美】阿列克斯·英克尔斯、戴维·H·史密斯：《从传统人到现代人：六个发展中国家中的个人变化》，顾昕译，第 142 页，中国人民大学出版社 1992 年版。

③ 新月、李娇：《吉林省农民微信使用现状调查与分析——基于吉林省 6 个农村的调查》，《吉林农业》2017 年第 7 期。

求美"的异质性信息①成为越来越多的农民受众所渴望获取的。

然而，当前农村信息生产、信息建设的趋同性和单调性以及信息内容供给方面的高度同质化，没有考虑到农民受众已经出现了分层。信息需求表现出的代际差异，需要不同的信息供给方式合理搭配。除了广播电视村村通（户户通）外，农村私有信息设备即以互联网和手机为代表的新媒介的急剧增多，为农民受众提供了自主搜索获取相应信息的渠道。新媒介的选择和使用以及新媒介互动反馈功能，增强了农民受众的表达意识、社会参与意识、民主及平等意识。新媒体非线性传播方式，有利于用户选择自己喜欢的、感兴趣的、有利且急需的相关信息并进行分享交流，它改变了农民受众的媒介消费习惯，同时也改变了农民受众的信息处理方式。

三、互联网广播对农传播优势与特点

不同于城市居民受众，血缘、亲缘、业缘、地缘构成的非正式弱关系的社会关系网络影响着农民受众对互联网广播的使用。这一点，无论是在城市务工的农民受众中还是农村的受众中的收听行为上都表现得较为明显。在调查中发现，57.7%的城市务工农民受众和63.4%的农村农民受众表示他们接触互联网广播主要来自亲戚、朋友、熟人的介绍和推荐，对某些节目内容的追逐与喜爱也同样来自他们的影响。

媒介是一种符号环境。每一种传播媒介，都有一套自己独有的编码系统，由此构成了符号环境。②在多种媒介共存的环境下，不同媒介在人们感知世界的过程中担当不同的角色，因此产生的作用也不同。当新媒介填补了传统媒介留下的空白，人们对新媒介的使用会重塑他们感知世界的模式。

参与要求度低，不需要视听感官的高度介入，可以与正常的生活工作相伴相随，不因收听场景的变动而变化，这就是广播的优势。广播的伴随性优势在移动互联时代得到了充分的发挥，利用手机终端收听广播的占比从2009年的14%上升到2016年的34.6%，升幅高达20.6%，手机发展成重要的收听工具。③相对于传统广播，互联网广播更受农民受众欢迎，主要有以下几方面原因：

1. 收听成本低

传统广播的收听终端是收音机，接收到的频率有限。作为当前除车载收听外的第二大收听平台——移动互联收听，实现了广播收听的跨时空和自由化。移动

① 王军伟、杨太康：《农村公共文化服务供需矛盾分析——以西安为例》，《西安财经学院学报》2017年第10期。
② 《第41次中国互联网络发展状况统计报告》，http://wemedia.ifeng.com/47416260/wemedia.shtml
③ 王鹏飞：《媒介意识：编辑出版教育的核心竞争力》，《编辑之友》2012年第4期。

互联广播的主要收听工具——智能手机在我国普及率已超过 80% ，即便是在广大农村地区，智能手机也早已非常常见。网络与智能手机的高效联动，以及电信业务资费的下降，使收入不高的农民受众也能低门槛接入互联网。尽管会产生流量费用，但不少在城市务工的农民受众或者采用包月的形式，或者用万能钥匙接入附近 WiFi。而在农村，许多受众在家使用 WiFi，劳动时则使用流量包，大大降低了互联网广播的收听成本。

2. 选择空间大

尽管收听成本相较于传统广播高（传统广播信号免费），收听效果不如传统广播稳定，但互联网广播较大的选择空间弥补了这方面的缺陷。传统广播频率受地域限制，只能接收到信号覆盖到的频道，因此选择空间有限，除了中央人民广播电台外就是当地的一些广播节目。而移动互联网广播打破了地域限制，其开放性的特点可以提供大量的频道内容、各式各样的节目和有声产品。特别是草根性、平民化的节目内容不但丰富了广播产品形态和节目内容形式，更因其"接地气"，节目内容有更强的针对性和贴近性，在内容推送上精准度更高。另外，传统广播只由专业人士制作播出，而互联网广播却能让众多的广播爱好者施展才华、表现自我。

3. 个性服务强

传统广播流失的听众很大部分由频率收听转为网络收听。当智能手机成为收听终端，传统广播收听介质在接收上的明显特性，如体积小、携带方便等，也被用途更加广泛的智能手机所取代。智能手机 App 应用程序和安卓系统应用客户端的开发，大大增强了互联网广播伴随性、移动性的功能。当收听受众由被动转为主动，由单向传播转变为双向互动时，受众除了能及时反馈、参与评论、交流分享外，还可以根据兴趣自主安排个性化节目单，这大大突出了受众的主体性，增加了受众黏性和注意力。另外，互联网广播在节目形态上拥有很大的灵活性，每个节目没有固定时长，完全根据节目内容和受众反馈调整，处于这种流动状态下的节目形态，照顾到了受众的收听感受，提升了用户体验，这种对受众接收兴趣的关注是传统广播无法企及的。

互联网广播与传播广播对比表

	互联网广播	传统广播
收听工具	个人电脑、智能手机、车载系统、IPAD 等其他移动接收设备	便携式收音机
收听效果	一般 接收方式采用高编码格式压缩比，受带宽影响，会出现延时情况	好 FM 调频收听，低编码格式压缩比，信号损耗小，实时性强

	互联网广播	传统广播
收听环节	中间环节多，信号损耗大	调频直接收听或采用卫星接收转播
收听成本	需要购买流量	免费
收听选择	不受地域限制，可自由选择或组合自主选择空间大	受地域限制，自主选择空间小
收听形式	双向传播，反馈及时	单向传播
收听模式	自由灵活	固定
接收逻辑	可视化空间逻辑结构，非格式化节目编排	线性不可视结构，格式化节目编排
收听黏度	强调受众收听体验	强调受众到达规模
收听范围	广。4G信号覆盖到的地方都能接受	窄。只有发射台信号源覆盖到的地方才能接收

四、互联网广播发展农村节目的思考

截止到 2015 年年底，全国共开办广播节目 2941 套，全年制作节目超过 771 万小时，播出公共广播节目超过 1421 万小时，从广播频率资源分布区域化特点来看，市县级电台是广播传播的主力军，[①] 但农村频率资源只占到 2.2%。我国农村广播听众约 2.4 亿，农村居民广播接触率为 50.5%，有限的资源相对于庞大的农村人口，广播远远没有发挥出应有效应。

农村广播频率资源少，适合农民受众的信息内容更少，致使一部分农民受众将注意力转向了互联网广播。然而，从目前互联网广播的内容构成来看，真正意义上的涉农节目还较少。休闲娱乐、新闻时政、戏曲小说类节目虽然颇受农民受众的欢迎，但也只是满足了农民受众部分的个性需求。那些关心农民生活、关注农村经济、关切农业发展，适合农民受众普遍性、共性需求的节目少之又少。究其原因，是因为农村互联网广播商业市场相较于城市回报有限，因此阻碍了节目制作单位和企业对这部分市场的深耕。

在这种情况下，引入竞争机制和市场主体，运用新媒介打破农村公共文化的垄断，已势在必行。互联网广播几乎融合了传统广播的所有特性，并且还拥有一部分电视特性，尤其是内容供给和收听（视）选择性、开放性等方面，为农村公共文化供给提供了另外一种思路。

互联网广播在农村的发展及在农民受众中的使用，首先可以解决困扰农村公共文化投入资金来源途径单一、资金投入不足等问题。当前农村公共文化服务的

---

① 《十年，广播收听场景巨变》，http：//mp. weixin. qq. com/s？__biz = MjM5MzIwMjAyMw%3D% 3D&idx = 1&mid = 2651930966&sn = 82d0d744cfd0cc8b997b62dbc1477aba

投入大头主要侧重于有形物品建设，如"文化站""农家书屋""村村通""村村响"等工程。要想推动互联网广播在农村的发展，可以借鉴共享的理念广拓资金来源，使投资渠道多元化，分散投资风险，吸引更多的社会资本甚至农民受众的资本参与。其次，可以解决农村内生性公共文化不足，推进农村文化自治。长效机制缺乏、人员流失等原因，导致相当部分农村公共文化服务和设施疏于管理，或被挤占、或遭挪用，难于发挥相应的作用，形同虚设。互联网广播作为"互联网＋"时代的产物，其高效、优质的传播效果呼应了这个时代的需求。

互联网广播要想走进乡村，走入田间地头，走入农户农家，走进农民受众心里，还有几个问题需要解决。

第一，农村的信息化建设问题。一般情况下，农民受众媒介消费能力较弱，消费意愿较低。这与农村信息化建设与城市相比还存在在相当的差距有关。不仅对于那些生活在农村的农民受众，即使一些城市务工的农民受众也抱怨信息化建设的不足，影响了他们返乡后对互联网广播的使用。虽然由政府主导的"宽带中国""互联网＋"行动计划、"互联网＋"精准扶贫行动大范围开展，农村信息化建设已经进入了提速阶段，但这还远远不够，只有像"村村通（响）""户户通（响）""农家书屋"那样，把信息化建设与入户率作为各地政府政绩考核的指标，在保留政府责任和投资主体的前提下，引导优势资本进入，通过制度保障优化资本效率，加快农村的信息化建设。

第二，节目内容和品牌形象打造。当前互联网广播中针对农民受众的节目还很少，专门的对农节目、对农广播尚属空白，这一方面说明互联网广播在农村和农民受众中还有很大的发展空间，另一方面也说明互联网广播在竞逐越来越激烈的同时，还有很多潜力尚未被发掘。农业新技术的认同与使用、致富信息的推广与接受、农村政策的施行与传播、教育培训的发布与接收都能够以互联网广播为载体。互联网广播作为替代性媒体（alternative media 相对主流媒体而言，对于弱势群体，替代性媒体具有促进信息公平流动、赋权弱势群体、创造社会平等的文化和促进社会可持续性发展的功能)[1]，要想成为农村、农业、农民的表达和知识信息获取途径，节目内容设置必须符合实际。受限于农民受众学习能力和表达能力，节目内容应以易懂、浅显、口语化等低密度的知识和信息为主。同时，加强互联网广播中对农节目的频率、频度与频次，并打造出相应的特色，通过品牌来提升识别度，将决定着互联网广播能否在广大的农村和农民受众中生根发芽，继而茁壮成长。

第三，借鉴传统广播的成熟经验。无论城市还是农村，快速的社会变化与时

---

[1] 《2015 年中国广播收听市场扫描》，http://blog.sina.com.cn/s/blog_ 4ed76c230102wadv.html

代发展让普通受众均产生了一定的心理压力和焦虑，用手机听广播、上微信成为许多人放松自我的手段。这些心理压力和焦虑有来自经济方面的、有来自家庭方面的，也有来自教育方面的。许多农民受众收听互联网广播不仅是为了转移、缓解压力和焦虑，更多的是希望通过收听节目找到解决压力和焦虑的出口。传统广播通过接听热线电话、帮助听众解决现实困难和实际问题，使听众的合理诉求在一定程度上得到释放与宣泄的做法值得借鉴。服务是互联网广播扩大影响力的关键，那些能为农民受众解决技术难题、心理问题，解答法律政策方面的咨询的内容，那些从农民受众联系最密切的问题入手，替农民受众着想，从思想上、工作上、生活上帮助他们，能为农民受众解决现实困难和合理诉求的节目，同样是互联网广播实现资源效益最大化，拓展品牌空间的"利器"。

五、结论

未来移动互联网广播与传统广播在相当长的一段时期内将并存共荣，为不同的人群提供不同类型的服务，以满足不同用户的多种需求。本地化、区域化的内容服务将成为互联网广播与传统广播竞争的重点。然而，互联网广播因为和智能手机相结合，因此拥有更加广阔的商业价值，将继续挤占争夺传统广播的收听份额与渠道空间。虽然目前互联网广播涉农节目这部分内容生产还很薄弱，相信未来随着农民受众数量的增加，制作出与城市受众不同的内容产品，打造并定制适合农民受众的节目内容并形成个性化的播出流将成为必然。

（作者单位：浙江工业大学之江学院）

浅析战时大后方广播播音与世界文化的互动

张　超

"抗日战争"拉开了世界人民反法西斯战争的序幕，世界反法西斯战争暨第二次世界大战，是人类 20 世纪最重大的历史事件，当时全世界有 84 个国家和地区，约 20 亿人先后参与或被卷入这场大战。战争，让大后方成为中国乃至远东反法西斯战场的军事、政治指挥中心。因为抗战这一强大的外在驱动力，使得中国广播原有的格局形态发生了巨大的变化，国民政府的西迁让大后方也成为战时的广播中心。

战时的大后方，国民政府与国际的外交活动多集中在重庆，这其中有不少事件都对世界反法西斯战争的进程和战后和平秩序的建立产生了积极而深远的影响。大后方的重庆、昆明、武汉等城市在抗战时期早已突破了"地方性"的概念；尤其作为战时首都和反法西斯远东战场指挥中心的重庆是具有国际性意义的重要地位。战时语境下，身处大后方的广播传播活动是超越地方性、具有国际性的；大后方的广播播音活动不仅是一种创作手段，更是一种宣传手段和是一种重要的战争手段。首先是直接服务于战争宣传、揭露日军暴行、对抗沦陷区日伪广播、确定话语主导型与地位合法性的重要作用，其次，在服务战争宣传之外，也有广泛而深刻的其他功能，如争取国际同情、舆论支持、国际性文化定位等。

第二次世界大战中，世界各国都认识到广播的重要作用。国际社会称"报纸与广播—两大帝国"；陈果夫表示"新闻事业应包括报纸、广播与电影，而不应局限于报纸之一端；因此完整的新闻事业观念，必定是报纸，广播与电影三体合一的新闻事业"；战时发表在广播通讯中的《广播在新闻事业中的地位》一文中有过这样的表述：

此次大战中，各交战国的报纸售价增高，如重庆各大报售价已达每份二元，篇幅减少，如伦敦各大报篇幅都改为每份四面；然而广播却较平时反见发达。罗斯福成为"广播总统"，邱吉尔成为"广播首相"，更是广播事业上的光荣记录。美国战时情报局以名广播评论员戴维斯出任何局长，更可显示广播在宣传上所产生的影响。

一、战时以广播播音创作活动为契机的中外文化交流

战时大后方广播的播音员通过自己的播音创作，向世界传递着法西斯远东战场的情况，使中国与世界文化国际的交流与联系不因血雨腥风的战争烽火而隔绝；虽然国民党政府在战时依然通过法律手段对宣传进行特殊管制，但是战时的大后方依然有很多以新闻媒体为纽带的中外文化交流活动。重庆作为当时中国外交、军事、政治的中心，有不少国际广播公司的记者来到重庆采访，他们将对战争和中国的所见所闻编辑成节目，将这些内容利用国际广播电台向其本国播出，让他们的本国人民也可以知晓战时中国的情况和对中国抗日战争的了解。

图　对美播音人员表

人名	国籍	演讲日期	简历
Jahn Eand Baker	美国	6 月 10 日	交通部顾问美国红十字会驻华总干事，居留中国 25 年
M：Y. Y. Chu	美国	6 月 12 日	基督教圣公会牧师
Cail R. Myer	美国	6 月 14 日	美国红十字会驻华副总干事
Rer. A. Evams	英国	6 月 16 日	牧师，在华 35 年

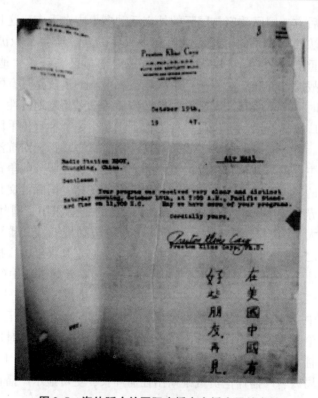

图 2.5　海外听众给国际广播电台播音员的书信

抗战时期，播音员们的声音得以突破时空的阻碍和纷飞的战火，"通外情于内，达内情于外"；国内外听众得以在突破时空限制，在收听播音后，除了本国人民和海外华侨，也有国际友人与播音员们通过书信进行沟通交流。除了突破"在同一时空场域"的限制，"中央广播电台是名流荟萃、要人毕集的去处。特别是在当时的重庆，又是对国际人士开放的所在"。

二、战时广播播音作品中对世界文化的吸收与交融

战时播音员由于自身的学历、背景、眼界以及外语素养，对世界文化的理解与吸收会在创作中有一种不自觉的显现；如播音题材的编辑中对西方文化的介绍、同时亦表明了战时的中国渴望了解世界，想要融入世界文化与传播生态；在播音当中有大量对西方文化介绍的翻译文稿。为了国际宣传的需要，国际广播电台、昆明广播电台、贵州广播电台先后使用多种播音语种对外播音。有英语、法语、越南语、缅甸语、日语、马来西亚语、泰国语7种。"国际广播电台"每天用国语、沪、粤、闽、台山、台湾等地方言、加上英、德、法、意、日、俄、荷、阿拉伯、马来、韩国、泰国、缅甸、越南等地区和国家的语言，采用几种定向天线，根据国际时差和不同的季节，面向国内外分段广播。

三、战时播音与世界文化的认同与排斥

作为世界反法西斯战争的重要组成部分，中国的抗日战争受到了包括苏联、美国、英国和加拿大在内的国际社会的大力援助。他们不仅在人力和物资上予以大力支持，而且还在舆论上予以积极的宣传和声援，呼吁国际社会援助中国，高歌颂扬中国的抗战。通过对资料的梳理和比较分析，如广播周报通过对当时国外播音员的创作经验的详细介绍以及系列国外广播播音著作的翻译文献以期对战时本国播音员的播音创作进行指导，同时，关于播音员的管理机构、建制政策、法规也在很大程度上参考借鉴了西方。来自加拿大广播公司的邓乐夫夫妇在抗战期间抵达大后方指导播音和广播工作。来华之前，邓乐夫曾担任加拿大广播公司（CBC）西岸区的节目主任；抗战时期的广播机构的管理人员和部分播音人员有在西方留学的经验，最早接触广播文化，因此，大后方的播音创作对西方有很强的认同感。

"有时批评其他广播台的成绩，评论那一个电台的广播方式值得我们效法，那一位广播先生有一点儿欠高明……（不过我们的看法，总以小弟弟自居，自觉有很多地方不如人家）"

但是，战时的语境让国民党政府对于战事多是"报喜不报忧"，对于抗战消息真实性很多时候是向世界封锁的，并且也拒绝国外的播音节目在本国落地；在战时特殊的历史空间文化当中，对播音员的选择方式非常狭隘；战时革命统一战

线下国民党广播系统内部其中一些投降派也难免夹杂反共思潮，播音题材也具有某种程度上对苏联领导下的"社会主义"的排斥。

后方无战事，亦有英雄魂，重庆人民经历了日军无差别的 5 年大轰炸，平民死伤无数，大后方的播音员通过电波将战时中国的声音传播到四面八方。他们一边传递着前线抗战的最新战况，一边通过各种形式的节目，以及多语种的播音语言鼓舞着大后方乃至全世界关注中国、共同反抗法西斯帝国主义的人们。大后方的广播，作为抗战时期主要的传播媒介，国民政府的播音员们承载了重要的抗敌和国际宣传的职责。

（作者系中国传媒大学博士研究生、四川外国语大学新闻传播学院讲师）

农村公共广播助力乡村振兴的路径分析

吴卫华

党的十九大报告指出，"实施乡村振兴战略的总要求，要坚持农业农村优先发展，努力做到产业兴旺、生态宜居、乡风文明、治理有效、生活富裕。"乡村振兴做为七大战略之一，不仅仅只是经济振兴，还包括文化振兴、生态振兴，乡村振兴的关键在于提高农民的素质与能力，而媒介在这一过程中起到重要作用：一方面，媒介可以为经济的发展搭建桥梁，建设乡村共同体，作为社会系统的一部分，媒介可以为乡村文化振兴提供拟态发展环境，为乡村文化繁荣作出贡献；另一方面，通过媒介使用与媒介宣传，可以切实提升农民的素质与技能水平。而在所有的大众传播媒介中，农村公共广播由于其贴近性、平民性和大众化的特点，在乡村振兴过程中起到独特作用。

一、农村公共广播现状

随着互联网的发展，传统大众传播媒介原有的优势地位受到不断挑战，以广告而言，据 CTR 媒介智讯统计表明，传统媒体中只有广播广告是逐年小幅增长的，表现出较好的活力。农村广播作为农村公共文化服务的一部分，其基本目的在于通过基础性农村公共文化资源配置，以信息内容服务的方式满足农民的精神文化需求，因此，农村公共广播的参与主体是农民。但是随着农村经济体制改革的推进，农村经济得到快速发展，农民的生活方式也发生变化，这就使得传统农村公共广播难以发挥应有的效力。从农村公共广播的发展来看，从新中国成立到20世纪90年代，农村公共广播始终是农民获取信息的主要渠道，提供了信息供给、政策宣传和文化娱乐的服务，到了90年代中后期，农村公共广播逐渐走向衰落，主要是因为经济的发展使得电视走向农村，电视取代广播成为农村最主要的大众传播媒介，同时，行政村撤并以后农村地理区域和人口规模不断扩大，原先以自然村为传播基础的农村公共广播无法适应新的公共文化服务要求。尽管其后国家行政监管部门也提出"农村广播村村响"工程，但由于多种原因，农村公共广播的发展现状仍不尽如人意，其表现有：

1. 农村公共广播基础设施建设问题突出

一方面，农民被动地远离农村公共广播，地方政府对农村公共广播的重视不足，投入少，导致原有的农村公共广播设备老化、信号差、无人维修等问题，使得农村公共广播逐渐脱离农民生活，同时，我国地理辽阔，人口众多，地理条件和经济条件较差的农村建设农村公共广播的成本过高，公共投入意愿不高。另一方面，农民也主动远离农村公共广播，媒介生态格局的变革已经渗透到农村公共生活当中，电视和互联网成为农民日常接触最多的媒介，据 CNNIC 在 2018 年 8 月发布的第42次《中国互联网发展统计报告》显示，截至 2018 年 6 月，我国农村网民规模为 2.11 亿，占比 26.3%，[①] 反映了当前农民的主要媒介消费习惯，也使得地方政府也没有兴趣重新加大对农村公共广播的投入，这两个方面因素叠加形成一个恶性循环，使得农村公共广播基础设施问题突出。

2. 农村公共广播信息内容贴近性不够

贴近性是农村公共广播的基本特点，通过信息内容的平民化与实用化，可以深入农民生活，从农民的思维角度做好信息服务和政策宣传。前几年政府大力推进农村"村村通"工程，但主要面向的是互联网和有线电视，农民可以通过互联网和有线电视网络，利用手机和电视收听广播，但这种广播形式与农村公共文化广播有着本质上的不同。首先，农村公共文化广播需要的是一种面向当地农民的"窄播"，以服务当地农民为目的，以行政村为收听单位，其广播范围更加注重区域性，而非传统作为大众传播形式的"广播"；其次，农村公共文化广播的信息内容需要贴近当地农民和农村生活的服务，包括提供农民技术服务、国家政策宣传等，而非大众化的广播信息内容；最后，农村公共文化广播具备农村基层组织事务管理的功能，农民通过农村公共文化广播可以及时了解村情村貌，而大众"广播"很难做到这一点。对于农民而言，农村公共广播不仅是一个宣传政策、提供娱乐休闲的大众媒介，还是一个村务管理平台与农业信息服务窗口。

3. 农村公共广播人才队伍不足

现有农村公共广播人才队伍主要是 20 世纪 90 年代乡镇文化站时期的人才，知识储备和知识更新不足，缺乏专业技能的培训，文化层次不高，并且相对年龄较大。而农村大学生就业选择更倾向于城市，很少有人愿意投身到农村广播事业当中，因此，农村公共广播人才队伍整体薄弱，高技能人才短缺严重。

这些问题与当前"广播过时"论的意识有着密不可分的联系，但事实上，广播也有投入少、性能稳定，天然接近性等诸多优点，特别是在党的乡村振兴战

---

① 中国互联网络信息中心：《第 42 次中国互联网发展统计报告》，http://www.cnnic.net.cn/hlw-fzyj/hlwxzbg/hlwtjbg/201808/t20180820_ 70488.htm

略背景下，农村公共广播大有可为。

二、农村公共广播助力乡村振兴的关键点

在乡村振兴战略中，农村公共广播不仅仅只是一个宣传平台，而是为乡村振兴提供支持的路径工具。对于乡村振兴而言，经济、文化和组织建设是三个关键点，农村公共广播围绕这三个关键点可以在乡村经济建设、乡村文化建设以及乡村基层治理等方面起到巨大作用。

乡村振兴，乡村经济是基础。在乡村经济建设过程中，农村公共广播在乡村扶贫中起到重要作用。一方面，通过农村公共广播可以直接向农民宣传党的扶贫政策，让农民聆听来自党中央的声音，解决政策传递"最后一公里"的问题；另一方面，通过农村公共广播传授农业知识，解决农业技术难题，以"请进来"的方式邀请农业技术专业人士传授养殖种植农技知识，为农民提供科技服务，邀请学者走进直播间，宣讲农村政策和致富典型，帮助农民群众解决农业生产中的问题，助推产业扶贫。同时，农村公共广播还可以对当地的农产品和农业发展模式加以深度报道，扩大影响，通过农村典型人物和典型发展模式的塑造，提振脱贫信心，提升舆论引导力，形成良好的舆论氛围，以服务"三农"为核心，精准定位。

乡村振兴，乡风文明是灵魂。乡风文明代表着新时期农民的文化生活与精神面貌，是乡村振兴的内核与精髓，在乡村文化建设过程中，农村公共广播可以打造新时期的乡村文明核心，焕发乡风文明新气象。随着市场经济的发展和城市化进程的推进，农村原有的以熟人社会为纽带的社会关系逐渐转向以经济利益为导向的社会关系，传统乡风文明受到冲击，而农村公共广播可以通过农民喜闻乐见的文化传播形式培育新时期的乡风文明。与其他大众传播媒体和新兴互联网相比，农村公共广播可以把发生在农民身边的文明行为通过口语化甚至是方言化形式传播给当地农民，通过多种形式传递健康生活理念，积极宣传传统乡风文明中的积极内容，比如宗祠、敬老、互助等；批判相互攀比、大操大办、厚葬薄养等陈规陋习，同时，积极开展多样化的乡村文化活动，宣传社会主义核心价值观，把新时期的乡风文明传递给当地农民，开展乡风评议，形成健康文明的民间舆论。

乡村振兴，乡村组织是保障。在乡村组织建设过程中，农村公共广播可以塑造乡村共同体。传统的以家庭为单位的原子化乡村结构在市场经济中被虚化，乡村中的精英分子纷纷从农村走向城市，乡村内部不断分化，传统乡村中的宗族和乡绅力量逐渐式微，乡村成为空心、贫困化的虚弱结构，乡村共同体在这一过程中被耗散。而农村公共广播可以通过搭建公共事务管理平台的方式，把这种耗散的乡村共同体力量重新凝聚，塑造新时期的乡村共同体。不仅政府可以通过农村

公共广播宣传党和国家的相关政策，以宗族、乡绅为代表的乡村内生治理力量也可以通过农村公共广播解释村情村况、整合村民诉求、协调利益关系，从而凝聚村民人心，提升乡村的集体认同感。通过农村公共广播，以乡村经济为基础形成的经济共同体，以及以乡村文化为基础形成的文化共同体，汇聚为乡村共同体。

三、农村公共广播助力乡村振兴的策略

在乡村振兴的背景下，农村公共广播应当深挖乡村潜力，更好地服务乡村发展，通过对当前农业、农村和农民的充分调研，提高节目质量，贴近农民实际所需，利用多种方式助力乡村振兴。

首先，可以通过农村公共广播积极探索新的农业发展模式，助推乡村经济。农村公共广播要与当地农村特色产业结合，通过"广播＋特色农产品""广播＋乡村旅游"等形式，将地方特色融入农村公共广播当中，加大对当地的地理标志保护产品的宣传力度，打造农产品区域品牌，将空中的广播电波与实体农村产业经济结合，依托农村公共广播平台，实现农业品牌传播、产品销售以及农村形象的即时推广，学习其他传统媒体经验，开发"广播＋产品"的农业发展模式，通过农村公共广播发布各类农产品信息，进行产品宣传、活动推广以及产品销售，条件允许的农村公共广播台还可以成立农产品销售公司，整合对农广播资源和当地的农产品资源，实现农媒一体化运营，这样可以从源头保证农产品质量，提高当地农产品知名度。同时，还可以利用农村公共广播的宣传渠道，助推农业经济发展，最终形成广播频道、广告宣传以及农产品一体化的新型农业发展模式。

其次，农村公共广播节目内容必须贴近农民需求，保证节目的基层化和地方性，帮助农民解决实际问题。随着新媒体的发展和受众媒介消费行为的改变，细分化与专业化是所有媒体的发展趋势，"广播"应当逐渐走向"窄播"。农村公共广播应该让位于以"窄播"为特征的服务属性，必须从节目编排和节目内容等诸多方面坚持以服务"三农"为导向，突出地方特色，贴近农民需求。节目编排上，应当细化栏目分工，根据不同时段广播不同节目，多广播一些农民急需的养殖类、民生类、科教类节目，发挥农村公共广播优势，及时传播农业生产生活信息；节目内容上，应当结合当地农村实际，宣传新时期的农业致富信息，拓宽农民增收渠道，走入农民生产生活当中，及时发布当地农村的村务、应急、民生等信息，帮助当地农民解决好实际问题。

最后，农村公共广播新媒体化，将农村公共广播与新媒体融合，扩大农村公共广播的影响范围。农村公共广播助推乡村振兴，必须首先解决"最后一公里"的问题，传统农村公共广播主要依靠当地村委或者文化站等基层组织，广播的范围比较有限，特别是在农村很多以中青年为代表的农村中坚力量大多入城务工，

传统农村公共广播传播的受众人口十分有限，并且，其信息传播是单向式的传播，在涉及重大村务讨论和通知过程中，无法做到与村民的互通互动，而通过与新媒体的融合则可以较好地解决这一问题，特别是随着移动互联网的发展，"两微一端"的广泛运用，农村公共广播可以开通微博、微信公众号甚至是客户端，可以让当地的农村务工人员及时了解村情村貌，使得农村公共广播成为一种具身性的移动媒体。同时，还可以开设农村公共广播网络音频频道，将农业生产知识融入网络音频频道中，以避免受到地理条件、广播时间以及信号稳定性等复杂因素的影响。比如，广州某区的农村公共广播系统在网络音频平台喜马拉雅上开通农村公共广播网络音频频道，用地方方言进行广播，将节目内容网络化，包括病虫害防治、村务公开、农村防火、防电信诈骗、农业保险以及近期重大村务活动等等一系列涉及农民切身利益的内容，其点播率也相当高，切实解决了农村公共广播"最后一公里"的问题。事实上，随着农民文化素养的提升以及对新媒体智能产品的广泛使用，农村公共广播新媒体化的措施还有很多，比如开通农村公共广播微信公众号，可以随时推送农业技术、农业生产生活知识，也可以让农民自主订阅自己喜欢的节目内容，还可以对相关内容进行在线讨论、反馈。

总而言之，广播虽然现在已经不再是人们最常使用的媒介，但农村公共广播由于其特殊性，在国家乡村振兴战略背景中仍然可以充分发挥自身独特作用，通过多种途径助力乡村振兴。

（作者单位：湖州师范学院传媒与设计系。本文系教育部人文社科研究项目"大数据视阈下影视产业发展战略研究"〈项目编号：16YJC860020〉和湖州师范学院人文社科预研究项目"大数据视域下影视产业 IP 价值开发机制研究"〈项目编号：2018SKYY08〉的成果）

移动音频在第二口语时代促进听觉文化回归的可行性路径探析

周海宁

移动音频的发展是随着移动传播终端的普及以及互联网媒介传播技术的发展，而作为传统广播、民间说书形式的扩展而发展而来的。移动音频的发展作为听觉文化回归的象征，与以视觉为中心的文化一起，推动互联网时代文化的多样性发展以及感觉器官的均衡发展。不仅如此，电影作品也为今后听觉文化的发展前景进行了特别描述。例如，电影《her》就展现了在未来人工智能社会之中，媒介以及媒介的使用者，以技术与人类的混合体，即"人机同构"的复合体形态而一起"共进化"的图景。在影片之中，人与人工智能的声音【作为"离身化（disembodiment）"的高度抽象存在，没有有形的身体而只有声音】相互构建（恋爱）关系，通过声音而非视觉符号来相互交流、展开日常生活，展现听觉的回归以及呈现出不同于视觉文化的另一番文化场景。而本文以当下互联网市场之中日趋火爆的移动音频文化为切入点，探讨听觉文化回归的现象以及理论支持，并对听觉文化构建的可行性路径进行分析。

一、第二口语时代，移动音频的发展体现了听觉文化的回归

移动音频是随着互联网媒介的发展而逐步发展起来的，特别是随着社交服务网络（SNS）的发展，受众参与的深化、对话式交流的普遍化使听觉文化回归，打破了长期以来视觉文化独占的格局，有利于促进"感觉器官的均衡"发展，促进文化的更加多元化、更具生命力，能够突破文化的危机，走向文化的再次昌盛。

而第二口语时代这一概念的提出，源于以伊尼斯、麦克卢汉以及翁为代表的多伦多学派的口语文化研究。其口语研究共同指向了大众传媒时代广播、电视的发展分析与人、社会之间的影响。最终提出了不同于文字时代之前的传统口语时代，而指出了广播电视，以其口语性的回归，打破了子15世纪之后"谷腾堡的银河系（Gutenberg's Glalexy）"所带来的以文字媒介为中心的视觉偏向的独占局

面。但是，由于大众传媒传播的单向性、中心化以及自上而下传播的阶级性，使其传播缺乏受众的参与，没有形成广泛的对话性，所以多伦多学派以广播和电视媒介为中心的第二口语时代的界定是有局限性的。而以电脑为基础的互联网媒介技术的发展与移动终端的普及，特别是以 web2.0 技术为基础的社交服务网络的发展，为受众的广泛参与普遍的对话提供了技术的可能性。所以本文界定真正的第二口语时代的肇始源自互联网时代。

而移动音频正是是随着移动终端以及互联网技术的发展而迅速崛起的。从 2011 年，国内首家网络音频应用"蜻蜓 FM"的诞生，之后类似的移动音频应用如雨后春笋般出现，如 2012 年的"懒人听书"，2013 年的"喜马拉雅你 FM"等。而业界通常将移动音频市场氛围移动电台和移动听书两种体系。前者，移动电台以专业调频广播内容为核心，而后者，移动听书，则是由传统的民间说书艺术在互联网时代的形式的变迁。例如，有"杂说"（隋朝），演化成"俗讲"（唐朝），然后继续演化为"讲史"（宋朝），"平话"（元朝），"说书"（清朝）。[①] 而以互联网媒介为平台的移动音频市场的发展，可以看作是中国文化发展，在经历以印刷文本为中心的视觉转向，到以图像媒介为中心的视觉转向，现在是以口语为中心的听觉转向的一个标志性的变化。特别是由于社交媒体的发展，移动音频的发展，通过社交网络的加持，音频的制作者与受众之间可以进行平等的交流、对话从而促进移动音频市场的多元化发展。例如，音频主播丹羽道在"懒人听书"平台上将自己的音频作品分享给听众，同时通过线上的粉丝群进行交流、对话。如此，形成一个与图像传播所不同的听觉传播交流场域。

以小窥大，移动音频的发展正是中国文化之中，作为对以图像为中心视觉文化偏向纠偏的听觉文化开始建立的标志性事件之一。虽然新生事物还十分的弱小，但是新生事物的发展潜力是无穷的，听觉文化的建立与逐步强大，不但是对视觉文化独占的纠偏，同时也是人们通过感觉器官的均衡发展，来促进文化均衡发展的努力之一，以此，麦克卢汉所期待的通过感觉器官的均衡而回归"原始部落"的愿景也会随着"地球村"共同体不断壮大而不断被实现着。

二、移动音频的流行是对以图像为中心的视觉文化偏向的纠偏

技术性媒介（照片、电影、电视等）诞生之日起，由于复制技术的加持作用，人类开始进入以屏幕阅读为基础"读图时代"，即人类通过技术性媒介的"屏幕"所呈现的图像来获取信息，其依赖的是视觉为中心的感觉器官的能力。自此由以印刷媒介为中心所形成的视觉独占的霸权地位再次被巩固、强化。不同

---

① 吴钧、杨垒垒：《中国移动听书研究：历史源流与现实图景》，《现代传播》2018 年第 3 期。

的是，随着电子媒介的登场，人们传播的主要手段从文字媒介变成了视听影像媒介。所以受众的阅读习惯，也从文字媒介时代的阅读信息，变成了电子媒介时代的收看或者听取信息。但是，图像的泛滥，却依旧使视觉偏向"一家独大"，视觉文化是人类传播文化的主流。

特别是丹尼尔·贝尔（Daniel Bell）于 1976 年便指出了"当代文化正在变成一种视觉文化"。① 所以以图像呈现为基础的视觉文化通过感性化、欲望化的符号再现，能够满足人们将所有的事物都拉近到自己眼前的欲望需求。甚至急切地将"所有非视觉的东西视觉化"。② 因为图像具有感性、形象性的特征，特别是人们已经习惯于"眼见为实"的视觉性训练，所以，以图像为基础的视觉文化通过一种"吸睛"的手法，通过不断地创造"娱乐传播"内容，例如，大众传媒时代的"文化工业"③，以及在互联网媒介基础之上出现的有过之而无不及的融媒体时代"文化工业（culture industry）"趋势，在视觉文化的牵引下受众的享乐主义欲望被最大限度地挖掘，在促进"消费社会（the Consumer Society）"的构建上，"眼球经济"的贡献具有无法取代的作用。而这造成的结果就是"人的异化"，即视觉文化的过度偏向造成了文化的危机，媒介与人在同构的过程之中没有很好地发挥桥梁的作用，而是成为障碍物——媒介凌驾于人之上，人成为媒介的附庸，在消费社会之中被物质所包围和奴役。更为可怕的是，由于人们已经适应了这种视觉文化的构建，在图像泛滥的社会之中，由于"拟像与仿真（simulacra and simulation）"作用于真实世界之上，从而让人感受到了比真实世界更为真实的体验，即鲍德里亚（Jean Baudrillard）所谓的"超现实（super-reality）"体验。④ 所以，以图像为主导的视觉文化强势地统治着人类社会，左右着人类文化，视觉独占的文化霸权导致了"消费霸权和技术霸权"⑤，通过技术理性所构建起来的消费社会，其本质是视觉文化以其独占的强势，通过消费霸权和技术霸权逐渐将人类异化为技术的附庸和消费的奴隶。

但是，随着互联网媒介技术的发展，视觉为中心的霸权强势地位逐渐被动摇，因为在第二口语时代，听得的回归所创造的听觉文化有望与视觉文化一起，共同促进人类文化的均衡发展。首先，视觉文化的发展也是不断变化的。以图像

---

① 【美】丹尼尔·贝尔：《资本主义文化矛盾》，赵一凡等译，第 156 页，三联书店 1992 年版。
② 【美】尼古拉斯·米尔佐夫：《视觉文化导论》，倪伟译，第 5 页，江苏人民出版社 2006 年版。
③ 马克斯·霍克海默、西奥多·阿道尔诺：《启蒙的辩证法》，渠敬东、曹卫东译，第 107 页，上海人民出版社 2006 年版。
④ Jean Baudrillard. Simulacra and Simulation：The Body, In Theory：Histories of Cultural Materialism [M]. Sheila Faria Glaser（Trans.）. University of Michigan Press，1994.
⑤ 肖建华：《当代审美教育：听觉文化的转向》，《中国文学研究》2017 年第 3 期。

为中心的视觉文化不同于以文字为中心的视觉文化。文字为中心的视觉文化注重概念和理性，注重计算和合理性，结果导致文字概念越来越抽象，最终使文化发展出现瓶颈，而以图像为中心的视觉文化，由于图像的感性特征能够直接激发人的直接感受力，所以矫正了以往印刷媒介时代视觉文化的过度理性偏向。所以一些后现代理论家认为"图像优于概念，感觉优于意义"。① 至于孰优孰劣本文暂不评定，而本文认为以图像为中心的视觉文化的发展在于对以印刷文本为中心的视觉文化的纠偏。其次，在第二口语时代，听觉文化也是出于对以图像为中心的视觉文化的纠偏背景下而回归的。图像的泛滥，过度的娱乐传播，过度的消费欲望，人的异化，文化的危机等等，在这种背景下，听觉文化的回归就成为文化发展的必须。

三、促进移动音频发展，加速升视觉文化回归的可行性路径

首先，加速传统广播的转型升级，使移动电台与移动听书的融合发展。互联网上自发生成的移动音频服务较之传统广播机构来说，在创作团队的专业性、内容资源的稳定性以及资金扶持上都具有不同程度的弱点。所以为了促进整个移动音频服务结构的优化升级，传统专业广播机构突破自身体制局限，积极进行市场化转化，通过移动电台以及移动听书节目的创作实现结构优化升级，是促进整个移动音频市场合理、有序发展的关键。

其次，注重用户的参与性以及对话性，满足不同需求用户的需求，是移动音频发展的关键。互联网市场的原生类移动音频服务，在传播模式上以其广泛的参与性以及普遍的对话性，通过双向的、去中心的、去阶级的水平传播模式，较之传统大众传媒的单项的、中心化、阶级性的垂直传播模式，更加具有活力、满足受众对节目需求的多样化需求，例如，可以以更加有针对性的个性化服务来提升用户的粘着性。

第三，优质的内容提升视觉文化的品质，为听觉文化的独占纠偏。移动音频的发展促进了听觉文化的回归，能够对以图像为中心视觉文化的过度偏向产生纠偏的作用。以图像为媒介的传播之所以取代以文字为媒介的传播，成为21世纪主要的传播偏向，在于文字过度追求理性化、合理化，造成了人们对概念以及意义的过分追逐，形成了文化危机，但是同样，以图像媒介为中心的传播偏向却造成了过度的娱乐化与感性化，造成娱乐传播与感性传播大行与天下，同样地造成了传播危机。这就是听觉文化回归的背景，而听觉文化能够对视觉文化独占的局面进行纠偏，能够帮助感觉器官恢复"平衡"。正如《庄子·天地篇》："失性有

---

① 【美】道格拉斯·凯尔纳、斯蒂文·贝斯特：《后现代理论：批判性的质疑》，张志斌译，第197页，中央编译出版社2001年版。

五：一曰，五色乱目，使目不明；二曰，五音乱耳，使耳不聪；三曰，五臭熏鼻，困傻中颡；四曰，五味浊口，使口爽厉；五曰，趣舍滑心，使性飞扬。此五者，皆生之害也。"所以，视觉文化的纠偏只是感觉器官恢复平衡的一部分，只有"五感平衡"才可能实现麦克卢汉对"再部落文化"的愿景。

第四，听觉教育的完善才是听觉文化恢复的根本。视觉能力的提升，有与之相关的视觉美学以及视觉传播的教育。例如，影像传播教育。那么听觉能力的提升，不是指单纯的听觉物理能力的提高，而是围绕着听觉相关的审美能力，以及交流能力的提升。那么相关的教育体系则需要建立。即，传统的广播时代，由专业的媒体组织培训相关的广播业务能力，但是互联网时代，真正的源泉在于大众的知识共享。即，以新媒体为中心，通过知识的共享而分享媒介技术发展带来的听觉感受力和传播力的提升，带来受众对听觉的美的感受力的提升。那么，大众听觉审美教育就应该建立与完善。特别是大众"声优"的培养，让人人都参与到"声音"的制作与传播之中，而不是仅仅作为观赏者去"旁听"声音的发展。所以完善整个社会的"听觉"教育体系，让每个人都有能力参与到听觉文化的构建之中，才能促进听觉文化的回归，实现整个文化的均衡发展，避免文化危机的产生。

第五，促进听觉文化回归，应该构建"慢生活"的日常生活节奏。因为文化即人的日常生活，所以促进听觉文化的回归还必须培养受众的听觉文化生活。科技的日新月异，人与媒介的相互作用，即人与媒介的同构是否能够同步是以媒介为中心的人类生活能够幸福的关键。而如今，科技更新的高速度催生了人们生活的高速度，人们勉强追随媒介变迁的脚步而在被动地发生着变化。于是，"人的异化"也就在媒介变迁的压力下产生了。而听觉文化的重心应该培养人们一种"慢生活"的情趣。通过放慢生活节奏，来增强人们对生活、对美好事物的感受力，以此来抵抗"消费社会""仿象社会"对人类生活的异化。

四、结论

以图像为中心的视觉文化的独占是技术性媒介发展的必然，因为图像的感性、抽象性能够对以文字为中心的视觉文化独占所带来的理性、合理性偏向进行纠偏，这是对技术性图像对文化危机进行纠偏的结果。但是技术性图像的泛滥造成了社会过度"景观化""仿象化"以及"消费化"从而将人类文明带入另一种危机。可是，随着移动音频的发展，推动了听觉文化的回归，为文化危机的破解带来了一种新的方法。所以文本正是立足于此来探讨以移动音频为代表的听觉文化的回归，是如何对视觉文化的独占进行纠偏的，以及积极探寻在当下社会推动移动音频进一步发展，并促进文化昌盛到来的可行性路径。那就是，尊重媒介文化的发展规律，即顺应互联网媒介广泛的参与性以及普遍的对话性特征，并进一步通过移动音频的发展强化这一特性；注重传统广播产业与互联网原生移动音频的融合发展，相互取长补短，以促进移动音频结构升级；注重以"内容为王"的发展理念，以多感官的文化满足人们的多样化的需求；积极发展听觉文化教育，提升广大受众的"听觉能力"，为听觉文化的发展不断注入新的群众理想；最后，培养"慢生活"理念，"文化即日常生活"，所以听觉文化应该融入受众的日常生活之中。而"慢生活"的理念对以图像为中心的视觉文化过度泛滥的一种有效的抵抗。只有随着听觉文化的不断完善，才能打破以图像为中心的媒介文化所引发的文化危机，才能促进现有文化超越危机而走向昌盛。

（作者系鲁东大学文学院讲师）

融合与突破：新媒体背景下
广播创新发展的路径分析

成群鹏

自互联网特别是移动互联网的发展及普及以来，信息传播方式以及内容生产主体变化了重大变化，一方面新媒体不断蚕食传统广播的发展空间，另一方面广播借助信息技术有望获得新的发展。新媒体和传统广播并不是纯粹竞争的关系，广播与新媒体融合发展是一种趋势。我国当前对广播创新发展有了哪些研究，新媒体背景下广播发展有哪些优势，发展过程中面临哪些挑战，广播如何与新媒体融合实现创新发展，是一项值得研究的议题。

一、新媒体发展背景下广播创新的有关研究

1. 关于广播和新媒体的融合发展研究，学者们认为互联网技术促使广播突破传统机制束缚，广播运用新技术形成了新形态、新模式、新市场、新产业，进一步缩小广播和新媒体的发展差距。新媒体时代是一种将传统广播传播方式和现代媒体传播方式相结合的媒体时代，对广播新闻编辑的形式和手段进行创新，可以在一定程度上提高广播新闻编辑的综合竞争力。准确把握广播的特点与新兴媒体的特性，广播媒体也能够形成新的产品形态。广播能否获得新生取决于其自身能否在不断变化的媒介市场竞争中发挥音频传播优势，能够通过融入新媒体技术适应用户习惯，满足用户需求。广播与新媒体深度融合，实现了广播互联网生态圈在经济效益与社会效益双赢，进一步提升广播的影响力和渗透力。提高受众参与度、展现广播新闻的深度、加强专业性、细分广播新闻受众等是融媒体的4个基本属性，广播新闻编辑要转变观念，提高创新意识、通过有效的创新广播新闻编辑模式、灵活编排节目，注重信息传递等创新思路，才能促进广播行业的健康发展。在新媒体融合发展背景下，广播节目编导要解放思想，积极地对节目编导的路径进行创新，在提高广播电视节目吸引力的同时，更好地满足受众的需求。

2. 关于广播创新发展过程中面临的问题，学者们认为声音媒体传播方式改变、受众互动性不强、专业人才缺失、内容深度不足等是广播发展面临的主要问

题，要在新媒体声音传播竞争中获得突围，广播需要做好内容生产和传播，以及内容差异化供给，才能满足用户不同体验需求。传统媒体的受众正在向新媒体转移，新媒体的影响力逐渐上升，且势头强劲，传统媒体面临着巨大挑战。广播电台自建客户端存在的目的不明确、同质化严重、产品意识不足、用户体验不佳等问题。始终保持新鲜感、惊喜感确是广播自身很难突破的一个壁垒，只有在坚持内容为王的同时，注重线上线下的结合，拓宽受众圈层，拥抱新技术等来满足受众心理变化带来的不同需求，才能在媒介融合的冲击下紧跟时代步伐，迸发出新的生机。在新媒体时代下，广播新闻人才缺失、广播新闻管理不足、网络新闻失真等是广播新闻存在的问题。广播所表现出来的时效性优势不再、新闻采编内容显得匮乏、广播内容深度挖掘不足、采编策划工作创意不足等是融媒体时代广播发展面临的新问题。

3. 关于新媒体环境中广播的发展路径研究，学者们认为新媒体及互联网技术是广播发展的手段，不应成为广播发展的限制性因素，通过新媒体做好声音内容生产和传播，才是广播创新发展和提升竞争力的本质。新媒体背景下广播的路径主要是"回归媒介本质"，在业务上把媒介做深、做透、做精，打造媒介的核心竞争力。广播通过互联网技术优势，实现信息传播多样性和增强互动性，是推动广播创新融合发展的途径。广播媒介融合的目的不是传播方式的融合，而是依托广播自身构建内容，内容创新才是广播融合发展的关键。在信息技术大发展背景下，受众的主动性和权利性的张扬得到了空前的强化和细化，人们选择频率大为提高，信息内容传播竞争力加强。运用网络技术、移动技术、数字技术联通移动端的受众，立足优质音频内容和专业制作优势，探索音频数据新闻的形态，不断开拓民生新闻服务的对话途径。广播通过创新外宣报道、内容产品、手段方式和体制机制，才能做好新形势下广播电视国际传播工作，不断提升广播电视国际传播的影响力。

4. 关于广播创新发展的典型案例研究，学者们从各地广播电台的创新经验入手，探讨了广播电台如何在互联网技术发展背景下实现创新，如何在内容和传播机制上形成广播新的竞争力。甘肃省广播电视总台青春调频广播从升级创新节目内容、注重互动分享、丰富传播渠道、吸引年轻受众注意力4方面分析，力求为青年类广播的改革创新提供探索路径。襄阳广播电视台通过组建融媒体报道专班，通过前方北京、后方襄阳两个新闻场，全力争抢主流舆论场，进一步放大传播效应。湖北广播电视台通过创新载体，推动传统文化从"高冷"走向"亲切"，用什么样的载体和形式服务好、引导好青少年，是检验一个媒体创新能力和实践能力的重要体现。广州电台通过理念创新、节目内容创新、节目形态创新、节目主持风格创新等方式，调动受众收听广播的兴趣，为广播节目创新构建良好的制度保障。浙江广电集团浙江之声《翊白声音杂志》利用碎片化信息，融入主持人的思想进行二次创作，让碎片化信息产生新的价值，充分发挥广播的声音魅力。

综上所述，在新媒体大发展的时代背景下，广播发展受到一定的挑战，学者们从广播和新媒体的融合发展研究、广播创新发展过程中面临的问题、新媒体环境中广播的发展路径研究、广播创新发展的典型案例等方面进行了相关理论分析和案例探讨，形成了很多丰富的研究成果。以"广播创新"为主题词在中国知网进行检索的结果看，已累计形成了3500余篇相关研究文献，可见，广播创新发展研究已经较为深入。整体上看，多数学者认为新媒体发展对广播而言是一种传播方式的创新和升级，做好内容创新是广播创新发展的基础，加强内容人才和采编人才的管理是有效应对当前广播传播力不足的有效路径，当前各地区广播电台都在积极探索如何实现创新发展，也形成了丰富的案例探索。

二、广播的既有优势

1. 权威性和可信度。多数广播依托官方电台进行声音内容传播，体现了广播天然具有政府媒体的属性，在大众媒体中具有权威性，内容也具有可靠性。广播的发展历程较长，拥有稳定可靠的信息采集体系，拥有严谨的编辑播出流程，拥有丰富的媒体产业资源，传统广播虽然被各种新媒体挑战和超越，但其天然所拥有的信息汇集功能和专业化媒体内容制作体系，是各种新媒体所不能比拟的，特别是在"人人都是内容生产者"互联网信息生产机制下，反而更凸显了广播的权威性和可信度。

2. 伴随性和共鸣性。声音信息是广播最为重要的信息，其作为一种非视觉媒体，声音的伴随性是广播特征的主要体现，在受众视觉需要工作时，听觉还能够完成差异化的信息接收，满足了用户情感和精神需求。广播在新媒体时代，通过互联网技术实现时刻陪伴。同时，由于广播特有的声音属性，其在表达、沟通中带有天然的亲和力，不同播音员（主播）的声带还可能吸引感性的受众，特质化的声音是一种人与人之间心灵交往的方式，容易在受众中获得共鸣。

3. 及时性和覆盖广。音频内容相对于视频制作更容易些，对设备和软件依赖性较低，广播对复杂环境的依赖性较低，特别是在战争、自然灾害、交通路况等突发事件中，电台能够迅速将信息传达给受众，使得受众能够及时了解突发事件的信息。同时，由于广播传播基站建设成本相对较低，且其传播覆盖面积较广，受众的普及率很高。

三、广播的潜在挑战

1. 智能算法推送对单向度传播方式的挑战。今日头条、微博、知乎、蜻蜓

FM、喜马拉雅 FM 等新媒体平台公司基于智能算法推送，针对用户特质（性别、职业、学历、兴趣等等）推送资讯，吸引和留住大批用户，增强了用户的使用黏性，而广播电台在互联网时代缺少技术基因，原有用户具有地域性，同时用户基数并不大，在信息推送上单向度推送，缺少智能算法支撑，留住用户方面作用力不强。

2. 内容生产大众化对专业化生产机制的挑战。互联网媒体平台基于庞大的内容消费群体衍生出内容制作群体，一方面，非专业人才的加入丰富了广播内容的来源和形式，另一方面，广播行业转型的媒体人也加入内容制作大军，丰富性和多样化的内容吸引力不同的用户，极大提高了新媒体的影响力。传统广播由于专业性要求，对设备、人才、时间等投入较多，内容虽然高质，但是低产，也不适合互联网碎片化、即时化的传播特点，影响力受到挑战。

3. 碎片化收听与传统传播直播性的挑战。在新媒体时代，媒介使用者从被动接收到主动检索，互联网技术的使用和推广，使得新媒体广播实现在线（云端）存储，随时随地点播，而传统广播基于节目的直播特性，受信号传播技术影响，传统广播的节目传播效率低于互联网平台的传播效率。

四、促进广播创新发展的建议

1. 融合资源，提升传播影响力。广播可以借助互联网媒体平台，实现传播的跨平台、跨地域的合作共融，同时，借助互联网媒体平台还能够与用户形成良好的互动，及时了解用户需求，更新和完善内容生产，提升传播影响力。无论是新媒体，还是广播，内容生产是媒体传播的核心，新媒体技术只是更好、更快捷地传播信息，但优秀内容是吸引和留住用户的根本，广播基于原有人才优势和资源优势，能够制作出更多更好的内容，这与新媒体提倡的人人都是内容生产者有所不同。广播需要改进内容加工机制，融合新媒体优质的传播特点，整合传统媒介收集的信息，获得更多受众的关注和支持。

2. 突破局限，扩大传播新领域。近几年我国持续增长的汽车保有量和拥堵的城市道路环境为广播突破自身局限带来机遇，广播需要扩大城市交通广播的地盘，占领汽车的中控台，覆盖更多的司机和乘客。人民网研究院发布的《2018中国媒体融合传播指数报告》显示，2018 年我国报纸、广播电台、电视台微博粉丝量分别比 2017 年增长 14.1%、12.8%、25.8%，报纸、广播、电视自建客户端的下载量均值分别为 314 万、149 万、2518.7 万，除北京外，广东、浙江、江苏、上海媒体的融合传播力表现突出。广播电台开发自身平台面临互联网赢家通吃规律的限制，很难产生与蜻蜓 FM、荔枝 FM、喜马拉雅等相抗衡的互联网广播平台，传统广播需要借助互联网媒体平台形成音频内容品牌，依托平台传播广播电台的优质内容，通过内容吸引客户，相对于构建新平台参与互联网产品竞争显得更加理性。

3. 专注人才，突破人才机制束缚。传统广播主要执行"主持人中心制、编辑中心制"的人才管理机制，难以适应当前受众需求多样化的时代。新媒体融合时代，广播电台创新发展离不开人才的支撑，一方面需要掌握新媒体技术的人才参与，另一方面，还需要对渠道开拓、内容经营、资本运作、终端推广等领域熟悉的人才。可见，广播需要结合电台特色及声音产品特点，形成一种适应广播产业发展、行之有效的人才培育和引进模式。在新媒体融合发展背景下，广播电台的发展，离不开所有工作人员的参与，团队成员应具备较好的业务素质，不断学习新事物的能力。

五、相关启示

1. 广播 APP 是广播传播的一种方式，不是广播发展的目的。广播电台存在的核心仍是以音频信息生产和制作为核心，APP 是基于更好传播内容而发展的，如果其成为广播电台的束缚，有必要舍弃，借助平台传播能够是广播电台扩大影响力的有效途径，电台缺少互联网产品基因，其运营和维护 APP 并不是一件容易的事，不能为了"APP"而"APP"。

2. 广播内容制作应根据用户区别，制作不同的音频内容。收音机的受众、互联网的受众、车载音频的受众均有不同的消费习惯和兴趣爱好，传统广播基于不同传播渠道，需要形成不同的音频内容制作，满足用户多样化需求，收音机受众的内容需求广播电台了解较多，但对于互联网用户的音频需求，广播电台需要加大研究力度。

3. 广播内容多样化与个性化，是当前广播发展的重要趋势。移动互联网技术使得广播具有了随时随地点播的特征，用户规模的扩大意味着用户需求的复杂化，广播电台需要结合电台自身特质，制作和传播满足特定用户的内容，即可获得认可，这是用户个性化的要求，也是产品多样化的必然。

（作者系中关村企业家顾问委员会秘书处副秘书长、中关村泰诚民营经济产业发展研究所研究负责人）

广播不止于声

——以北京人民广播电台广播视频之嬗变为例

邓天一

广播，一直都是一个以声音见长的媒介，也是传统媒体的代表。但随着改革开放，数字技术和网络技术的不断发展，传统广播开始走出体制和思想上的桎梏，不断在竞争中求发展。在网络等新媒体不断崛起的情况下，广播一直没有停止媒介融合的步伐，一直尝试各种形式，来拓展媒介的维度。

在各种媒体融合中，有一项改变是伴随着互联网发展而来，并且扩大了广播的媒介边界，那就是广播视频化。如今，新媒体的不断发展，网络视频、网络短视频的受众越来越广泛。

一、广播视频化方式的嬗变

广播在大众的观念里，一直都是只听声音的。但如果广播只是停留在声音的层面，面对着越演越烈的媒体竞争，广播一定会处于下风。广播视频化就是广播走出"舒适区"的一个重要尝试。但最早广播节目视频化遇到的困难有很多，从视频设备到专业视频制作人员，再到对于视频的认知等，都是在不断地探索中克服的。

2001 年北京人民广播电台（下称"北京电台"）成立了北京广播网。这为北京电台在广播视频化打下了重要的基础。北京电台在广播视频化的道路上，做了很多尝试。从无到有、从点到面，直至现在与新媒体不断结合，形成了自己独特的广播视频之路。

1. 大型活动的音视频同步直播

北京人民广播电台在 2004 年 4 月 5 日，与英国广播公司联合制作了大型互动访谈节目《道路安全与都市交通》。在这次的直播当中，北京广播网配合 BBC 中文网以及千龙网，面向全球进行了网上视频直播。这是北京电台涉足网络视频直播的开始。

北京广播网第一次独立完成视频直播是在 2004 年 4 月 12 日。北京广播网在北京体育广播直播间独立完成了北京国际马拉松接力赛的视频直播任务。

同年 9 月，北京电台直播了第八届北京——香港合作研讨洽谈会，实现了首次跨地区的直播。

在 2005 年至 2006 年，北京广播网和北京城市广播合作，做了大型系列访谈节目《市长与市民面对面》《区县局'回顾 2005'，展望 2006》。这两档节目在广播和网络同步直播，所有的拍摄都参照电视的播出标准。节目直播后，对视频素材还进行了二次加工并上传到了网站的相关频道。

这些音视频共做的节目经验为日后的日常音视频节目共做奠定了人员基础、技术基础和设备基础。这些节目的制作也为未来北京电台广播视频之路积累了宝贵的经验。

2. 日常广播节目和自制视频节目

北京电台从最初尝试广播的视频直播就和传统的广播线上节目联系紧密。视频直播不仅依托传统广播节目，还为传统广播在互联网传播方面拓展的"阵地"。同时，音视频工作也以北京广播网为出口，让广大网友有了可以"看"广播的渠道。

从 2006 年之后，北京广播网的音视频工作的内容逐渐丰富。基本囊括了日常节目和电台的各项活动。2007 年 3 月，北京电台还专门出台了《关于音视频共作节目的规定》来规范音视频工作节目。规定明确了申请音视频工作节目的节目要素，比如节目的策划、主题和嘉宾要求，节目互动等是否合适视频拍摄的要求。这些规则的出台，除了技术层面对于音视频节目的有所要求，还能对节目的内容层面有所把关。

北京电台的常规音视频工作节目，从 2005 年每周 80 小时，到 2009 年已经提升到每周 160 小时。这时期的音视频共做不仅仅是单纯的直播广播节目，还会由专门的视频编辑制作一些图片和视频，配合节目添加在节目直播当中，丰富观众的收看效果。除了针对传统广播的音视频共做节目外，北京电台还针对传统的广播节目进行二次加工，制作成更为适合网络传播的视频节目。常规的音视频节目素材也为北京广播网后期自制节目等打下了基础。

2006 年 5 月，北京广播网推出了一个视频频道，主要内容都是音视频共做节目的进一步加工。在 2009 年，开播了一套"DAB 数字多媒体视频广播"频道，命名为"RBC·综合频道"。

常规音视频节目的发展使得广播在媒介边界上取得进一步的突破。同时，这也是广播媒体融合的重要一步。在互联网不断发展的时期，使广播在网络层面起到了一定的舆论引导作用。

3. 广播视频与新媒体深度合作

传统广播节目选择传到互联网上，是为了满足听众在互联网方面实时收听和收听回放。以这个需求为出发点，广播尝试在互联网和收音机端进行音视频共做。但随着互联网的发展，传统的音视频共做也需要进一步升级，以满足受众越来越高的收看要求。

2008 年 10 月，北京广播网视频直播频道的直播聊天室开通，受众可以通过"网友提问"来参与节目。

从 2016 年开始，网络直播发展势头迅猛，也吸引了越来越多的受众。电台的传统广播节目也开始尝试网络直播。北京电台的一些王牌节目，也开始尝试在节目直播期间，用手机在新浪微博等直播平台上同步进行网络直播。这和音视频共做节目最大的不同是发布的平台不同，内容展现的方式不同。手机直播是以手机的前置摄像头为摄像机，进行类似"自拍"话的直播，并且主持人在广播节目的广告时间，也可以和网友互动。而传统的直播间视频拍摄则是类似电视直播的多机位切换，观看感受截然不同。

2017 年 1 月 1 日起，北京电台的 7 档节目，入驻了"北京时间"24 小时直播，同时也实现了全高清网络直播。同年 6 月 26 日，北京青年广播正式开播。这是全国第一个真正意义上的可视化广播。

截至目前，北京电台的广播节目直播方式进入了多样化时期。既有广播节目日常视频直播，同时有和一些视频直播平台合作，针对大型活动、突发事件、季播节目临时进行网络视频直播。在直播平台上，也由过去的北京广播网，开始走向和专业视频直播平台合作。节目形态层面，有配合传统广播的音视频共做，也有针对网络直播的新的节目样态。直播技术由直播间摄像、导播切换，发展出主持人自主切换和无人自动切换机位等。

二、广播视频化未来发展所面对的问题

1. 节目直播内容不符合网络、视频要素

随着互联网的发展，网络视频由微电影发展到现在的短视频。网友对于视频的收看习惯已经越来越趋向于碎片化、娱乐化等。

一些广播的节目类型开始逐步表现出不适合视频直播的元素。这种不适合也是由于受众对于听觉和视觉对于节目的要求不同所致。也就是说，看是要求画面传播足够的内容，而听则是要求在听觉方面产生刺激。有的节目既适合听，也适合看，比如一些名人访谈、嘉宾表现力强、现场展示物品等广播节目，加入视频直播就很好的助力节目的内容传播。

但是，现在传统广播节目，还有一部分是新闻播报节目、播讲类节目，或者是内容相对单一的访谈节目，这些节目从听觉的角度上而言非常优秀，但如果进

行视频直播显然不能吸引受众。也就是说，当一档节目只有主持人自己说话，或者嘉宾一个人需要发表时间较长的观点时，从视觉角度而言缺少变化，故此缺乏观看的吸引力。这些类型的节目就不太适合视频直播。

从另外一个方面而言，如果广播想在未来媒体竞争当中，在视频化的道路上有所发展，就需要在现有的传统广播节目样态中添加一些可视化元素。换而言之，就是给受众一个收看视频直播的理由。这不是要改变现有的传统广播已经具备的成熟模式，而是在一些特定的节目中尝试一些变革。

2. 缺乏节目的平台推广

既然广播的视频化仍在继续，那么如何更好地发挥广播视频节目的价值，让更多人认识并喜欢上"看广播"就显得更为重要。单纯依靠广播自身在网络上的影响力显然是不够的。如果广播媒体没有自主并且富有影响力的平台，那么"借船出海"就是另外一种选择。但广播的视频节目和网络视频平台上的节目相比，显然在媒体定位上存在差距，受众层面也存在错位。如果不进行选择的在网络上进行上传，效果可想而知。

这就要求，广播视频节目在选择视频合作平台时，要考虑节目的受众和视频平台的受众重合度等问题。并且在合作的过程中能够给予广播视频节目足够的推广力度。这样才能发展广播视频节目的品牌影响力。

但仅此而已还不够，因为单纯与其他视频平台合作，很难收集用户数据。从未来媒介发展的形势来看，不能进行大数据的智能化运营，就会遗失一部分竞争的优势。所以收集数据势在必行。除了设法收集合作平台的数据外，搭建自主数据收集平台也是必不可少的一步。

3. 直播间和相关人员专业技术需要升级

面对着节目的不断发展，传统的直播间很难满足视频拍摄的要求。现有的一些广播直播间，都是安置了一些固定机位。但是直播间的播音台却和固定的机位存在一些拍摄死角。嘉宾或主持人移动到了这些位置上，就很难拍摄出标准的视频画面，节目的可视化自然就会受到影响。所以直播间需要可视化改造。

相关的网络直播视频设备也需要进行升级换代，未来视频清晰度的要求会逐步提升，直播间的拍摄器材也需要不断迭代。现在已经出现了无人自动切换技术，未来可以在更多直播领域尝试使用。

面对未来视频业务的不断发展，广播视频的形式和内容要求会越来越高。相对而言，直播间工作人员的技能也需要不断升级，才能满足广播视频升级的要求。无论技术发展到什么程度，哪怕是智能切换拍摄，仍然需要工作人员专业的技术进行操作，以保证节目的质量。

三、广播媒体融合的展望

改革开放的 40 年中，传统广播也在不断地发展，无论是在内容的专业化和媒体的融合化，都取得了长足的进步。广播视频化，首先是在拓展者广播本身的媒介维度。随着互联网技术的不断发展，传统的收听模式必然会有所改变，视频化是对未来变革的一种准备，也是适应时代的一种尝试。

随着网络技术和拍摄技术的不断进步，未来广播的可视化极有可能走出直播间，走入记者日常的采访当中，通过智能拍摄设备，实时为网友报道突发新闻的现场情况。随着车联网时代的到来，直播间的节目形态也会逐步丰富，增加更多的可视化元素。互动手段也会由现在的微信、微博互动发展出更为成熟的互动手段。同时，节目的多元经营也会通过视频直播为广播创作新的盈利模式。技术的不断发展，必然促使广播走出现有的范式，尝试新的媒体渠道。北京电台就在尝试更新自己的音频 APP 产品——听听 FM，组建用户大数据系统。在未来的媒体竞争当中，智能推荐、网络收听是大势所趋。只有走在改革的前沿，才能更具有市场竞争力。

广播的可视化之路，即是广播发展的表现，也是媒介融合的象征。这也凝结着无视广播人的心血。随着科技的发展，广播一定会不止于声。

（作者单位：北京人民广播电台网络媒体中心）

融媒时代广播作品如何讲好身边故事

——以扬州广播"爱的谎言"系列作品为例

徐蕾红

2019年3月，扬州人的微信朋友圈里被一篇名为《我的爸爸》的作文刷屏。孩子的爸爸牺牲10年，妈妈隐瞒近10年，直到孩子10周岁生日时，这个爱的谎言才被慎重揭开。经国内多家主流媒体和新媒体平台报道后，扬州好军嫂周忠燕一家人的故事感动无数人。作为扬州本地媒体，扬州广播根据事件推进的过程，进行了持续追踪报道和作品创作，通过广播消息、新闻专题、社教节目、广播剧等多种作品形态，对这一故事性、人文性极强的新闻事件进行了多形式、多视角的报道，刻画了军人舍身报国、军嫂有情有义、军娃坚强乐观等人物形象，通过广播节目、公众微信、新媒体客户端等融合传播平台，让人物典型报道变得鲜活、可视、可听，探索了融媒时代讲好身边故事、挖掘时代正能量的广播路径。

一、"爱的谎言"系列广播新闻作品：深耕新闻系列报道，多终端发送短音频、短视频内容产品

声音是广播的内核，快速是广播的特质。运用典型音响，为受众构建真实的听觉空间、事件场景是广播的优势。以声音为载体的各种广播新闻题材，在新闻事件的报道和挖掘上同样能各尽所长，为讲好、讲透故事提供多元视角。

1. 扣准音响、细节两大法宝，聚焦故事内核，发散内容产品的"热度""温度"。

2019年3月5号，扬州市梅岭小学西区校胡博文的作文《我的爸爸》刷屏朋友圈，扬州新闻广播第一时间以《扬州一小学生作文让人泪奔，十年爱的"谎言"呵护成长》为题予以报道，随后通过广播消息《博文父亲生前战友，追太阳的西藏兵通过"抖音"发来祝福视频》《父亲十年前牺牲、母亲守住"爱的秘密"，央视〈新闻联播〉聚焦扬州感人故事》、广播专题《十年"谎言"、爱

的诺言》《为了共和国的哨所》《跨越 4000 公里的追思》等，在作文刷屏、后续发酵、清明赴藏祭奠几个关键的时间节点跟进报道，不断形成新的收听期待，深化新闻主题，丰满军人、军嫂、军娃等主体人物形象。系列广播新闻作品抓住"隐瞒十年的亲情问号""母子二人之间的谎言冲突""西藏清明祭奠追寻亡父之旅"等关键故事场景的再现、直击，不断靠近新闻内核，走进新闻当事人内心深处。

在展现形式上，这一组报道充分发挥广播新闻音响在场景展现、人物刻画上的优势，选取了母子二人在 10 年谎言过程中的语言交锋、儿子攀爬父亲烈士胡永飞生前建设雪山哨所途中涉险跌落的同期声、胡永飞牺牲悬崖边周忠燕的独白、母子二人之间的对话等代表性音响……真实震撼的音响，搭建了感人的故事时空，人物的命运、个性通过当事人真实的语言得以最大化展现。

"爱的谎言"系列广播新闻作品中，大量扎实细腻的细节描写在故事推进、人物形象的刻画上，营造了广播新闻作品的想象空间。周忠燕在洗衣店辛苦劳作、西藏边防某部迎接周忠燕母子二人"回家""雪山之上绝壁哨所"共和国西藏兵驻守边关等典型细节的描写，运用广播新闻语言，从受众接受信息角度，彰显广播载体的情感属性、想象属性，进行了广播新闻创作的视觉化探索。

2. 基于"两微一端"，多平台发送短音频产品，拓展广播新闻的"视觉"领域。

在受众接受信息呈现碎片化趋势的传播时代，拥有伴随性传播特点的广播短音频产品因其内容传播的优越性，正越来越受到各类网络传播平台的青睐。短音频有 3 个特征，首先是时间短，但逻辑完整，伴随性强，适合碎片化收听；其次主题鲜明、内容优质、有情感爆点，符合个性化收听需求；第三是场景丰富，可进行基于场景的垂直细分。①短音频产品是广播产品适应互联网发展的转型趋势。

如何将"爱的谎言"系列广播新闻作品进行二次加工，转化为融媒体作品？扬州新闻广播采编团队以"精炼""精彩""精心"为原则，对相关广播新闻消息、专题进行精选剪辑，在《扬州这个小学生的作文看哭许多人：牺牲爸爸竟然又"活"了十年》《泪奔！扬州男孩被骗多年，这一次他站在了离爸爸最近的地方》等融媒推送中，分别嵌入时长 11 分钟的短音频产品《十年"谎言"，爱的诺言》、时长 7 分钟左右的短音频产品《为了共和国的哨所》等。不少网友点赞音响感人，情感真挚，军嫂不易，军人伟大。叙事完整、场景丰富的短音频产品，不仅满足了受众个性化的收听需求，也增加了传统广播节目重点选题报道的传播附加值。

在"爱的谎言"系列融合新闻作品中，主创团队同样进行了广播新闻视频、视觉领域的融合探索，这里除了短音频产品所营造出的想象空间，记者对现场摄制的感人场景、温馨画面进行剪辑加工，制作了适合互联网传播的时长在 1 分钟以内的短视频，同时精选新闻事件相关的珍贵照片。编辑在生产流程上，也运用互联网融合思维，嵌入事件相关的抖音视频等。融合短音频、短视频、图片、文字的作品适应了两微一端的受众信息接收特点，兼具短平快和深度报道两种属性，满足不同受众的信息需求。

基于事件发展进展和融合传播规律的"爱的谎言"系列广播新闻作品，在不断推进的新闻故事中，为孩子、听众拼齐了缺失 10 年的烈士胡永飞的形象，更让有情有义的军嫂、坚强乐观的军娃形象深入人心，展现了"十年谎言"背后的家国情怀，升华了报道主题，扩大了报道效果。

二、广播社教节目《跨越四千公里的谎言与祭奠》：打通线上线下"舆论场"，形成"正能量"的"在线"互动传播

广播社教节目信息综合性强、承载量大，是和广播新闻、广播文艺一样重要的广播节目形态。这一节目形态注重传递生活中的真善美，善于唱响当代广播电视节目的"主旋律"。讲故事是制作社教类节目的一个重要抓手，这种节目形态能满足受众对新闻事件深层解读的需求，对人类情感世界的深层次探究。融媒时代，广播社教节目如何讲好中国故事？《跨越四千公里的谎言与祭奠》在节目架构设计上，融入互联网思维，将主人公现场连线、新闻叙事、听众互动、网友观点、声音交错其中，拉近故事主角与听众、网友的距离。

1. 运用"互联网在线"思维，形成内容生产的互动循环，让故事更丰满

10 年谎言的背后，母亲走过怎样的艰难人生？又是一年清明时，儿子将如何祭奠英雄父亲？2019 年 4 月 5 号清明节当天，扬州新闻广播播出社教节目《跨越四千公里的谎言与祭奠》，带着两个问号，寻找"谎言织母爱、铁血铸军魂"的动人故事。

该节目的主体设计充分体现互联网思维。这一重点选题从微信朋友圈的一篇作文开始升温、传播。少年胡博文在网上广为传播的作文《我的爸爸》被还原到课堂朗读现场，作文被切割成相应片段，成为不断推进节目进展的一条明线，链接了过去、当下、未来的传播时空，生动还原了母子二人，一家 5 口艰辛的10 年生活、英雄舍己救人的大义，直击了军人保家卫国的现在进行时，母子情、夫妻情、战友情、军营情不断形成爱的循环。

在节目内容整合上，《跨越四千公里的谎言与祭奠》充分体现了融合传播思维。抖音、微信公众号、APP 等传播终端上，社会各方对这一事件的反响、评价，生成新的传播内容，变成了新的故事素材。驻藏部队在高原之上发来的邀请

母子二人常回家看看的抖音视频感人肺腑。"作为一个烈士的妻子，她承载着自己丈夫的家国情怀；作为一个母亲，她承担着整个家庭的重担，呵护着孩子幼小的心灵。"听众、网友通过节目听友群、微信公众号后台实时发来的语音，打通了故事线上线下、节目内外的舆论场，让各种温暖的声音在节目中交汇，形成了节目内容生产的正能量循环。

运用互联网在线思维制作社教节目，不仅丰富了节目内容，增加了社教节目的互动性、在线性，更让"主旋律"故事更走心，更亲近人心。

2. 扎根广播在线思维，一体化节目内外话语空间，让故事更鲜活

相比于网络互动，广播节目的互动更真实、真切。如何通过广播社教节目将好故事讲到新闻当事人心中、讲到听众心中？需要为他们提供直接对话的平台，让受众接收信息的体验，从网络真实走向现实真实，真正拉近事件当事人、听众、网友的距离，让故事形成一个温暖的闭环。

节目内容生产过程中，主创团队紧扣广播在线思维，这里的广播在线不仅包括传统的直播状态，为新闻当事人、听众提供直播连线的平台，还注重及时将互联网平台上听众互动内容、关心的内容，及时转变为广播节目在线时的节目内容。

节目直播过程中，主持人不仅直接对话在清明祭奠之行中的好军嫂周忠燕，听她讲述和儿子攀登雪山之巅绝壁哨所的艰险，对于烈士丈夫和戍边西藏兵的敬佩与尊重，还开通电话热线、网友互动平台，让他们与好军嫂直接对话，送上祝福。广播在线互动打通了节目，让参与其中的人温暖，更让听者潸然泪下。在清明节这样一个特殊时刻，传播了"爱的谎言"中的真善美，塑造了好军嫂、好战士的群像。

《跨越四千公里的谎言与祭奠》发挥社教节目的信息综合性强、承载量大的优势，在内容生产上探索了广播节目融合生产的路径。以"一切皆可融合"的思维，运用融媒时代各个终端延伸出来的素材，实现传统媒体与新媒体的互动，新媒体观点对传统媒体播出故事的反哺，让节目的内容更加鲜活、生动、丰满。

三、广播剧《天路琴声》：新闻性、艺术性跨界融合，探索广播剧叙事的时代视角

广播剧以人物对话和解说为基础，充分运用音乐、音效来加强气氛，其中人物对话是推动剧情发展的主要手段。相比于广播新闻、广播社教，在创作"爱的谎言"这一故事性题材时，广播剧拥有先天优势，新闻节目、社教节目中难以展现的许多充满戏剧冲突的现场，在这里都可以得以重现。

扬州好军嫂10年谎言故事展现出的大爱大美，是我们这个时代道德核心中

的优秀品质，具有化育人心的引导力量。针对"爱的谎言"这一故事性、人文性、情感性极强的重点选题，扬州市委宣传部、扬州广播电视传媒集团（总台）迅速决定联合出品广播剧《天路琴声》，仅用了1个月的创作周期，就完成广播剧创作全流程，并于4月18日通过扬州新闻广播首播，随后又通过微博、微信、扬州广电扬帆APP进行融合播出。

广播剧的采访、编剧、定稿、创作、制作有严格的生产流程，一般周期较长，《天路琴声》却体现出了融合传播时代的新闻速度。编剧、导演、演员、后期以"快"的速度、"精"的态度推进精品创作。本剧邀请国家一级导演王锐担当导演，著名编剧赵卫明担任编剧，作品集结了国内一线配音大咖季冠霖、吴凌云、杨莹等。基于新闻原型、有扎实新闻叙事基础的广播剧剧本为国内配音界大咖们提供了扎实的情感基础，他们在录制过程中全情投入，数度落泪。听众们评价剧情感饱满、音响震撼，催人泪下，又温暖人心。

从媒介剧种的欣赏审美本质来说，广播剧是一种可以直抵心灵并能产生强烈共鸣的艺术，特别需要文本在人物心路发掘上着力。在采访、创作过程中，主创团队除了进行深入扎实的现场采访外，还对主人公原型周忠燕的微信朋友圈、QQ空间内心独白等内容进行研究、筛选、思考，寻找融媒时代广播剧创作的多元素材来源和信源，还原惊心动魄、感人至深的故事场景和情节，走进新闻人物精神世界，直抵受众心灵深处。在收听了广播剧《天路琴声》后，故事原型周忠燕表示剧中的场景，是他们一家人生活的高度还原，演员们的演绎也让她觉得亲近和感动。

融媒时代，一切广播作品形态传播都在提速。广播剧《天路琴声》是广播剧创作的新探索。从内容创作到制作播出，也顺应了融合传播时代的内容规律和传播规律。

综合扬州广播"爱的谎言"系列作品的创作实践，融媒时代，广播作品讲好身边故事，要在广播媒体的融合转型轨道上守正创新。融媒时代，广播作品的生产、发布，并不仅仅是单纯地将内容产品多终端传播，而是将融媒体创作思维，浸润到广播作品采写编播的各个流程，以"一切皆可融"的姿态，体现广播作品创作、生产、播出的融合属性。用融媒时代的广播语言讲身边故事，故事中的内容才有鲜活的时代属性，符合当代受众的接受特点，故事的传播才能在时代的快车道上，为更多人所知、所感。

（作者单位：扬州广播电视总台新闻频率）

广播现场直播节目的创新与网络对接

郝丽萍

广播是听觉媒体。当广播遇上网络，其原有的线性传播模式被打破了，传统的单向传播模式就走向了数字化和多媒体化的新交互式传播模式。伴随着互联网的飞速发展和人们对它越来越高的关注度，广播节目也创新实践了广播与网络的对接，从表现手法、传播业态等方面都植入了互联网的元素，实现了传统形式的广播直播室播出与新媒体（包括网络视频平台、微信公众号等）视频直播的同步播出，直观效果与社会效益非常明显，从而弥补了广播媒体"看不见"的弱项，进一步扩大了广播媒体的影响力。

一、打破广播直播的传统概念，进一步拓展了广播媒体的参与性

参与性是听众收听广播时的一种即时或延时的交流方式。在全媒体时代，如何提高参与性则是关系到广播媒体持续发展的重要手段。以往，广播媒体最传统的参与方式是一种单向的信息交流活动，如今，广播与网络的对接后，已演变成为一种双向甚至是多向的交流方式。通过广播现场直播形式，同步进行网上视频直播，同步开通热线电话、短信平台、微信平台等收听通道，吸引受众对广播节目的注意力，力争让更多受众在第一时间内"听到""看到"广播，让受众更为深入地参与、更为多重性地参与广播节目，实现广播节目全新的多元化运作、多元化互动，从而使广播媒体的参与性发挥到极致。

常熟人民广播电台的《政风行风热线》节目就是广播与网络对接的一个实例。它在政府与百姓之间"零距离"架设起一座沟通桥梁，传递社情民意。政府部门可以第一时间倾听百姓呼声；更重要的是情系千家万户：受众有问题能够当面反映并得到及时沟通，有利于人们更多地参与节目，从而保障百姓的知情权和话语权。在每一次广播节目直播过程中，场内外受众积极参与，这样的直播方式使得"面对面"问政减少了中间环节，实现了各相关部门与受众之间的一问一答式的交流。常熟北辰财务咨询服务有限公司吴梦星在接受记者采访时说："我觉得像这样的形式比较好，可以面对面地交流。"政风行风评议代表沈月华

也坦诚己见："我们能够和领导面对面地提出问题，当场解答，我觉得非常满意，这些形式相当好，今后要坚持下去，经常开展，切实为群众服务。"总之，广播媒体携手网络共同搭建起政府和百姓"实时"沟通的通道，拉近了广播媒体和受众之间的距离，既能方便政府有关部门以快速、简便、有效、公开的形式解决受众反映的热点难点问题，又能满足受众的参与需求，搭建这样一个百姓畅所欲言的平台，极大地拓展了受众的参与空间。

二、弥补广播"看不见"的弱点，展示了广播媒体的可视性

从可听性到可视性，这是广播传统媒体自我完善创新的过程。广播媒体在传统意义上是只闻其声、不见其人，听众朋友对主持人感觉有一种神秘感。而今，广播人大胆创新，通过各种方式让广播走出直播室，演绎出"看得见"的广播，突破了时空的限制，立体式、全方位展示广播的宣传魅力，倾力为受众打造精彩的现场直播。听众的收听方式由传统的"耳听为虚"转变为"眼见为实"，他们能够亲眼看见电台主持人制作节目的全过程，既能听到节目内容，也能看到主持人直播状态等。受众能直观、亲切、真实地感受到广播这一听觉媒体的时尚魅力。通过"零距离收听、全透明接触"，这种创新的直播形式在受众中引起了广泛关注，从而实现了从"听得见的广播"到"看得见的广播"的飞跃。

2018年，恰逢改革开放40周年，常熟电台制作了致敬改革开放的系列报道，其中碧溪之路是重点报道之一。碧溪是中国农村改革开放历史典范之一"碧溪之路"的发祥地，20世纪80年代，"碧溪之路"已享誉全国。如今，那里又发生了怎样的变化呢？它将会给人们带来哪些惊喜呢？常熟电台以文字、音频、图片、视频等多种表现手法，进行了全方位报道，尤其是记者节之前，现场直播了常熟市纪念改革开放40周年全媒体新闻行动在碧溪举行的启动仪式，随后又充分利用广播、电视、报纸、新媒体等各大媒体，形成优势互补、同频共振的合力，立体交互式报道了"碧溪之路"的改革人物与改革故事，多角度、全方位展示了改革开放40年"碧溪之路"的发展历程。另外，为了进一步巩固碧溪新区中华诗词之乡的创建成果，传播诗歌文化，该台的文学节目《读书台》也增设了《灵动碧溪，雅韵江花》小栏目及时进行了诗歌文化方面的重点宣传，一方面是主持人和诗歌作者的深情朗诵，通过话筒完成了声音演绎；另一方面通过镜头完成了视觉演绎，创新制作了《"碧溪之路"展览馆》小视频播放，仿佛置身于"碧溪之路"展览馆，从音视频直播的全新角度带领受众"走进"展览馆，尽情领略碧溪新区改革开放以来所取得的新成绩，捕捉碧溪新区的诗情画意，赞美讴歌碧溪新区各项事业建设的新成就，为碧溪新区纪念改革开放40周年的宣传活动增添了一抹亮色。这样文图音视交相辉映的广播传播方式为受众营造了一个身临其境的真实场景，提供了一个广播媒体"可视"的直观机会，具

有很强的现场感，从而使"看得见的广播"这一理念得到跨越式的提升。

三、实现多元化的互动方式，进一步增强了广播媒体的互动性

互动方式是广播媒体中最为活跃、最吸引人的环节，也是广播节目内容的有机组成部分。而广播媒体的传统互动方式是通过书信、电话、听众论坛、听众见面会等完成的，随着科技的进步与网络的普及，广播媒体的互动方式也随之发生了变化，从短信平台、网络平台、节目博客到主持人的微博、微信公众号纷纷加入了这一阵营，彻底改变了广播媒体单向传播、听众被动接受的模式，目前，我们已经将微信公众号等作为与受众互动的主要渠道，通过它们发布时政信息，分享美文，以此搭建好广播媒体与受众之间的互动桥梁，实现了全方位的跨越时空的互动。在广播节目的网络直播中，场内外受众能够第一时间通过电话、短信、微博、微信、网络平台来参与节目，并及时反馈信息，从而保证了节目的原生态效果，让受众感觉"给力"。而这种深度互动和多层次互动正在成为广播节目创新的媒介特性，既是一种形式，也是一种内容，受众参加互动本身就形成了节目的一个组成部分，尤其是他们所反映的那些涉及社会热点等各方面内容，也丰富了我们广播的节目内容。

在每一次的广播节目网络直播中，现场提问，现场答复，缩短了广播媒体与受众之间的距离。场内外受众均可通过电波、网络平台参与互动，他们有什么意见、想法、建议，可以在现场提出反映、质询，同时，现场的相关部门负责人对百姓所反映的问题、意见等，迅速回答并耐心解释，互动氛围较为活跃、激烈。每一次广播现场直播与网络联袂合作都将交流平台借助网络的优势延伸到了百姓身边，也为政府相关部门营造了一个透明的办公环境。比如，常熟市农委主任当场表态："将积极地整改，加倍努力，真正做农民的贴心人。"常熟市财政局负责人也表示："下一步我们要深入基层，更了解群众的呼声，让我们财政政策的制定更贴近于基层，财政政策的实施更惠及百姓。"我们的现场直播在常熟市政风行风评议活动中虽说只是起到了一个承上启下作用，但是效果不可小觑。常熟市纪委领导对这种广播现场直播节目的评价是："通过这些载体，评议部门的政风行风活动能够走向全体市民，走进每个家庭，使各个被评议的部门在服务全市的经济发展、服务市民民生方面，能够通过这种形式把自己展示出来，使工作做得更加踏实，更加贴近百姓的需求。"

四、借助网络先进手段，进一步增进了广播媒体的贴近性

贴近性是广播媒体的生命，贴近实际，贴近生活，贴近群众"三贴近"原则更是提升广播生命力的原动力。在全媒体时代，广播媒体如何增进节目的贴近性则是对广播人提出的全新的更高要求。

为此，我们在每一次网络直播之前，都会进行前期的征集环节，旨在更加贴近百姓的需求，先深入基层了解百姓究竟需要什么样的节目、需要什么样的服务，碰到问题该如何解决等等，然后再确定访谈话题，我们在节目的设置、选题上精心策划，内容编排上精心准备，时刻以贴近性理念做好节目，将话语权更多地还给百姓，充分体现广播节目的贴近性。以往，广播媒体具有传播速度迅速、宣传对象广泛、宣传范围广、功能多样、感染力强等众多优势；其弱势是因线性传播，只能按照顺序收听，不能跳过，也不能回放。广播媒体原有的传播方式在借助网络先进手段之后，实现了开放式收听，可以实时收听、错时网上点击收听，可跳过，可回放。这样的传播运作同时也衍生出许多新受众，使广播媒体的传播效果成倍成倍地放大，换言之，为了更加贴近广大受众，我们应该更加努力创新，更加贴近和满足广大受众的需求。

2018年上半年，常熟市广电总台联合该市纪委、市监委、市妇联在全市范围内开展了"一封家书说家风"征集展示活动。广播媒体以"悦读家书，传承家风"为主题进行多渠道宣传发动，吸引了社会各界踊跃参与。主持人的真情主持加上听众的本色表演，零距离完成了媒体与听众之间的完美呼应。在本次活动结束之前，我们还进行了现场与网络直播，入选的"最美家书"获得者在现场通过话筒与镜头倾情诠释了属于自己的独特"家书"。广播常规的传播，再加上现场与网络直播更好地诠释了本次活动的主题：一封家书，一份真挚情感，一段家国情怀，它不仅是家庭成员之间的心灵通道、情感纽带，更是家风传承的文化基因。其中最感人的是，常熟市青年作家高淳的温情家书。高淳用一根手指在15年间敲出了300多万字的文学作品，书写了别样的青春。自强不息的他深情演绎了一个暖男写给爸妈的心里话："父母之恩，润物无声"，此篇家书荣获了常熟市"最美家书"优秀奖。另外，我们还为那些入选的"最美家书"精心制作了音视频，通过电波以及合作单位的微信公众号等现有的各种传播方式，从不同的角度进行了全方位的宣传，收到了良好的社会效益。

如今，广播事业发展在媒介融合的大背景下迎来了第二春。通过实践，广播人要树立广播的网络传播意识，在坚守广播传统阵地的同时，一定要借助网络优势，弥补广播媒体的不足，让这种"借势"为我们广播的传播插上理想的翅膀，实现更大范围的节目传播，进一步加深广大受众对广播品牌节目和主持人的熟悉了解，进一步增强广播媒体的亲和力和感染力，从而进一步提升广播媒体的竞争力，更进一步增强广播媒体的时效性、贴近性、互动性、可视性。

（作者单位：江苏常熟市广播电视总台）

广播主持人与一线记者交流浅析

李晓华　林璐著

同样是连线报道，不同于电视，广播记者只需要一部手机就可以在新闻现场通过口述或是互动对话的形式，把新闻信息通过直播室播报出去，显得方便又快捷。而与广播消息稿、录音报道相比，连线报道语言更加口语化，通俗易懂，记者直接在现场描述新闻事件情况，甚至寻找到新闻当事人一起连线，能使听众如临其境，因此，好的连线报道更能增强广播新闻的吸引力和感染力。因此这也成为广播新闻中的常态化报道形式，是实现第一时间、第一现场报道新闻事实的第一选择。连线在广播新闻中所占的比重越来越大，而且连线的内容越来越丰富，形式也越来越多样。在连线过程中，加强节目主持人和一线记者的交流和互动，避免记者一人说到底，可以使信息得到更全面、更生动地报道。

一、使突发性事件更深入

突发性事件是指突然发生，造成或者可能造成严重社会危害，需要采取应急处置措施予以应对的自然灾害，事故灾难，公共卫生事件和社会安全事件。而对于突发性事件的报道策划、传播往往能体现出一家新闻媒体的实力。而重大突发新闻时间时效性非常强，要做好这类新闻报道，第一要义就是"快"。

传播速度快是广播的最大优势，只要记者在现场，就可以在第一时间，通过记者的观察、口述将现场新闻要素传递出去，不受时间、空间限制，而在突发事件的连线中，加强主持人和记者之间的交流，将使新闻报道信息量更大且更有深度和高度。

（一）引导记者抓住重点，在最快的时间里将听众最想得知的信息传递出去

通过记者的现场连线，听众除了能在第一时间获知新闻事件，并且能够通过声音感受现场、了解最真实的现场信息。不仅将新闻时效提高到极致，同时还挖掘了广播新闻的"视觉效果"。新闻现场的情况，主持人和导语不能提前预知，因此连线接通的瞬间，现场记者就掌握着话语权，而此时，节目主持人将是一个倾听者，代替听众的提问者和质疑者，是引导信息能够更好传递的中介。

而对于突发性事件，事发突然、情况紧急，主持人可能来不及提前跟现场记者进行连线前的交流，同时记者可能也没时间对自己所掌握的信息进行梳理、分析。那么在连线过程中，就要求主持人学会从记者连线报道中掌握信息，跟进内容。听众可能关心哪些问题？现场的背景音等是否透露出了有效的信息？引导记者说出更多有用的、大家关心的信息，避开一些无用信息。另外，如果记者所处位置，杂音、噪音太强响，也可通过主持人与记者之间的交流进行调整，从而达到更好的传播效果。同时，由于突发事件事发突然，时间紧，记者到达现场后没有现成的稿子可念，而必须在心中快速成稿，描述自己的所见所闻，说清楚新闻基本要素，如果在记者这方面能力不强或者表述不完整的时候，这就特别需要主持人进行询问，通过一问一答的方式，使得新闻事件得到清晰呈现。

以"7·23甬温线特别重大铁路交通事故"为例，事故是发生在晚上8点34分，当天晚上8点40分，浙江广电集团温州记者站记者得知并确认消息后，第一时间在浙江之声新闻群里告知消息，并马上赶往现场。达到现场后，一辆辆消防车、武警专车、120救护车从记者身边呼啸而过，几节动车车厢掉落在火车桥下，已经完全扭曲变形。更让人不可思议的是，还有一节车厢直直地竖立在火车桥桥面和地面之间，摇摇欲坠。真是一场罕见的大灾难！

眼前的场景信息量实在太多，信息更新实在太快，连线密度实在太大，现场从何说起，什么才是听众最想要知道的？7.23动车事故，全国首例，为了追求时效性，记者所掌握的背景知识不是很多，同时，现在记者不断采访、了解，掌握最新情况，也根本没有时间对自己所掌握的信息进行取舍，或者是组合。在浙江之声《温州动车出轨，各方全力救援》直播中，记者一次次连线报道，正是浙江之声主持人和前方记者以一问一答的方式，积极互动，从而使事故现场、救援情况等听众普遍关心的问题得到了很好的阐述，并且通过电话里的背景音，听众能深刻感受到现场争分夺秒的紧张感。

（二）使记者掌握更全面的信息，进行更客观的报道

面对突发事件，特别是一些重大、特别重大的突发事件，波及的范围会比较大，涉及的人员也会比较多。而身处现场的记者在给大家带来身边的、直观的、细节上面的报道时，往往也就无心顾及其他方面的信息。而报道好重大突发事件，绝对不是前方记者单枪匹马，而是后方编辑、主持人、导播等团队协作的结果。

前方记者现场收集一手信息及图片，后方团队网上收集最新消息。在记者连线过程中，直播室里的主持人认真倾听梳理记者现场得知的信息的同时，将后方团队在网络上、官方发布等其他途径获得的信息向记者进行传输，不仅使整个报道内容能够更加的全面，同时也能使现场记者获得更多信息，视角更加开阔，对

现场的判断也能够更加准确、客观。

仍以"7·23甬温线特别重大铁路交通事故"为例，事故发生后，赶到现场的记者眼前是一片废墟，通过自己亲眼看到的场景，切身的体会，记者的描述能使听众感同身受。但是医院里的受伤人员的情况怎么样？自己所处的位置是不是受灾情况最严重的位置？到目前为止，总体的伤亡情况如何？这些都是处在点上的记者无法得知的面上的问题。而通过主持人和记者之间有效地沟通，如"目前所有的伤员已经送往温州某某医院""截止到目前，死亡人数已经上升到30人"……这些可能都是在现场的记者很难全面获取的，通过和主持人的交流，记者对事故进行了全面的了解和掌握，将会对自己所处的位置，下一步的采访安排作出客观的判断和打算。这样，在整个连线报道中，主持人也成为新闻事件的参与者。

另外，记者在一些突发事件现场采访时，不可能在很短的时间就获得自己所需要的全部信息，信息获取的过程是渐进的。面对一些非常重大的突发事件，记者在条件允许的情况下，可以把这种逐渐深入掌握的信息以快讯的形式发回编辑部，通过主持人及时播出，使新闻事件以一种进行中的态势呈现。

二、使娱乐性节目更鲜活

除了新闻报道外，广播同样也会有一些娱乐性比较强的节目，而在这种类型节目的连线，就更加需要增加主持人和记者之间的互动，能够使连线内容更加生动，富有活力，增加轻松、娱乐气氛。

(一) 增强节目的轻松氛围

与新闻报道不同的是，娱乐性节目将要带给听众轻松、欢快的感觉，让人得到一种放松。而如果在这种节目中，只是记者一个人讲述，甚至依旧是以新闻报道的风格连线，未免让人觉得既单一又乏味。而通过主持人和记者之间零距离的交流，将会有效带动节目的轻松氛围。

近年来，浙江之声连续推出"浓情蜜意过元宵——元宵特别节目""寻找最美的春天——清明节特别节目""劳动百变大咖秀——五一特别节目"等节目，就是主推主持人和记者的互动交流。

"劳动百变大咖秀——五一特别节目"当中，浙江之声派出十路记者体验不同的劳动岗位，如地铁工作人员、加油站工作人员、交警、导游等，看看记者能否在一天的时间里成功胜任新的工种。在这种节目如果只是体验的记者对自己体验的工作进行简单描述，如"今天主要完成哪些工作"；"工作中遇到了哪些困难"……这样的内容实在是太多单调，根本不符合节假日轻松欢快的"气质"。而在浙江之声类似的连线中，主持人能够跟记者很好地互动，甚至调侃，像是朋友之间聊天的方式，成功带动连线记者一改往日新闻报道严谨、严肃的风格，更能让听众感受轻松和愉悦。

（二）增加节目内容的多样化

娱乐性的节目增加了很多互动环节，而为了使节目的内容多样化，避免出现重复的情况，这就需要主持人能够对节目，对记者的连线进行有效引导和掌控。

"浙江之声"推出的"劳动百变大咖秀——五一特别节目"，这个在五一当天持续了一天，而每位体验岗位的记者都要随时进行连线，和听众朋友分享自己体验不同岗位工作的感受。虽然是不同的岗位，但是十路记者可能会讲到同样的内容，同样的问题，而就算是同一个记者，面对不断的连线，也有可能讲述重复的信息。因此，主持人就要寻求不同岗位的特点进行有针对性地交流。比如对于当导游的记者，主持人可以询问目前的状况，让记者现学现卖，说段导游词，甚至是可以扮演一个刁钻的游客，好好为难下"新手导游"，看她如何见招拆招……这样，在主持人的提问和引导下，一个个不同岗位上鲜活的形象就会呼之欲出。

在连线中，主持人和记者之间的交流和沟通，丰富了节目内容，避免了重复，使连线记者有"说点"，听众有"听点"。

三、使日常新闻报道更精练

与突发性新闻不同，日常的报道在时间上没有那么紧迫，记者掌握了更多的背景内容，同时也可以对自己的连线内容进行很好的梳理。在连线过程中，加强主持人和记者之间的互动，将减少听众的听觉疲劳，增强可听性，同时也将有利于主持人能够更好地掌握节目时间和节奏。

（一）记者连线增强可听性，抓住重点，直观传播

由于广播自身的传播特点，人们习惯将广播定性为"快、短、浅"：反应快速、短小精悍、浅显易懂。对于日常的报道，记者有足够的时间对新闻事件进行全面充分地了解、掌握和梳理，因此，在连线过程中，更应该筛选出听众所需求的内容，从而在有限的时间里更好地进行传播。而对于日常的新闻报道，广播主持人同样需要增强"倾听"的责任感，把互动的理念灌输到记者连线始终，代表听众立场进行追问，记者在现场予以回答。这种传播方式既有着主持人播报的简明性，逻辑性，又有着记者口述的身临其境，与受众的贴近性。同时，在主持人和记者一对一的问答式传播方式中，既能够及时为听众解疑释惑，又为决策者提供意见，起到了传播知识、引导舆论的作用。

（二）主持人掌握节目节奏，掌控时间

日常性新闻报道的连线要求比较简练，时间上也会得以控制。如果记者连线内容较多，占用时间过长，势必会影响下面节目内容的安排。

通过主持人和记者之间的互动，可以使主持人把握记者连线的节奏，这样既

避免了记者一人一口气说到底的尴尬，同时主持人也可以在适当的时间提醒或结束记者的连线，从而掌控时间。在记者出现卡壳或者冗长的情况下，甚至应该直接掐断。

以会议性新闻为例，往往会显得枯燥，这就要求主持人和记者都不能拿着会议素材稿照念，在播报的过程中，一定要进行提炼和口语化，有时需要穿插会场上发生的一些花絮，以及记者在现场的细致观察。主持人作为终端，在播报过程中就要截取一些细节，并尽量采用口语化的语言来表述，使会议新闻鲜活生动起来。

以财经新闻为例，很多连线记者会流于对会场信息的描述，而忽略了新闻事件本身的主题表达，因此主持人在面临此类连线时应该带着"这对老百姓有什么影响"的心态去倾听，并就听众所关心的问题进行追问。

主持人在拿到编辑修改后的文字快讯时，应该尽量避免播报的方式，可以进行再加工，毕竟只有主持人的表述才是最贴切听众习惯的表达。

随着人们对新闻时效性诉求的不断提高以及现代通信工具的发展，新闻媒体竞争越来越激烈，而广播的传播速度快、信息量大等优势也将不再明显，因此，对现场连线报道的要求也将越来越高。如何让广播现场连线报道形式新颖、表现力丰富、鲜活生动……这就要求广播主持人和记者熟练掌握连线报道的基本规律技能，更好地了解受众的选择性接受方式。

一直以来，连线是广播新闻节目中常用的表达形式，这也是很好体现广播优势的最佳方式。连线过程中，加强主持人和记者之间的沟通和交流，可以使主持人没有了播报时那种高高在上的姿态，把自己放在普通新闻工作者的角度去参与、介入、把握整个新闻报道。而一问一答式的报道，好比短兵相接的战场，记者必须在报道前做好充分的准备，比如搜集相关材料，酝酿自己的观点和问题。在报道中还要掌握语言的技巧和艺术，从而使传播效果达到更好。加强主持人和记者在连线中的互动和交流，让连线报道效果更佳，从而更好地发挥广播媒体的优势。

（作者单位：浙江广电集团温州记者站）

立足服务意识　打造供需平台　融合传播渠道

——从小微金融改革报道看城市台广播经济报道的实践探索

芦　刚

广电城市台做经济报道，通常面临着眼界狭窄、站位不高、手段欠缺、浮在面上、做过就算等方面的问题。如何突破这些障碍，让基层媒体发挥出信息灵、接地气、贴近服务、辐射传播的优势，是各地广电媒体都在努力探索的一项工作。

作为中国股份合作经济发源地和民营经济最具活力的城市之一，台州在改革开放的大潮中涌现出了小微金融服务改革创新的闪亮成果。近年来，围绕金融服务实体经济的主线，这条具有台州特色的小微金改创新之路走向全国，为全国各地解决小微企业融资难提供了有益借鉴，台州也因此被确定为国家金融改革创新试验区。作为地市级广播媒体，台州综合广播立足平台特点，根据本土民营经济先发地区实际，关注小微企业融资痛点，多种渠道、多种形式宣传台州小微金改成效和经验，主动介入打造银行和企业融资供需平台，坚持不懈地为当地经济社会发展加油鼓劲，着力探索具有自身特色的宣传、服务改革实践的媒体工作路径。

一、立足本土特点，着眼服务公众，做精特色新闻

"贴近实际、贴近生活、贴近群众"是我们宣传思想战线必须长期坚持的原则，作为"三贴近"原则的具体体现，加强新闻的服务性是一个重要方面。经济新闻针对性强，切实可用，着眼于为社会经济生活提供有价值的信息服务。多年来，置身于改革开放热土之中的台州广播，在新闻实践中始终紧盯改革进程中的现象和成果，宣传改革，服务改革。特别是针对台州独具特色又卓有成效的小微金融改革探索，在全方位关注报道的同时，充分发挥媒体的桥梁作用，一头连接银行，一头面向小微企业，急社会之所急，想社会之所想，用信息搭建平台，真心实意为公众服务。在新闻报道的内容上，以"新闻立台，做精做强"为宗旨，力争独家新闻的采集和播报，在新闻第二落点上力争做深做透，实现内容再造，扎扎实实做精新闻，做好服务。

1. 认准新闻主题，长期跟踪报道

台州作为我国民营经济的先发地区，大量小微企业的存在是当地经济生态的重要组成部分，小微企业的生存状态事关经济的整体健康和民生福祉。面广量大的小微企业因其人员变动快、轻资产、风险承受脆弱，在银行融资体系中一直饱受信息不对称、担保难、收益与风险不对等问题困扰，融资问题是制约小微企业发展的一个主要障碍，而台州的小微金融服务创新正是基于这样一个现实土壤应运而生。民间的敢闯敢试加上政府的引导推动，台州的小微企业金融服务走出了一条富有特色又切实有效的实践之路。特别是台州被国务院确定为国家级小微企业金融服务改革创新试验区以来，台州市政府聚焦重点补齐短板，在金融服务信用信息共享平台、小微企业信用保证基金、动产融资与银税互动等多方面进行了诸多尝试。

作为当地的主流媒体之一，通过多年的重点关注和长期深入基层的采访，台州综合广播多年前就把本地的金融改革实践确定为重点关注的社会经济现象，作为一项长期跟踪的新闻题材。在具体的做法上，首先是深入基层，精心策划。指定有丰富经济报道从业经验、又有工作热情的记者，承担小微金融改革报道的专线采访工作，长期深入到金融改革的一线，与台州的金融界和金融管理部门建立了密切的联系，掌握当地金融战线的每一个新做法每一项新成果。同时，深切了解当地小微企业的痛点与诉求，及时报道其困难与要求，主动向银行方面传递相关信息。根据掌握的信息与动向，有计划有步骤地推出一系列的主题报道，形成报道声势，挖掘报道深度。

2. 主动设置议题，介入新闻过程

除了及时报道传递小微金融改革的每一个动向与成果，为当地经济社会发展提供信息服务以外，台州综合广播还创新服务形式，主动设置议题，不仅做新闻的报道者，同时也扮演新闻的策划者与参与者的角色，以此深度介入到小微金融改革过程之中。

从 2012 年起，台州综合广播联合当地银监部门，发起举办台州小微企业融资对接会，邀请当地市级商业银行和股份制银行到会，助力全市小微企业。通过融资对接会，把各家银行制定的系列扶持企业发展的政策和项目推送到企业面前，实现企业与银行的 "1 + N" 对接，帮助企业把握政策机遇，争取信贷资金。另一方面，通过对接会，银行业机构也能及时发现有融资需求又资质良好的优质客户，有针对性地拓展小微金融市场，提高综合收益。台州综合广播在举办这一活动时，大量投入宣传资源，既有线下的现场活动，又有线上的专题节目，通过广播、电视、微信公众号、网络视频直播等全媒体平台展开立体宣传，使这一活动成为当地经济活动中一个令人瞩目的新闻事件。

几年下来，台州小微企业融资对接会这一品牌已在当地业界拥有较高知名度，赢得了当地银行与企业界的认同与信任，充分发挥了媒体的桥梁与纽带作用，也凸显了媒体议程设置的功能。

二、突破传播区域，借力大台视界，做大报道声势

小微企业融资难，是一个全球性的难题。破解小微企业融资问题，对各地来说都具有借鉴和推广的价值。作为地市级媒体，面对本地在小微金融服务改革方面涌现出的成果，在宣传报道上可以说既有优势，也有劣势。优势是接地气，守着新闻富矿，近水楼台先得月。劣势是传播区域受限，报道视界偏小，往往难以从更高的层面来观照新闻含义。要把小微金融改革题材做出价值，做出深度，必须依靠更多与更高的平台来补齐短板。在台州金改的报道过程中，台州综合广播一直寻求多方合作，扩大台州金改影响力，提升台州金改报道的高度。

1. 利用更高平台，借力更高视角

针对台州金融改革独特的新闻价值，台州综合广播充分利用广播传统的外宣渠道，积极向省台、中央人民广播电台中国之声等提供新闻信息，寻求更广的传播影响范围。与此同时，与中央人民广播电台经济之声、第一财经等建立了经常性的沟通渠道，利用中国长三角经济广播联盟等专业财经平台推送台州小微金改亮点素材、成品，以多元渠道，多元形式，扩大台州小微金改在全国的知名度。2015年底，报送的台州小微金改题材引起中央人民广播电台经济之声的高度重视，迅即派采访团队来台州与我们展开联合采访，联合采制的系列报道《小微金融炼成记》连续4天在其核心栏目《天下财经》头条播出；我们在台州撤地建市20年之际推送的台州创业创新故事和典型案例，也吸引了中央人民广播电台经济之声和第一财经组团来台州采访，并在各自平台上连续播出台州的"双创"经验。与上级大台的合作报道，不仅扩大了台州金改的知名度，也在合作中获得了宝贵的学习机会，使我们得以从全局角度来认识和理解小微金改的意义和价值，提升了报道质量。从2008年后，每年都有数十次的台州小微金改信息通过中国长三角广播联盟平台在长三角各城市经济台播出，把台州小微金改的声音推向各地。

2. 多渠道出击，跨平台展示

在台州小微金改的宣传报道中，台州综合广播没有单纯地停留在广播媒体的传播渠道中，而是抓住机会，利用尽可能多的渠道扩大宣传面，实现自身的报道意图。这里面既有与传统媒体电视、报纸等的合作，也有与新媒体的拥抱与结合。其中最为典型的是把台州金改形象推上了央视的舞台。2016年，小微金融在各大广播平台播出后，中央电视台二套经济频道《对话》栏目敏锐地注意到了这一条新闻，主动联系我们了解台州小微金融情况，并要求我们全程参与他们

的节目制作。面对这一跨平台的传播机会，我们迅速作出部署，组织精干记者，调动各方资源，按照节目要求及时准备前期采访线索，提供长期积累的新闻素材。记者本身也成为节目嘉宾之一。最终，包括时任台州市市长、台州主要金融机构负责人、当地金融管理部门领导在内的嘉宾团队参加了《对话》栏目在北京的录制。由于该节目是在全国"两会"期间播出的，播出后产生了较大的反响。

三、围绕报道主题，坚持媒体融合，强化传播效果

媒介理论家保罗·莱文森提出"补偿性媒介"理论，他认为任何一种后继的媒介都是一种补救措施，都是对过去的某一种先天不足的功能的补救和补偿。广播作为传统媒体，尽管有其独特的个性与优势，但也有其难以克服的限制与不足。而依托互联网技术的新媒体则恰好能弥补传统广播的不足，延伸传统广播的传播距离，强化广播原有的优点与个性。鉴于此，在媒体融合传播已成为大势所趋的时代背景下，台州综合广播在围绕小微金改主题的报道过程中，始终坚持把新媒体的手段与观念运用在其中，走媒体融合之路，强化传播效果。

伴随台州小微金改报道过程的是不断地运用新媒体手段进行报道和推广。2015年，台州综合广播联合台州银监分局，共同推出了微信公众号"台州微金融"。这一公众号的内容以宣传各种金融业管理政策、投资理财知识为主，兼顾知识普及和公众服务，在功能上引入了银企双方的信息发布通道，和对银行方面服务质量进行评价的投诉平台。综合广播负责"台州微金融"的全部运维工作。作为整个小微金融改革报道的一个组成部分，这个公众号迄今已正常运行了4年。在台州广电的官方APP"无限台州"推出后，综合广播又负责打造"生活"专业云频道，把有关金融业知识，金融服务的内容在专业云频道上进行展示，并不断完善其互动功能。与此同时，各种新媒体手段也与传统广播手段不断结合，产生了全新的更加广阔的传播效果。如网络视频直播已成为各类线下活动的常态化配置，频道在实施"银企对接会"等线下活动时，通常都采用网络视频直播进行同步直播，使金改的影响进一步扩大，金改的红利也能为更多的人所享受。

台州小微金改如火如荼，为全国提供了可借鉴、可复制的经验，台州活跃的民营经济为本地媒体的经济报道打下了良好的基础。作为地市级广播媒体，台州综合广播立足本地实际，抓住台州小微金融特色，突破媒体传播常态，将自身融入其中，打造银行和企业的融资供需平台，为解决小微企业融资难点提供另一途径；同时，紧跟时势，突破媒体传播区域和播出形态限制，扩大传播影响面。坚持媒体融合思路，向全媒体传播延伸。这些尝试为自身的经济报道实践积累了有益的经验，也可供各地的媒体同行相互切磋。

（作者单位：浙江台州广播电影电视集团综合广播频道）

全国农村广播联合采访活动创新与思考

徐 杰 张 辉

从新中国成立一直到 20 世纪 90 年代初，我国农村曾经家家通广播、乡乡有广播站，对农广播在农业生产、农村建设、农民生活中发挥过重大作用，也是农民获得信息的主要来源。后来，随着电视的普及，人们对广播有所"忽视"，对农广播日渐式微，甚至在一些地方销声匿迹。那些年，全国各地交通广播、音乐广播兴起，频率专业化分工热潮滚滚，城市广播如火如荼，而对农广播或被取消，或频率少、覆盖差、节目粗放，甚或充斥虚假医疗广告，陷入恶性循环。当然，坚守者依然有之。一些对"三农"怀揣感情的广播人，在频率专业化改革后，不舍对农广播，亦争取来一方天地。

2018 年 12 月 11 日，江西省商务厅向江西广播电视台农村广播及全国 18 家农村广播发去了感谢信，感谢全国农村广播在第五届世界绿色发展投资贸易博览会上的联合采访报道。本次联合采访活动中，各台在全国省级媒体和平台发稿200 多篇，为对外全面宣传江西绿色发展成就、展示江西对外开放良好形象作出了积极贡献。据笔者粗略统计，这是中国广播电影电视社会组织联合会对农广播委员会（下称"中广联对农广播委员会"）自 2013 年开展首次联合采访活动以来，组织的第 14 次联合采访活动。每次活动均产生了较大的影响力，受到被采访地的高度评价。全国各地农村广播申请开展联合采访活动的热情日益高涨，这一活动产生了 1 + N > N 的效果，让全国农村广播的影响力不断扩大。联合采访活动从内容到形式，不断创新，迭代升级。

一、第一阶段：从投石问路到模式成熟

2013 年以前，中国广播电视协会对农广播委员会（下称"中广协对农广播委员会"）每年召开 1 次年会，按照年会流程，对上一年工作进行总结，并对下一年工作作出部署，评析优秀作品，安排总监进行业务交流。在春节等节点，策划组织新年特别节目，各成员台分别录制 1 期节目进行展播。

2013 年 10 月，中广协对农广播委员会秘书长史林杰同志带笔者前往北京房

山，参加中央电视台首届"中国最美村官"评奖活动的采访。其间邂逅了当选最美村官之一——山东省邹平市西王村党支部书记王勇，了解到该村自改革开放以来，大力发展村集体经济，实现了村集体企业不断发展壮大、百姓安居乐业的农村发展奇迹，于是同山东西王村进行协商：可否组织全国农村广播记者、主持人走进山东西王村，推出一场面向全国的联合直播活动？西王村领导认可该提议，热烈欢迎全国农广记者走进西王村。

2013年11月12日至17日，在中广协对农广播委员会会长史敏的安排下，对农广播委员会组织中央人民广播电台和山东、天津、河北、黑龙江、陕西、贵州、新疆、青海、西藏等省（区、市）广播电台走进西王村，现场采访最美村官王勇和西王村村民及职工，聚焦最美村官的"新"梦想。现场采访中，全国农广记者和主持人深入村民家中、厂房车间等现场进行连线报道，通过电波向全国听众实时传播西王村发展的蓬勃状态和精彩现状。

为保证活动的顺利进行，山东广播电视台副总编辑潘士强带队，派出了大型直播车、技术保障团队以及山东卫视、齐鲁网等宣传团队，与全国农村广播共同作战。10家电台的主持人（记者）各采访报道西王村的一个点位，一场别开生面的直播活动圆满呈现。现场直播中，主持人与西王村王勇书记深入交流，从当选最美村官的感受到对最美的理解，从西王村村民的幸福生活到新型城镇化建设，从西王村的产业技术现状到西王集团未来的发展规划，一个个话题，一次次精彩问答，不时赢得与会领导和村民的热烈掌声。这场直播以重大的主题、新颖的形式、丰富的内容，获得了广播电视界专家学者的认可，荣获2013～2014年度中国广播影视大奖提名奖。通过这场联合采访活动的举办，探索出今后全国农村广播进行联合采访直播活动的模式。

紧接着，2014年6月26日到7月1日，全国农村广播近60人在河北参加了"中国梦 赶考行"大型联合采访活动，从西柏坡出发到北京香山，一路见证中国共产党"进京赶考路"上农村大地的崭新变化。2015年3月，全国农村广播百余名记者齐聚江西南昌，启动了为期4天的"赣北行大型采访直播活动"，与当地基层干部、农户、创意产业企业家共话婺源故事，了解老乡村新气象，探寻传统陶瓷产业新发展。

从此以后，云南、黑龙江、内蒙古、新疆等各省（区）农村广播积极申请举办全国农村广播联合采访直播活动，一场场各具特色、内容丰富的主题采访直播活动如雨后春笋般在全国遍地勃发，成为中国农村广播宣传的一大品牌。

二、第二阶段：从模式单一到百花齐放

纵观全国对农广播近年来举行的联合采访活动，经历了从联合采访的单一模式，到积极寻求特色、不断出奇出新、求新求变的特色化呈现。

2015年9月，云南广播电视台农村广播和大理州人民广播电台共同主办的"行进中国 魅力大理——全国农村广播走进大理"大型联合采访活动走进祥云、宾川两县，来自中央人民广播电台乡村之声、云南广播电视台公共频道、云南广播电视台农村广播以及辽宁、天津、黑龙江、吉林、湖北、内蒙古、山东、安徽、甘肃、江西、新疆等全国20余家对农广播的记者、编辑、主持人，对两县的高原特色农业产业发展情况进行采访报道，收到了良好的对外宣传效果。云南农村广播的直播小分队一路随行，把直播室设在温室大棚和田间地头，邀请农广名主持当嘉宾，畅谈见闻，新鲜又有趣。

2016年5月恰逢习近平总书记考察舟山一周年之际，全国数十家农村广播60多名采编播人员齐聚浙江舟山群岛新区。为了让大家深入认识舟山、了解舟山特色，舟山市委宣传部专门组织协调策划会，就采访线路的安排、采访人物的选择等进行了精心布置。此次采访线路结合对农宣传需要，沿着总书记考察路线进行深入采访。从通过发展乡村文化带动乡村旅游的新建社区南洞村到老塘山码头进口粮食卸载现场，给全国农广人留下了深刻的印象。大家纷纷通过广播连线、微博直播、微信推送，向全国听众介绍所见所闻，累计发稿300余篇，掀起了一股"舟山热潮"。

作为中国水稻主产区，在2016年9月水稻成熟之际，黑龙江乡村广播邀请全国农村广播记者走进九三集团的豆腐生产线，采访大豆产业；并一路走进大美鸡西，采访蔚为壮观的大农业和生态旅游业，向全国宣传鸡西原始的生态、厚重的底蕴和勃发的生机。

每年两到三场的联合采访活动，特色日趋鲜明，带给广大受众很强的新鲜感，也渐渐形成了接地气、沾泥土、独具农广特色的活动风格。

三、第三阶段：从农广发起到政府需要

随着全国农村广播联合采访直播活动的不断开展，农村广播的影响力逐渐形成，各地党委和政府主动找到农村广播，开展"三农"工作亟须的全国性宣传。

2017年8月，内蒙古自治区成立70周年之际，内蒙古广播电视台绿野之声推出"腾飞内蒙古"全国农广大型媒体采访活动。40多位农村广播总监、记者、主持人兵分两路，到通辽市和锡林郭勒盟进行采访，通过现场直播、移动直播、新闻采访和文稿出版等多种方式，全景式、多角度反映内蒙古经济社会发展成就。该活动宣传效果得到了内蒙古自治区党委宣传部的高度肯定。

2017年8月，新疆昌吉美食节、吐鲁番葡萄节等节庆活动接踵而至，昌吉市政府、吐鲁番市政府不约而同地向新疆人民广播电台汉语新闻广播发出了请求，希望能够借助全国农村广播的宣传力量，向全国推介节庆活动。为此，新疆台决定邀请全国农村广播记者、主持人前往新疆，深入采访这两大节庆活动，昌

吉美食节结束后，立即前往吐鲁番采访葡萄节。一次联合采访活动同时满足了两场大型活动的需求，宣传效果得到了两地政府的高度评价。

从2017年开始，江西农村广播在"世界绿色发展投资贸易博览会"的宣传工作中积极发力，连续两年邀请全国农广记者进入绿博会采访报道。因为宣传面广、定位准确、特色突出，报道力度和广度均居各媒体前列。

2018年，在纪念改革开放40年之际，天津市西青区、静海区先后组织了两场大型主题宣传活动，均收获了良好的宣传效果。

以上联合采访报道的成功实施让全国农村广播宣传影响力不断提高，多个地方党委和政府在新一轮活动开展之际，均把全国对农广播的宣传纳入重要计划。

四、第四阶段：从广播报道升级到全媒体传播

近年来，全国农广联合采访报道活动的形式不断创新，融媒体报道特质日趋明显。

联合采访活动起步时以连线报道、录音报道为主，直播活动也以广播音频直播为主。随着融媒体传播的不断增强，图文、音频、视频、微电影等方式开始出现在对农联合报道中。新媒体传播的及时性和可视性强，弥补了传统广播报道的短板。每次联合采访中，各农村广播对新媒体的运用日渐娴熟，多种形式报道令人赏心悦目。

在2018年全国农村广播走进天津西青区的联合采访中，来自新疆人民广播电台的王璇，通过大量的音频采访，制作了15集系列微剧《大营客 两地情》。该剧在西青新闻中心、新疆人民广播电台的广播媒体中连播，在两地主流媒体微信公众号中进行连载，引发强烈反响。

2018年的每场全国对农广播联合采访活动中，仅微信推送报道篇目就达上百篇，迅速成为传媒热点，让活动主办者、全国农广受众感受到农广刮起的"旋风"。

联合采访直播活动至今已走过6年的时间，积累了可以不断复制的宝贵经验，也取得了有目共睹的宣传效果。今后，如何将这一活动进一步做精、做强、做成一大品牌，笔者有如下思考和建议：

1. 搭建对农大平台，形成合力进行优势宣传

联合采访活动是对各主办省市（自治区）"三农"工作的一次宣传，更搭建了一个全国农广人交流经验、切磋技艺的平台。全国数十个农村广播，分布地域不同，存在着显著的文化差异、思维差异，都需要多走出去、多观察、多锻炼、多切磋。与全国同行进行交流，对于农广记者、编辑、主持人来讲，无疑是一次宝贵的学习和锻炼机会。各参与电台应充分借助这一平台，抽调精兵强将，全力以赴参加宣传战役，认真对待，取长补短，达到参加一次活动锻炼一次队伍的目

的。有了平台，就能够更好拓展宣传维度和范围，达到传播效果。

2. 树立融媒体思路，精准研发传播优质内容

全国农广的联合采访活动已经做出了规模、做出了影响。面对竞争日益激烈的传播环境，农广人应百尺竿头，更进一步。活动的组织方和策划者应当不断深化融媒体传播思维，在设计采访线路、安排采访点时，要让远道而来的记者、编辑、主持人快速找到传播素材、发现传播亮点，事半功倍。更为重要的是，在策划初期就要充分考虑融媒体传播的需求，让采访点上既有音响可采，更有画面可拍、视频可录，还有新奇特的内容可传播。一键转发，多方裂变，形成关注热点。要充分借助全国农村广播的"朋友圈"，由各地农村广播邀请广播甚至报纸同行共同参与农广发起的联合采访活动，形成集团军的作战力量，使传播范围达到各类媒体的全覆盖，提升农村广播的组织协调能力，力争传播效果最大化。

3. 总结活动得与失，参考借鉴共享优秀经验

联合采访活动结束后，各承办电台会进行内部总结，或多或少、或深或浅，大都作为内部资料留存。笔者认为，每一次联合采访活动，从发起、策划到实施、运作，都有不同的侧重，也有不同的得失。如果每场联合采访活动结束后，各承办单位能够及时总结分析并与全国农广频率进行共享，则可为今后各台承办此类活动提供优质的参考借鉴。

全国农村广播联合采访活动，从投石问路到探索模式，从单一模式到融媒体传播，从广而散到特而精，6 年时间里走出了一条独具特色的活动之路，形成了独具特色的农广品牌。相信在此基础上，全国农广不断总结经验、精心策划、完美实施，必将在全国广播届乃至传媒界，打造出联合传播的亮点，形成广播融合发展的强势品牌。

（作者分别为：浙江舟山广播电视总台广播中心采编部主任、广播中心总编）

传统广播电台开发移动客户端的困境与突破

梁唐辉

随着移动互联网技术的快速发展，加上各大电信运营商下调网络资费和移动终端的迅速普及，越来越多的用户选择使用手机作为获取信息的第一工具。2019年2月，中国互联网络信息中心（CNNIC）发布的第43次《中国互联网络发展状况统计报告》显示：截至2018年12月底，我国手机网民规模达8.29亿，与2017年相比新增6433万，网民通过手机接入互联网的比例高达98.6%，并且这些数据有着持续增长的态势。

就广播媒体而言，越来越多的用户也开始把手机作为收听音频内容最重要的工具。《中国互联网视听行业发展报告（2018）》的数据显示：截至2018年6月，网络音频持续发力，用户规模达到3.0亿，用手机听广播已成为越来越多用户的选择，开发移动客户端成为全国各级广播电在融合媒体时代发展变革的优先选择之一。近几年，许多传统广播电台移动客户端应运而生，如央广中国广播、上海广播阿基米德、浙江广电喜欢听、山东广电51听、四川广电熊猫听听、北京广电听听FM等。

逗听FM是重庆广播电视集团（总台）三大深化媒介融合重点项目之一（另外两个分别是重庆网络广播电视台和新1眼新闻客户端），逗听FM于2017年11月底正式立项，2018年8月27日开启小范围公测。该客户端集合了重庆广播新闻、交通、音乐、都市、经济、文艺6频率资源，成立了有别于线上广播的原创节目团队和营销团队，客户端集广播频率在线收听、可视化直播、多渠道分发、社交互动、电子商务等多功能为一体，定位为：听见重庆人自己的声音。截至2018年12月31日，逗听FM下载量和注册量都超过万次，APP累积访问量5.5万次。平台累计上载节目55档，上载期数3341期，开通广播频率可视化直播100场，活动直播29场。

在深化传统媒体与新媒体融合的大背景下，从政策角度和市场需求上分析，以重庆广播逗听FM为代表的移动客户端应该说面临着较为良好的发展机遇，很多人认为广播电台是声音内容的强项，但是从各大手机应用市场的排名上看，传统广播电台开发的移动客户端都在前十名以外①，与较为成熟的商业电台客户端相比，用户的认识度和黏性严重不足，这不仅仅起步发展晚的问题，传统电台客户端自身存在的一系列问题也应该得到重视。

一、传统广播电台移动客户端面临的困境

（一）广播频率"各自为政"，与移动客户端联动不足

广播电台移动客户端作为传统广播深化媒介融合发展的拳头产品，应该整合全台物力、财力、人力资源，形成"一次采编、统一平台制作、多渠道分发"的融媒体运营体系。但是在实际操作中，运营广播移动客户端的融媒体部，通常与各广播频率属于平级部门②，移动客户端上节目交互系统、广播大型活动直播等功能的实现，需要融媒体部与各个频率进行协调，征得频率领导的同意和支持后才可以运作，而做到这一点看似简单，实则阻碍重重。因为广播客户端隶属独立部门，独立进行经营创收，跟各广播频率有一定的竞争关系，有的频率领导担心自己的节目和活动在客户端上播出，会导致听众不再听线上的广播，影响收听率，产生一种给它人做"嫁衣"的不安全感，甚至有的频率大力发展自己的微信公众平台等新媒体矩阵，与移动客户端分庭抗礼，形成明面上的竞争关系。

重庆广播逗听 FM 客户端就面临着这样的问题。在每一次与频率沟通开设节目交互系统、广播可视化直播或者合作举办活动时，部分强势频率的领导或栏目主持人不支持甚至抵触移动客户端的工作，导致每次都只能和少数频率合作，使融媒体部的工作受到很大程度的影响。即使做得较好的浙江广电喜欢听 APP，迄今为止也没有和浙江交通广播进行任何形式的合作，广播电台内部"各自为政"可以说是传统广播电台移动客户端普遍存在的一大难题。

（二）片面追求"大而全"，与平台自身定位不符

包括逗听 FM 在内的许多传统广播电台移动客户端，在制定项目计划书时就设想一定要内容丰富、功能齐全，既囊括广播直播、回听、交互系统、可视化直播等基础功能，又增加新闻资讯、论坛社区、电子商务等版块，有的甚至还加入了查水电气费等生活服务功能，功能多看似是件好事，但是这样却很容易会导致"什么都在做，但什么也做不好"的负面效果。

移动客户端刚建立就开设"大而全"的功能服务，不仅容易让用户感到眼花缭乱，操作复杂，而且还会导致客户端自身的定位和特点弱化。就逗听 FM 来

---

① 王宇、刘哲铭：《新声音 新广播 新声态——电台自建客户端的困境与突破》，《视听界》2018 年第 3 期。

② 李亚虹、吴志超、张文星：《把声音的魅力发挥到极致——传统广播客户端的问题与对策》，《中国广播》2017 年第 1 期。

讲，它的定位是"听见重庆人自己的声音"，客户端功能做得不少，但是重庆人的声音还真的没怎么听到，打开逗听 FM 的推荐页，所有的功能都揉到了一堆，但是却没有彰显出重庆这座城市的特色，没有针对重庆这座城市本身开发版块、策划相关的栏目和活动，与平台自身定位大相径庭。

（三）团队人才匮乏，资金投入有限

在我国，广播电台一般属于事业单位或国有企业，在工作环境、职业发展、薪酬体系等方面很难与成熟的商业电台客户端竞争，而且由于体制机制的原因，岗位数量十分有限，具有事业编制或劳动合同的正式员工并不多，所以很容易产生团队人才匮乏的状况。

在逗听 FM 移动客户端所在的广播传媒中心融媒体部，包括 3 位主任在内一共只有 16 名员工，分为营销组、音频组、视频组、策划组等，每位员工除了承担本组的工作以外，还要细分为微博组、微信组、抖音组、广播可视化直播组、平台日常维护组等小组，每位员工需要做的工作有很多，甚至有的员工跨两到三个组以上。虽然几乎团队每个人都在超负荷的工作，但是依然有许多事情由于人手不够难以完成。比如视频组只有 5 个人，其中仅有两位专职摄像，如果做大型直播活动机位超过两个，则需要调其他岗位的同事顶，现学现用，而其他的同事往往也有自己的本职工作，这样难免会出现冲突的情况，对正常开展工作影响很大。

导致团队人才匮乏，除了体制原因不能随便招人以外，资金投入不足也是一个重要因素。商业广播客户端的资金来源主要是靠融资和广告，而传统广播电台客户端的资金来源，前期主要是来自财政拨款或台内储备资金，并且这些钱还得精打细算、省吃俭用，除了用在人力成本、固定资产等投入上，还要花费在技术的保障上面，但是如果资金投入有限，技术方面的保障就不一定稳固，这也是制约传统广播电台移动客户端发展的一个突出难题。

（四）技术层面不可控，平台升级障碍多

传统广播电台移动客户端由于资金投入不足，团队成员中往往缺少技术专业的能人，所以在移动客户端的技术上一般是采用外包的形式，这种形式有较大的局限性。比如浙江广电喜欢听、四川广电熊猫听听、湖北广电九头鸟、山东广电 51 听 4 个客户端均由杭州联汇股份有限公司提供技术支持，4 个客户端不仅功能雷同，甚至连界面也一模一样，同质化非常严重。不仅如此，技术的不可控还常常影响客户端的发展决策，使传统广播电台移动客户端被技术公司"牵着鼻子走"，技术公司能做什么，客户端才能去策划，技术公司做不了的，客户端策划得再完美也没有用。

有的技术公司由于资金投入不够，也有可能是团队能力有限的原因，连一些最基础的技术服务都实现不了。比如承担逗听 FM 技术任务的北京新奥特云视科技有限公司，无法为逗听 FM 实现广播回听、弹窗提醒、视频弹幕、竖屏播放等基础功能，严重影响了客户端的用户体验。解决技术层面的不可控问题，是传统广播电台移动客户端发展道路上亟须解决的核心问题之一。

（五）功能服务缺乏创新，内容资源同质化严重

传统广播客户端还有一个很明显的问题，就是功能和内容资源同质化严重，在功能服务的设置上，大多数传统广播移动客户端存在千篇一律、缺乏创新的问题。从功能上讲，几乎每个客户端的主打功能都是广播在线收听，但大部分还无法做到过往节目的查询、回访和定制。① 电台直播功能在很多客户端上都可以使用，在喜马拉雅、蜻蜓 FM 上可以听，在中国广播客户端、上海广播阿基米德、湖南广电芒果动听等传统广播客户端也能听，所以这个功能用户没有必要只在一个客户端上使用。有许多客户端还开设了新闻资讯、生活服务版块，而这些功能在其他的专业客户端里已经有了，用户没有必要在广播客户端上使用这些功能。

从节目内容资源上来讲，传统广播客户端一般都分为传统电台的精编节目和少部分原创节目，然后就是大量的引进节目，如《罗辑思维》《吴晓波频道》《小蝶大咖秀》等，这些栏目其他在很多客户端上都可以听，一般都是商业广播客户端上火一阵子，又引进到自己的客户端上，颇有一番炒冷饭的意味。在美其名曰"丰富内容资源"，使用户感觉平台上节目量大的目的之下，同质化的情况愈演愈烈，甚至有的客户端节目东抄一下，西搬一下，存在着很大的版权隐患。而且逗听 FM 上众多的音视频节目没有进行科学的分类，用户很难在其中找到自己感兴趣的节目，用户体验感极差，这也是导致逗听 FM 音视频节目点击率低的一个极为重要的原因。

如果大多数客户端功能服务、内容资源都极其相似，体验感也不好，那么就很难看到客户端自身的特点和亮点在哪儿，最终就很有可能导致用户只选择使用一个更好的、功能更全的客户端，而其他的客户端往往会消逝在互联网发展的大潮之中。

二、传统广播电台移动客户端可以突破的方向

（一）优化顶层设计，打破内部壁垒

针对广播频率"各自为政"、与新媒体联动不足的问题，传统广播电台应该从全台"一盘棋"理念出发，优化顶层设计，站在全台的宏观视角下改变移动客户端运营模式，实现广播频率新媒体的统一运营。

---

① 安远：《从"内容为王"到"内容为本，体验为王"——对传统广播媒体发展互联网广播 App 的思考》，《中国传媒科技》2016 年第 5 期。

在具体措施上，可以创立一个统筹广播各频率新媒体运营的机构，该机构行政级别与广播频率相同，但是部门一把手由全台分管广播版块的副台长担任，由他来统一协调开展广播移动客户端以及广播各频率新媒体项目的工作。这项措施如果实行，势必能够有效地消除移动客户端与广播频率沟通难、合作难的问题，对全台新媒体业务的健康有序开展也有着积极的作用。

（二）精简客户端内容服务，大力发展具有平台特色的功能

广播移动客户端的定位首先是以音频内容为主的融媒体产品，所有的功能服务都得围绕着音频两个字来设计，目前很多传统广播电台客户端开设的综合类、新闻类版块，与新闻客户端内容存在明显同质化的情况，甚至和本台的新闻客户端都有着许多重复的内容和功能，这些版块应该裁撤。声音给人的感觉是精致、动听和美好的，广播客户端也应该给用户小巧、简洁、专而精的听视觉印象。

在精简客户端内容服务的同时，可以大力发展具有平台特色的功能。作为传统广播电台移动客户端来讲，可以从以下两个方面进行考虑：其一，紧紧贴合本地广播频率，增强移动客户端的交互性。开设广播节目互动版块或可视化直播功能，是区别于商业电台客户端一个较大的特色和亮点，虽然很多省市的客户端都在做，但是感觉力度和重视度依旧不够。就重庆广电逗听 FM 而言，节目交互系统作为参与用户最多的功能，话题帖和直播间应该放客户端首页最明显的位置，方便用户点击参与，另一方面也应该促使更多的栏目和主播参与进来，营造"全广播互动"氛围，吸引更多的用户参加。在用户量初步规模以后，再逐步开放营销活动、电商购物等版块，实现流量变现。

其二，要为客户端注入本地特色，可以表现在客户端的 UI（界面）设计上。就逗听 FM 来讲，建议以重庆火锅的红色为主色调，各个版块的名称图案，如主页、播主圈等，改成重庆的大礼堂、解放碑、洪崖洞等标志性的景点或建筑，在界面上彰显重庆这座城市的特色。此外，在节目内容的推送上应更侧重具有重庆本地特色的节目内容，移动客户端可以创办或引进一批脍炙人口的重庆方言音视频节目，在内容资源上为用户"烹制"一道道具有重庆味道的音视频"大餐"。另外，在客户端的开机界面上也可以尝试让知名主播用重庆话录一句欢迎词，以吸引用户使用逗听 FM 这款移动客户端。

（三）改善人力资源配置，加大经营创收力度

就目前普遍存在的人才匮乏问题，传统广播电台移动客户端在资金投入有限的情况下更应该优化人员配置，合理地调配每一位员工的具体工作。以重庆广播逗听 FM 为例，除领导以外，有 13 名正式员工承担平台日常运营、节目制作、广播可视化直播、交互系统维护、"两微一抖"运营和营销策划等工作，在人员少的情况下开展这么多工作，而且每一环的工作都不允许出任何问题，致使客户

端的运营压力很大。

在人员有限的情况下，团队的工作应该更侧重于平台的运营和维护，节目制作等工作，特别是视频节目的制作往往需要花费大量的人力和时间成本，这方面的工作大部分可以考虑采用外包和引进节目的方式完成，此外也可以让广播频率的编辑、主播完成一部分的节目制作工作，为移动客户端团队分担一定的压力。如果人力资源严重缺乏而岗位编制不足，还可适当使用编外劳务派遣或项目用工的形式招聘人员，一定程度上也可以缓解人力资源不足的问题。

传统广播电台移动客户端在建立初期需要长时间的投入资金进行运营，在平台没有完善、用户注册量不足的前期是这样做是难以避免的，随着用户注册量和客户端流量的不断增长，可以渐渐地进行一些商业方面的尝试，在初期可以联合广播频率以"打包"方式进行招商，深度参与线上频率的经营活动，积累一定量的客户基础，在平台逐渐成熟以后可以进行多方面的商业合作，逐步实现利润值的增长。但是在前期不太适合对移动客户端进行创收上面的考核，等平台经过3到5年的成长期，拥有一定量的用户和影响力之后才可以实行，否则容易导致舍本逐末的负面影响，对移动客户端的健康发展不利。

（四）保障技术支撑，提升研发能力

目前传统广播电台移动客户端技术层面不可控的问题务必尽快解决，否则就不能叫做自主可控的融媒体平台。技术一定是为客户端运营而服务的，不能因为技术的原因一次次降低移动客户端发展的质量。

为解决这一问题，在客户端开发前期可以和一些专业技术能力较强的公司进行合作，共同负责客户端的技术优化和研发工作，切忌技术只由外部公司全权主导，电台方应该派人进行全方位的跟进引导，以确保技术服务于客户端运营。在发展中期，移动客户端可以组建专门的技术团队，招聘一批专业过硬的技术人才，把核心技术掌握牢牢转移在自己手上。

媒介融合不仅是内容的融合、团队的融合，更是技术的融合与革新，在瞬息万变的互联网时代，移动客户端的研发能力应该随着用户的需求而不断提升，为用户开发出一个又一个具有创新特色的功能，是移动客户端永远追求的使命。湖南广电芒果动听等客户端在人工智能方面进行了尝试，与时俱进地开发出"语音智能交互"等功能，吸引大批用户使用；上海广播阿基米德等客户端通过用户画像精准推动节目内容，有效地提升了内容资源的到达率；很多客户端还不定期开发小游戏，通过微信、微博等平台传播，进一步地提升了移动客户端的传播影响力。

（五）改变内容生产模式，增加用户使用黏性

目前绝大多数的传统电台移动客户端，在节目内容、视频直播等功能上还是

普遍采用的 PGC（专业生产内容）模式，其实这种模式和传统广播节目区别并不大，只是可以随意点播、选择时间进度而已。在互联网新媒体时代，在"草根经济"不断发展的今天，用户其实是更愿意深度参与到节目制作与互动中来的，这种参与不仅仅是对节目内容本身的反馈，而是让用户成为主播、成为镜头面前的人，这是新媒体与传统媒体在内容生产模式上最大的区别，传统广播电台移动客户端的内容生产模式可以尝试由 PGC（专业生产内容）向 PUGC（专业＋用户生产内容）方面转变。

在具体的操作上，可以开辟一个专门的用户音频版块，类似于抖音，用户可以录制发布歌曲和段子等内容，每个音频不超过 30 秒，在后期优质用户可以提升到 1 分钟以上，其他用户感兴趣的话可以进行点赞、评论、转发等操作，如果不感兴趣可以直接向上划过，通过用户画像可以推送他们感兴趣的音频内容。另一方面，可以开放视频和音频直播权限，用户可以申请成为主播，通过才艺表演等形式吸纳粉丝，这样势必能够大大地增加平台的互动性和用户的使用黏性。

而逗听 FM 客户端 PGC 模式（专业生产内容）下的音视频栏目，应对它们进行更加详细的梳理和分类，在首页结合用户画像技术，有针对性地为用户推送他们感兴趣的内容，只有这样，用户的体验感才会得到实质性增强，节目的点击量才有可能实现持续性上升。

三、结语

传统广播电台移动客户端较成熟的商业广播客户端起步晚一些，但是却有独一无二的交互性和地域贴近性优势，发展前景不错，未来依旧可期。当然在发展过程中必然会有种种挑战和困难，但是传统广播电台移动客户端的同仁们只要勠力同心，以良好的技术作为支撑、特色的功能服务为亮点，不断提升用户使用体验，一定能够大大增强客户端的传播力、引导力、影响力和公信力。

（作者单位：重庆广播电视集团〈总台〉广播传媒中心）

广播媒体在音频融媒中的一些思考

赵梦娇　姚　莹

引　言

《中国移动互联网 2018 年度大报告》显示，互联网用户规模已达 11 亿，从数据上看，虽然用户增速在逐年降低，但是用户对智能终端的依赖程度仍然在不断上涨。报告显示，2018 年 12 月，移动互联网用户月人均单日使用时长为341.2 小时，同比净增 62.9 分钟。虽然社交、购物、音乐、新闻和视频仍然是移动互联网用户流量较高的领域，但包括听书在内的数字阅读已经表现出较大的竞争增长空间。伴随性特质填补了用户的场景空白，内容付费打开了行业天花板，在线音频有机会改变传统广播及出版、教育等行业，音频本身具有的独占性与伴随性为"流量寒冬"音频市场的崛起带来了新的机会。而这不仅是音频市场的机会，更是传统广电媒体融媒战略的关键一步。结合当前全国的融媒状况，针对未来音频融媒市场的战略发展，提出几点思考：

一、入驻核心音频市场平台，打通全网分播渠道

新媒体的崛起虽然给传统媒体带来了一定的冲击，但是在内容为王的今天对于传统媒体来说不可谓不是一个机会。《中国移动互联网 2018 年度大报告》显示，流量入口在逐年紧缩，用户量已经达到饱和，以粉丝数定义媒体活跃的时代已经悄然过去，移动互联网走到今天，竞争的关键是争夺用户的时间，而用户时间的争夺靠的就是内容质量。新媒体平台在建设之初将重心放在技术搭建和大数据抓取上，对于内容质量建设却不擅长，而传统广播以内容为本，不乏大量优秀的节目和编辑力量，这是传统广电行业在新媒体竞争中最大也是最重要的优势。在内容的分发渠道上，传统广播媒体的节目不免呈现出单一的劣势，大部分节目的出口都以调频播出为主，只有少部分节目在喜马拉雅、蜻蜓、荔枝等主流新媒体音频平台上播出，没有形成规模，很难成气候。因此，在音频节目生态链条的运营上，传统广播媒体可广泛扩展核心的音频渠道，与喜马拉雅 FM、蜻蜓 FM、荔枝 FM 等主流新媒体音频平台建立广泛长期的战略合作，充分利用平台技术优

势提升节目质量，用优质节目带动平台发展，强强联合，扩展新媒体用户数量和用户活跃度，从而利用平台优势扩大整体的品牌影响力。

《耳朵经济——在线音频行业深度研究报告》中提到，在线音频行业正处于群雄割据局面，头部内容和市场已被行业巨头瓜分，行业整体进入存量市场，后起之秀很难有机会成为新的平台型应用，未来再经过一番激烈的竞争后，数家在线音频平台将树立起各自的平台调性，形成几家共存的寡头市场。因此在平台的选择上广电媒体应该尽快与市场上的核心音频平台建立战略合作伙伴关系，降低合作成本和门槛。

二、建立智媒体矩阵，抓住音频数据库核心技术

智媒体作为四次传播革命演化和增殖的新的媒介形态，以互联网为基础，依托不同智能终端，结合云计算、云存储等技术，为客户提供所需内容。传统广播媒体在做好音频节目的同时，也不应忽视这一新潮流所带来的冲击和影响，可在已有技术水平的基础上进行技术的重新架构。在音频融媒的战略布局上，建立属于传统广播媒体自己的音频数据库，便于存储、整理和分发优质音频，为传统广播媒体建立内容版权体系奠定基础（后文会提到）。首先从音频分类入手，数据库可进行内容分类、年代分类、收听率或相关数据等分类；其次挑选可入库的音频，如音乐类、新闻类、评书小说类等；然后将大类碎片化处理，划分为各个小类型单元，这里的小类型单元不是指一首歌或者一段评书，而是指一段适合于新媒体播出的5~8分钟节目单元，如新闻类，可在新闻节目中精选，编辑成一段适合早晚高峰或者其他相应时间段播出的节目，由专门的主播播发，节目形式类似于上海东方网于2016年5月27日正式上线的《新闻早餐》节目，每天用8分钟的时间浓缩天下新闻，利用喜马拉雅和微信公众号等多种平台形式发布，目前《新闻早餐》节目在喜马拉雅上拥有超过100万的用户，可听性极强；最后将小类型单元以多种形式有计划、有策划地播发至新媒体各种渠道平台。这是媒体传播的新趋势，传统广播媒体精品节目应该多渠道多角度地编辑发布，达到收听效果最大化。敏锐抓住契机，立足战略前沿，及时作出决断。

三、"公众号 + 小程序"，开创新型商业运营模式

微信公众号的出现，改变了中国媒体，而微信小程序则改变了中国的商业。利用微信公众号作为新媒体的传播工具，不仅成为传统广播媒体的主要宣传渠道，并且已经具有了成熟的宣传经验，而小程序的引入，更将为传统广播媒体的市场运营开辟出新的道路。微信小程序基于微信、立足于公众号，现成的用户，从公众号到微信小程序之间切换自如，降低了微信小程序的准入和推广成本。在新媒体流量入口紧缩的今天，用户数据已达饱和，也就是说单凭粉丝量已经不足

以说明新媒体运营的效果了，要靠粉丝的活跃度，微信小程序应运而生。传统广播媒体在微信小程序的有效应用上还处于最初的阶段，部分广电媒体虽然利用微信小程序的优势创造性地完成了频率的集中整合，但仅仅实现了频率声音的整合，更多的平台优势还没有发挥出来。如，微信小程序可以普遍用于有需要的商业运营类节目，在成熟的微信公众号运营的基础上植入商业类型的微信小程序，配合节目播出节奏及时进行产品推送和在线销售。这样，不仅改进了广播购物等商业运营模式，而且将产品视觉效果与听觉销售相结合，形成了"公众号＋小程序"的新型商业逻辑矩阵。

四、新闻碎片化，开辟多元化融媒渠道

传统广播媒体以新闻作为立台之本，大量的优秀人才从事新闻编辑，在新闻策划、采访、报道等方面的业务素质也遥遥领先于业界。如何让传统广播媒体的新闻节目在新媒体渠道上取得更广泛有效的影响力，我想第一步要做的就是将新闻节目进行融媒体式整合，即，首先将传统广播媒体音频类的新闻节目统一至新闻媒体库；然后通过技术系统将新闻进行分类筛选，可将新闻分解为政策解读、民生新闻、社会新闻、文体资讯、突发事件、国际时讯等多种类型；最后再将新闻编辑成适合新媒体播出的形式，宣发至核心新媒体平台。

五、打造超 IP 主持人，构建新商业流量入口

在互联网红利触及天花板的背景下，在线音频平台摸索出一条从"单一功能"到"多功能＋多服务"的全新发展之路。基于这一背景，情感内容有望成为新的流量入口，这类内容用户黏性强，能够为后续广告、电商、情感咨询等变现渠道提供强大的流量基础。例如程一电台，用户通过 App、微博、微信公众号等渠道收听节目，节目以睡前陪伴情感、星座物语、3D 人声、诗歌读诵为主，平均时长 3~8 分钟，风格定位温暖治愈系。截至 2018 年 9 月，程一电台共拥有近 1600 万用户，年轻女性占 88%，41 个音频平台，音频平台情感榜单前三，播放量超 40 亿次。传统广播媒体可打造情感节目标杆型主持人，成为爆款 IP，形成情感内容的策划、制作、包装等系列商业链条。精准立足用户群体，通过主持人的个人魅力打造平台头部内容，进而将"多功能＋多服务"的平台发展内容融入 IP 爆款主持人的建设中去，形成传统广播媒体新的商业流量入口。

六、建立内容版权体系，保障优质内容的有效发布

从版权音乐的购买开始，版权就成为新媒时代非常重要的一个环节。版权对于节目内容的保护使得优质节目的分发更具独特性和权威性，是发布平台和发布单位的有力保障。因此，在传统广播媒体音频融媒的同时一定要重视自身版权的保护，建议成立版权部，保障传统广播媒体发布于各个新媒平台的优质内容得到

法律保护，进而为净化网络、促进网络安全贡献一份力量。

七、广泛入驻车载媒体市场，为差异化竞争做筹备

随着车联网的爆发，车载市场开始成为在线音频平台的主要发力方向，汽车成为"四个轮子的手机"，车内音频系统将成为车联网的重要切入点。在车载市场，考拉 FM 凭借其母公司车语传媒优势抢占车载音频市场，其中全国电台汽车节目《爱车天天汇》覆盖了全国 200 多个城市，与多个电台平台建立了深度合作关系；蜻蜓 FM 则与福特、沃尔沃等多家整车厂、TSP 厂商开展合作，并通过智能硬件终端进入后装市场；喜马拉雅 FM 与福特、宝马等车商达成了切入车载场景的合作，作为平台的重要发力方向。因此传统广播媒体可以在车载媒体市场中用优质的音频内容进军车载媒体市场，提前占领优质资源，为差异化竞争做筹备。

八、场景下的伴随式收听，音频融媒重要发力点

场景伴随着 VR、AR 进入到大众视野，越来越受到用户的青睐而成为音频市场不可或缺的一部分。随着人们业余生活的丰富，对于健康、睡眠、上班路上等各种场景化的音频需求也在旺盛地生长着。因此，传统广播媒体可制作或编辑一批适合场景化需求的音频产品，如给睡不着的人讲治愈系故事、播放治疗性音乐，给跑步、健走、健身的人制作动感音乐、听书等，给上班族们制作专门在路上收听的音频产品等。场景下的伴随式收听将成为新媒体音频市场上的一个不可或缺的重要需求，也成为传统广播媒体音频融媒的一个重要发力点。

九、结语

未来已来，希望传统广播媒体在融媒战略发展中不断前行，不仅能够生产优质的音频产品、提供差异化服务需求，而且能够在音频融媒的过程中不断产生新的利润增长点，为传统广播媒体可持续发展制定切实可行的战略方案。

(作者单位：黑龙江广播电视台)

做"活"城市应急广播 打造广播发展升级版

——以沈阳广播电视台 FM98.6 为例

任嵩屹

广播具有"三重属性",即经济属性、社会属性和文化属性。广播的社会属性决定了其传播价值,"5.12"之后广播的应急功能凸显,应急广播的发展进入推进期。2017 年 9 月,原国家新闻出版广电总局发布的《全国应急广播体系建设总体规划》对我国应急广播顶层设计和实践层面在机构建设、渠道建设、制度建设、方案设计和技术支持等方面勾画出清晰地路线图。同时对应急广播的应急机制演练、信息渠道开拓、多媒体融合、服务中心下沉等进行了规划。

广播媒体的转型发展是应急广播发展的催化剂,目前汽车保有量逐年递增,车载受众规模随之几何级猛增。数据显示,2018 年广播车载覆盖人群为 4.99 亿听众,车载广播用户为 4.01 亿,人均每日在线收听广播的时间为 104 分钟,"移动的受众"是收听广播的人群。日前国内各省、市的应急广播多是以交通广播为基础设立,这些频率平时为受众提供交通资讯服务,突发事件发生时,应急广播是受众获得信息、政府发布应急信息最有效渠道。

沈阳广播电视台交通广播 FM98.6(以下简称 FM98.6)是辽沈地区唯一经市政府授权的应急广播,在应急避险、突发灾害,寻人、寻物、紧急救助,极端天气等应急事件中发挥了重要作用。2016 年 8 月以来顺势而动,坚持营造"多维"互动的应急平台空间,在城市应急广播发展中进行了积极有效地探索,实现了公众性和服务性的突破。

一、"链条式"节目布局,随时插播

为适应"碎片化"传播,FM98.6 全天节目以时间节点为传动轴,采取"链条式"设计,充分利用节目平台通过高密度、大范围、多点位覆盖的《交警直播室》节目进行随时插播应急信息,传播过程短、平、快。

1. 极端天气时,FM98.6 打通节目节点与新媒体联动,打造多维互动传播平台,达到能动传播效果。

近年来，沈阳地区经历过多次极端天气，突降大雪、瞬间大风、极速暴雨、城市内涝等频发，FM98.6记者应时而动赶往现场采集第一手信息，及时在节目中播出；充分调动986路况报道员、一线干警的积极性，结合微信平台听众信息，利用大数据分析，创新局长、乡长等一线主要领导直接连线等报道模式，实现最佳传播效果。

FM98.6创新特殊天气的报道样态，多次得到省、市各职能部门的肯定和认可。2017年7月14日暴雨夜，市长姜有为在沈阳市防汛指挥部召集全市各有关部门参加的防汛会议上着重表扬的3个单位中就有FM98.6，是唯一一个被表扬的媒体。市长要求：以后这种市领导组织的防汛会议FM98.6也要参加，各部门必须配合FM98.6，接受FM98.6的采访。

2. 突发应急事件时，FM98.6记者始终与市政府总值班室（市应急办）保持紧密联系，及时反馈各方面官方信息，通过FM98.6节目平台、微信、微博及其他新媒体公众号推送重新编辑后的文字、图片、视频、音频信息。

3. 应急救援时，FM98.6全民联动，在全国引发"爆款"效应。2019年1月20日内蒙古通辽5岁男孩被驴踢伤眼部，从奈曼旗前往沈阳就医。FM98.6通过电波接力，高速交警、沈阳交警携手护航，交警、路况报道员、医生等在各环节构筑绿色通道确保男孩平安就医，持续70分钟的紧急救助，保住了孩子的眼睛。此事在全国媒体中引起共鸣，央视、新华社等多家媒体对此进行了报道，在全国广播电视届引发"蝴蝶"效应。

4. 空地联动，人"机"共"声"实时呈现。

FM98.6是东北三省第一家使用直升机播报路况的广播媒体，利用直升机巡视高速路况是FM98.6充分利用社会资源服务移动人群有效探索，在有效的时间利用有效手段传递有效信息是FM98.6长期以来实施媒体有效互动的结果。用社会资源参与公益路况播报是FM98.6媒体广播功能的拓展，丰富了资讯源、拓宽了信息互动渠道，同时为直升机参与应急救援提供了信息支撑。

2018年春运开始，FM98.6携手金汇通航首次启用直升机巡视高速路况。2018年2月12日FM98.6特派三路记者采取点、线、面、"体"立体式报道模式播报高速公路路况。当天，一路记者乘车在高速公路上线性观察高速公路路况，一路记者乘直升机在300多米高空，空中巡视公路路况，一路记者利用电子地图、结合直升机巡视信息多角度分析。报道中主要针对春运期间高速公路沿线车流量大、易拥堵、事故易发点位，发挥直升机救援快速、高效、不受路况限制等优势，全方位提供出行资讯。2018年10月7日国庆返程高峰，FM98.6再次启动直升机空中巡视，FM98.6记者在直升机上与听众空地互动，进行全媒体报道，助力车友平安返程。

2018 年 10 月以来，FM98.6 尝试将电子地图数据结合人工智能播报方式纳入日常路况播报中，节目中智能机器人"小艾"与"小德"语音的出现，颠覆了以往简单播报数据信息的理念，逐步探索将路况的内容生产与分发、传播者与用户、信息与终端的生成链条与 FM98.6 节目生产链条融入一起。FM98.6 第二直播间《交警直播室》主持人依据电子地图的数据，经过搜集、整理、分析后对移动人群的出行集中区域进行预判，有效提升了信息的通用性。

二、"碎片化"呈现，彰显品牌力量

FM98.6 通过"碎片化"公益节目《986 应急帮》和《986 好人榜》实现全天节目增值。《986 好人榜》是《986 应急帮》姊妹篇，依托广播节目和新媒体为平台形成公益帮扶接力矩阵，把公益参与主角形象最大化，是 FM98.6 公益项目的推动者和正能量的传播者。

《986 应急帮》在寻人、寻物过程中，充分利用信息传播多元化手段，形成全新的传播生态。从求助信息筛选到信息来源确认，从发现线索进行寻找到进行过程跟进，"碎片化"节目的切入＋微博＋微信＋移动客户端，使广播深度不断得以延伸，媒体的公信力递进式增长。搜寻派出所中急需认领 3 岁男孩的父母、沈抚两地寻找北京证件的失主、护送昔日"转星"还家、一周内 4 位超过 90 岁的耄耋老人与家人团聚、贵州劳模行李和俄罗斯留学生的钱包失而复得——每一次的寻人、寻物、应急救援都是对应急广播收听规模、受众认知度、的有效验证。

2019 年 3 月 7 日晚，出租车司机向《986 应急帮》爆料，车上的男乘客有轻生倾向，且身上备有刀具。FM98.6 立即在《司机奇遇记》节目中安抚乘客，提示司机把车开到安全地带，应急帮记者迅速赶往现场应对突发情况，节目进行中和节目结束后听众通过各种方式提供心理诱导帮助。经过 370 分钟记者苦口婆心的引导，动之以情晓之以理，最终这名男士放弃了轻生念头，被家人接回家中。整个事件中展示了沈阳人最美好、最善良的一面，《986 应急帮》凸显出的决定作用功不可没，FM98.6 媒体的公信力在潜移默化中不断得以提升。

《986 应急帮》体现了主流媒体在传播正能量中的责任与担当，以 FM98.6 为平台不断"挖掘爱""呼唤爱""传递爱""延展爱"，通过广播节目和新媒体的融合，携手受众、职能单位、公益组织和其他社会力量，给求助者以实实在在的帮助，为受众解决急事、难事、烦事，做到"社会帮""大家帮""人人帮"，使"人人为我 我为人人"的精神风貌成为社会助人的主流。

FM98.6 在采制《986 应急帮》和《986 好人榜》过程中，充分利用声音元素增强"现场感"和"参与感"，被采访对象往往是事件的见证者，也是应急救援、救助的参与者，普通人主角的责任意识、担当意识、公益意识是"社会帮"

的主旨。节目中再现的是为谁帮？谁来帮？怎么帮？围绕"帮"做足"功课"。

三、实现触点价值增值

FM98.6 推动城市应急广播向垂直化应用升级，完善应急广播平台下的子品牌矩阵，推动节目逐步产品化。通过建设应急广播子品牌矩阵，对市场关联度高的节目、项目进一步精准细化，推动节目逐步产品化。同时通过细化定位，精选用户需求，形成社交关系，依托应急广播平台把节目、项目制作成可深度推介的产品。

《986 好人榜》以讲故事为主予以呈现，经过精心策划和选题的主体内容与普通人公益主角形成联袂的 IP 价值，在受众群体中具有极强的传播力。同时《986 好人榜》开启"小视频元年"，以一汽品牌＋产品为核心，以"986 好人"为传播要素，融媒体为载体，通过资源整合，让客户品牌＋一汽元素产生联动，让传播变的"更有情、更有趣"，更符合移动受众消费需要，自带传播势能。

《986 好人榜》实现传播智慧化，在经过专业的用户洞察、行业趋势判断之后，为客户造定制化、个性化的有效专案，精准解决营销环节的难点、痛点。

FM98.6 的价值可体现在用户规模的生态到达、品牌信息送达目标消费者、受众与品牌主建立链接的场景价值、受众转化为用户再转换为消费者的转换效果等多个综合维度，是辽沈地区品质最高的媒体。

FM98.6 核心受众为中青年男性为主的移动听众，其中 25～45 岁、接受过高等教育受众比例超过 60%。参与《986 应急帮》应急救援、寻人、寻物荣登《986 好人榜》的主体受众中以国家公职人员、企业单位管理人员、军人、医生、教师以及白领自由职业者居多。这些核心受众聚焦了经济新常态下推动消费升级的新中产阶层，他们的消费已从必须型消费向发展型消费和美好型消费转型，新中产阶层的消费具有典型的新增消费、品质消费和价值消费的特征。这部分群体是以品牌消费为核心驱动的、消费升级的核心消费主力群体，具有引领和推动市场消费核心价值的群体。

《986 好人榜》主打宣传语"一汽（起）帮 帮大众 与爱同行 为爱助力"实现了品牌嫁接的有效覆盖，易于到达、易于接受。从对"一汽（起）和大众"到达率认知抽样调查统计来看，超过 87% 的受访者知晓"一汽（起）、大众"。《中国广播与音频应用发展研究报告 2018》显示，38.46% 的广播广告信息触达者会产生购买行为，也就是形成 38.46% 的转化率，同时还有 43.58% 的广告信息触达者会产生间接和潜在转化。因此"一汽大众《986 好人榜》"市场转化潜力巨大，实现节目资源与客户需求有效嫁接。

综上所述，在新媒体不断涌现，多媒体竞争激烈的媒体环境下，城市应急广播应积极在有效区域内实现融媒传播，打通信息来源渠道，实行信息共享，同步传播，保证预警、应急信息在应急广播体系中流转的实时性；同时实行应急互动，在体制、机制层面上进行创新，以应急广播为中心，实现与区域内应急管理系统联动，充分发挥应急广播主体作用，构筑应急事件快速处置体系。

（作者单位：沈阳广播电视台）

广播播音主持中的共享共鸣共情

周　迪

随着社会信息化程度的加快，广播媒体的传播方式和传播理念正在突破原有的格局和形式，与新媒技术快速融合，为生活而歌，成为"时代之声"和"人民之音"。当下融媒时代，丰富和提高广播节目的内容和质量，增强广播的整体竞争力和影响力，就要正确认识广播的优势，准确把握广播的特征，把声音优势和伴随性特征放大，特别是通过播音主持环节，在实现与听众热线、节目微信公众号、播音员及主持人个人新媒体账号等信息共享的前提下，与听众在节目中产生心灵共鸣，达到思想与精神共情，引领听众感受声音的韵律美、思想美、传播美。

一、实现信息共享是广播播音主持的基本要求

广播是以声音为载体的听觉媒体。声音的魅力在于其不仅能够传播信息，还能够通过播音员、主持人对这些信息融进去的自我认识和情绪传递，加深与听众的亲和力和认知度、理解度和接受度，从而达到内容与精神共享的目的。

共享是指将物品或信息的使用权、知情权与他人共同拥有；信息共享指在法律法规允许下，进行信息和信息产品的交流与共同分享。其目的是优化资源配置，节约社会成本，创造更多财富。广播作为一种传播载体，起着传播信息、普及知识、教育民众、提供娱乐的功能，满足各个社会阶层和不同年龄、文化、职业听众多方面的信息需求。作为广播节目的主导者，播音员、主持人就要运用传播新技术，从语言的规范性着手，注重创造性，发挥主动性，更大程度上促进和实现信息的共享。

1. 强调语言的规范性

广播播音主持是一门专业性、技术性很强的实践性艺术活动，在播音员"播"与主持人"说"的过程中，采用的是兼具时代性、社会化、生活味的高级语言形式，既不是"纯艺术"，也不是"大白话"，而是基于生活本质出发，达到一定技术标准且能为听众所普遍接受。这样的语言风格要求在语音、语调、语

法、语速、语境、语流、词语、词汇等方面都要符合基本规范，且比日常语言更严密、更精炼、更准确。

听觉媒体这一传播特点，决定了广播语言必须适应听觉要求，做到播起来上口，听起来悦耳，易记易懂。① 广播使用语言做工具，以具有传真感的声音传播内容，诉诸人的听觉，为听众营造"如临其境 不见其人"的信息传播空间。播音员、主持人在节目中必须"以更加贴近生活的发声方式，用通俗、生动、鲜活的广播语言，融入科学的发声方式和方法，锻造和提升声音品质"②，让听众听得清楚明白。

2. 注重语言的创造性

广播播音员、主持人在节目中通过自身有声语言的信息传播活动，对听众进行讲解、说明、引导，实现与听众的信息共享、沟通交流，进而把传播目的落到实处。③ 这个过程是一种创造性的劳动。播音员、主持人理解消化文字资料后，通过声音进行二度创作，这是一个从感性认识到理性认识再到感性表达的过程；只有将枯燥的文字转化为内心的鲜活感受，再将这种感受用语言生动地表达出来，由己达人，才是一个意境创造、审美传播、信息共享的过程。④

在遵循规范性的前提下，广播播音员、主持人依据节目样态和自我风格，选择多种语言表达样态，追求"个性化"，实现"多样化"，达到"特色化"，既要讲究语言的技术性、规范性，也努力做到语言的创新性、艺术性，实现与听众的信息交流。在创作中，播音员、主持人是信息与情感的传达者，应该在全面深刻地理解文字材料的基础上，把握播音的基调和情感。如面对突发公共舆情时，既要及时把相关信息传播给听众，满足听众的知情权，又要避免因为语言的严苛、语态的急切、语速的紧迫带给听众不安感和恐慌感。

3. 运用传播的新技术

在互联网和新媒体语境下，人人都有麦克风，广播的生产方式、呈现形式和传播平台都在潜移默化地发生着变化。移动互联占用了大部分人的碎片时间，占用了人们的双眼，更多的移动用户更倾向于利用音频来解放双眼，在运动中来获取更有效的信息。广播具有"伴随性"特征，私家车、智能汽车的迅速扩充为广播发展奠定了市场基础，广播成为媒体变革中市场份额受到冲击最小的媒介。通过各种技术手段，在平台和内容上不断扩容，增加受众是广播的必然选择。播音员、主持人需要塑造个人风格、形成个性特征，在打造自我标识的前提下，深化"互联网思维"。

①②③ 王娟：《浅析广播播音主持的语言特点和技巧》，《新闻研究导刊》2016 年第 4 期。
④ 林光耀：《播音中的意境创造与情感把握》，《视听界》2013 年第 6 期。

"传统广播"正在受到冲击，要想使"听众"演进为"观众"，最终成为"受众"，就要从"共享"的理念出发。通过开办微信公众号、使用中国广播网及其他音频播出平台，让播音员、主持人把自己当成独立的媒体和内容商，通过有声语言把大量的信息资源多渠道、快速度地传播出去，实现声音艺术的再创造和共分享。

实现信息共享是对广播播音主持工作的基本要求，是对听众信息使用权和知情权的基本保障。既依托于播音员、主持人在工作中的务实创新，也有赖于技术的进步和资源的配置。当前，广播媒体正在经历从单向传播到播网互动、从网上听广播到网上看广播、从广播节目视频化到未来广播多屏化的新趋势，这些都为更好地实现广播播音主持中的信息共享提出了要求、提供了支撑。

二、产生心灵共鸣是广播播音主持的职责使然

融媒体时代的技术进步打破了广播播音主持的神秘感和领地感。播音员、主持人作为广播媒体的从业者，除了在电波中以"有声形象"出现外，也越来越多地通过电视、微博、微信、网站等平台立体"曝光"。[①] 在实现与听众信息共享的前提下，产生彼此间的心灵共鸣，就必须摒弃媒体教化意识、个人展现意识和高高在上的心态，以及以往"我播什么你听什么""你听得到我却看不见我"的传播模式，采用平等、坦诚的交流，获得听众的认知、认同和共鸣。

共鸣本指物体因共振而发声的物理现象。运用到生活中，延伸出的新意是指思想上或感情上相互感染而产生的相同或相似的情绪，是一种心理层面的情感活动。播音员、主持人是信息的传播者，也是情感的表达者。既通过对文字材料的阅读解析获得情感，也结合自身的播音传达情感。播音员、主持人应以标准的普通话语、准确的情感基调、到位的语气节奏、完美的表达技巧等来展现、把控作品，给受众以听觉和心理上的情感共鸣。[②]

1. 做到信息的真实性

真实是新闻的生命。广播必须以真实性为第一原则。广播每天播出的内容涉及政治、经济、社会、文化、民生等各个方面，在确保真实性的前提下，播音员、主持人要针对自己节目的传播范围和听众群体，通过语言表现和技巧把握，做到形式上深入浅出、逻辑上环环相扣、语言上准确到位。确保节目经得住社会审核与公众质疑，尽量使用准确无误的语言、生动形象的声音来表达观点，给听众带来真实感受，赢得听众的认同，产生心灵上的共鸣。

播音主持是语言的活动，播音员、主持人的播报态度往往带有一定的主观倾

---

① 王娟：《浅析广播播音主持的语言特点和技巧》，《新闻研究导刊》2016 年第 4 期。
② 林光耀：《播音中的意境创造与情感把握》，《视听界》2013 年第 6 期。

向性，是肯定还是否定，是积极还是消极，都会在语气中透露出来，所谓"言外之意，弦外之音"即是此理。在新闻节目中，播音员、主持人应发挥语言优势，通过语气、音调、停顿等，传递出感情和层次，使受众获得真实的信息。对重要内容，要放慢语速、扬起语势、加重语气，做到字字分明、句句清晰，以获得听众的重点关注。在文艺节目中，播音员、主持人要追求"声音美""自然美""韵律美"，在传达文字信息、表达个人情怀的基础上，营造出不同的情感、情绪，提升听众的审美情趣。

2. 增强故事的感染力

网络"新生代"追求个性，也寻找共性。要想与年轻人实现共鸣，就要成为他们"爱着你的爱"的同好者、"梦着你的梦"的同行者，用故事的力量为主体听众——汽车中的年轻人群体——增添丰富的生活色彩。

好故事是一切传播的"通行证"。在广播播音主持中，为了吸引听众的注意，形成收听期待，播音员、主持人要基于自己的文学底蕴对相关内容进行适度的故事化加工，进行故事性讲述，使内容更加生动有趣，富于生活味和时代感，让听众产生亲切感，实现内心的共鸣。

3. 做到传播的互动感

新技术、新手段促使广播的播音主持形式与时俱进、不断创新，互动性特征日益明显。从昔日的写信、面谈到后来的电话、短信，再到如今的微信和微博平台、直播 App、即时连线等，与听众多元化的交流和沟通，极大地增加了听众对节目的参与度、忠诚度，实现了与听众的情感互动。播音是一种创作活动，源头是生活，播音员、主持人要做生活中的有心人。① 悉心体验生活，用心感受作品，才能明白文字内在的感情，以声音艺术地再现场景和人物，将作品的意境表现出来。当前，制作背景系统、装备高清 LED 大屏，增添多镜头切换、视频和图片资料呈现、室内外直播切换等融媒体功能，这些直播间的升级改造，让广播实现了从"听"到"看"到"用"的互动性演进。这种演进正在形成强大的推动力，让广播成为"好听好看好用的融媒体"。

任何时候，文化交流和心灵共鸣都是双向的。在广播节目中，播音员、主持人是节目的灵魂，决定着节目的走向和质量，这就要求他们从职责和使命出发，深层次地把情感融入节目，以"大众视角""平常心态"对待听众，做到节目内容与风格的统一，与嘉宾、听众实现真正的沟通互动，让节目接地气、冒热气、有正气。

---

① 林光耀：《播音中的意境创造与情感把握》，《视听界》2013 年第 6 期。

三、达到思想共情是广播播音主持的理想境界

广播既然是"声音的媒体",自然"媒体的声音"就应当有情怀、有境界、有格调。播音员、主持人在节目中要做到感情真挚自然、态度真诚朴实,以"真心"赢得听众的"真情",与听众建立起情感上的信任,赢得听众的认可,让听众在无形的电波中找到真朋友,在有声的节目中感受真友谊,从而达到"共情"的效果。

共情,也称为神入、同理心,又译作同感、投情、通情达理、设身处地等,被人本主义心理咨询家认为是影响咨询进程和效果最关键的咨询特质;按照人本主义心理学主要代表人物之一、美国心理学家罗杰斯(Carl Ransom Rogers)的观点,共情是指体验别人内心世界的能力。[①]

1. 力求"美美与共"

"各美其美、美人之美、美美与共、天下大同。"为了人类能够生活在一个"和而不同"的世界上,费孝通先生提出了希望人们在社会活动中树立起"美美与共"文化心态的设想。具体到广播播音主持工作,就是要让播音员、主持人具备对生活的感悟能力,对听众思想和精神世界感知的能力,通过饱含真挚、深沉、浓烈情感的作品,实现节目与听众情感"美美与共"的深度联系。

在人们生活快节奏、高质量的今天,对广播节目的要求自然水涨船高。为了给听众带来良好的听觉感受和一定条件下的视觉体验,播音员、主持人不仅要有标准规范的语言技术能力,还要有良好的语言表达能力以及社会公认的形象标识,在融入自己感情的条件下,通过节目进一步拉近与听众的距离,消弭与听众的隔阂,彼此产生亲切感、亲近感,用各自的美好,实现共同的美好。

2. 做到"以情感人"

"以情感人"是"言之有物"和"心中有人"的完美结合。[②]"真情"作为一种精神世界的稀缺品,是人和人类社会追求的目标。在广播播音主持工作中,播音员、主持人应当从节目的实际出发,充满尊重、友善、通达、体贴,用心灵和语言营造一种良好的心理环境和氛围,让听众能够敞开心扉接受传播的内容。要营造情景交融、虚实相生、韵味无穷的诗意空间,"情与景汇、意与象通",给受众以丰富的情感体验。

广播播音员、主持人要在掌握播音主持技能技巧的情况下,有一双善于观察社会的眼睛,有一颗善于感悟生活的心灵,积极主动、守正创新地把相应的情感投入到播音主持工作中,在感动自己的同时,实现与听众的感同身受,以情

① 黄锐庆:《共情在新闻采访中的应用》,《新闻研究导刊》2015 年第 23 期。
② 王娟:《浅析广播播音主持的语言特点和技巧》,《新闻研究导刊》2016 年第 4 期。

感人。

3. 思想共情也有"度"

共情是一种体验他人内心世界的意识和能力，其建立在心灵共鸣基础上，展现信息可共享、意见有共识、情感能认同的"新高度"和"新维度"。共情不但能够消除彼此间的疏离感，而且能够增进相互间的亲近感，使情感由封闭走向开放，促进理解与表达的适度绽放。

凡事有度，过犹不及。共情作为心灵共鸣的高级形态，是一种理想化的结果期待，在实际的社会生活中，往往可常做而不可强求。常做是为了更好，强求则会勉为其难。就广播节目而言，事实上，播音员、主持人在开展工作时，首先是在和自己对话，达到和自己的情感共鸣。面对无限量的看不到的听众，却硬性要求其从事业、爱情、家庭、成长等多方面去和听众情感共振也是不现实的。

共情是人类文明互鉴和人际交流交往必备的能力，也是广播播音员、主持人职业生涯的必修课。在播音主持工作中，要善用同理心，学会换位思考，发挥声音的魅力，以情动人，以情感人。要时时处处彰显人文情怀，点点滴滴显现人文关怀，情感上与听众形成同频共振，从而在提升节目吸引力和感染力的过程中，扩大广播媒体的公信力和影响力。

四、结语

广播播音主持工作是广播媒体和广播节目的灵魂，是内容的二次创造者和信息的第一传播者，播音员、主持人的能力与水平直接影响并决定着广播媒体的生存发展。当前，融合传播正在推动广播媒体与时俱进转型发展。以有声语言为传播工具的广播播音员、主持人，要不断加强语言艺术修养，锤炼出色的语言表达能力，提升个人魅力，提高节目质量，顺应时代潮流，服务民生需求，开发、研制适合新媒体受众需求的节目样态和节目产品，[①] 在与听众实现信息共享的条件下，进而产生心灵共鸣，达到思想共情，有效强化广播媒体在融媒体时代的话语权、领导权，更好地适应新时代的新要求。

（作者单位：河南广播电视台信息广播）

---

① 王娟：《浅析广播播音主持的语言特点和技巧》，《新闻研究导刊》2016 年第 4 期。

5G 时代广播媒体的智能化转型

安 琪

第三次全球化浪潮的到来，让世界竞争的焦点汇聚在信息技术产业，诸如物联网、人工智能、大数据、云计算、智能通信等成为各国竞相发展的重点行业。随着美国对华为的制裁，中国 5G 加速商用成为产业发展的风口，2019 年 6 月 6 日，工信部向中国电信、中国移动、中国联通、中国广电发放 5G 商用牌照，中国比市场预期提前了半年进入 5G 商用元年。

5G 的超大带宽、超高容量、超密站点、超可靠性、随时随地可接入性等特质必将激发人类更高质量的沟通欲望。而广播媒体局限于声音、听觉的应用，在 5G 时代必将面临技术与消费升级的双重压力，广播媒体如何在 5G 时代转型是当下业界和学界面临的新课题。

一、5G 时代媒体的智能化表征

（一）5G 已经到来

5G 简单地说就是第五代移动通信技术，相比第四代移动通信技术，其在带宽、稳定性、安全性等方面有显著提升。比如通过使用大规模天线阵列（massive-mimo）技术提升了系统频谱利用率，对 5G 系统容量和速率起到重要支撑作用；通过超密集组网技术改善网络覆盖，提升网络容量和稳定性；采用新型多址 SCMA 技术引入稀疏编码对照簿，通过实现多个用户在码域的多址接入实现无线频谱资源利用效率的提升；使用超高频段的毫米波技术提升网络稳定性和安全性等。[①] 有业内人士预测，今年底明年初，运营商的 5G 准备将完成，一二线城市的 5G 商用将会完全铺开，5G 时代已经到来。

（二）5G 时代媒体的智能化表征

内容经由媒介传递给消费者，或者是消费者通过不同媒介消费内容，在此一般意义上的传播流程中，媒介都是被动的，并不能主动发现消费者的喜好，实行

---

① 赵军、谢海欧：《5G 背景下的广播媒体融合应用探讨》，《中国传媒科技》2019 年第 4 期。

精准化的传播。而在 5G 时代，经由人工智能、大数据等技术的渗透，媒介已经能够主动识别用户的阅读、观看偏好，并通过技术实现对用户的精准化识别和传播，可以说，智慧功能已经拓展到整个传播流程。

二、5G 时代广播媒体的发展困境与未来方向

（一）技术的创新应用下广播的生存空间

5G 技术性能的提升及可能的创新应用，更优化的网络使用体验，必将激发用户媒介内容消费的升级，在此背景下，电视、互联网、移动互联网等媒体的 5G 应用必将挤压广播媒体的生存空间。

从历史发展的角度来看，拥抱新技术迟缓的广播媒体屡屡陷入困境。自 20 世纪八九十年代以来，数字技术及网络技术的发展，电视及互联网等新兴媒体的大力发展，使得仅仅依靠声音传递信息的广播媒体逐步边缘化；虽然依靠汽车产业的兴起，车载广播担当了广播媒体兴起的先锋，但在物联网与互联网日趋融合，人工智能技术不断发展的大环境下，智能语音技术逐步成熟并迅速把数字生活空间拓展到了汽车场景中，使广播媒体的发展又一次出现危机。[1] 最为明显的就是依托于互联网而大力发展的智能语音技术和移动互联技术。以手机、IPAD 为接收终端的移动互联技术，使得 APP 正成为人们听觉媒体消费的主要形式，喜马拉雅、蜻蜓等移动互联网应用逐渐成为听觉媒体的主流。而京东、小米、阿里巴巴以及百度、喜马拉雅等均推出了自己的智能音箱并成功侵占家庭空间，亦使得广播逐渐退出了家庭这一重要领地。可以说，正是技术的创新应用挤压了广播媒体发展的生存空间。

（二）消费升级驱动广播的智能化转型

如果追随花城出版社编辑钟洁玲所说的图书消费已经进入了"读图时代"，我们可以说现在的媒介内容消费已经进入了"视频时代"。由于视频综合了图文、声音等元素，提供了更多的信息内容，其比单纯的图文更生动、有趣，因此，越来越多的消费者更倾向于视频消费，视觉文化已经成为当今一种主导性的、全面覆盖性的文化景观。据 CNNIC 第 43 次《中国互联网络发展状况统计报告》，截至 2018 年 12 月，我国网络视频用户规模为 6.12 亿，使用率分别为 73.9%，随着 5G 的发展，视频用户规模还将进一步扩大。视频的生动也激发了用户的参与表达，短视频的火爆让更多的年轻人通过视频来展现自己的生活，吸引更多人的眼球。

用户内容消费的不断升级对单纯使用声音的广播媒体提出了更高的挑战，而在什么样的场景可以使用声音，使用声音可以做什么以及广播媒体如何更智能地

---

① 肖安琪：《智能语音技术对传统广播的冲击及应对策略》，《中国广播电视学刊》2018 年第 8 期。

响应用户的需求都成为当下及未来广播媒体发展的趋势，广播媒体只有顺应这种消费趋势，在努力拓展媒体属性、功能的同时，通过大数据、人工智能技术，精准地描绘每一个用户的画像，挖掘和分析用户潜在的应用场景，让广播媒体更加智能化，才能在未来的竞争发展中站稳脚跟。

二、5G 时代广播媒体智能化转型策略

5G 更高的带宽和通过性将给传播业界带来一场无声的革命，在可预见的未来，5G 会让媒介的生态发生巨大的转变。就广播而言，突破声音媒体属性的限制，更交互更精准的功能提升，以及更多智能化生活场景的应用是广播媒体发展转型的基本策略。

（一）拓展广播媒体智能属性——从线性媒体到时域媒体

在 5G 发展的背景下，面对创新技术应用的降维打击，广播媒体的智能化转型首先从根本上转变自己的认知和定位。广播媒体最让人诟病的一是电波的易逝性，二是单一声音应用场景的局限性。广播的第一种特性源自线性媒体的特质，所谓线性媒体，是以时间的流动为轴，在时间线上按照时间的先后顺序安排内容进行传播的一种媒体。由于依托于时间来安排内容，当用户想要回头查找自己喜欢的内容时，电波的不易存贮性使得广播媒体单凭自身并不能满足用户的这种需求。广播媒体的这种特征，也造成了其应用场景的不足，车载广播、个人娱乐、教育提升等场景偶尔的使用，从根本上限制了广播媒体的发展壮大。

在互联网及移动互联网技术的飞速发展过程中，众多广播媒体开始有意或无意地借助这种"空间型"媒体拓展广播线性媒体的属性，从单纯的线性播出向可重复收听的"时域媒体"转变，这是其智能化转变的第一步。从 2014 年起，各级广播媒体的音频客户端如雨后春笋般进入移动音频市场，诸如国家级的"中国广播"、国际台"China Radio"以及各省级台的如上海台"阿基米德 FM"、北京台"听 FM"、天津台"劲听"、浙江台"蓝天云听"、江苏台"大蓝鲸"、河北台"即听 FM"、山东台"51 听"、四川台"熊猫听听"、湖北台"九头鸟 FM"、广东台"粤听"等。这些音频客户端把直播内容与按需收听内容相结合，探索原创互联网音频内容开发机制。① 这种转变从根本上改变了广播媒体的线性特征，将广播媒体的属性从时间领域向时空领域拓展，媒体属性的拓展亦从根本上开拓了广播相关的功能和业务。

（二）加强广播媒体智能功能——从单一"广播"到算法推荐

广播媒体智能化属性的转变为其拓展相应的智能化功能打下了坚实的基础。

① 王岚岚：《广播媒体的智能化趋势与未来》，《视听界》2018 年第 5 期。

从最为基本的信息传播、议程设置等社会功能，到今天更为智能、更为精准的服务功能，广播媒体的功能走过了一条从单一"广播"到算法推荐的道路。

施拉姆曾提出媒介的四种功能，即"监视社会环境，对受众进行诱导、劝服、解释信息，并引导作出决定，教育功能及娱乐功能"。[①] 将其引用到广播媒体上来，我们可以说广播媒体的社会功能大致包括"信息传播、引导舆论、教育大众、提供娱乐"等。在媒体属性智能化的转变之后，广播媒体的这些功能都在向纵深发展，一些精准的功能得以发展和应用，其中算法推荐成为当下最为主要的功能。

在最为基础的信息传播功能方面，以往的广播只是单向度的信息广播，它所广播的人群亦是一个整体概念，并没有精准地区分个体用户的需求。在大数据、云计算等技术应用之后，通过网络收听广播的用户都会留下其相应的信息以及其收听的偏好，这些信息在经过算法的计算、分析之后，对广播媒体的信息传播给予了精准的指导。如一些广播类 APP，像中国广播、喜马拉雅等，通过网络后台数据挖掘，能够计算出用户喜欢收听什么样的节目，然后向其推荐类似的内容；更为复杂的算法会计算每个用户在什么时间、什么场景使用了广播媒体，并偏爱哪些内容，通过为每个用户精准画像，然后选择用户喜欢的内容，并将其推送至下一次用户的使用场景中，达到精准推荐、满足用户使用需求。

（三）广播媒体智能化创新应用——从声音陪伴到智能应用

在具备智能化媒体属性，加强自身的智能功能之后，广播媒体在新技术环境下的创新应用成为其生存发展的主要手段。传统广播媒体最主要的应用是信息的单向传播，是声音陪伴。声音陪伴的应用场景毕竟有限，在大多数情况下，人们更倾向于使用声画一体的视频来进行放松娱乐，只有在类似开车、英语听力等视觉受限制的情况下才使用广播。

在人工智能、物联网、大数据、云计算等背景下，广播媒体的声音陪伴正在发生根本的改变，在广播媒体智能化转型之际，声音陪伴这种最浅层次的应用已经不能满足用户消费升级的需要。以当前广播媒体应用的主阵地车载广播为例，以往的车载广播只是声音的简单陪伴，但是人们在车内空间的媒介消费需求并没有随着空间限制而减少，相应地，语音导航、人机对话等更多需求亦呈现出来。广播如果还是圈于简单的声音陪伴，不在智能应用上下功夫，恐怕失去的就是未来的发展空间。

三、5G 时代广播媒体的智能化应用

5G 时代，广播媒体到底有什么用？

---

① 胡正荣：《传播学总论》，第 114 页，清华大学出版社 2008 年版。

在回答这个问题之前，我们可以先看看 5G 有什么用？综合来看，人们的回答无外乎是 VR/AR，全民自动驾驶，万物互联等应用。当真就这些吗？受限于时代及思维的发展，人们对未来的预测都跳不出当下场景的桎梏。这一点从 4G 商用就可以看出端倪。在 4G 商用之前，人们预测到由于上传速率的增加，在新闻传播领域可以进行视频直播，但是我们没有想到全民直播时代的到来；4G 时代人们观看视频更加方便，但是没有想到短视频的爆发；人们也预测到 4G 有助于移动支付的普及，但那时候预测的方式是手机 + 信用卡 + NFC，而不是现在更便捷的手机 + 二维码。

比 4G 速率增加 10 倍的 5G 时代，广播媒体的作用到底有哪些，我们无法窥视全貌，但结合 4G 的经验以及消费升级的需求，广播媒体的智能化发展方向毋庸置疑；另外，从系统论的角度出发，5G 时代广播的智能化发展将对其内容生产、渠道融合、传播方式及更高质量的消费体验产生深远的影响。

（一）广播声音的"智能化生产"

媒体最主要的家底是内容，广播媒体亦是如此。大量专业化的制作人员生产的新闻、娱乐信息等成为用户选择广播的主要原因。而在 5G 时代，智能化对广播内容生产的影响主要表现在两个方面。一是 UGC（用户原创内容）开始盛行。随着人工智能及语音识别技术的应用，以往只能由专业媒体才能生产的广播节目现在已经飞入寻常百姓家，用户参与生产内容已成为当下的一种风潮。在新兴的语音平台上如喜马拉雅上，人们通过专业的语音识别软件自己录制诸如教育、朗读、娱乐等众多声音内容、然后上传至平台，就会得到更多用户的关注和收听。用户参与生产的意义除了丰富广播的内容之外，还更加贴近普通大众的收听心理，能够获得更多用户的收听。

另外一方面则是 MGC（机器生产内容）开始大行其道，即人工智能 + 内容生产创造出了机器生成内容的新模式。两周内写稿近 500 篇的佳绩，让 Xiaomingbot 机器人在 2016 奥运会期间大放异彩。它可以在几秒之内完成数据获取、数据分析、内容撰写和新闻发布等工作。美联社的 Wordsmith 自动化新闻平台，除了能够快速大量的生成新闻咨询之外，还可以对不同的数据进行比较和"推敲"，甚至能够自动识别前后不一致的报道内容，并通过智能算法来判断哪种说法更为真实可靠。在这一方面，广播声音的智能化生产已经落后于图文及视频媒体，但也已经开始了尝试。河北综合广播宣布与微软旗下的人工智能机器人小冰达成合作协议，微软小冰担任河北综合广播《今日十万加》节目的主持人，利用大数据与云计算能力，通过智能语音交互技术实现与主持人和观众的互动。[1]

---

① 肖安琪：《智能语音技术对传统广播的冲击及应对策略》，《中国广播电视学刊》2018 年第 8 期。

（二）传播渠道的融合：从壁垒分明到场景融合

传统的传播过程中，渠道之间是壁垒分明的，广播是广播、网络是网络。如果我们在广播中听到某一类型的内容，但是没有听完，若离开广播后，想要再听就不容易找到了，这大大限制了广播媒体的发展。在 5G 时代，广播媒体要努力构建自己的生态图景，充分考虑用户的使用场景后，利用不同的媒介渠道，完成传播渠道的融合，如用户通过车载广播没有听完一个节目，在下车后，通过手机客户端可以继续无缝使用。场景的融合可以打破广播传播渠道的壁垒，拓展广播媒体的生长空间。

（三）广播声音的智能化交互与深层陪伴

在 5G 时代，更大的带宽让语音的智能识别延迟更小，识别更精准。除了应用于用户的语音生成之外，人与物、人与人的智能交互与深层陪伴将是另一个应用蓝海。

智能交互最为常见的是一些实用场景中的语音交互，如语音导航，资讯的语音对话等。较早的智能语音交互是苹果的 Siri，使用 Siri 我们可以与手机进行一些简单资讯的交流，比如天气如何、日程安排等。语音导航是声音交互利用的另一个典范，在驾驶过程中，人的眼睛、双手被占用，声音的利用是大势所趋。我们利用声音发出导航提示，而机器接收、理解人的需求，并反馈相应的信息，在整个过程，声音为人们驾驶提供了相应的信息，降低了由于注意力分散而有可能产生的意外事故，语音导航成为声音当下利用最好的场景。

智能音箱是声音陪伴的一个新的场景应用。在传统广播的声音陪伴中，人是信息的被动接受者，当广播的信息与接受者的偏好不符时，他可能会随时关闭广播。而智能音箱的使用中，人是信息的主动使用者，通过语音提示，机器接受并反馈信息，给出人们所需要的声音内容，并且在人工智能深度学习的使用下，机器变得更加智能，与人类的对话更加自然和符合需求。这种深层陪伴的交互使用将拓展广播媒体发展的未来空间。

（四）广播的可视化拓展

5G 时代是视频时代，超大的带宽让用户在使用视频时毫无压力。广播媒体如何满足用户的可视化消费需求，答案就是可视化拓展。2017 年 6 月 26 日，北京青年广播正式开播，这是国内第一个真正意义上的可视化直播。其视频直播也并非自己建立直接平台，而是利用现有的一直播、花椒、火星、哔哩哔哩等平台进行直播。主持人除了利用声音完成节目之外，还增加了更多用户需要的元素，如图片、视频等，以此为基础，主持人还利用多种艺术表现形式来吸引和满足用户高质量的消费需求。

四、结语

5G 时代技术的发展难以想象，各种智能化应用将层出不穷，广播媒体应借助 5G 技术的发展，突破声音媒体单一属性的限制，提升其更交互更精准的媒体功能，拓展其更多智能化生活场景的应用，只有这样才能在未来的激烈竞争中获得一定的市场地位。

(作者单位：河南广播电视台)

城市台如何强化服务功能实现精准传播

马松林

在"人人都是自媒体"的今天，传统广播音频节目＋微博＋微信＋客户端＋线下活动……让广播人从神秘的直播间走了出来，也让传统广播在媒体融合过程中不断革新，适应时代发展。因此，广播除了保留线下活动等互动形式以外，还不断提升创新意识，积极推动媒体融合，以实现节目的创新发展，增加受众黏度，发挥主流舆论价值。

郑州人民广播电台作为城市主流媒体，依托自身节目资源优势，深耕节目资源的融合创新，为提升广播发展活力积累了一些经验和做法与业内同行分享。

一、兴文化，育新人，激发广播创造力

在传播格局和舆论环境深刻变革的当下，传统媒体经历着前所未有的冲击，如何赢得市场赢得用户，抢占舆论阵地？业内外众多专家认为，生产优质产品的能力将是我们的核心竞争力。优质产品从何而来，郑州人民广播电台把目光放到了传统文化上，经过多方研讨，搜集整理了大量资料之后，策划出形式新颖、适合新媒体传播的微型广播剧《中药传奇》。

中医传统文化源远流长，中医中药更是中国的国粹。习近平总书记在全国宣传思想工作会议上强调，以"兴文化"为重要使命，讲好中国故事，创造性的传播优秀传统文化。郑州人民广播电台的融媒体产品《中药传奇》就是以此为创新点，通过对民间传说故事的演绎，介绍常见中草药的传奇历史、传奇文化和传奇来历。通过节目让人们走近中药，认识中药，喜爱中药。该产品音频共20集，每集5~6分钟，制作精良、语言生动，情节感人，故事曲折。该节目在郑州人民广播电台交通广播、文化娱乐广播播出，并通过蜻蜓 fm 网络台、会面客户端进行互联网传播，其中在蜻蜓 fm 的收听人次达到10万＋，达到了较好的传播效果。随后，依托音频节目延伸出了微型剧，由电台主持人扮演剧中角色，以"旁白＋剧情＋解说"的构架精心演绎并录制，在第十四届"东方畅想"全球华语广播短音频创新大赛中，从全球581件作品中脱颖而出，获得最具潜力奖，成

为河南地区唯一获奖作品。

白居易出生于河南省郑州市下辖的新郑市城关乡东郭寺村，故里东郭寺村自古至今都有祭拜白居易的习俗。

文化传承在于继承和发扬，新郑市每年都会举办白居易故里文化节。郑州人民广播电台作为承办方以诗歌为载体，发挥自身优势，举办了"听见·居易故里"音乐诗会将白居易的诗词佳作进行全新演绎，充分展现了优秀传统文化的独特魅力，30多万人通过网络观看了直播，中央人民广播电台文艺之声等多家媒体进行了专题报道。

活动也受到了业内高度关注，中国国际广播电台原台长张振华认为，郑州人民广播电台和新郑市共同举办的以和白居易对话为形式的活动，是个很好的文化创意。河南历史悠久、文化丰厚、名人辈出，在相当意义上是中国历史文化的浓缩版。因此，河南的广播电视媒体完全可以顺着"和白居易对话"这样的思路，通过各种形式展示河南的历史、文化、名人，弘扬优秀文化传统。

郑州人民广播电台打造的"现象级"线性节目《一封家书》以书信寄托情感，传承家风受到业内外一致好评。这档节目是2018年年初由郑州新闻广播推出的年度暖心巨制大型声音志，用中国人最传统、最熟悉的书信体，传递一份温情、表达一份真情。邀请全球在外工作、求学的河南人书写一封家书，寄递一份真情，并由本人进行录制音频，在传统广播与新媒体平台进行传播。活动吸引了众多留学生参与，有的家书播出后，让久未联系的家人、老友主动拿起了电话沟通情感、共话家常。除此之外，在拜祖大典、中秋节期间推出两季《一封家书》，唤起情感共鸣收获意外惊喜。

为了充分展现声音魅力，体现广播特色，别具匠心的《一封家书》黑幕赏析会走进多所校园，让同学们感受与众不同的温暖和感动。郑州人民广播电台将延续开展《一封家书》系列活动，作为对学生感恩教育的重要载体，倡导学生拿起笔，通过书信向父母、亲人表达平时羞于表达的情感和话语，把对亲人的爱勇敢地说出来，以家书传承家风，共同促进社会和谐。

《一封家书》除了传统广播的展现之外，在活动形式和活动对象上进行了创新和延展，让网络世界的人们多一丝清朗，多一分温暖。郑州人民广播电台将以此作为践行和培育社会主义核心价值观的有效载体把它办得更加出彩。

二、引风尚，扬正气，提升广播公信力

传播公益理念，推动慈善行动和公益项目的开展，是媒体的责任所在，它在树立媒体公信力方面发挥着重要作用。主流媒体更应该将传播慈善公益文化，倡导良好社会风尚作为自身的特有属性不断强化。因此，借助媒体融合发展，搭建公益互动平台，为爱心企业、个人和困难群体建立沟通的桥梁，成为广播公益节

目拓展传播领域、延续节目优势的重要措施。

一期节目引发跨界融合，并建立公益平台。2018 年世界残疾人日，记者来到位于河南省郑州市中牟县官渡镇，见到了一群为幸福奋斗的残友，被他们乐观、向上的生活状态深深感染。他们虽然身体残疾，却活出了自己的尊严，奋斗出自己的幸福：32 岁的郭辉用自己的收入为家人找到了希望，17 岁的赵金凤正努力让收养自己的爷爷安享晚年，24 岁的暖暖和张悦在这里收获了爱情，19 岁的周奕好梦想用轮椅马拉松丈量世界。然而背后的艰辛只有他们自己能够体会，例如，有着"2018 年阿里巴巴集团淘宝云客服之星"称号的郭辉就是用仅剩的两根手指敲出了自己的幸福。马云于 2018 年 11 月 16 日在微博中向这群自强不息的特殊云客服致敬："他们遭遇的灾难和挫折超出我们的想象，但是他们的自强自立、绝不放弃的精神也超出我们想象。在这个充满抱怨的世界里，他们活得有尊严、有希望，他们活出了自己的价值。他们身体有不完美，但是心灵丰满坚强完整！为他们加油、为他们骄傲。"

记者采写的专题节目《幸福是奋斗出来的》播发后，引起多方关注。电台栏目组觉得这样一个正能量的题材，仅限于广播未免有些可惜，于是联合社会资源策划拍摄反映残疾人创业奋斗的主旋律公益电影《幸福是奋斗出来的》，为新中国成立 70 周年献礼。影片将聚焦这群特殊的奋斗者群体，反映新时代的拼搏精神，弘扬正能量，传达真善美。

该项目得到了河南省慈善总会、河南省残疾人联合会、河南文化影视集团、中共郑州市委宣传部、郑州慈善总会、郑州残疾人联合会等多家单位的响应和支持，并于 2019 年 1 月 8 日召开了新闻发布会，在郑州电台成立了电影项目组，力争打造出一部具有广泛社会影响力的精品佳作。

做公益需要长期坚持，2015 年 10 月 9 日，郑州人民广播电台文娱广播依托节目资源成立了公益项目"童在蓝天下"，致力于帮助贫困留守儿童。志愿者们坚持为贫困留守儿童和特殊家庭寻找长期稳定的资助人，提高社会对贫困留守儿童的关注与帮助。社团自成立以来坚持每个月一次深入山区、农村寻访需要资助的贫困留守儿童，为孩子寻找联络一对一资助人，以最大的力量帮助需要资助的弱势儿童群体，极力促进社会爱心人士对贫困留守儿童的帮扶，建立长期的资助计划，积极宣传爱心公益事业，让更多的人关注、关爱贫困留守儿童的身心成长。

截止到 2018 年底，郑州人民广播电台的主持人寻访了河南省的濮阳徐镇、范县，巩义涉村镇、站街镇、康店镇、大峪沟镇，新密尖山、米村，郑州古荥，焦作、平顶山等地，共为 75 位贫困留守儿童找到 185 位长期资助人，在一定程度上缓解了孩子因家庭贫困而上学困难的局面。

2018 年，策划组织了"童在蓝天下"新年圆梦、迎新春联义卖、新春送年货、公益读书分享会、"童读一本书"公益捐书活动、快乐"六一"时空之旅、公益书法展、暖冬行动、爱心走访、感恩三周年等系列公益活动 20 余次，并到企事业单位多次进行公益演讲，受到各级组织和社会的一致好评。由郑州市文明办推行的"道德讲堂"系列巡讲，"童在蓝天下"公益项目的汇报已成为巡讲常设内容之一。

三、聚民心，强服务，发挥广播互动力

随着"受众"到"用户"的角色转变，媒体的服务功能被不断强化，用户需求在节目定位上占据了重要位置。郑州人民广播电台提出的垂直服务节目设置，合理地划分出目标用户群，让广播在服务功能上的先天优势得到充分体现，使传播范围更加精准，效果升级明显。

2018 年，新闻广播持续发挥自身平台优势，首创"广播主题日"节目形式，创新"媒体助政"节目形态，利用一整天的时间，在全天重点时段节目和新媒体平台进行集中的立体式呈现，形成燃爆式宣传效果。为配合郑州市道路交通秩序综合治理工作，郑州新闻综合广播联合郑州市公安局推出交通治理"广播主题日"，以"听取市民建议、回应市民关切、直播行动过程"为主要内容，集中倾听市民群众对交通管理方面的意见建议，大频次普及道路交通法律法规，高密度宣传交通秩序综合治理措施，此次"广播主题日"，从 7：30 ～ 21：00 全天五档节目持续关注交通秩序综合治理，节目总时长在一天内就达到 300 分钟，高密度、大频次宣传，形成了热点问题"燃爆式"的传播新格局，取得了良好的宣传效果。除此之外，2018 年还举办"小学入学教育局长现场办公会广播主题日""城市供暖广播主题日"等活动，充分发挥广播媒体特色，有效提升了服务功能。

2010 年，郑州经济广播开播的《王宁说房》栏目是在原节目《王牌地产》的基础上，根据用户需求，全新打造的一档专业房产节目，在郑州市民和房地产行业中具有良好的口碑和较强的影响力。该节目网罗房地产业的方方面面、涉及购房置业的角角落落，通过各方专业人士的参与，权威、全面地打造了为市民、为业界服务的平台，开通了业务投诉，购房指导，法律咨询等服务功能。主持人王宁曾是一名房地产记者，拥有近 20 年的房产经验，精心耕耘节目、为市民排忧解难，使得很多听众只要有跟房子有关的事情都会在节目中咨询投诉了解。互动移动化、节目碎片化、用户个性化都推动主流媒体加强服务功能。与此同时，专家型主持人成为实现服务的高效化，传播的精准化的标配。

2018 年 12 月 7 日，课本剧大赛优秀节目颁奖汇演在郑州举行。本次课本剧表演大赛自 8 月启动以来，得到了郑州市各大中小学校的高度关注，共有 101 所

学校参加，收集到 126 个作品，参与人数有 2300 多人。赛事分为中学组和小学组，进行作品选拔，共晋级 56 件作品。在课本剧展演环节，舞台上是孩子们精彩的演绎，而在舞台之外，更有行业大咖、著名主持人倾情"献声"，为课本剧展演增添光彩。河南省话剧院国家一级演员、河南省演讲与口才学会会长于同云，中央人民广播电台音乐节目中心主持人部副主任、中央人民广播电台经典音乐广播主持人晓光，以及郑州人民广播电台多位著名主持人等为课本剧配音，为孩子们提供与专业人士进行学习交流的机会。

这次活动不仅成为郑州市首次官方背书规模盛大的课本剧表演大赛，还成立了郑州市第一个专业的中小学生课本剧社，为孩子们搭建更专业更广阔的平台，将中华优秀传统文化不断地传承和蔓延，让孩子们的内心不断地得以熏陶和渗透，作为媒体人，更应该担当起孩子们给予的这份信任，传播正能量、弘扬社会主义核心价值观。

在新经济环境和媒体进一步融合发展的条件下，广播的生存发展课题值得业内深度研究，其中内容的融合创新和价值的深度挖掘更需要广播人思考。传统文化的宝库正逐渐打开，《国家宝藏》等优秀节目的成功为我们提供了宝贵经验，主流媒体"兴文化""育新人"的使命不容推卸。引领风尚，弘扬正气是媒体一项重要职能，慈善和公益项目逐渐成为衡量社会价值的一把标尺，主流媒体更不能成为旁观者或简单的记录员，需要深度介入，成为践行者和引领者。聚民心，就是牢记全心全意为人民服务的根本宗旨，服务意识是城市媒体生存之本，如何强化服务功能、实现精准传播将是广播融合发展中的重要一环，把握好这些内容，相信广播将与时代同行，寻找到创新发展之路。

（作者单位：郑州人民广播电台）

锁定农村发展带头人　打造服务项目新平台

——山东乡村广播的转型发展

权珍琦

　　山东乡村广播作为山东广播电视台 8 个广播频道中唯一的"农字号"频道，自 2016 年 12 月初节目改版以来，主动担当、自觉归位，秉持心无旁骛攻主业、专心专注为"三农"的频道经营理念，把宣传服务的目标受众牢牢锁定为全省新型农业经营主体、农村发展带头人、"第一书记"等农村最先进生产力代表。围绕目标受众群体，打造了"农村发展带头人培育及科技服务、'第一书记'产业扶贫、安全放心农产品宣传推介、新时代文明实践志愿服务"等 4 个具有融媒体属性、公益属性、产业属性，以融媒体传播和资源整合为核心竞争力的对农宣传服务项目平台，紧密黏合了全省几百万新型农业经营主体。按照十九大报告"培养造就一支懂农业、爱农村、爱农民的'三农'工作队伍"的要求，坚定"职业自信、能力自信、品行自信"。在习近平总书记提出的"打造乡村振兴齐鲁样板"的实践中，努力发挥党媒、专业主流媒体的独特作用。

一、农村发展带头人培育及科技服务平台

　　1. 从 2018 年 1 月 1 日起，在农业农村部中央农广校的支持下，频道与省农广校及全省 16 地市分校联合播出《锵锵新农民》。这个节目是展现全省农村带头人风采的舞台、展示全省农村发展带头人培育成果的平台。通过线上线下相结合，融媒体传播的方式，对全省新型农业经营主体等农村发展带头人的教育培训进行宣传。每年在农村各地举办的上百场次，规模从几十人到几百人，时间从三五天到十几天的现场教学、观摩、考察和交流，吸引了大批农民合作社、家庭农场、专业大户、农民企业以及广大农民群众的关注，影响力和示范带动效果十分明显。

　　依托《锵锵新农民》《12396 科技热线》等节目，从 2018 年 6 月开始，频道联合省农广校、省现代农研中心，面向全省新型农业经营主体等农村发展带头人，建设"山东省农民乡村振兴示范站"，选拔负责人为站长。2018 年，挂牌

582 家。计划再用两年时间，建设 2000 家，遍布全省农村所有乡镇和重点村庄。这是根植山东农村基层、专业权威、有影响力公信力的"三农"服务综合平台载体，是山东广大农村发展带头人创业创新的新舞台，也是频道对"三农"服务的新平台。将为乡村人才振兴，农村发展带头人培育提供齐鲁方案、模式、智慧、经验和标准。

在对农村发展带头人集中培训期间，省内外著名专家学者进行农经、农情、农技讲座；优秀新型农业经营主体介绍自身发展经验；省内外优质农资企业开展新产品推介、新技术示范；涉农科研、金融、物流、电商平台企业现场对接服务；到各种类型的农业经营主体基地进行现场观摩考察交流。

在开展集中培训活动的同时，频道还组织全省合作社、家庭农场、专业大户、农民企业等在田间地头，进行小规模面对面农业新技术、新成果的推广服务，农业生产项目的对接服务，推出了《新旧动能转换看站长》《乡村振兴看站长》等融媒体栏目。通过线上线下、节目活动一体化，融媒体的方式进行精准立体传播，在农村发展带头人中引起广泛关注和强烈反响。

2. 按照中央一号文件中提出的要求，要采取多种形式开展农民实用技术培训，并且要深入田间地头，手把手地传授这些科学技术，培养出一批懂技术、善经营的农民科技能手作为示范，带领广大群众掌握科技致富本领。2016 年 12 月，频道与省农科院、省科技厅联合，开办了《12396 科技热线》节目。专门针对农民合作社、家庭农场、专业大户、农业龙头企业进行农业科技宣传，把节目打造成全省农业大户之间进行科技服务、典型示范、信息交流、资源共享的平台。依托线上节目，从 2017 年初开始，频道联合山东省农科院，打造"山东省村级 12396 科技信息服务站"这一根植农村最基层的综合性科技服务平台。服务站从各种类型的农业经营主体中选拔，计划到 2020 年底在全省选拔 3000 家。全省已有 5000 多名农村发展带头人报名，截至 2019 年，已在全省各地授牌颁证 800 多家。这些服务站成立以来，依托频道的《12396 科技热线》等节目，在省内外著名农业专家及"田秀才、土专家"的指导下，对本村及周边地区农民群众的种植养殖、生产加工销售等新技术需求提供帮助、开展服务，充分发挥出农村科技发展带头人和平台载体的引领示范带动作用。

"12396 科技信息服务站"受到了国家科技部的关注。科技部农村科技中心两次来山东参加"服务站"授牌颁证仪式。2017 年 11 月 22 日，频道在枣庄市峄城区举办的"贯彻落实十九大精神到田间地头'山东省村级 12396 科技信息服务站'授牌颁证活动暨科技部党员干部现代远程教育座谈会"，科技部专门组织了全国 9 个省区市的专家到现场观摩。领导和专家评价说，"服务站"扎根在全省农村最基层，贴近市场、贴近实际、贴近需求，驻在农民身边，看得见、摸得着，与农民群众融为一体，是全省农业新技术推广应用、新成果实施的领头羊，是具有强大生命力和活力的新型农村科技经营主体、市场主体。"服务站"这个模式解决了农村科技推广的"最后一公里"甚至"最后一米"的问题。

目前，频道各节目组自己直接建立了 50 多个并由此链接了 300 多个，农民合作社、家庭农场、专业大户、农业企业负责人的微信群，吸纳了全省 5000 多名、辐射了上万名实力强、影响力大、美誉度高的农村发展带头人。为了更好地服务这些新型农业经营主体，2018 年 2 月 2 日，频道联合山东省司法厅、山东省律师协会，在省内聘请了 10 家优秀律师事务所，成立了"山东省新型农业经验主体法律服务联盟"。

二、"第一书记"产业扶贫平台

在打赢脱贫攻坚战的最后冲刺阶段、在各行各业立足自身优势开展扶贫工作的当下，主流媒体可以发挥什么样的作用、可以发挥多大的作用？山东乡村广播积极主动作为，紧紧围绕"第一书记"产业扶贫，探索实践出"节目项目一体化、宣传服务一体化"，节目项目同步进行，边宣传边服务、融宣传于服务的扶贫宣传新模式，产生了较大的社会效益和影响力。

频道将扶贫宣传服务的对象紧紧锁定为全省各级选派的几万名"第一书记"，内容牢牢聚焦"第一书记"产业扶贫工作。在帮助"第一书记"实施产业扶贫项目过程中，充分发挥专业主流媒体公信力强、整合社会资源能力强、传播渠道手段丰富多样的优势，一方面参与组织策划、穿针引线、牵线搭桥，协调各方联动，促成项目完成；另一方面，通过广播节目、网络视频直播、微信、微博等十八般武艺齐全的融媒体手段，宣传呈现项目实施的全过程。产生了边干边传播、边干边放大、边干边对接、边干边引领、边干边影响，宣传与服务有机融合的良好效果。

1. 打造专业、权威，有公信力的扶贫公益广播融媒体节目

在山东省直选派的第二轮"第一书记"两年驻村工作即将收尾、第三轮"第一书记"即将下派之际，2016 年 12 月 5 日，频道开播了一档产业扶贫宣传公益广播节目《第一书记朋友圈》。这档节目被定位为既是一档融媒体形态的线上节目，也是一个线下运营的公益项目。目的是通过广泛动员社会力量，招募各界爱心人士，主要是企业经营者成为"山东扶贫志愿者"，以众筹产业扶贫项目的方式支援"第一书记"打赢脱贫攻坚战。项目不是简单地组织发动社会各界为"第一书记"帮扶村送钱、送物，而是帮助"第一书记"筛选出帮扶村里切实可行的产业扶贫项目，通过节目发动，让参与帮扶的企业经营者和爱心人士运用市场手段进行运作，在奉献爱心的同时获取收益，最终实现贫困村群众、"第一书记"和企业等参与各方互利共赢。

一年多来，节目建立了 20 个《第一书记朋友圈》微信群，聚集了 1000 多位省市县各级选派的"第一书记"。面向全省扶贫志愿者，建立了 700 多人的 QQ 群。节目自开播以来，先后专访了 500 多位省市县选派"第一书记"和几百位企业扶贫志愿者。"第一书记"们带来了村里不同的扶贫项目，有种植养殖、加工销售、园区开发、集体经济入股、乡村旅游等多种产业扶贫模式；企业扶贫志愿者提供了若干不同的产业扶贫项目解决方案。节目在省市县选派的几轮"第一书记"及其相关联群体中已具有相当影响力，在吸纳社会资源关注"第一书记"、帮助贫困村产业脱贫方面颇见成效，尤其是给"第一书记"开展产业扶贫工作提供了实操性很强的借鉴。很多"第一书记"说，在即将下派驻村前，他们曾一度比较迷茫，不知道该如何开展工作。当听说有一档《第一书记朋友圈》节目后，就把以前的每期节目都找出来认真仔细听。通过听节目，了解了其他"第一书记"在村里的做法，心中逐渐有了底气，到村后开展工作就不至于不知所措，上手就比较容易了。

2. 开展内容丰富、形式多样的主题活动，实施扶贫公益项目

（1）策划实施"山东扶贫创客培育计划"

2017 年、2018 年，频道连续两年与山东省扶贫开发基金会联合举办"山东扶贫创客培育计划"，为全省各级"第一书记"孵化了 400 多个产业扶贫项目。2017 年选拔 30 个项目参与网络公益平台的网络筹款，获得近 300 万元善款，其中 9 个项目完成筹款目标；2018 年选拔 36 个项目参加网络筹款，获得近 400 万元善款，其中 11 个项目完成筹款目标。目前，参与两届"计划"的产业扶贫项目已经实施完毕，撬动社会投资数千万元，为贫困村群众增加收入、脱贫致富带来了实实在在的效果。

（2）建立全国首个由媒体发起的"第一书记"产业扶贫基金

2017 年 6 月，频道在省扶贫开发基金会设立了"一把扶——第一书记产业扶贫专项基金"。这是全国首个由主流媒体发起，专门针对"第一书记"开展产业扶贫的专项基金。2017 年 6 月 23 日，在频道直播间，通过融媒体直播的方式举行了热烈简朴的意向协议签约仪式。来自企业的扶贫志愿者，向"基金"捐赠了第一笔善款 35 万元。截止到 2018 年年底，"一把扶——第一书记产业扶贫专项基金"已经收到社会各界捐款近 100 多万元，都用于"第一书记"帮扶村的定向产业扶贫。

（3）组织发动企业和行业协会等社会各界加入扶贫爱心团队

一是成立"扶贫创客帮帮团"。为了帮助参加"山东扶贫创客培育计划"的"第一书记"解决在实施创客项目过程中遇到的资金、技术等难题，频道招募企业家、农业科技人员等社会相关人士成立了"扶贫创客帮帮团"。

2017 年 5 月 27 日，频道与济南市江苏商会签约，驻鲁十几万江苏企业集体加入"扶贫创客帮帮团—企业小分队"。定期去往"第一书记"帮扶村开展项目对接、服务。

频道还招募省农业部门的著名专家加入"扶贫创客帮帮团—农技小分队"，定期到"第一书记"帮扶村，就农产品种植、养殖、加工、销售等提供现场咨询服务。党的十九大召开前夕，频道联合省科技部门，在全省 50 多个"第一书记"帮扶村，建立了由村里科技大户为承载的"科技信息服务站"，为这些大户提供科技服务，通过他们向周边农民群众传播推广农业技术。

二是成立"好品山东"扶贫帮帮团。2018 年 5 月 25 日，由山东乡村广播策划，联合省经信委（现为山东省工信厅）开展"'好品山东'产业扶贫乡村振兴行动"启动。频道发出倡议，并牵头全省众多优质产品生产企业和 30 家工业行业协会成立"好品山东"扶贫帮帮团，动员全省企业联手抱团去扶贫，打造"好品山东·乡村名品"，为"第一书记"帮扶村以及全省贫困村优质深加工农副产品插上品牌的翅膀，借助品牌力量实现脱贫攻坚和乡村振兴。截至 2019 年 6 月，"好品山东"产业扶贫乡村振兴行动举办了光伏发电、循环经济、电子商务、装备制造、农产品批发销售等上百次各种主题的帮扶对接服务，产生了很大的社会效益和经济效益。

三、安全放心农产品宣传推介平台

山东乡村广播致力于打造全省最安全放心农产品的宣传推介平台，整合"第一书记"帮扶村和全省农村优质农副产品，在省工信厅的授权支持下，打造"好品山东·乡村名品"，通过电子数字溯源认证对农产品生产进行追溯，实现优质农产品从田间地头到家庭餐桌的放心消费。

自 2018 年以来，频道联合全省农业经营主体、"第一书记"帮扶村、国内著名物流快递龙头企业、商业流通企业等，发起成立了"山东优质农产品产销联盟""山东优质韭菜产销联盟""山东优质果品产销联盟""山东优质蜂产品产销联盟"等几个放心农产品的产销联合体。把合作社、家庭农场、专业大户、农业龙头企业，"山东省农民乡村振兴示范站""山东省村级 12396 科技信息服务站"，以及"第一书记"帮扶村生产的安全放心农产品精品聚拢在一起，通过在广播融媒体及电商平台的宣传推介和实体店的展示销售，架起了全省农村高端农产品生产者与城市高品质消费者沟通的桥梁。

2018 年底，频道与亚洲最大农副产品交易中心——北京新发地市场达成合作协议，贴有"好品山东·乡村名品"数字溯源认证码的山东优质韭菜，每天可以向新发地供货 7 万斤；2019 年 5 月，在山东最大的农村品交易市场——济南匡山农产品市场，频道开设了几百平方米面积的"好品山东·乡村名品"优质蔬菜瓜果供应专区。频道还与国内著名商超连锁集团达成了合作。山东乡村广播推荐的"第一书记"帮扶村以及全省农村的优质农副产品，都可以优先直供。

四、新时代文明实践志愿服务平台

党的十九大报告作出实施乡村振兴战略的决策部署，习近平总书记强调实现乡村五个振兴。乡村振兴，文化是引领、文化塑魂灵。乡村振兴，亿万农民群众是主体。而要广泛动员农民群众投身波澜壮阔的乡村振兴伟大实践中，就要焕发他们的满腔热情和积极性创造性。文明提升素质、文化点燃激情。在农村传播文明新风尚、弘扬社会主义核心价值观，关键是要发挥农村发展带头人的作用。为深入贯彻落实中央《关于建设新时代文明实践中心试点工作的指导意见》，使习近平新时代中国特色社会主义思想在齐鲁大地农村基层落地生根，从 2018 年 12 月起，山东乡村广播联合省农业部门，依托《锵锵新农民》节目及农民教育培训活动，面向全省农村基层成立"山东乡村广播新时代文明实践志愿服务队"，吸纳全省农村发展带头人、新型农业经营主体负责人，"山东省农民乡村振兴示范站"站长，"山东省村级 12396 科技信息服务站"站长等农村发展带头人成为志愿者，在他们的基地建设"山东乡村广播新时代文明实践志愿服务站"。这是由省级权威主流媒体发起成立，山东新农民自己的第一个全省性志愿者组织和志愿服务平台，是开展新时代文明实践工作的一个创新。山东乡村广播新时代文明实践志愿服务的最大特点是，由全省农业农村发展带头人为主导引领，以为农民群众提供科技服务和生产服务为重心，打造扎根全省农村最基层"宣传群众、教育群众、关心群众、服务群众"的平台载体。

"乡广服务队"发挥全省新型农业经营主体负责人等农村发展带头人的主力军作用，采取在田间地头开展面对面、心连心的科技指导、生产服务、培训交流、项目对接、文化下乡、法律援助、公益帮扶等"文明实践"活动，帮助农民群众解决农业生产和日常生活中的热点难点问题，带领群众发家致富，让群众产生获得感，增强群众追求美好生活的信心和勇气。

自 2018 年 12 月活动开展以来，截至 2019 年上半年，频道已在全省 16 市和近百个县区，由农村发展带头人牵头，成立"服务队"近百个，"服务站"近百个，吸纳农村发展带头人志愿者上千人，在全省各地农村开展了丰富多彩的文明实践活动。

为了贯彻落实习近平总书记"坚决打赢新时代禁毒人民战争"的指示精神，从 2017 年 9 月起，山东乡村广播联合山东省禁毒办、省公安厅开播了广播融媒体节目《禁毒之声》，成立了禁毒志愿者服务团，频道被省禁毒办授予"山东禁毒广播"。频道还在全省开展了"山东省乡村禁毒广播站"建设。截至 2019 年 6 月，"山东省乡村禁毒广播站"已在全省各地农村设立了 600 多个。其中，通过淄博市淄川区的广播"村村响"工程，一举覆盖了全区所有450多个行政村。全省加入"乡广服务队"的上千名志愿者都成为农村禁毒的义务宣传员。

目前，山东乡村广播新时代文明实践志愿服务活动正在农村各地如火如荼展开。通过努力，将把"山东乡村广播新时代文明实践志愿服务队""山东乡村广播新时代文明实践志愿服务站"打造成齐鲁大地著名的公益事业品牌、令人向往的奉献者之家和光彩夺目的文明标志。

（作者系山东广播电视台乡村广播总监）

融媒体时代广播舆论监督类节目如何"融"

——以赣州新闻广播《阳光热线》节目为例

白小龙　曾海勇　张　群

　　《阳光热线》节目是赣州新闻广播重点打造的一档舆论监督类直播节目。面对"融媒体"发展大势,《阳光热线》节目充分运用"互联网+"思维,让互联网信息技术与传统媒体优质资源紧密衔接,实现新型媒体与传统媒体的共融共赢。

一、大数据分析,锁定目标受众群体

　　2016年2月19日,习近平总书记到人民日报社、新华社、中央电视台等3家中央新闻单位实地调研,主持召开党的新闻舆论工作座谈会并发表重要讲话。习近平总书记指出,"现在,媒体格局、舆论生态、受众对象、传播技术都在发生深刻变化,特别是互联网正在媒体领域催发一场前所未有的变革。读者在哪里,受众在哪里,宣传报道的触角就要伸向哪里,宣传思想工作的着力点和落脚点就要放在哪里"。①

　　《阳光热线》节目的受众在哪里?受众为什么喜欢收听这档节目?为了找准《阳光热线》节目主要受众,赣州新闻广播把实地调查与网络大数据调查合二为一,迅速锁定目标群体。

　　实地调查方法包括通过发放节目调查问卷、节目入户收听率调查、节目信号覆盖率调查、节目热线汇总分析、与台内外其他同类型节目比对等;互联网大数据分析方法则包括了互联网蜻蜓FM、阿基米德FM等收听软件的收听率数据分析、在微信公众号发起对当天节目最感兴趣环节和大众喜爱的主持人投票等。

　　通过分析,我们得出以下结论:《阳光热线》的听众群主要年龄段集中在30~60岁之间,主要听众群体以机关事业单位人员、农村群体、白领为主。其中,因为自身需要寻求帮助而收听节目的听众占总听众群体的50%;《阳光

---

① 殷乐:《群体传播时代,主流媒体如何实现全方位创新》,《网络传播杂志》2015年第1期。

热线》节目的固定粉丝数量占到总听众群体的45%；了解赣州大事小情而收听节目的占比较大。针对主要听众群体，《阳光热线》节目组再对一整天的问题线索进行逐条分析，分类梳理，以群众反映的焦点、热点、难点问题为主展开采访调查，帮助解决他们在工作、生活中遇到的难题。

二、创新思维，运用"群众线上提问——记者线下调查——职能部门线上回复——群众监督促成效——多媒体配合传播"新模式，力促节目质量提升

《阳光热线》节目的发展分为两个阶段：即传统媒体阶段与融媒体阶段。以往，《阳光热线》节目的运营模式是"主持人解答群众疑问——记者调查，线下解决——记者调查采访成稿——主持人播出"。这一阶段的做法是传统媒体惯用的节目模式。然而，在长期的节目运作中，我们发现这种模式会产生诸多问题。

首先，媒体和政府的角色模糊。由主持人来解答群众提出的有关政府各职能部门的政策问题，存在信息把握不准、权威性不强等问题。政策是不断发展变化的，主持人不是职能部门，不可能第一时间掌握政策信息，甚至会出现主持人对听众所提的问题解答不到位或者解答的政策信息滞后而给群众传达出错误的信息，这无疑会对节目质量产生很大影响，会逐渐失去节目的收听市场。

其次，节目形式呆板，可听性不强。"内容为王"是根本，完美的表现手法也不可或缺。《阳光热线》节目主持人和听众"你问我答"的形式并无可厚非，但没有完美的表现手法，60分钟的节目里没有产生任何的矛盾爆发点，会导致节目听点不够，节目也会失去"舆论监督"的意义。那么，如何让《阳光热线》节目做到既好听又实用呢？

1. "多方直播连线"让节目形式活起来

近年来，全国各级电台的民生监督类节目如雨后春笋般的破土而出。融媒体时代到来，《阳光热线》节目如何"融"？我们尝试采取"群众线上提问——记者线下调查——职能部门线上回复——群众监督促成效——多媒体配合传播"的运作模式。这种模式让节目主体变成了"受众"，将答复问题的话语权交给了职能部门。同时，在节目直播中，一改往日主持人和听众一对一交流的单调模式，大部分问题采取"三方、四方"连线的方式，即节目直播现场直接电话连线相关职能部门主要负责人，由职能部门在线记录、在线解答听众难题，让受众既在现场了解职能部门对问题的答复情况，又能够监督职能部门处理解决问题。其中，节目现场能够解决的相关职能部门立即解答，现场不能解决的，要求职能部门记录好相应的问题，转交给各责任单位，事后由节目组追踪报道，并在以后的节目中进行现场回复。

这样的节目运作模式促进了节目的长远发展。首先，反映问题的群众能够和对口的职能部门面对面沟通，对于一些不合理的问题直言不讳地指出，让权利在阳光下运行，凸显了节目的权威性。其次，这种模式打破了主持人一个人掌控节目的格局，使直播间内外联动，主持人、导播、记者、职能部门在节目里"活"起来，各自分工明确，职责清晰，调动群众参与节目的积极性。比如：

南康区朱坊乡张先生反映，父亲把一笔钱埋在了地下，因为时间过长，大部分纸币都破损严重，他求助于《阳光热线》节目希望能够兑换破损纸币。为更好地解决群众的难题，节目组记者和张先生一起去中国人民银行赣州分行对残缺纸币的更换问题进行采访，为群众挽回了大部分损失，在当天节目播出时，还连线了记者和中国人民银行赣州分行相关负责人，对人民币储放的问题做了专门提醒。随后，我们将这期节目做成线性小专题，在不同时间段滚动播出，在蜻蜓FM、阿基米德FM、微信公众号上面同步推出，取得了良好的社会效果。

可以说，转变节目运作模式，不仅提高了节目的权威性，更是凸显了新闻的及时性，群众通过节目也能了解最准确的政策信息，起到由点及面、由表及里的作用，提升了节目的影响力。

2. 政府职能部门在线反馈调查结果，对未解决的难题一追到底

在新媒体的冲击下，节目要有收听市场，就必须出新出彩。我们在《阳光热线》节目中设置了《阳光追问》环节，巧妙的制造了节目的高潮点，彰显了节目的权威性。

首先，《阳光追问》环节的设置对主持人提出了更高要求。《阳光追问》环节，采取主持人在备足功课、了解事情真相后，要求现场能够对职能部门的工作发问。这需要主持人既有对节目的把控能力，更要有丰富的采访能力，同时，对有用信息的归纳和整理也需要瞬间完成。要求主持人具备记者和主持人的素质，在主持节目的过程中提高了主持人在融媒体环境下的应变能力。

其次，《阳光追问》倒逼机制促进了问题的解决。对于老百姓关注的焦点问题，节目组采取追踪报道的方式，从不同的观点和角度不断推进问题的解决。例如：

瑞金市中医院开展免费体检惠民活动，但群众对此存在疑问：在享受这项惠民政策的同时，还要花19元办理一张惠民卡片，与宣传中的"免费"名义不符。记者通过实地调查采访，从瑞金市中医院收取费用的合理性和政府部门的审批许可等方面，探讨在深化医药卫生体制改革的大背景下，基层医疗机构在改革中所面临的困难。报道播出后，引起了瑞金市政府的高度重视，对瑞金市中医院推出的"免费体检活动"进行全方位调查后，决定继续保留此项惠民活动，将免费改为"象征性收取每项1元的费用"，并及时将整改措施向社会公布，得到了百姓的认可。再次，《阳光追问》成为舆论场。群众收听《阳光热线》节目既

听观点，还要听事情解决的效果。《阳光追问》环节之所以受众关注，是因为现场感强，并且能听到各方观点，形成舆论场。例如：

听众反映，赣州经开区黄金岭街道办事处的安置商铺已经建好8年了，但商铺迟迟没有分发给征迁户，已经超过了合同期限，涉嫌违约。在该期节目中，我们现场连线了黄金岭街道办事处征迁办负责人，现场解释了政府不分发店面的原因和该项工作的具体安排；另外，节目现场连线律师，从法律角度解读政府是应该承担赔偿责任，最后，我们还当场连线当事人，全程监督政府对于此事的答复，并且和职能部门取得较好沟通，促进了问题的解决。

最后，《阳光追问》推动了广播媒体与新媒体的有机融合。我们将每一期的《阳光追问》在蜻蜓FM等网络收音机上进行线性编排，并留有评论区、转发区，让节目的互动性、影响力进一步提高。

三、变革传播方式，开通融媒体平台，节目影响力进一步提升

近年来，《阳光热线》节目顺应融媒体发展趋势，将"不见其人先闻其声"的广播变为"音视频同步直播"的多媒体，开通了360水滴直播和E直播，打造透明直播间，让主持人和听众的距离拉得更近。另外，节目还开通了QQ群、微信群，增加节目黏度。特别是《阳光热线》微信群实现节目主播与听众"24小时"的互动，做到了群众有问题随时反映，主持人及时回复，打破了传统媒体在有限的时间内接听的电话数量有限的局面，真正做到"群众一键投诉、节目快速受理、政府部门及时解决"。

为了突破广播节目的地域限制，增加节目的影响力，《阳光热线》紧密结合互联网媒体推出的"蜻蜓FM""阿基米德FM"，以互联网收听为载体，经营好节目社区，将节目精华部分变成线性节目，对互联网用户专门开设热点事件的点击、评论专区。

四、整合政府资源，集中解决群众关切的热点难点焦点问题

《阳光热线》创新思路，通过开门办节目，每月定期邀请职能部门走进直播间，倾听社情民意，通过水滴直播和E直播进行音视频同步直播。在节目直播过程中有的部门把现场会开到直播间，有问题即时处理解决；有的则要求本单位上线时所有干部职工准时收听，接到投诉后马上解决问题，从而达到了政府部门、群众双满意的效果。近3年来，《阳光热线之〈阳光问政〉》特别节目的上线单位已达到30多个，涵盖了市民生活需求的方方面面，真正成为党委政府和人民群众沟通联系的"连心桥"。

五、深化走转改，紧扣节目宗旨，开展系列落地活动

党的十九大报告指出，坚持正确舆论导向，高度重视传播手段建设和创新，

提高新闻舆论传播力、引导力、影响力、公信力。

媒体人只有走到群众中间，才能真正了解群众需要什么，才能更好地把握节目走向，促进节目良性发展。为此，《阳光热线》节目组每月定期组织开展《阳光进万家》系列活动，邀请政府职能部门、志愿者、医务工作者等到社区、乡镇、街道、企业等开展服务活动，主持人、记者、编辑下到田间地头，走进百姓家中，现场倾听民声民意，解答受理市民的各种疑难问题，询问对节目意见建议。既丰富了群众的精神文化生活，又增进了节目与群众的感情。此外，每场活动都通过"E直播"进行户外视频直播，直观展现活动全过程，极大地增强了《阳光热线》节目落地活动的影响力。

《阳光热线》节目要发展，必须扎根于人民群众深厚的土壤中，从群众中来，到群众中去，让群众把《阳光热线》节目当挚友，在节目中表达自己的诉求和愿望。为此，下一步，我们将进一步深化"走转改"，以"传递爱的声音"为主题，让主持人、记者深入基层一线，将话筒朝向环卫工人、普通民警、乡村教师、医护人员、企业职工等各行各业的普通群众，开展一系列公益活动，让节目更加充满"人情味"，进一步凸显"关注社会民生，倾听百姓心声"的宗旨。

结语：

党的十八届三中全会提出推动媒体融合发展的重大战略，习近平总书记多次就推动媒体融合发展作出深刻阐述，强调"融合发展关键在融为一体、合而为一"。[①] 这就要求我们要进一步增强新媒介环境下的新闻信息生产、传播、服务能力，更好地发挥舆论引导功能、更好地满足公众的信息需求，培育良好的舆论环境，有效构建舆论传播新格局。

赣州新闻广播《阳光热线》节目将不断创新节目内容，简化节目流程，突出节目重点，增强节目的本土化、实用化和贴近性。同时，瞄准群众关注的热点、难点、焦点问题，着眼解决率大提升、节目影响力大提升、节目创新度大提升等，打造赣南地区乃至江西省内、国内品牌舆论监督节目，真正成为群众排忧解难的"民心线"、优化政务环境的"监督岗"、缓解社会矛盾的"减压阀"、构建和谐社会的"助推器"。

（作者单位：江西赣州广播电视台新闻广播）

---

① 南隽：《学习贯彻习近平总书记关于新兴媒体发展战略重要论述》，《中国记者》2016年第6期。

类型化音乐广播的 IP 开发与品牌运营策略

——以长沙市广播电视台城市之声 FM101.7 为例

潘开政　黄洪珍　刘　勋

一、引言：类型化广播发展趋势下 FM101.7 城市之声的转型缘起

类型化广播（Format Radio），又可称为类型化电台、个性化电台。类型化广播通过流程化操作，使节目内容单一化、频道主体专门播出某一种节目内容；同时对节目进行标准化、模块化编排、按照时钟循环状编排节目；通过打造频道整体面貌来强化听众对频道内容和品牌的记忆。

20 世纪中叶，类型化广播起源于美国、法国、加拿大等海外国家，广播频道在日益分化的广播市场中寻求细分受众，通过细分市场、瞄准特定观众、集中优势对特定内容进行专业加工，逐渐形成并发展起来了类型化广播这一独特模式。在经历了半个世纪的发展之后，类型化广播已经逐渐发展成为一种主流的广播模式。

纵观我国广播电台的发展历程，从频道编排形式来看，综合性或栏目化的广播长期牢牢占据着主流地位；从节目内容来看，广播节目多以新闻节目为主，音乐节目长期以来作为一种"辅助者"的角色，承担着补充频道内容、调节节目气氛的辅助作用，而类型化的音乐广播电台在我国发展起步则更晚。2002 年，中央人民广播电台的"文艺调频"栏目，通过借鉴国外标准流行音乐类型化电台的模式和普遍使用的 RCS 系统，设立以"流行音乐"为主要播放内容的发展定位，尝试着进行了类型化的栏目转型。2012 年 12 月，"文艺调频"栏目转型为"音乐之声"，通过模块化的节目编排和随意性、伴随性的节目理念迅速抢占广播市场，被视为中国内地首家类型化音乐广播。

在全国级广播电台尝试着构建类型化广播频道、进行精细化的市场开发与受众定位之后，随着外部激烈的媒体形态竞争、内部日益增长的频道数量与节目内容瓜分广播市场所带来的压力，诸多广播电台开始尝试性地进行类型化广播的打造。在城市级广播电台中，面对体量更为庞大的省级媒体的竞争、时效性互动性

更具优势的网络新媒体的市场瓜分，湖南省长沙广播电视台 FM101.7 城市之声频道于近年进行了全频道的类型化转型尝试。面对省内数量众多且竞争强烈的交通电台，FM101.7 城市之声在原有的频道受众和定位上，瞄准车载电台终端背后的私家车主听众市场，摒弃原有的综合性交通新闻传播节目定位，突出自身的音乐优势，借助与各大唱片公司长期合作所积累下的专业音乐资源，强化频道的陪伴性属性，打造出湖南省第一家类型化音乐广播。

二、IP 与品牌开发运营的具体流程与操作模式

类型化音乐广播作为一种受众针对性极强的广播类型，通过对特定的细分听众进行紧密的定位与联系来不断巩固受众群体、在媒体市场中寻求精准的纵深化发展。在节目采制、运营、投送的整个生产流程中，类型化音乐广播的 IP 开发与品牌形象运营是不可忽视的。依靠核心的节目内容和音频资源，音乐广播可以在此基础上形成自身的特色 IP，并借助 IP 优势和独有内容吸引受众，抢占受众市场份额；通过对广播频道的品牌化综合运营管理，在受众与合作者中形成良好的品牌形象并积累品牌价值。

但值得注意的是，在对类型化音乐广播的开发管理中，并非现有的所有栏目内容资源都可作为频道 IP 的基础。对类型化音乐广播来说，IP 与品牌的开发运营建立在自身独有的特色媒介资源之上，需要音乐广播频道在节目录制前期明确频道定位、瞄准受众，节目录制中采用专业的模块化编排模式，节目播出后及时维护受众与节目之间的黏性。

（一）独特化频道定位与受众市场细分

在当前传媒市场的竞争中，音乐广播频道的发展面临着内部与外部的重重竞争。从外部竞争力量来看，诸多具有高时效性高互动性的媒体平台大量抢占着广播的市场份额；从内部竞争环境来看，多层级的广播体系与大量的广播频道同样瓜分着宝贵的市场，各种综合类、交通类广播频道在广播市场中占据着主流的地位。作为一种单向性传播特点极强的传播媒介，时效性、互动性、单位时间内容含量等因素的限制，广播难以与其他媒介进行强有力的竞争；而在主流的广播受众市场中，当综合类的广播频道数量众多且短时间之内难以改变市场格局的情况下，通过挖掘市场之中的细分受众，将这部分听众列为主要核心，是类型化广播发展的必然逻辑。

通过独特的频道定位，类型化的音乐广播可以最大限度地避免与综合类广播进行正面竞争与冲突。相较于传统的综合类广播频道融合时事新闻、评论、访谈、音乐、广告等多种节目类型的模式，类型化音乐广播的定位与节目内容则显得更为单一与专业——始终以音乐为核心。在 FM101.7 城市之声的发展中，市场份额始终面临着强劲的瓜分压力——智能手机的普及与手机端新闻的实时化推

送，使受众得以在第一时间获取新闻资讯，这就导致以车载媒体为主要传播途径的城市广播在新闻资讯传播方面的竞争力受到严重的挑战、市场竞争力不断下降；而在城市内部，各大广播频道之间的竞争同样激烈，以 2018 年统计数据为例，在湖南省全省范围内，FM91.8 湖南交通频道在湖南省广播市场中的占比达到 32.08%，各大广播频道之间的竞争态势有增无减。面对外部媒介和同行业广播频道的激烈竞争，FM101.7 城市之声在分析自身具备的优劣势之后，弱化竞争能力下降的新闻时事类内容，依托自身拥有的庞大音乐曲库以及与专业 CD 公司的长期合作，尝试打造"365 天×24 小时"全年无休的专业音乐伴随属性电台。在受众定位上，FM101.7 城市之声大范围地缩小了节目的目标受众，以 25～45 岁的私家车主为主要目标人群，以车载广播为主要的传播渠道。通过瞄准受众群体在行车过程中锁定单一广播频道的行为习惯，进行准确的节目投放。精准的受众定位，在为广播频道提供节目内容编排的方向的同时，也使得广告的投放得以更加精准，大幅提升了潜在的广告客户，为频道的良性发展提供了潜在支持。

（二）专业化、模块化的音乐节目编排

通过标准化、模块化的节目编排手段、使节目呈现出时钟循环状的播放效果，是音乐广播实现类型化发展模式的核心所在。通过对同类型的节目内容的循环化播放，在受众中形成强化记忆；通过对受众正面反馈多、互动性高的具体节目的重复性播放，强化受众观感、提高受众黏性；通过模块化的节目排序、去时间表化的节目播放顺序，使得受众可以随时随地融入节目内容中，强化频道的"陪伴性"定位，突出"随心性"特点。通过使用 RCS 数字播控系统，FM101.7 城市之声实现了音乐内容与广告之间的无缝链接，实现了全自动化控制下的 24 小时不间断音乐播出，极大地提升了节目的连贯性与可听性。在 RCS 数字播控系统的基础上，通过有效管理和编排庞大的音乐库，使整个广播频道呈现出高品质的音乐氛围。

在具体的节目内容编排上，专业音乐节目的大量使用和核心优质节目的重点安排以及广告等过渡性内容的合理穿插，是类型化音乐广播节目在节目编排上的重要手段。以 FM101.7 城市之声的节目编排为例，时间占比较长的音乐伴随节目与脱口秀类节目相互配合紧密排列。在全天候的节目投放中，《城市乐飞行》《城市音乐家》等音乐类伴随节目占据着白天主要的播放时间，使以车载广播为收听媒介的受众可以随时融入节目中来；而在每天的早晚交通高峰期间，FM101.7 城市之声对节目内容进行适当的调整，加入脱口秀类的少量资讯节目，满足用户在交通高峰期的出行资讯需求；而在夜间的内容投放上，FM101.7 城市之声启用《城市优音乐》栏目，实现整个晚间的音乐伴随。

（三）IP 分化管理协同整体品牌塑造

随着现代化媒体运转流程的发展和版权意识的不断兴起，媒体所生产出的各个节目内容已不仅仅是单纯的信息产品。当这些节目内容投入到版权市场之后，随着固定受众市场的建立和黏性粉丝的形成以及关注度的不断提升，拥有优质资源、稳定的节目输出能力以及固定受众的优质节目中逐渐形成自己的 IP。节目内容的 IP 化塑造与运营是现代媒体运作中的一大趋势。通过运营多个富有价值的 IP，利用多个优质节目吸引受众，对音乐广播的整体品牌形象塑造大有裨益。多个 IP 构成整体的品牌形象，节目内容的价值构建起品牌价值；与此同时，品牌力量所拥有的合力将更多的受众引流至各个 IP 之中，为 IP 的发展带来新的活力。2018 年，FM101.7 城市之声通过举办大型的 DMT 音乐和节目调研活动，进一步对受众的音乐偏好、节目内容偏好、收听时间偏好等因素进行收集，在基于 25～39 岁之间的主流受众的调研数据上，进一步刻画出受众画像，并在此基础上优化频道的曲库管理与节目编排形式，对受到听众热捧和反馈积极的重点节目内容进行资源倾斜和着重发展，打造了双搭脱口秀节目形式的早高峰期间节目《阳光麦乐地》，与同类型节目《娱乐晚点名》共同成为城市之声最具品牌影响力，最具市场竞争力的节目 IP。

同时值得注意的是，IP 的构建并不仅仅局限于已经拥有的实体节目内容，独特的节目运转方式、专属的节目主持人资源等，同样可以参与构建类型化音乐广播的 IP。在 FM101.7 城市之声着重培育的频道 IP 中，"素人报时""主持人冠名"等同样以强大的受众基础和市场号召力，成为频道吸引听众与广告资源的重要力量。以"主持人冠名"为例，通过打造极具个性的主持人，在广播节目、新媒体栏目、线下推广等环节的助力下形成对特定受众的影响力，再借助冠名的形式，形成频道独有的 IP 并借此进一步引入盈利的广告资源。

在构建多个节目 IP 的基础上，音乐频道得以不断明确目标受众的定位，确定频道的长期传播方式与传播内容，并进一步形成频道未来的品牌发展策略。通过完整的品牌运营与营销策略，广播频道可以依据品牌发展需求对节目 IP 与节目编排形式进行梳理，对节目内容创新策略、节目评价管理策略、主持人培养体系等进行调整规划，实现向外输送内容的稳定性与创新性；同时基于品牌价值与调性，协助频道开拓广告市场，提升品牌营销的能力，实现媒体融合背景下广播频道的商业运营。

（四）依托社群归属构建 IP 与品牌认同

类型化音乐广播高度细分的受众市场，对广播频道运营者如何牢牢地维持用户黏性提出挑战。通过线上广播节目的投放，音乐广播可以积累稳定的受众群体，但在媒介竞争激烈的今天，固定的受众市场极易被瓜分。而对于广大的受众来说，通过对固定频道节目的收听，事实上形成了一种对固定文化圈层的认可与依赖，这种以节目内容为核心而建立起来的互动关系在合理有序的引导下往往会发展成为以特定频道为核心的粉丝社群。通过线下活动的开展强化社群归属感，是提升听众对频道节目内容与品牌形象认同的重要途径。

以用户兴趣为核心，以音乐资源优势为基础，通过大型化生活化的线上线下联动活动，提高受众对节目内容的参与程度，是类型化音乐广播在运转过程中可以采取的独特手段。在大型互动节目的开展方面，FM101.7城市之声利用自身的音乐资源，参与了橘洲音乐节、长沙音乐节、儿童音乐节等系列音乐活动，借助这些节目平台拥有的广泛影响力和传播力实现双赢局面。而针对受众群体的特点，借助受众群体对公益活动的广泛参与热情，FM101.7参与策划了"地球一小时""关爱自闭症"等公益活动，在发挥媒体的社会责任的同时，也积极吸引节目的听众参与到策划活动中来，提升听众对频道形象的认可与对频道的归属感。

三、FM101.7城市之声发展历程中的参考价值

作为湖南省第一家专业音乐陪伴属性电台，FM101.7城市之声经历了多年的类型化发展道路，在全省的广播频道市场中占据着重要的地位。根据央视索福瑞提供的收听率显示，截至2018年11月，FM101.7城市之声的收听率位居湖南省第三位。在湖南省音乐类电台中，FM101.7城市之声的收听率长期排名第一。在我国尚未发展成熟的类型化音乐广播中，FM101.7城市之声的发展道路提供了诸多有价值的经验。

（一）依托核心优势实现独特化发展道路

中央人民广播电台的"音乐之声"在创立早期，为了避免与现有的音乐频道进行正面冲突，充分发挥了自身在流行音乐方面所具备的音乐资源优势，形成了以流行音乐为主要卖点的类型化发展道路。而FM101.7城市之声在发展的早期，同样借助自身所具备的音乐资源实现独特的音乐伴随发展道路——以庞大的音乐曲库为基础，避开自身竞争力较弱的综合性广播业务，专注于伴随性的音乐节目内容，以车载电台为主要渠道、以年轻私家车主为主要目标人群，实现精准化的音乐广播内容投放。

作为湖南省首家音乐伴随属性的广播电台，FM101.7城市之声瞄准了发展较为空白的音乐时广播市场，将受众从综合性广播中剥离出来，形成属于自己的粉丝群体。当前我国类型化音乐广播发展仍处于不够完善的发展阶段，依据自身所处的城市、用户群体、频道资源等确立属于自己的重点发展方向和频道定位，在广义的音乐范畴中寻求符合自身风格的节目定位，是音乐广播谋求类型化发展的重要途径。

（二）关注 IP 开发与节目运营中的频道创新能力

依托已有的实体节目内容实现频道的节目 IP 开发，构建出了 FM101.7 城市之声 IP 开发的早期基础；通过对主持人资源、运作模式与版权资源的开发，再次丰富频道的 IP 生态——这是 FM101.7 城市之声形成稳固的 IP 开发生态模式的长期举措。在当前传媒市场的竞争中，个频道之间的竞争已不仅仅是节目与节目、收视率之间简单的对比竞争，更是频道开发运营节目内容、构建具有核心竞争力的节目 IP、形成强大的版权保护与节目创新能力之间的竞争。频道的创新能力，直接关系着广播频道在现代商业化市场竞争中的竞争优势。

通过将无形的品牌理念落实在有形的活动之中，与频道之外的优质资源进行合作，FM101.7 城市之声在提升知名度与营收的同时，也融入了新的发展理念与发展元素。建立在庞大的数据分析基础上所形成的新节目，根据用户习惯而进行调整的节目编排，为亲子人群量身定制的专属节目内容——通过不断开发新的节目内容，巩固优势节目，FM101.7 城市之声保持着强大的节目开发能力与创新创造能力，而这样的能力也是音乐广播在类型化发展中所必不可少的。

（三）重视受众市场的深度开发与管理

由于类型化音乐广播在目标受众上就已经限制了一定的范围，细分的受众市场使类型化音乐广播难以像综合性音乐广播一样形成广泛的受众群体。在受众基数有限的情况下，实现对受众群体的深度开发，不断提升听众对频道的黏性与关注度，可以有效地帮助类型化音乐广播在有限的细分市场中寻求受众价值的最大化。如 FM101.7 城市之声实行的线上线下联动策略，通过各种类型的活动寻求受众注意，不断提升，受众对频道和节目内容的认可与归属感。

而除了原有的广播渠道，通过不断开拓新的节目传播途径，开辟新兴的具有价值和兴趣点的新栏目、新内容，可在一定程度上缓解受众的审美疲劳。以 FM101.7 城市之声今年开设的新媒体栏目为例，《星光 LIVE 馆》《食尚挖挖哇》《兰馨的美食日志》等针对听众兴趣而设立的新媒体栏目，以高质量的画面输出，专业的后期文稿和配音创作，赢得了良好的受众互动效果。

四、类型化音乐广播实现 IP 与品牌运营的可行性建议

作为媒体市场中一项并不主流的分支，类型化音乐广播面临着来自其他媒体形态的竞争。一方面，众多的节目内容与 IP 带来的强烈竞争，抢占着本就不断缩小的受众市场，影响着音乐广播的收听率等各项指标参数；另一方面，受众的关注度与直观的收听率数据，直接影响着广播频道与广告客户的议价能力，进而影响广播频道运营与发展的经济基础。而在新兴媒体快速发展的背景下，类型化音乐广播在时效性、互动性、趣味性方面都面临着压力。在竞争面前，类型化音乐广播需要不断实现内容与市场深耕，尝试拓宽盈利渠道。

（一）提升融媒背景下 IP 开发的深度与投放的广度

在资讯爆炸式增长的媒介环境下，大量繁杂的资讯内容在带来实时化信息传递的同时，也给受众带来了信息冗余的压力与困境。而类型化音乐广播相较于同类媒介形态，体现出了更好的陪伴性。在与行业其他媒体的竞争中，类型化音乐广播可以充分发挥具有优势力量、受众亲和度高的节目 IP 的优势，通过社群归属感提升受众的黏性，利用线上线下合作互动等方式加深受众记忆，对优质 IP 进行深度开发。

在节目 IP 的投放渠道上，依据自身发现定位，合理拓展投放范围。FM101.7 城市之声所尝试的"广播为主 + 新媒体为辅"的传播理念，正是音乐广播在渠道上的一次探索。FM101.7 在渠道拓展尝试中，通过依托强势的广播线上节目播出，形成广播 + 新媒体的节目品牌，实现对新媒体栏目的创意管理。如 FM101.7 开设的新媒体栏目《食尚挖挖哇》《星光 Live 馆》等，在线上广播和新媒体终端积累了大量粉丝，数据层面，两档节目的网络点击量在 2018 年已经达到了 25 万。同时，需要注意的是，渠道的拓宽应当牢牢地建立在优质的节目内容基础之上，有强大市场竞争力与受众号召力的节目 IP 始终是类型化音乐广播在实现市场开拓过程中的核心力量。

（二）基于品牌定位实现品牌营销、拓宽盈利渠道

创建稳定可持续的广告收入来源，是音乐广播作为一种媒介在市场环境中生存和发展的重要源泉。在当前激烈的传媒市场竞争中，广播所占据的广告资源相对较弱，而类型化音乐广播独有的伴随性定位，对广告来源形成了更高的要求和筛选条件。如在 FM101.7 城市之声的广告合作中，严格限制了医疗类广告的进入，这是频道发展定位所提出的要求。但在 2018 年的广告合作中，汽车行业的快速下滑，直接影响着 FM101.7 城市之声的广告收入来源。频道定位对广告来源的选择使得潜在的广告客户减少，同时广告商对新兴媒介的青睐，也给音乐广播的盈利带来了压力。

面对激烈的市场竞争，类型化音乐广播需要通过不断把握分析频道所拥有的受众收听数据、节目传播效率数据等核心信息，确定符合自己品牌定位的营销策略。在广告营收方面，通过品牌营销将品牌价值发挥到极致，吸引广告商的投资，同时建立起专业的售前售后广告服务团队，进一步提升频道的品牌口碑；同时要有意识地降低广告在频道运营中的营收占比，开拓新的盈利渠道，如通过发挥专业优势，承办或参与举办大型音乐活动等方式提升活动业态的收入。尽管在摸索的前期，这类业态总收入偏少且利润率偏低，但对改善广播频道的盈利结构，实现可持续化营收有着重要的意义。

当前类型化音乐广播的发展格局，意味着较为广阔的市场空间和充裕的发展

机会。依托自身所具有的独特资源、立足于频道发展规划、利用融媒体背景所带来的全新发展机遇寻求类型化的发展趋势，是众多音乐广播在激烈的广播竞争市场中谋求转型与变革的重要方向。

（作者分别为：长沙市广播电视台副台长、副总编辑、集团公司总经理；湖南科技大学人文学院新媒体研究所所长、教授；长沙市广播电视台 FM101.7 城市之声总监。本文系湖南省社科基金一般项目〈项目编号：18YBA156〉、湖南省社科成果评审委员会一般项目〈项目编号：XSPYBZC023〉的成果）

融媒时代广播新闻的"互动"创新

陈益群　张育纯

融媒时代互联网媒体的兴起对传统媒体造成了巨大的冲击，迫使传统媒体纷纷转型，首先是以互联网+的形式存在，而后是融媒体形式进一步发展。在这个过程中，纸质媒体和电视媒体受到的影响最大，最主要的体现就是市场占有率的下降和经营的举步维艰，而广播媒体却似乎"置身事外"，偏安于一隅，在传统媒体中受到的影响是最小的。这主要是因为媒体传播的特殊性，在这场由于网络的互联互通引发的媒体革命中，广播能够"独善其身"，与目前我国社会经济的发展状况关系密切。首先，新媒体借助的是互联互通的通信网络，而在我国广大的农村地区，通信网络的建设相对滞后，发展速度远远落后于人口集中的城市地区，广大的农村地区依然是广播的重要市场，这给广播的生存提供了广阔的空间；其次，中国城市的汽车拥有量飞速发展，"车轮拯救广播"的说法得到验证，特别是中国的城市建设在设计上未能给今天汽车的增长留出足够的想象空间，所以，堵车问题成为城市的通病，人们在汽车上停留的时间普遍大幅增长，车载人群成为广播最重要的受众增长点，由此也在一定程度上提升了广播媒体的价值。正是源于这两个特殊性，在互联网媒体兴起的时代，广播得以以独立的姿态和存在方式得到平稳的发展。

俗话说，安逸会消磨人的斗志和进取精神。广播得以旁观者的姿态面对这场媒体生态的重大变革，使得它在新媒体拓展融合方面相对来说积极性和主动性不足，至今依然未见广播主流媒体在互联网领域有大的建树。

人们常说"广播媒体有着它无可替代的优势——即时性与互动性"。事实上广播的这种"即时性"优势正在逐渐消失，一方面是由于互联网媒体对新闻事件直播的便利性并不亚于广播媒体；另一方面，就社会生活层面来说，广播媒体的触角远不及以个体形态出现的自媒体，对时政活动广播媒体作为传统主流媒体有一定的优越性，但是在社会生活领域，特别是对于一些百姓高度关注的突发事件，广播媒体就显得心有余而力不足，与互联网媒体相比已经失去了传统的优势。

而"互动性"依然是广播媒体的优势，但它的内涵应该得到扩容，并成为广播媒体在融媒体时代创新发展的依托——

一、广播媒体与其他媒体的互动

融媒体时代的特点就是各种媒体的边缘被模糊了，广播不能自己独立于其他媒体之外，而应该主动与其它媒体交融互动，有效地延伸和拓展广播媒体的传播平台和覆盖影响力。

1. 借助其他媒体宣传自己

客观上说，广播媒体在传播上有局限性，所以要善于利用其他媒体，无论是传统媒体还是新媒体，加强对广播媒体自身的宣传。过去，广播有一个口号叫"办看得见的广播"。主要是通过举办一些户外活动来宣传广播媒体，但这种形式相对而言局限性较大，一方面是举办活动的投入大，比如一个城市广播电台举办听众日活动，就是让主持人去唱歌跳舞举办一台文艺演出，准备的时间长，而且每场演出至少要投入约20万费用，这对一个城市台来说，负担是比较大的；另一方面是没有延续性，产生不了持续的效应，一年只能举办一两次这样的活动。所以，办"看得见的广播"应该是指让人民群众有更多的机会接触广播。其实，利用电视、小视频、新媒体等手段也能让广播被受众"看见"，这无疑拓宽了广播推广的途径和渠道。

2. 主动参与多媒体的联动

新闻采编的"中央厨房"不是物理性的结构重组，而是化学作用的联动，重要的不是组织形式，而是整个运作思路的改变。目前有不少媒体都建立了所谓的"中央厨房"，但有些只是徒有其表，比如将多个采访部门合在一块办公，然后各自为政；有的甚至将几台电脑连在一块就挂上了一个"中央厨房"的牌子；更多的是将平面媒体与互联网媒体整合或将电视媒体与互联网媒体打通，而将广播媒体排除在外。其实广播媒体是完全有条件与其他媒体融合的，各种媒体的差异性也就是它们的互补性，这种互补性如果应用到对同一事件的采访报道中，则能最大程度地发挥全媒体的作用，从而最大限度地实现"四个力"的要求。比如汕头潮阳潮南区曾因台风的袭击突降暴雨，因为遇上天文大潮等原因，受灾地区10多天受到水浸，全面断水断电。面对这种状况，全媒体的新闻联动发挥了积极的作用，而广播也显示出了它独特的优势，因为灾区断电，互联网媒体及电视都无法传播，唯有广播能够把声音传入到灾区。此时对外宣传报道主要依赖的是互联网和电视，而对灾区的有关信息的传达对接主要依赖的就是广播，这种有效的组合互动使灾区的信息与外面救灾的信息联通起来，从而有力地支持了救灾的行动。

3. 构建全媒体信息互动循环圈

不同媒体平台之间的互动是一个信息再传播再发酵再深入的过程，不仅仅是各取所需，也不仅是内容再加工，其实也是内容生产的一部分，是内容生产的重要方式和载体。例如，一个影响较大的事件爆发，各媒体平台可以采取不同的方式报道，而接下来的追踪报道方面广播有天生的操作上的便利，一根电话线就能无限地延伸采访的触角，既可以通过电话采访，也可以通过直播室专访，深化新闻事件的报道。广播节目既可通过互联网手机平台进行直播，也能以视频、图文的形式在互联网传播，同时这些由新闻事件衍生出来的新内容也成为电视报道新的素材。长期以来，电视在新闻事件的后续追踪报道中总是有所欠缺，往往停留在动态性的报道上，缺乏对事件后续的深入分析和进一步挖掘，而利用广播及互联网媒体平台就很便利的获得后续报道的内容和素材，同时电视也可通过预告等方式，主动将后续的互动放在广播或新媒体平台上。汕头电视台有一档《今日视线》民生节目曾经在当地获得90%以上的市场份额，它同时也培育了一档收听率极高的广播节目，就是电视节目播完以后衔接一档针对报道内容的广播热线讨论节目《今日评说》，受众可即时发表对新闻事件的看法，有些观点又可成为第二天电视民生节目的报道内容，形成了一个内容生产的闭环，效果明显。这种媒体平台的互动才真正地体现了"你就是我，我就是你"的不分彼此。

4. 广播节目传播途径的拓展

在全媒体时代，广播节目可以通过电波来传递，也能通过互联网传播。通过互联网能实现直播，还可以点播，不论整套节目，还是单个节目或通过重新包装制作特定的节目，都能在互联网端传播，受众可以通过收音机这种传统的手段来收听广播节目也可以通过PC端、穿戴设备、手机等其他手段随时随地来收听节目，这将有效拓展广播媒体的传播渠道和接收手段。而且互联网平台既可以自己建设也可以借助已有的具有影响力的外部平台。互联网平台节目的传播关键在于生产能力，广播从业人员要有意识有能力制作一些既适合在原有广播电台播出的节目，同时也适应新媒体平台受众的需求，说到底"内容为王"依然是引领广播发展的方向标，排斥互联网端的广播只会作茧自缚，主动求变去适应受众对声音的需求才是王道。

二、广播媒体与受众的互动

与听众的互动一直是广播最鲜明的特点，甚至有的节目仅仅靠与听众的互动就能够成为一个节目，比如早期的点歌类节目、生活咨询类节目等。通过互动也有效地将广播媒体与听众紧密地联系在一起。

从形式上看广播媒体与听众的互动，包括几个方面：围绕设计的议题进行讨论，议程的设置由媒体主导，听众通过各个渠道发表自己的观点和看法，新闻话题类节目多属于这一类型；在某个特定的范围内，通过听众提供的信息内容来创建一个节目，例如"大家帮助大家"的交通信息类节目；娱乐互动性节目，通过参与游戏的方式让听众参与到节目中来，听众既是节目的参与者也是节目的主要收听者；听众主导型节目，比如听众可以自己录制一些文艺作品，然后由电台安排时间播出，同时再次通过听众的投票等方式对节目进行评价，这类节目的主角是业余的听众；线下与观众互动，面对面与听众的交流，然后制作成节目在线上播出；另外还有一种属于服务型的互动，比如在节目中可以报名参加旅游、参加培训、参加相关的户外活动，甚至购物等等。

与这些互动方式相辅相成的是随着通信技术的发展，互动的途径和手段也产生了巨大的变化，广播与受众的交流，最早时跟其他媒体一样，主要通过纸质的书信来往来实现，直到1986年底广东珠江经济台在我国才率先开通了热线直播节目。今天，把嘉宾请到直播室或者通过电话连线的形式进行直播，已经是广播司空见惯的一种互动形式，甚至成为广播节目不可缺少的重要依托。但这种主持人与嘉宾的互动一般情况下都是由媒体主动联系嘉宾，带着非常强的策划意识，它是单向地为广播节目服务的。

如今随着新媒体平台的发展，我们应该看到，利用微博微信和手机端互动是双向的，这种互动既为广播节目服务，同时广播节目也借助"两微一端"的互联网平台传送广播节目内容。"两微一端"平台是广播节目的延伸和发展，它们和广播是同等重要的信息发布平台，通过互联网领域的互动，广播媒体也同时为新媒体端服务。这里还有一个观念更新的问题，在内容生产上，由于技术的发展带来了受众主体意识的不断增强，所谓的"受众"的自主选择权和参与意识也不断增强，其实"受众"已不再是简单的信息被动接收者，而是有选择的使用者，内容的加工者、传播者，甚至生产者，他们是信息使用和共同生产创造价值的"用户"，所以，广播媒体与用户的互动是融媒体时代媒体内容生产和价值重构的基础。

三、广播媒体与新闻事件主体的互动

专门列为单项讨论这个互动问题，是因为本来这是广播媒体所长，而且在技术手段更为发达便捷的当下，广播本应将其发扬光大，但在实际操作中，笔者发现，从省级到城市广播媒体做得却远远不够。

1. 善于主动地进行新闻报道策划

在融媒体的背景下，广播媒体的新闻经营思想较为消极，从业人员存在一定的惰性，习惯于从互联网或者电视等媒体"搬"新闻稿件，当然这很方便也节省人力，但在此基础上对新闻报道的经营就缺乏进一步的挖掘和开拓。其实，如果把其他媒体的新闻报道视为广播新闻的信息来源之一，思路就开阔了，围绕其

它媒体提供的新闻线索，广播应该从自身的媒体特点出发，可以有更大的作为。其中，最方便快捷的方式就是根据各种各样的信息源进行广播媒体自身的议程设置，然后找到新闻事件主角或者相关人员，通过演播厅专访互动、电话连线、网络连线采访等方式，进一步拓展报道的内容。

2. 善于挖掘新闻背后的故事

相对而言，广播媒体具有讲故事的传统优势，一方面这是声音的魅力，另一方面是有充裕的播出时间。新闻事件的形成自有必然原因，这些成因往往是受众所关注的也是媒体所思考的，找出背后的故事讲出生动的故事是诠释新闻事件最好的手段，也是深化报道主题最好的方式。做到这一点，首先要从新闻事件的主体人物开始，当然与新闻事件相关的其他人物，包括目击者、证人、采访者、相关行业专家等都是可供选择的采访对象。

3. 善于应用各种信息收集手段

从功能上看，互联网媒体与传统媒体之间最大的区别在于它的搜索功能，一个关键词就可将相关信息集纳起来，这种对信息的整理功能是传统媒体所不具备的。信息的归纳整理本身就是内容生产的一部分，与此同时，互联网时代呈现的碎片化阅读和浏览的习惯，又使得受众懒得花心思和精力去做信息的分析和整理，这给广播的内容生产留出了足够的空间，因为广播只要通过声音表达就能够将信息的处理转化为内容产品，非常方便快捷。所以，广播人要善于将各个渠道获得的信息进行归纳整理变成自己有用的信息，更要善于开拓信息的收集渠道和方式，除了面对面采访、电话采访等方式外，还要借助互联网的"两微一端"等平台与受众进行互动，甚至将一些活跃的用户转化为新闻事件的主体之一，让他们的声音（观点）成为其他受众的关注点。比如一些电台聘请的新闻评论员，由于他们的观点犀利，在社会上有影响力，他们也往往成为新闻事件的主体之一得到大家的关注。

总而言之，"互动"是广播媒体的传统优势，"互动"在融媒体时代应该被赋予更多的内涵。广播是以声音为载体的一种传播手段，音频是一种全场景的内容消费产品，无论户外室内、无论白天黑夜、无论健身跑步还是休闲睡前、无论公共场合还是私人空间、无论车上还是街上……这个世界永远不能缺少声音，甚至出于对手机依赖的"反动"，人们会主动将视线从屏幕上转移，音频会成为获得信息和娱乐的新选择，广播永远不会消亡。

（作者单位：汕头市广播电视台）

新时代对台军事广播的新挑战与新突破

龚天宁

党的十九大报告提出了中国发展新的历史方位——中国特色社会主义进入了新时代。在新时代，诞生于 20 世纪 50 年代、服务于国家统一大业的对台军事广播，将面临哪些新的挑战？又该如何改革创新，实现新突破呢？

一、从战略高度认识对台军事广播的时代定位

1. 祖国统一事业的重要组成部分

党的十九大报告指出，"实现祖国完全统一，是实现中华民族伟大复兴的必然要求"。但也要清醒看到，在"台独"势力蠢蠢欲动，美国大打"台湾牌"，美国国会鼓吹"美台军事往来"的大背景下，台海局势复杂多变，祖国统一面临各种挑战。对台军事广播具有权威性和军事味，能及时向岛内传播来自官方和军方的权威重大信息，在新时代对于维护祖国统一、震慑"台独"势力，具有不可或缺的重要作用。

2. 塑造军队形象的重要平台

党的十九大报告勾勒了"到本世纪中叶把人民军队全面建成世界一流军队"的宏伟蓝图。由于种种原因，台湾民众对解放军的了解还比较有限，加上台湾当局的"妖魔化"，岛内舆论中解放军正面形象偏少。在新时代中国军队迈向"世界一流军队"的征途中，对台军事广播在军队形象塑造中将大有可为，如通过对联合军演、国际维和等重大事件中中国军队的报道，让台湾民众感受到解放军一流的素质和形象，改变台湾民众对我军的负面刻板印象。

3. 增强台湾同胞认同感的重要渠道

近年来，祖国大陆在国防科技领域取得重大突破和进展，从辽宁舰跨海区演习到国产航母下水，从歼－20 战机首飞到运－20 运输机列装，从"神舟"飞船到"天宫"空间实验室遨游太空……对台军事广播对此进行了及时和丰富的报道，这些报道也让不少台湾同胞密切关注，"与有荣焉"。在新时代，随着祖国大陆国防科技领域的日新月异，对台军事广播的报道资源将更加丰富，通过报道

祖国大陆在国防科技领域的新成就，不仅有助于台湾同胞进一步了解大陆，也能增强其民族自豪感和认同感。

4. 消除两岸隔阂误解的重要桥梁

由于种种原因，台湾舆论和民众对于安全话题尤为关注，解放军在台湾海峡周边的例行性训练，往往成为台湾媒体炒作的热点；同时，解放军的军事改革和军力发展，也往往引发台湾舆论的关注。在新时代，中国军队实战化训练将更加常态化，"能打仗 打胜仗"的能力进一步提升，由此引发台湾舆论的误解和曲解的可能性也将增加。对台军事广播将发挥重要的"桥梁"作用，做好释疑解惑，引导台湾民众正确看待解放军军力发展，消除其存在的隔阂误解。

二、对台军事广播面临的新挑战

在新时代，对台军事广播使命重大，但也面临着不小的挑战，主要有以下几个方面：

1. 岛内政治生态的挑战

随着民进党上台执政，推行"台独"路线，在台湾当局"去中国化"教育中成长起来的年青一代逐渐进入岛内政治舞台，岛内政治生态面临新的变化。从自身利益出发，台湾当局和"台独"势力视对台军事广播为"眼中钉"，进行舆论打压、抹黑污蔑和技术干扰的力度可能进一步增加，对台军事广播面临的岛内政治干扰将更加复杂严峻。

2. 思想观念差异的挑战

根据传播学的基本理论，受众对信息具有选择性，人们倾向于接触、选择、记忆、赞同与自己观点、预期相近的信息，而忽略掉与自己观点有冲突的信息。尤其在台湾岛内的"去中国化"和"多元化"的政治文化背景下，不少台湾民众价值观多元，强调"台湾优先"，对统一持观望态度。对台军事广播注重政策性和思想性，但是传播的"大道理"如何被台湾民众认可和接受，如何做到"以理服人"，如何实现"差异传播"，也面临着不小的挑战。

3. 多元媒体竞争的挑战

一方面，从岛内媒体看，由于媒体竞争激烈，不少岛内媒体把军事新闻作为吸引受众的"爆款新闻"重点打造，新闻竞争将更加激烈；另一方面，由于社交媒体的崛起，台湾民众通过社交媒体获取军事资讯更加便捷，在高达1500万活跃台湾用户的脸书（Facebook）和超过1700万台湾用户的连我（Line）上更容易形成"军事舆论场"。对台军事广播尽管有自身的专业优势和广播优势，但是要在岛内媒体和社交媒体的夹击中"突出重围"，也面临不小的考验。

4. 来自岛内民众喜好的挑战

媒体产品要吸引受众，关键是"投其所好"。岛内受众对新闻的喜好主要呈现以下特点：

一是更关注软新闻。受"新闻娱乐化"的影响，岛内民众对政治和军事等"硬新闻"的关注度下降，更关注社会、民生、娱乐等软新闻。

二是更关注小新闻。台湾民众更关注与己相关的"贴近新闻"，与生活相关的"琐事新闻"，喜欢"小确幸"，缺少"大视野"。

三是更关注"微新闻"。受"新闻碎片化"的影响，加上生活节奏加快，台湾年轻受众更喜欢短小精悍、形象可观的短视频和碎片化新闻。

相比之下，对台军事广播的"硬新闻"和"大新闻"的比重偏高，节目时长往往一期在 30 分钟以上，属于"长新闻"，要吸引岛内受众的关注和黏性，存在不小的挑战。

三、对台军事广播如何实现新突破

挑战往往也是机遇，面对各种挑战，对台军事广播应该迎难而上，积极改革创新，突破发展的瓶颈，实现新的蜕变。笔者认为，应该重点在以下方面实现突破：

1. 内容突破

在新时代，"内容为王"依然是对台军事广播的核心竞争力，具体应把握以下几点：

一是真。真实性是新闻的生命，一些岛内新媒体和自媒体尽管有粉丝和流量的优势，但是发布的军事消息缺少真实性，夸大其词甚至无中生有，长此以往将"掉粉"严重。越是在这个真假新闻鱼龙混杂的全媒体时代，新闻的真实性就显得更加弥足珍贵。从历史看，对台军事广播之所以吸引台湾受众的关注和认可，真实性是重要因素，在今天，真实性依然是对台军事广播应坚持的基本原则。

二是快。"兵贵神速"，对于岛内关切的军事热点新闻，第一时间快速反应，发挥出广播的速度优势，能起到很好的效果。2013 年，笔者随海军舰艇编队参加中俄"海上联合—2013"军事演习，通过海事卫星在大浪颠簸和炮火硝烟中第一时间发回鲜活的现场报道，报道上网后被台湾媒体关注和转载。尤其在岛内新闻竞争激烈，台湾受众习惯"快新闻"的背景下，对台军事广播应更注重新闻的时效性，以快制胜。

三是广。对台军事广播应树立"大军事"的观念，视野从海峡两岸拓展到世界大势，内容从纯军事向"大军事"转变，除了关注军事热点新闻外，还可以关注两岸的安全局势、周边地区局势影响以及军事历史、军事文化、航天科技、抗震救灾、反恐安全等议题，扩大目标受众的广度，以更加丰富的内容吸引台湾民众。

四是专。"寸有所长，尺有所短。"岛内新媒体在军事新闻传播速度和广度上有优势，但是对台军事广播几十年积淀的专业资源和专业优势，又是新媒体短期难以企及的。对台军事广播要发挥自己的优势，依然要打好"专业牌"，在人云亦云中有自己的专业解读，在信息爆炸中有自己的专业视角，通过专业性打造军事精品。

2. 形式突破

在打造好精品内容的同时，对台军事广播还应在形式上积极创新，以起到"事半功倍"的效果。笔者认为，有以下几个方面值得关注：

一是在个性化主持上求突破。新闻学也被称为"人学"，人文化的视角和人性化的特点，是新闻的魅力所在。对台军事广播要通过声音来打动人，其中，主持人的个人魅力和个性表达是重要一环。从这个角度讲，对台军事广播要注重培养优秀的主持人团队，在遵守政治纪律和宣传口径的前提下凸显自身的个性，可以是"理性睿智"，也可以是"幽默风趣"；可以是"才思敏捷"，也可以是"军事达人"，通过个性化主持，吸引更多的"粉丝"，增强"用户黏性"。

二是在故事化传播上求突破。"讲好中国军队故事"是对台军事广播的职责和使命，在关注军事热点新闻的同时，对台军事广播也要关注"新闻背后的故事"，以细节化的报道、故事化的讲述、人文化的视角，优化报道形式，实现"入耳入心"。如海峡之声广播电台策划的军事人物专题《走出国门的中国军人》，就是通过一个个中国军人在海外所亲历的鲜活生动、跌宕起伏的故事，展现中国军人的新风采和中国军队的新形象。在新时代，随着中国军队承担越来越多的国际责任，"讲好中国军队故事"将大有可为。

三是在新媒体元素运用上求突破。新媒体在交流和互动上的便利性是其"吸粉"的一大法宝，对台军事广播加强新媒体元素的运用，首先在节目选题上选择新媒体受众最关注的军事话题；其次在节目板块设置中设置互动环节，采用网友的"麻辣点评"，加强节目的互动性和参与性；再次是拓展节目形式，打开广播节目与新媒体平台的通路，加强线上节目与线下活动的连接，形成更大的"生态圈"和更广的"朋友圈"。

3. 渠道突破

"酒香也怕巷子深"。对台军事广播要实现传播效果，如何跨越各种干扰和障碍，实现"入岛落地"是关键。笔者认为，在做好"新闻产品"的同时，对台军事广播也要在渠道突破上投入更多精力：

一是"借船出海"，与岛内媒体进行跨界新闻合作。

随着岛内新闻竞争白热化和新媒体的崛起，许多岛内媒体都更加重视"军事新闻"这块"大蛋糕"，以提升媒体的吸引力和竞争力。如海峡之声广播电台与台湾《旺报》展开跨媒体合作后，海峡之声优质的军事稿件被台湾《旺报》

先后转载几十个专版，在研讨交流时，台湾《旺报》总编辑王绰中表示，海峡之声提供的优质军务新闻，提升了台湾《旺报》的发行量和影响力。所以，在全媒体时代，对台军事广播更要积极进行"跨界合作"，通过优质的军事新闻内容，在岛内实现"二次传播"。

二是"借台唱戏"，借助新媒体平台扩大传播面。

随着两岸交流的加深，来大陆求学、经商、交流的台湾同胞越来越多，大陆的新媒体平台也成为不少台湾同胞获取信息的主要渠道。新媒体平台的异军突起，给对台军事广播发展注入了新的活力。一方面，对台军事广播可借助"蜻蜓FM""喜马拉雅FM"等人气网络音频平台，上架精品节目，便捷台湾受众收听，积累粉丝人气；另一方面，可通过微信公众号、"新浪微博""今日头条"等新媒体平台，针对台湾受众关注的军事话题，实现针对性传播和互动性交流；与此同时，对台军事广播还应通过"碎片化"传播，积极进入岛内新媒体平台，以台湾受众喜闻乐见的形式，引导舆论风向。

三是主动作为，打造全媒体矩阵，构建媒体生态圈。

在全媒体时代，对台军事广播应树立"体系传播"的理念，以优质的军事广播内容为基础，构建包含音频、文字、图片、视频等内容的多媒体平台，倾力打造全新的"媒体矩阵"，形成立体传播格局，使广播新媒体化、网络化、可视化，满足受众的"全媒体需求"。同时，在做好"线上"媒体传播的同时，也应积极拓展"线下活动"，扩大品牌影响力，适应"知识付费"时代的要求，针对受众推出个性化和商业化的"媒体产品"，增强受众的"黏性"，构建从线上到线下，从节目到产品的"媒体生态圈"。

4. 技术突破

随着数字技术的兴起，互联网、大数据、云计算、移动互联改变了媒体的生态和格局。快手科技合伙人兼首席内容官曾光明就指出，"媒体竞争的下一个突破口就在于技术，从过去的经验来看，每个时代脱颖而出的媒体，也是将当下的技术发挥到最大化。"① 在新时代，对台军事广播也应该积极拥抱新技术，实现新的突破：

一是积极通过智能语音识别系统，提升工作效率。

在以往的工作中，将广播音频翻成文字耗时耗力，尤其是面对大量音频素材，更是困难重重。随着语音识别技术的不断提升，智能语音识别系统把广播采访音频转换成文字的精确度也在不断提高，甚至能达到90%以上，这将为广播记者写稿节约宝贵时间，提升采编效率。

---

① 《技术革新推动"大媒体"发展》，http：//www.xinhuanet.com/2017 – 12/26/c_ 1122170403. htm

二是尝试通过智能机器人写稿，优化信息处理。

2015 年 9 月，腾讯财经一篇名为"8 月 CPI 涨 2% 创 12 个月新高"的文章刷爆媒体圈，"亮点"在于作者是腾讯开发的自动化新闻写作机器人。如今，包括《福布斯》在内的顶级媒体里已经开始尝试机器人写稿，依靠强大的大数据平台，30 秒生成一篇稿件的速度无人能及。尽管机器人只能撰写消息类稿件，深度稿件和人物稿件无法胜任，但这也代表未来的发展趋势。具体到对台军事广播，在面对突发性和热点性军事事件时，通过写稿机器人处理信息，撰写"初稿"，能加快信息处理和信息发布的速度。

三是探索通过人工智能配音和主持，丰富声音层次。

2018 年 1 月 18 日，大型纪录片《创新中国》首映式举行，这部纪录片是世界首部利用人工智能模拟人声完成配音的大型纪录片。2018 年 3 月，第一位人工智能虚拟主持人在广播节目《南方财经报道》正式"上岗"。不难预见，随着时代的发展，人工智能虚拟配音和主持的技术将更加成熟，在对台军事广播领域，也将大有可为。比如，通过引入"虚拟主持人"和人工智能配音，减少主持人的工作量，让声音更加多元和丰富；也可以通过技术手段，再现台湾受众喜欢的"经典好声音"，在对台军事宣传中起到锦上添花的效果。

（作者单位：海峡之声广播电台）

浅谈西藏都市生活广播的发展与创新

尹 莎 曲 珍

西藏人民广播电台于 1959 年 1 月 1 日在雪域高原正式开播了。这标志着在中国共产党领导下，世界屋脊上第一座人民广播电台诞生了。从此，结束了西藏封闭落后的历史，跨入了世界电子信息大众传播的新时代，掀开了西藏广播发展史上崭新的一页。

西藏人民广播电台自 1959 年 1 月 1 日开播至 2019 年 1 月 1 日，经历了 60 年光辉历程。60 年来，西藏人民广播电台伴随着民主改革、社会主义革命、社会主义建设、改革开放的脚步，不断发展壮大。

60 年来，西藏人民广播电台，始终坚持正确的舆论导向，把党和人民的声音传遍高原大地，把西藏的声音传向全国，走向世界，为西藏的改革、发展和稳定，特别是在维护祖国统一和民族团结，反对以达赖集团为首的分裂主义势力的斗争中，发挥了不可替代的重要作用。

60 年来，西藏人民广播电台由开播时的一套节目，藏汉语交替播音，发展到现在的用藏、汉、英多种语言，调频广播、新媒体等立体宣传网络，实现了西藏广播发展史上质的飞跃。

在本篇论文中，笔者主要以西藏人民广播电台 FM98.0 都市生活广播的发展为例，探讨在新形势下，如何推进调频广播（城市广播）的发展与创新，以之适应改革、发展和稳定的需要，不断满足人民群众日益增长的精神文化需求。

1985 年 8 月 25 日，西藏人民广播电台 FM98.0 兆赫调频广播正式开播，填补了西藏没有调频广播的历史，至此，拉萨人也能同内地人一样，能够收听到高质量，高清晰度的广播节目了。当时的调频广播主要是播放音乐和歌曲。1994 年 4 月 1 日，调频广播节目进行了大胆地改版和创新，所有节目实现了直播，开启了西藏广播发展史上直播的先河。

为适应社会主义市场经济的需要，1998 年 5 月 1 日，经上级批准，调频广播更名为"西藏人民广播台 FM98.0 兆赫经济频率"，之后又经过几次更名，2003 年 5 月 1 日，调频广播再次改版更名为"西藏人民广播电台 FM98.0 都市生活频率"至今。

西藏人民广播电台调频广播开播 30 多年来，紧紧抓住以拉萨市为中心，辐射全区各大中城市，并针对城镇人口密集、文化层次高，特别是大多数藏族同胞都能听懂汉语广播，讲普通话这一特点，以及随着改革开放的不断深入，来拉萨投资办厂、经商和旅游的人猛增这一实际，推出了一系列的热线节目，把一个真实的西藏，发展的西藏，美好的西藏介绍给听众。特别是把这座充满阳光和幸福感、神秘感的圣城拉萨介绍给听众，形成了固定的收听调频广播的受众群，广播节目的影响力、传播力、收听率不断上升，收到了良好的社会效益。

西藏人民广播电台 FM98.0 都市生活广播（即调频广播），自开播以来，一直作为西藏人民广播电台节目改革和机制创新的试验田。在用人机制上最早实行聘用制，在节目管理上实行节目栏目化、广告代理化，在节目中率先开办互动创新栏目，率先通过网络平台创办节目论坛、主持人节目 QQ 群、微博、微信等，频率引领受众参与互动，在节目形态上融合都市广播类型化模式精细度高，传统模式贴近性强的优势，立足本土，在受众中建立了广泛而权威的影响。在不断发展进程中，西藏人民广播电台都市生活广播始终以"高举旗帜，开放融合，靠实干打造新时代本地特色鲜明地方频率"为指导思想，把主流价值贯穿于频率理念、精品生产、融合实践中。一代又一代西藏广播人硬是在逆境中闯出了自己的一条路来，也创出了一片崭新的天地，实现了新发展、新作为，体现了西藏人民广播电台 FM98.0 都市生活广播的地方特色和民族特色，至今仍以其独特风格和魅力感染着当地广大受众。

一、坚持正确的舆论导向不动摇

坚持正确的舆论导向，是办好广播的永恒的主题。习近平总书记在全国宣传思想工作会议上指出，"要把握正确舆论导向，提高新闻舆论传播力、引导力、影响力、公信力，巩固壮大主流思想舆论"。西藏是重要的边疆民族地区和重要的国家安全屏障，经济基础薄弱，处于反分裂斗争第一线，新闻宣传工作在西藏具有特殊重要的地位，关系党和国家工作全局。作为主流媒体之一的西藏调频广播，努力把推进融合发展的方法、路径进行了总体设计。融媒体产品可以千姿百态，流程、渠道、技术、经营和管理方法可以不断变化，媒体使命与职能不能变，坚持做党和人民的喉舌的精神不能变，坚持正确舆论导向不能变，把最好精神食粮奉献给人民的情怀不能变。近几年来，都市生活广播坚持以人民为中心的创作导向，在自编、自采、自播、自制上下功夫，创新推出思想精深、艺术精湛、制作精良的多类精品内容，如西藏自治区成立 50 周年、西藏和平解放 65 周年、历届藏博会等重大节庆节点，紧扣主题主线，引领时代之风，在意识形态领域抢占了话语权，发出了最强舆论的声音。

二、突出地方特色和民族特色，强化自身核心竞争力

习近平总书记强调，内容永远是根本。好的内容永远是核心竞争力，在融合发展中，影响力和话语权的根本也在内容，因此，传统媒体必须坚持"内容为王"。在这方面，西藏人民广播电台都市生活广播坚持传统价值回归，深耕本土，服务本土，创新价值，全方位开掘、整合、优化、利用，凸显出广播的核心价值，做到先声夺人，同时也获得了新的发展动力。如大型主题报道《我们村里的一面旗》《小康路上 与法同行——法制中国西藏行》《发现美丽新西藏——梦圆米林南伊沟》《新春记者、主持人下基层》《穿越西藏》《幸福在身边》以及大型音乐专题《党旗下的歌声》等，做"亮"了主题宣传，产生了广泛的影响。还有介绍本地风土人情、旅游文化类节目《听游四方》，节目编辑人员通过聚拢区内各地旅游资源，丰富节目声音，通过介绍本地风土人情节目的成功实践证明，本土化是地方广播节目的一个独特优势和制胜法宝。同时，频率与时俱进，不断拓展服务领域。为更好地服务广大市民，频率积极与相关职能部门联动：与"12345"政府服务热线合作开办民生服务类栏目《城市身边事》，始终坚持从市民的视角、兴趣点和内在需求出发办节目，秉承"绿色生活广播"宗旨，解答市民咨询的各类问题300多条。此外，还与司法厅、交管局、气象局等单位实现联动，在传播主流声音的同时，致力于寻求定位准确的合作伙伴和便捷顺畅的传播渠道。既保障了做精传统节目品牌，又给了新节目发展空间，在社会上产生了广泛影响。

三、创新理念，创造传统媒体新价值

由于广播自身的限制，西藏都市生活广播意识到仅仅依靠技术进步带动节目创新是远远不够的，树立"创新"的思想理念、创新广播运营理念，才能提升广播节目的质量，进一步推动广播的发展。这些年，西藏人民广播电台都市生活广播坚持把改革创新作为提高频率融合发展工作的强大动力和根本途径。为了满足听众的话语权、监督权、参与权，服务受众生活，频率以打造特色频率，突显地方特点为主旨，从人的维度、平民的视角、用人性化的手法去打造节目。多年来我们一直不断思考和探索，组织策划实施了多次大型宣传项目。比如，2013年，策划组织的大型户外直播活动《拉萨在前方》，开创了西藏微视频直播的先河；2014年，策划组织实施的大型户外系列直播《发现美丽新西藏——梦圆米林南伊沟》，创造了多个广播户外直播活动的第一；2016年都市生活广播针对受众群体打造了区内首档线性节目《阳光DJ 微笑相伴》，实现了碎片化播出形式，整个频率新媒体收听表现强势，在广播的融媒体探索中取得了实实在在的进展。都市生活广播提出了"做市民的忠实朋友""全心全意为市民服务"的办广播宗

旨，全情反映城市民生，零距离贴近城市生活，以轻松的风格，贴近生活的内容，服务广大受众群。历年来开办的系列节目以及举办的各类活动都得到了广大听众好评和领导充分肯定。频率人员以团结奉献、爱岗敬业的精神风貌在全区同行业中赢得了良好的口碑，同时也深受广大听众的喜爱。2017 年 7 月频率个别节目再度创新节目播出样式，《音乐香巴拉》《生活百分百》等节目将 1 小时节目时间分成 4 个时段格式化播出。这种全新节目形式一推出即受到业内人士的关注及听众的好评。有言道，成功有道常无道，创新无法胜有法，靠的就是创新思维。

四、以融合之力再造广播传播力、影响力

聚广播频率融合之力，创造出更大影响力，广播与新媒体融合强化了主流媒体的网络影响。西藏人民广播电台都市生活广播在新兴媒体领域探索全媒体融合发展，构建具有多样传播形态、多元传播渠道、多种平台终端，特色更加鲜明、覆盖更加广泛、传播更加快捷的全媒体传播方式，形成强大传播能力，大力提升主流媒体的传播力、影响力。不仅开设了公众微信平台"非常西藏"进行图、文、音频展示，中国西藏之声网客户端也可以同步传播节目内容。频率把深受听众喜爱、知名度较高的《阳光美食城》《轻松学藏语》节目通过不同形式、不同内容的线上线下节目，适应当下媒体运作模式，举办各类户外现场直播、视频直播、相亲联席会等活动宣传提升频率形象。

一花独放不是春，万紫千红春满园。近年来，西藏人民广播电台都市生活广播积极与其他广播电视媒体沟通协作、密切配合，发挥各自优势，共同推进节目发展，并不断完善平台建设，实现平台间信息资源互联互通、共建共享。和"百度路况""中国气象音频研究室"等平台及单位达成战略合作关系，更好地服务本地受众。与此同时，还举办了大型活动弘扬西藏优秀文化，如，书法大赛、诗歌朗诵会等多场大型精品活动，得到各级领导和广大群众的一致好评。特别是 2018 年 6 月，都市生活广播在西藏媒体中首先实现了"传统调频广播 + 网络视频直播"的传播方式，实现了直播云平台、微信、音、视、图、文的无缝对接，更全面、更立体地完成了宣传报道任务，得到了各方面的高度评价。

五、加强平台建设，精准定位融合发展

新的时代，新的要求，新的目标。下一步，我们将按照以内容为核心、以融合为主线、以创新为动力的发展策略，进一步加快发展壮大都市生活广播，提升品牌价值。其中，以内容为核心，就是将更加突出内容建设在寻找融合发展中的核心位置，在节目内容创意、策划、制作、宣传等方面加强互动和联合，打造更多既突出西藏地域特色和城市风采，又在全国具有较强影响力和市场价值的优质

节目内容，积极提升频率的内容品质和实力，为频率发展注入更多、更有价值的核心资源。

以融合为主线，就是将立足西藏台本土优势资源，积极发展新媒体业务，推动节目内容与新媒体、线下活动、城市公共服务、电子商务等业务的融合，探索适合西藏媒体和城市广播的发展规律。

我们要认真学习习近平总书记前不久在中央电视台建台暨新中国电视事业诞生60周年上的重要指示精神，锐意改革创新，全心全意为西藏人民服务，努力打造一批深受听众喜欢的具有地方特色和民族特色的名牌节目，以优异的成绩，迎接西藏民主改革60周年和西藏人民广播电台开播60周年。

（作者单位：西藏人民广播电台）

附录：第四届"广播创新发展"主题征文优秀奖目录